KB076391

남자는
어떻게

The
Hidden
Spirituality
of Men

불행해
지는가

숨겨진 남성의 영성을 깨우는 10가지 가르침

남자는 어떻게

The Hidden Spirituality of Men

불행해 지는가

매튜 폭스 지음
김광국 옮김

한국NVC출판사

일러두기

1. 인명과 지명 등의 외국어와 외래어는 외래어표기법에
   따르되, 몇몇 경우는 관용적 표현을 따랐다.
2. 책 제목은 《 》로, 신문, 잡지, 단편, 시 등의 제목은 〈 〉로,
   영화와 그림 제목은 『 』로, 음악명은 「 」로 묶었다.
3. 본문의 주석(・표시)은 옮긴이나 편집자의 것이다.

오늘날 남성이 곤경에 처해 있다는 것은 비밀이 아니다. 전쟁에서 생태계 붕괴에 이르기까지 전 세계의 심각한 문제 대부분은 제어할 수 없게 되어 버린 왜곡된 남성성에서 비롯된다. 그런데 우리 사회는 이러한 문제의 원인이 되는 역기능에 오히려 보상을 주고 있다.

우리가 영향받고 있는 문화는 감정보다 이성을, 영혼의 풍요로움보다는 물질적 번성을, 직관적 통찰보다는 밖의 사실을, 일 자체를 영적인 삶의 추구로 보면서 한없이 크고 경이로운 우주와 연결되기보다는 인간의 규칙과 습관에 집착한다.

가부장적 사회에서 여자는 여러 불공평한 대우를 받았고, 남자는 자신을 비인간화하며 더 끔찍한 상처를 얻었다. 어려서부터 "울면 안 돼"라는 말을 들으며 인간의 중요한 면인 감정, 느낌(슬픔, 두려움, 동시에 즐거움)을 부정하면서 삶의 기쁨도 숨겨야 했다. 수치심과 공격성으로 무자비한 경쟁을 해서 명예를 얻어야 했고, 죽이거나 죽는 전쟁에 떠밀려 나갔으며, 남자의 애정을 두려워하고, 자연, 자신의 몸, 여자, 타인을 지배하는 것이 남성성이라고 깊이 조건화되어 결국 몇 천 년을 공허함을 느끼며 살아왔다. 다는 아니지만 아직도 많은 남성이 이 오래되고 깊은 상처를 회복은커녕 의식도 못하고 있다.

문제의 시작은 남자들이 자신의 건강하고 신성한 영성을 오랫동안 감추어 자신에게마저 비밀이 되어버린 것이다. 매튜 폭스는 이 책에서 자연

5

과 생명에 대한 본능적인 사랑, 삶에 대한 사랑, 연인에 대한 사랑 등 남자들이 이러한 자신의 영성을 버리게 된 이유를 인류의 역사를 따라가며 찾아간다. 그리고 남자들이 자신의 최선의 모습인 거칠고 맹렬하지만 동시에 부드럽고 다정하고 고매하고 신비하기까지 한, 가장 심오한 자기 모습을 찾아가는 데 도움이 되는 열 가지 긍정적인 모델을 은유로 보여준다.

우리의 중요한 임무는 건강하고 신성한 남성성에 대해 더 깊이 이해할 수 있도록 마음을 여는 것이다. 많은 남성, 특히 젊은 남성들은 본받을 만한 건강한 남성성의 이미지를 찾고 있지만 발견하지 못하고 있다. 폭스가 '남성의 숨겨진 영성'이라고 부르는 것 중 하나는 자연과의 근본적인 관계를 상징하는 고대의 녹색 인간green man이다. 이는 무엇보다 반가운 신성한 남성성이며 지금 인류에게 절실히 필요한 깨우친 남자의 한 면이다.

여성은 여러 해 동안 자신의 이야기와 원형을 되찾고 있다. 여자와 남자는 서로에게 문제가 아니라 서로에게 심오하고 이해하기 어려운 신비다. 자신의 신성성을 찾아가는 데 서로를 지원할 수 있는 반가운 도반道伴이다.

이 책은 여자를 위한 책이기도 하다. 여성에 깃들어 있는 건강한 남성성 그리고 여성의 삶에 있는 남성들인 아들, 손자, 남편, 연인, 반려에 관한 책이다. 그리고 우리 대부분이 그리워하는 건강하고 신성한 여성성과 건강하고 신성한 남성성의 결합, 그리고 다른 신성한 결합을 탐구한다.

시인 메리 올리버Mary Oliver는 수백 년 전에 죽은 작곡가와 바이올린과 사람의 몸이 한데 어울렸을 때 그것이 최고의 사랑놀이라고 말했다. 이 책의 저자와 지금 이 책을 들고 있는 당신과 이 책을 내는 데 함께한 모든 사람의 어울림은 사랑이다.

캐서린 한(한국NVC센터 고문)

서문

이 책의 제목은 다소 도발적이다(원제는 《감춰진 남성의 영성The Hidden Spirituality of Men》이다). 남성의 영성이 감춰졌고, 게다가 남성이 영적인 힘을 가졌다는 사실이 비밀이 되었다고 말하고 있다. 그런데 그게 정말일까? 이를 밝힐 증거는 있을까? 정말이라면, 그렇게 된 이유는 무엇일까? 이로 인해 어떤 일이 일어났을까? 지금이라도 그 힘을 되찾을 수는 있을까?

중세 철학자이자 신비주의자 토마스 아퀴나스Thomas Aquinas는 "침묵의 이유는 다양하다"고 말했다.[1] 실제 우리는 따분해서, 안전하려고, 견디려고, 마음을 가라앉히려고 침묵한다. 때로는 자기 보호 본능이 침묵하게 하기도 한다. 예컨대 전쟁을 치른 남자들은 전쟁터에서 겪은 일들에 침묵한다. 다른 사람이 끔찍한 참상을 알게 되기를 바라지 않을뿐더러, 그 일들이 더는 떠오르지 않기를 바라기 때문이다. 그러나 그런 사건들은 대부분 잊히지 않는다. 악몽과 함께 찾아와 비명을 질러댄다.

종군 기자인 노먼 로이드Norman Lloyd는 4년간 베트남 전쟁 현장을 누볐다.[2] 그가 2010년에 제작한 다큐멘터리 영화 『셰이키 언덕Shakey's Hill』에는 1970년 당시 같은 대대에 있었던 전우들을 찾아가는 장면이 있다. 한 장면에서 그는 자신을 포함해 많은 군인이 겪는 PTSD(외상 후 스트레스 장애)에 대해 이렇게 털어놓는다. "일종의 분노입니다. 우리는 많은 시간을 혼자서 보내죠. 그 문제에 대해서는 침묵하고요."

한 남자의 삶, 즉 일과 가족을 포함한 전체 삶 중에 이러한 PTSD 증상으로 채워지는 부분은 얼마나 될까? 로이드의 말에 따르면, 종군 기자는 "방금까지도 옆에 있던 사람이 죽고 다치는 상황에 놓여 있다. 제정신일 수 없고, 분별력 따위 가질 겨를이 없다. 결국 그는 아무 감정이 없는 사람이 되어버린다. 이것이 PTSD의 증상이다." 수십 년이 지났지만 옛 전우들은 전쟁 때 이야기를 꺼내기를 꺼렸다. 대부분 여태 아무에게도 말하지 않았다고 했다. "모든 일을 속으로 삼켰어요. 살기 위해 그래야 했지요." 인터뷰를 앞두고 한숨도 못 잤다고 고백하는 이도 많았다. "잊고 싶어 숨겨왔던 일들이 섬뜩할 정도로 생생하게 되살아났거든요."

그런데 다큐멘터리가 완성된 후, 이들에게는 참 다행스러운 일이 일어났다. 영화 덕분에 온 가족이 자신의 소중한 사람이 어떤 일을 겪었는지 알게 된 것이다. 영화가 모든 것을 말해주었기 때문이다.

참전 용사들이 겪는 극단적인 일들이 정말 모든 남자와 관계가 있을까? 작가 크리스티안 데 라 후에르타*Christian de la Huerta*는 "남자들의 영성이 감춰졌고, 자신에게마저 비밀이 되었다"고 느낀다며 그 이유를 이렇게 밝혔다. "남성성에 대해 편견을 가진 이가 많아요. 특히 영혼에 대해서는 사내답지 못한 것, 남성과 상관없는 것으로 치부하죠. 그러다 보니 많은 남성이 있는 그대로의 모습, 그 본질적인 부분을 거부하는 거죠."

화학과 경영학을 공부하는 한 영국 남자 대학생은 이 말이 사실임을 보여준다. 그는 어느 날 우연히 《지구의 꿈*The Dream of the Earth*》과 《위대한 과업*The Great Work*》의 저자 토마스 베리*Thomas Berry*의 작품을 읽게 되었다. 그리고 놀라운 경험을 했음을 자신의 교수에게 이렇게 고백했다.[3] "토마스 베리의 생태사상은 제가 아는 '과학'과 달라 이해하기 어려웠어요. 그의 관점은 영적인 측면과의 교감을 요구하는데, 처음에는 의구심이 들었죠. 하지만 마음속으로 더 깊이 음미하자 '존재하는지조차 몰랐던 제 영성'을 정말로 마주하게 되었어요. 이 경험은 지구의 신성한 힘과 아름다움을 바르게 이해하고 있는지 돌아보게 했지요. 그러자 경이로운 자연에 감탄하거나 압도되었던 순간이 떠올랐어요. 할 말을 잃을 정도로 아름다웠던 눈 덮인 바스(영국의 온천 도시)의 풍경과 별이 빽빽하게 수놓인 하늘을 보며 경탄하던 순간도 생각났고요. 그때는 그런 감정을 느끼는 것이 얼마나 중요하고 의미 있는지 몰랐지요. 지금은 이런 느낌이 우리가 영원히 잃어버릴 수도 있는 귀중한 것임을 알아요."

이 젊은이의 고백은 의미심장하다. 그런데 젊은이들 가운데 내면에 존재하는 영적인 힘을 느껴본 사람은 몇이나 될까? 영적인 측면과 교류하기를 요구하는 토마스 베리의 가르침을 접하게 되는 이는 또 얼마나 될까? 안타깝게도 인간의 교육과 종교는 심각하게 훼손되었다. 심리학자 매리언 우드먼*Marion Woodman*은 "우리 문화의 젊은이 대부분이 이전 세대의 영적 유산을 이어받지 못했다"며 한탄한다.[4]

사실 많은 남성이 영적인 삶에 관심이 많다. 하지만 이 사실은 감춰져 있다. 때로는 정작 그러한 남성들조차 깨닫지 못한다. 그래서 '비밀'이 되어버렸다. 물론 일부러 감추는 이도 있다. 내가 아는 어느 저명한 과학자는 자신의 뒷마당에 스웨트롯지*sweatlodge*•를 지어놓고 정해진 시간에 아내와 함께 땀 흘리는 의식을 치른다. 이들은 심지어 라코타*Lakota* 부족 언어로 된 오래된 노래도 안다. 하지만 자신의 영적인 일상에 대해서 아무에게도 말하지 않는다.

많은 남성에게는 일 자체가 영적인 삶을 추구하는 것으로 표현된다. 마찬가지로 남성의 영적인 힘은 국가에 대한 헌신, 가족이나 '부족' 심지

• 아메리카 원주민의 한증막으로, 영적 의식을 치르는 기도와 치유의 장소.

어 폭력 집단에 자신의 모든 것을 기꺼이 바치는 마음으로 표현된다. 예술에도 헌신할 수 있어서, 남성 예술가는 먹고사는 일은 우주가, 예술성은 뮤즈가 채워주리라 믿으며 자신만의 형태로 전사가 된다. 사회, 생태, 인종, 성별 등 어떤 영역에서든 정의를 위해 싸우는 정치적 전사도 있다. 기술자, 의사, 변호사, 사업가, 교사, 간호사, 작가, 목수 등 어떤 직업을 가졌든, 사람은 누구나 자신의 모든 것을 바치는 삶을 통해 자신의 영성을 알리고 있는 셈이다. 자연과 생명에 대한 인간의 본능적인 사랑, 삶에 대한 사랑, 연인에 대한 사랑, 이 모든 게 바로 영성이다.

하지만 이렇게 생각하는 남성은 별로 없다. 남자들은 왜 자신의 영성을 감추게 되었을까? 왜 영혼의 힘을 인식조차 못하게 되었을까? 이유는 다양하다. 몇 가지를 들면 다음과 같다.

- 서양 문화는 감정보다는 이성을, 영혼의 풍요로움보다는 물질적 번성을, 직관적 통찰보다는 과학적 사실을, 여성보다는 남성을, 동성애자보다는 이성애자를 더 가치 있게 여긴다.
- 인간 중심 문화가 자리하여, 광대한 우주와의 연결보다는 인간의 삶과 욕구, 규칙에 더 큰 가치를 둔다.
- 우리 문화는 남성의 내향적 측면보다 외향적 측면을 더 중시한다.
- "남성은 오직 의식을 통해서 배운다." 하지만 현대 사회에서 진정한 의식을 접하기란 어렵다.
- 우리 문화에서 아버지와 아들은 소통이 대체로 단절되었다. 남성들은 은퇴 후 젊은 세대를 위한 멘토가 되기보다는 골프를 치는 등 자기만의 즐거움을 찾는다.
- 신비주의 전통이 가진 언어와 관념은 우리의 가장 심오한 경험, 즉

‘영혼의 어두운 밤’을 지나는 데 도움이 되는데, 현대 종교는 신비주의 전통과 단절됐다.

◆ 영적인 진리는 말로 설명할 수 없고 침묵 속에 존재한다. 언어로 낚을 수 없는 것은 대개 비밀로 남겨진다.

◆ 가부장적 사회는 진정한 영성을 탐구하는 전사를 달가워하지 않는다. 그저 복종하는 군인을 원한다.

◆ 다른 남성과 깊은 관계를 맺는 법을 모른다. 알더라도 동성애 혐오 문화로 인해 이를 감추는 경우가 많다.

◆ 영성을 종교와 관련된 것으로 혼동한다. 그 과정에서 정신과 어우러지는 자신만의 삶에서 멀어진다.

◆ 사내아이에서 성인 남성이 되는 통과 의례가 없다.

◆ 남자는 ‘울지 않아야 하고’ 슬픔은 물론 기쁨도 감추라고 배운다.

◆ 남성이 가장 깊은 감정—기쁨이나 슬픔—을 드러내면 놀림당하기 일쑤다.

◆ 많은 남성이 내면의 상처를 가지고 있으면서도 이를 인정하기보다는 외면한다.

◆ 남성은 자신의 마음을 들여다볼 여유가 없을 정도로 일에 매달리는 경우가 많다.

◆ 남성은 자신의 수치심과 공격성을 숨기거나 최소한 ‘외면’한다.

◆ 고통이나 분노를 건강하게 해소하는 법을 모르며, 이를 가르쳐주는 사람도 없다.

◆ 남자들은 대개 사회에서 ‘용납되지 않는’ 남성다움은 숨겨야 한다고 느낀다.

◆ 영적 탐구를 어려운 일로 치부하여 피하려고 한다.

◆ 우울감과 피로 때문에 영적 노력이 의미 없거나 엄두가 나지 않는
일이 된다.

어떤 이유로든 오늘날 남성의 영성이 감춰졌고, 그로 인해 남성들이
고통을 겪고 있다는 건 분명한 사실이다. 그리고 이 문제가 모두에게 악
영향을 미치고 있다. 전 세계적으로 전쟁은 끊임없이 일어나고 있으며, 미
국 정부는 군수 산업으로 꽤 많은 돈을 벌어들이고 있다. 그 와중에 세상
은 우리가 저지른 행위로 신음한다. 점점 뜨거워지는 지구는 우리에게 경
고를 보내고 있다. 포유동물 25%가 멸종하고 있다. 그런데 지도자는 어디
에 있는가? 어른들은, 남자들은 대체 무엇을 하고 있는가?

실제로 젊은 남성이 사라지고 있다. 미국 볼티모어에서는 흑인 남학생
중 76%가 고등학교를 졸업하지 않는다. 오늘날 미국에는 대학보다 감옥
에 있는 흑인 청년이 더 많다. 도심 빈민가에 사는 청년에게는 학위를 받
는 것보다 감옥에 가는 것이 더 '멋지고' 남자답게 여겨진다.

최근 연구에 따르면 미국 청소년 자살의 86%가 남자아이의 자살이다.
이에 대한 기사를 쓴 칼럼니스트 조앤 라이언 _Joan Ryan_ 은 경악을 금치 못했
는데, 기사가 나간 뒤에도 사회가 여전히 침묵했기 때문이다. "아무도 그
충격적인 통계를 언급하지 않았어요. 그 수치가 여자아이의 자살에 해당
하는 것이었다면 원인을 밝히기 위해 국가위원회가 열렸겠죠? 신문기사
1면을 차지하고, '오프라 윈프리 쇼'에서도 언급되며, 비영리 재단들은 사
회학자와 심리학자들에게 여성의 자살에 대해 연구하게 했을 거예요. 그
런데 많은 남자아이가 스스로 목숨을 끊게 만드는 이 사회에 대해서는 뭐
가 잘못된 건지 왜 묻지 않는 거죠?"[5]

여성보다 남성의 자살이 세 배 더 많은 것은 전 세계적인 현상이다. 여

성이 남성보다 자살에 더 자주 '실패'하는 것도 한 원인인데, 여성들은 주로 약을 먹거나 자해하지만, 남성들은 총으로 자신을 쏘거나 목을 매기 때문이다. 하지만 라이언은 문제는 방법이 아니라 그들이 느끼는 '수치심'에 있다고 말한다. "여성은 연약하다거나 남에게 의지한다는 이유로 수치심을 느끼지 않도록 사회화돼요. 그러나 남성은 달라요. 이런 태도는 곧 무능함을 뜻하는 거라 배우죠. 남성이 사냥을 해야 하던 시대로 거슬러 올라가면, 남성에게 힘과 통제력은 매우 중요했어요. 도움을 구하는 건, 다른 이에게 통제력을 내어주는 것이었죠. 곧 스스로를 취약하게 만드는 것이었어요."

라이언은 남성에게 아들과 새로운 방식으로 관계를 맺으라고 촉구한다. "딸에게 힘을 실어주었듯이, 이제 아들에게 힘을 나눠주어야 해요. 아들은 자신의 힘을 내어주는 아버지로부터 진짜 남자가 되는 법을 배우게 될 거예요. 그러면 남성을 폭력적으로 만드는 이 오랜 문화를 바꿀 수 있어요."

분명 남성이 가진 근본적인 문제는 수치심과 공격성이다. 우리는 이 문제를 어떻게 다루고 있는가? 지금 우리가 지나고 있는 이 격변의 시대에, 남자가 되는 것이 무엇인지 아들에게 가르쳐주라고 아버지에게 요청하는 것은 어떤 의미인가? 건강한 남성성을 구성하는 요소는 무엇인가? 새로 생긴 요소는 무엇이고 버려야 할 것은 무엇인가?

이 책은 스스로 삶을 포기하는 젊은 남성을 넘어, 인류가 살아남느냐 사라지느냐의 문제를 다룬다. 어느 과학자의 말처럼, "우리는 멸종을 거부할 수 있는 최초의 종이다. 그러려면 스스로 그런 선택을 해야 한다." 우리가 삶의 방식을 바꾸고 지속할 수 있을까? 남자로서 ―그리고 여자로서, 부모와 웃어른과 시민으로서― 느끼고 행동하는(또는 행동하지 않는) 방식을 바꿀 수 있을까?

　나는 이 책에서 몇 가지 해법과 모범으로 삼을 만한 긍정적인 모델을 제시하고자 한다. 감춰진 영성을 되찾고, 온전히 자신으로 존재하는 길로 이끌어줄 열 가지 원형*archetypes*을 설명할 것이다. 이 책은 '비밀을 깨고, 감춰진 것을 드러내기' 위한 것이다. 지금은 남자들이 영적으로 성장해야 할 때다. 하나의 종으로서 인류가 미성숙한 단계에서 벗어나려면, 남성의 영적인 삶과 신성한 남성성 그리고 우리와 남성성이 주고받는 관계에 관한 옛 지혜와 심오한 가르침을 탐구할 필요가 있다. 남성의 영적인 삶이 감춰지고, 억눌리거나 잊혀서 자신에게조차 비밀이 된 것이 사실이라면, 과감히 파헤쳐 꺼내고, 장막을 벗겨 드러내고, 펼쳐서 널리 알려야 한다. 그럴 때 비로소 기적 같은 일이 일어날 것이다.

차례

들어가며
신성한 남성성을 찾아서

며칠 전 나는 매우 상서로운 곳에서 아름답고 강렬한 꿈을 꿨다. '신성한 여성성과 신성한 남성성'이라는 주제로 열리는 학회에서 일일 워크숍을 진행하기 위해, 명상센터 마운트 마돈나*Mount Madonna*에 갔을 때였다. 그곳은 캘리포니아 산타크루스에서 멀지 않은 한 산꼭대기에 있는데, 도착하니 이미 밤이었다.

그날 밤 꿈에서 나는 한낮에 어느 바위산에 있었다. "와서 이것 좀 보게." 누군가 내게 말을 걸었고, 그 사람을 따라 언덕과 거친 땅을 지나 한 흙길에 이르니, 긴 자동차 행렬이 보였다. 언덕과 계곡 너머에서는 결혼식이 성대하게 열리고 있었다. 신혼부부를 태운 자동차들이 그곳으로 향하고 있던 것이었다. 그런데 가만 보니, 모든 차의 뒷좌석에 탄 신부와 신랑이 코끼리와 호랑이인 게 아닌가. 코끼리가 호랑이를 안고 있고, 호랑이는 창밖으로 머리를 내밀어 나를 빤히 보고 있었다. 아름다우면서도 강인한 호랑이의 모습에 꿈에서도 나는 감탄했다. "진짜 우람하네!" 그야말로 풍성한 잔치였다. 모두가 행복해 보였고, 태양은 빛났으며, 네발 달린 동물들이 멸종되기는커녕 종을 넘어 결혼을 하고 있었다. 물론 자손도 이어질 것이다. 신성한 남성성과 신성한 여성성이 돌아온 것일까? 둘의 거룩한 결합이 부활한 걸까? 희망을 품어도 될 법했다. 어쨌든 그 꿈은 꽤 희망적이고 놀라웠다.

나는 코끼리가 신성한 여성성을 상징한다고 본다. 코끼리는 크고 강인하면서, 모성애와 공동체 의식이 있다. 반면 당당하고 아름다우며 영리하면서도 영악한 사냥꾼인 호랑이는 신성한 남성성을 대표한다고 생각한다. 모성애를 가진 코끼리가 호랑이를 본능적으로 붙잡거나 안고 있었고, 둘은 사이가 좋아 보였다. 누가 운전했는지는 보지 못했지만, 인간이지 않을까 싶다.

호랑이와 코끼리는 실제로 서로 짝을 맺을 수 없다. 물론 이들이 남성성과 여성성을 대표하는 것도 아니다. 고양잇과나 코끼릿과 동물은 남성성과 여성성을 둘 다 가지고 있다. 이는 우리 인간도 마찬가지다.

꿈에서 본 '행렬'은 시사하는 바가 크다. 중동 철학에서는 역사를 조상이 선두에서 이끄는—맨 뒤에서 따라오는 것이 아니라— 일종의 행렬로 묘사한다. 우리는 모두 역사의 일부다. 꿈은 과거 조상의 행렬이었는데, 현실 세계에서 이 행렬은 심하게 무너졌다. 호랑이와 코끼리, 자연계 전체가 지금 역사상 가장 큰 고통을 겪고 있기 때문이다. 그런데 코끼리와 호랑이는 왜 뒷좌석에 있었을까? 흥미로운 질문인데, 이것이 꿈의 또 다른 핵심이다. 운전사인 인간이 멸종 위기에 처한 경이로운 존재들을 지킬 책임이 있어서다. 우리 인간은 도우려고 존재한다.

이 점이 꿈의 본질이다. 우리 내면의 아름다운 남성적 힘(호랑이)과 강한 여성적 힘(코끼리)을 모아야 할 때라는 얘기다. 우리는 자기 자신은 물론, 문화제도 안에서 음과 양의 균형을 이뤄야 한다. 지금은 그 균형이 심하게 깨져 있다.

최근 신성한 여성성이 회복되고 있다. 교육, 과학, 정치, 경제, 종교 등의 분야에서 여성의 지위가 높아졌다. 대학 신입생도 여성이 더 많다. 여성을 여신, 가이아, 어머니 신, 검은 성모, 다라, 관세음보살, 오순, 소피아,

지혜, 도道, 칼리 등 뭐라 부르든지 간에, 우리 사회에 여성성이 간절했던 만큼 화려하게 부활하고 있다. 사실 12세기 전까지만 해도 서구 문화에서 교육과 제례, 생활방식과 건축에 중요한 변화를 이끈 건 여신이었다.

그렇다면 신성한 남성성은 어떨까? 안타깝게도 부활의 기미가 보이지 않는다. 우리는 우선 남성을 신처럼 경배하는 이미지들을 찾아내어 버려야 한다. 이는 몹시 해롭다. 남자들이 여신의 존재를 부정하는데, 여신이 돌아온들 무슨 소용일까? 여신이 여성과 남성 모두에서 꽃피려 하지만, 남자들이 마음을 열지 않는다면? 지혜의 여신이 여성만 깨우고 남성은 깨우지 못한다면, 건강한 균형은 이뤄지지 않을 것이다. 마이스터 에크하르트Meister Eckhart가 7세기 전에 말했듯이, "우리는 스스로 이해한 자신의 모습에 따라 신에게 이름을 붙인다." 우리가 신(신을 언급하는 어떤 말도 은유일 뿐이다)의 성별에 대한 균형 감각을 받아들이지 못하면, '우리 자신'에 대해서도 균형 잡힌 성별 감각을 가질 수 없다는 뜻이다.

불과 얼마 전에 신성한 남성성을 재정립하자는 남성운동이 생겨났다. 하지만 불완전한 성공에 그치고 말았다. 대중 매체가 남성운동을 비아냥거렸기 때문이고, 로버트 무어Robert Moore가 저서 《왕, 전사, 마법사, 연인 King, Worrier, Magician, Lover: Rediscovering the Archetypes of The Mature Masculine》에 간디, 예수, 맬컴 엑스, 마틴 루서 킹보다 2차 세계대전에서 전투를 이끈 미국 육군대장 조지 패튼에 훨씬 많은 부분을 할애한 것처럼, 운동을 이끈 몇몇 대표자들이 남성성을 광적인 사나이다움으로 규정했기 때문이다.

《영적으로 커밍아웃Coming Out Spiritually》의 저자인 크리스티안 데 라 후에르타는 남성운동을 이렇게 평가했다. "남성운동은 주로 이성애자 남성 사회에 영향을 미쳤다고 생각합니다. 어떤 점에서 보면 남성운동이 해야 할 일을 한 셈이지요. 남성들, 특히 이성애자 남성들이 마음을 열고 정신을 깨쳐야 하니까요. 이들은 대부분의 일을 처리하는 후위대라고 할 수 있습니다. 그런데 자신(자신의 신체와 영혼)과 단절되고 신성함을 잃어, 그 좌절감을 폭력, 파괴, 전쟁 같은 부적절한 방식으로 표출하고 있지요." 또한 그는 남자들이 남성성에 대한 편견을 가졌다며 우려를 표했다. "그로 인해 많은 남성이 성찰과 즐거움에 대한 두려움을 가지고 감정을 억누르며 살아가는데, 그러다 보면 부적절하고 때로는 파괴적인 방식으로 감정이 터져 나오기 마련입니다."

은퇴한 농부이자 시인, 사진작가, 수영선수(66세에 영국 해협을 횡단했고, 72세인 지금도 샌프란시스코만의 앨커트래즈섬까지 수영한다)인 짐 밀러*Jim Miller*는 '무쇠 한스의 친구*Friends of Iron John*'• 와 함께 20년간 남성운동을 해왔다. 그는 남성운동의 성과와 앞으로의 과제에 대해 이렇게 말했다.

"남성운동은 로버트 블라이*Robert Bly* •• 와 멘도시노*Mendocino*의 남성 모임과 함께 오랫동안 제게 큰 영향을 줬습니다. 아버지로부터는 받지 못했던 귀한 것을 제대로 이해하도록 해줬지요. 저희 집 남자들은 모두 알코올 중독이거나 정상이 아니었거든요. 남성운동은 현실을 깨닫게 했고 저를 강하게 만들었습니다. 또한 가장 여성적인 것과 가장 남성적인 것, 즉 여성의 의식과 남성의 깨달음 모두를 포함해 남자에게 중요한 것들을 이해하게 해줬어요. 남자들은 아버지가 신처럼 군림하는 체제에 갇혀 있었어요. 긴 시간 동안 자신의 눈을 가려왔지요. 지금은 많은 사람이 자신의 연약함과 세심함에 눈뜨고 있습니다."

• 　　무쇠 한스는 '건강한 남성성'을 다룬 독일 동화이다.

•• 　　미국의 시인이자 활동가, 남성운동 지도자이다. 그의 저서 《무쇠 한스: 남자에 관한 책 *Iron John: A Book About Men*》은 '진정한 남성성' 회복을 위한 남성학의 고전으로 꼽힌다.

은유와 원형

이 책에서는 건강한 남성성, 즉 신성한 남성성의 부활을 보여주는 열 가지 원형과 은유를 탐구할 것이다. 우리 각자의 내면에서 신성한 남성성이 신성한 여성성과 결합할 때, 내가 꿈에서 본 코끼리와 호랑이의 결혼 같은 연민과 열정의 '신성한 결합'이 이뤄질 수 있다.

조지프 재스트랩Joseph Jastrab은 그의 명저《신성한 사나이, 신성한 지구: 남성의 가슴 속 황무지로 들어가는 영적인 연결 의식Sacred Manhood, Sacred Earth: A Vision Quest into Wilderness of a Man's Heart》에서 남자들에게 긍정적인 남성 이미지가 없다고 주장했다. "많은 이가 구원을 바라며 위대한 어머니를 찾고 있다. 하지만 그 누구도 위대한 아버지와의 올바른 관계를 구하지 않는다. 모두가 사랑 없는 이성, 굳어버린 진리, 연민 없는 법으로 대변되는 '냉혹한 아버지'에 맞서면서도, 그 대안으로서 남성의 긍정적인 면은 전혀 언급하지 않는다."[1]

긍정적인 이미지와 오래된 은유는 얼마나 중요할까? 대니얼 핑크Daniel Pink는 자신의 도발적인 연구 '완전히 새로운 생각A Whole New Mind'에서 조지 레이코프George Lakoff의 개념을 들어 "삶에 대한 비유가 —삶을 '여행'으로 보든 '쳇바퀴'로 보든— 물질적 풍요보다 중요하다"고 주장한다. 이런 이유로 "자기 이해는 삶을 이해하게 하는 자기만의 적당한 은유를 찾는 것에서 비롯된다." 오늘날 우리가 마주하는 문제는 "인간의 사고 과정이 대부분 은유적"임에도 현대 서구 문화가 "이성의 영역에서 은유를 빼버렸기" 때문에 생겨났다. 인간 사고의 특별함은 비유하는 능력에 있다.[2]

은유와 신화, 원형이 우리의 행동을 이끈다. 정신의학자 진 시노다 볼린*Jean Shinoda Bolen*의 말처럼 "신화에서 자신을 발견할 때마다 우리는 힘을 얻는다. '깨달음'을 주는 신화는 우리가 감동받은 것에 충실하도록, 진정한 자신으로 살도록 이끈다."[3]

앞으로 탐구할 열 가지 원형이 남자들이 진정한 힘을 갖고, 참된 자신을 진심으로 대하게 하는 데 도움이 되기를 바란다. 열 가지 은유는 다음과 같다.

1. 하늘 아버지
2. 녹색 인간
3. 이카로스와 다이달로스
4. 수렵채집인
5. 영적 전사
6. 남성적 섹슈얼리티
7. 우주적이면서 동물적인 몸
8. 푸른 인간
9. 땅 아버지
10. 하늘 할아버지

이 은유들을 하나씩 되찾으면, 하나가 아닌 다수의 신성한 결혼이 이어질 것이다. 그런데 은유를 접할 때 문자 그대로 해석하면, 원형의 '성*gender*'이 사람의 성별을 가리키는 것이 아니라는 사실을 잊게 된다. 로버트 블라이와 매리언 우드먼은 논쟁을 일으키는 "문자 그대로의 해석"을 경계하라고 말했다. "은유의 세계에서는 모든 것을 엄밀하게 남성적, 여성적 차원에서 해석해야 한다."[4] 남성의 원형이 남자에 관한 것이 아닐뿐더러 여성의 원형이 여자에 관한 것도 아니기 때문이다. 모든 원형은 인간이라는 존재가 가진 측면을 묘사한다. 내가 제시하는 열 가지 원형은 남성과 여성 모두 나이에 상관없이 내면의 남성성과 이어질 수 있는 열 가지이야기이자 이미지이며 방법이다. 우리 모두는 남성적 원형과 여성적 원형이 다 필요하다. 그런데 블라이의 주장처럼 "우리 문화가 승패와 물질적 성공을 지나치게 강조하다 보니, 남자가 가진 여성적 측면은 가치 없게여겨지고 있다. 젊은 남자의 남성성이 여성성, 특히 여성성이 가진 깊이와맹렬함에 대해 거의 알지 못하는 건 이 때문이다."[5]

이 책은 남성뿐만 아니라 여성을 위한 책이며, 여성의 삶에 속한 남성, 즉 여성의 아들, 손자, 남편, 연인, 동료에 관한 책이다. 또한 여성의 영혼에 깃든 남성성에 대한 것이다. 여성으로서, 당신의 남성적 원형은 얼마나건강한가? 자신의 남성성을 존중하는 이야기를 자신에게 들려주는가? 어떻게 열 가지 원형에 접근하고, 이를 자신에게 적용해야 할까?

은유: 신성한 자들이 쓰는 언어

어떤 은유에서 자기 모습을 발견할 때, 즉 그 은유를 그대로 받아들여자신의 이야기로 만들 때, 우리는 비로소 영혼의 언어로 말하게 된다. 은유는 신성한 것, 단어로 구속된 세상보다 더 큰 것에 알맞은 언어다. 또한문자 그대로의 뜻보다 더 깊고, 근원적이고, 아득히 오래되고, 순진하며, 신체적인 언어다. 우드먼은 이렇게 말했다.

은유는 움직이는, 즉 우리 몸과 관련된 차원의 언어여서 의식적으로이해하기보다는 무의식적으로 경험하기가 더 쉽다. 은유는 리듬과 숨그리고 소리로서 어머니의 몸 안, 신체적 원천에 담겨 있는 언어다. 소리에서 말을 만들고 그 말을 사람이나 물건에 붙여서(아-빠, 엄-마) 말하는 법을 배우는 갓난아이 수준의 언어다. 그런데 이 원시적 수준의 말은 마법의 힘이 있다. … 원시적 언어는 육체의 에너지를 담고 있으며, 이는 소리를 통해 정신 에너지로 바뀐다. 이렇게 정신과 육체가 만나는 에너지 수준에서 작동하는 언어가 은유이다. 우리는 아이였을 때 은유를 느끼며 살았다. 물론 그 의미를 신경 쓰지는 않았다.[6]

나는 여러분이 열 가지 원형 혹은 은유를 발견하면서, 어떤 '마법의 힘'과 신체의 진실을 찾기 바란다. 그 원형을 자신의 것으로 만들 때에만, 새로운 은유를 갈망하는 오늘날의 인간관계와 문화 체제에서 그것을 구체적으로 표현할 수 있다. 원형이 현실에 잘 적용될 수 있다.

예수는 은유를 통해 가르쳤다. 그럼에도 일부 기독교인들은 문자 그대로 해석하며, 심지어 종교 단체는 은유보다 직설을 선호한다. 예수는 안식일은 사람을 위한 것이지 사람이 안식일이라는 제도를 위해 존재하는 게 아니라고 가르쳤다. 문화가 되살아나고 자아가 거듭나기 위해서는 제도가 아니라 사람의 영혼을 살려야 한다는 말이다.

웹스터 사전에 은유는 "어떤 사물이나 개념을 다른 단어나 어구로 빗대어 둘 사이의 유사성을 보여주는 수사적 표현"이라고 정의되어 있다. 이에 따르면 '신'이라는 단어도 늘 은유다. 신에 붙은 어떤 이름도 신이 아니며, 신에 대한 모든 것을 말해주지 못한다. 이 점을 중요하게 생각하는 많은 영적 전통은 '신'의 이름을 함부로 사용하지 못하게 한다. 유대인에게 신의 이름을 쓰는 것은 금기다. 토마스 아퀴나스는 "우리는 신이 누구인지 알지 못한다. 무엇이 신이 아닌지 알 뿐"이라며, '신'은 너무도 포괄적인 은유여서 "모든 생물이 신의 이름이 될 수 있고, 동시에 어떤 생물도 신이 될 수 없다"고 말했다. 힌두교 전승에는 "신을 부르는 무수한 이름"에 대한 이야기가 있다.

물론 문자 그대로 해석해야 하는 것도 있다. 사법 체계는 은유가 아닌 실제 범죄 증거를 다룬다. 스포츠 경기도 문자 그대로 미식축구 선수가 공을 받았을 때 발이 경기장 안에 있었는지, 타자가 친 야구공이 파울 라인 안에 떨어졌는지, 농구공이 골대 안으로 들어갔는지를 판정한다. 스포츠 경기에 일관된 규칙이 없으면 혼란에 빠질 것이다. '홈런'을 서로 다르게 해석한다면 승부를 어떻게 가르겠는가?

그러나 삶은 다르다. 삶에서 승패는 상대적이며 그 의미도 변할 수 있다. 성공은 시행착오 끝에 이뤄진다. '시행'이란 반복해서 시도하는 것이며, '시도'는 창의력을 발휘하는 것, 새로운 방향으로 가보는 것, 상상력을 이용하는 것, 문자 그대로의 해석을 넘어서는 것이다. 즉, 은유의 힘을 이용하는 것이다!

과학자 조엘 프리맥*Joel Primack*과 낸시 애브람스*Nancy Abrams*는 은유를 "현실 자체를 머릿속에서 재해석하는 것"이라고 설명했다.[7] 이들은 과학이 발견하는 우주의 모습을 "새로운 은유의 근원"으로 여기며, '은유의 중요성'을 강조한다. 신경과학과 인지심리학, 언어학 연구 결과, 은유는 상황을 설명하는 데 도움이 되는 방법이자, 더 나아가 "인간의 뇌가 추상적인 것을 이해하는 방법"임이 밝혀졌다. 은유는 청각이나 시각 같은 감각의 한 종류로 "우리가 가진 은유의 폭이 현실의 폭을 결정할" 정도로 우리에게 큰 영향을 미친다. 은유를 통한 생각을 멈추면 우리의 성장도 멈추고 만다.

원형의 바다

나는 은유와 원형을 같은 의미로 사용했는데, 둘은 다른 것으로 볼 수도 있다. 은유는 변하지만, 원형은 영원하다. 사람, 사회, 시대는 같은 원형 에너지에 대해 개별적이고 독특한 은유를 발전시킬 수 있고, 역으로 은유가 원형과 원형 에너지를 일으킬 수도 있다. 매리언 우드먼이 지적한 것처럼, 은유는 "보이지 않는" 원형을 끌어낸다.

> 원형은 우리가 이미지를 투사하는 에너지장*energy field*이다. 복합적인 이미지가 1천 볼트의 에너지를 전달한다면, 그 이미지의 핵심인 원형은 10만 볼트의 에너지를 전달한다. 원형은 인간의 일상적인 에너지 그 이상이다. 그것은 신성한 장소에서 우리를 통해 분출되는 에너지이다. 우리 내면의 어딘가, 문화와 시대를 초월해 모든 인간이 공유하는 이미지를 나타내는 곳에서 타오른다. 문화가 변하면 에너지가 변화하고 사람이 갇혀 있지 않은 이상 그에 따라 이미지도 변하기 마련이다. 변하지 않는 원형의 이미지는 고정관념, 즉 죽은 에너지가 된다.[8]

다시 말해, 살아 있는 원형은 우리에게 에너지를 가해 우리가 '타오를' 수도 있겠다고 느끼게 한다. 인류는 생존을 위해 문화적 전환을 일으켜야 하는데, 전환에 필요한 10만 볼트의 에너지를 살아 있는 원형에서 얻을 수 있다. 이 책을 쓰는 동안 나도 예상치 못한 방식으로 이 에너지를 경험했다.

원형은 우리에게 무언가를 요구한다. 원형은 모든 음악과 시, 이야기, 활력을 주는 활동 이면에 존재한다. 훌륭한 예술가는 원형을 낚는 어부로, 깊숙한 곳에서 원형을 끄집어내고, 제6차크라●인 '눈 사이를 때려' 정

●　　차크라는 산스크리트어로 '바퀴' 또는 '원반'이라는 뜻으로, 인간 신체의 여러 곳에 있는 정신적 힘의 중심점을 의미한다. 요가 수련에서는 7개의 차크라가 있다고 본다.

신이 번쩍 들게 해 '우리를 깨운다.' 원형이 우리를 '흔드는' 것이다. 원형은 우리를 즐겁게 하기 위해서가 아니라 행동하게 하려고 일어난다. 우리는 행동을 통해서만 원형을 실현할 수 있다. 지금 우리가 해야 하는 일은 바로 남성성에 대한 낡은 이미지를 바꾸기로 선택하는 것이다. 볼린은 우리에게 당부한다. "내면의 세계에서는 '하는 것'이 곧 '되는 것'이다. 마음가짐이나 원칙에 따라 어떤 행동을 계속하면, 결국 우리는 그 행동을 하는 존재가 된다."[9]

《녹색 인간Green Man》의 저자들은 카를 융Carl Jung의 말처럼 "원형은 필요한 시기에 사회의 불균형을 바로잡으려 새로운 형태로 다시 나타날 것"이라고 지적한다. "따라서 녹색 인간은 자연에 대한 우리 태도의 부족함을 상쇄하기 위해 인식 안에서 떠오를 것이다."[10] 이 책에서 다루는 열 가지 원형 모두 같은 이유, 즉 우리 문화와 영혼 안의 불균형을 바로잡기 위해 나타날 거라 생각한다. 문화와 영혼은 원형에서 흘러나오기 때문이다.

모든 원형은 우리 모두에게 열려 있고 우리의 내면에 존재한다. 이 책의 각 장은 '나'와 '여러분'과 '우리'에 관한 것이다. 원형들은 뒤섞여 있다. 따로 떨어져 있거나 숨겨져 있지 않다. 그래서 원형은 이 책의 각 장에서 다른 은유와 겹칠 수 있다. 예를 들어, 녹색 인간은 전사의 맹렬함과 결단력을 가질 수 있으며, 푸른 인간은 하늘 아버지와 공통점이 많다. 파멸한 젊은이 이카로스도 '땅 아버지: 아버지의 심장(1부 9장)'에서 아버지 다이달로스와 함께 모습을 드러낸다. 중요한 것은 원형과 은유가 우리에게 힘을 주는 때, 즉 우리가 가야 할 모험적 여정을 발견했다는 신호를 알아차리는 것이다.

남자에 관해 남자와 이야기하기

이 책을 쓰기 위해 사람들과 즉흥적으로 인터뷰를 했는데, 진정한 남성성에 대해 관심도 지혜도 많은 남자들이 적지 않음을 알게 됐다. 이들은 나이, 직업, 인종, 성적 취향 등이 저마다 달랐으며, 인터뷰 내용은 책 중간마다 배치했다. 인터뷰는 내가 좋아하는 방식이다. 몹시 개인적이고, 마음에서 우러나는 진실한 목소리를 직접 들을 수 있기 때문이다. 이 책에서는 이들의 목소리가 우리가 제기하는 문제 속으로 들어와 그 안에 있는 자신을 보라고 요청하는 초대장이 될 것이다.

나는 이들과의 인터뷰를 통해 수치심과 공격성이 남자의 삶과 정신에서 매우 큰 역할을 한다는 사실을 깨달았다. 겉보기에는 평범한 이 문제에 대해 통찰을 제시해준 심리학자 존 컨저*John Conger*에게 감사한다. 정신분석가 오토 랭크*Otto Rank*의 말을 빌리자면 수치심과 공격성은 남자들이 세상에 태어날 때부터 품은 "원초적인 상처"이다. 고립과 그로 인해 치러야 할 대가와 관련이 있는데, 수치심과 공격성이 모든 원형에 끼친 영향은 마지막 장에서 요약하겠다.

여러 해 동안 나는 남성 페미니스트로서 글을 썼다(이로 인해 '페미니스트 신학자'라는 비판을 받으며 도미니크 수도회에서 쫓겨났다). 그래서 이 책의 제목만 보면 마치 내가 지금까지 펼친 주장과 배치되는 내용을 말하려는 것처럼 보일 수 있다. 하지만 오히려 내 연구를 논리적으로 확장한 것이다. 인류에게 절실히 필요한 깨우친 남자들은 어디에 있는 것일까? 여성은 자신의 이야기와 원형을 되찾고 있는데, 남성과 여성이 함께 가져야 할 건강한 남성성은 어디에 있단 말인가?

우리 문화는 신의 이미지를 남성으로 고정한 후, 남성성의 의미를 규정했다. 명예를 얻고(스포츠, 비즈니스, 정치, 학계에서 일등이 되는 것), 전쟁을 하고('죽이거나 죽는 것'), 냉정한 이성을 가지며('사내는 울지 않는다'), 동성애를 혐오하는(남자 애정을 두려워하는 것) 것으로 말이다. 남성성은 곧 자연, 자신의 몸, 여자, 타인 등에 대한 지배를 의미한다.

하지만 남성성에 대한 이런 고정관념이 진실일까? 이러한 것을 다 이루면 완전한 남자가 되는 걸까? 이 책은 남성에 대한 옛 이미지와 새로운 이미지를 탐구하면서, 남자들이 거칠고 맹렬하지만 부드럽고 다정하며 고매하고 신비하기까지 한 가장 심오한 최선의 자아를 찾을 수 있도록 숨 쉴 구멍을 마련해줄 것이다. 미래를 내다보고 지구를 사랑하며 우주적이면서 광활한 자아, 생산적이고 창의적이면서 자애롭고 현명한 자아, 이성애와 동성애를 품은 자아, 즉 우리의 진정한 자아를 찾아볼 것이다.

우리는 너무 오랫동안 기업과 미디어, 정치인이 남자다움을 규정하도록 내버려뒀다. 남자다움을 규정하는 세력은 누구고 어디에 있는가? 이들은 이렇게 함으로써 어떻게 이익을 얻고 있는가? 더 이상은 안 된다!

이제 우리가 진정한 남자다움을 되찾을 때다. 너무 늦기 전에, 불의 성질을 지닌 지나친 양기가 말 그대로 지구를 다 태우기 전에 행동해야 한다. 남성성이 왜곡된 건 수천 년 전, 즉 모계 사회에서 부계 사회로 바뀌기 시작한 때다. 가부장제는 사회학자 리안 아이슬러*Riane Eisler*가 말한 "지배자의 황홀*dominator trance*"로 이어졌고, 왜곡된 남성성은 제국 건설과 마녀사냥, 종교 재판과 십자군 전쟁, 여신과 신성한 여성성의 추방, 환락과 성적 쾌락을 위한 희생양 만들기, 그리고 프랜시스 베이컨*Francis Bacon*의 말처럼 "땅 어머니를 고문해 그녀의 비밀을 밝혀낼 것"을 약속한 현대 철학에서 모습을 드러냈다. 이런 역사는 여성의 영혼뿐만 아니라 남성의 영혼에도 뼈아픈 상처를 입혔다. 그리고 지금이 과거 그 어느 때보다 신성한 여성성과 신성한 남성성의 신성한 결합이 절실한 시기다. 인류의 생존이 그 균형에 달려 있기 때문이다.

건강한 남성성이 돌아오면 남자와 여자 모두 큰 기쁨을 누릴 것이다. 동물과 식물, 앞으로 태어날 미래 세대도 마찬가지다. 우리는 사랑하면서 사랑받게 될 것이며, 적대를 넘어선 연대의 가치와 우정을 다시 발견할 것이다. 아름다움과 여신이 돌아올 것이다. "신은 어머니이자 아버지"라는 노리치의 줄리안*Julian of Norwich*의 선언의 의미를 알게 될 것이다. 우리 자신과 모든 생명체 안에서 신을 찾게 될 것이며, 우리 안에 신이 머물고 있는 것처럼 행동할 것이다. 삶은 끝없는 투쟁이 아니라 축제가 될 것이다.

남성은 '해결해야 할 문제'가 아니라 심오하고 이해하기 어려운 신비다. 우리 각자는 많은 이야기와 조상의 모습, 은유, 원형을 품고 있다. 우리는 다채롭다. '남자만의 문제'란 건 없다. 각자의 고유한 DNA를 보면 우리가 자신만의 이야기와 소명을 가지고 140억 년의 긴 여정을 이어왔음을 알 수 있다. 우리는 경이로우면서 놀랍고, 창조력이 가득한 존재다. 그리고 여전히 진화하고 있다. 우리는 녹색이면서 파랗고, 전사이면서 사냥꾼이며, 이카로스면서 다이달로스이고, 아버지면서 아들이다. 남편이자 연인이며, 영적이면서 육체적이고, 자유로우면서 얽매어 있다. 이것은 가장 모험적인 생각이다. 그래서 우리에게는 우리를 깨울 옛 은유와 새로운 은유가 필요하다.

열 가지 원형

진정한 남성성에 대한

1부.

<table>
<tr><td>1장.</td><td># 하늘 아버지:
우주는 살아 있다</td></tr>
</table>

'하늘 아버지'는 신성한 남성성을 일컫는 원형이다. 남아메리카 원주민 같은 토착 부족민에게서 이 개념을 찾아볼 수 있는데, "사람이라면 가슴에 우주의 신비를 품을 자리가 있어야 한다"는 말이 전해 내려온다. 우주의 신비와 교감해야 한다는 요구는 유대교, 기독교, 이슬람교를 포함해 많은 종교에서 찾아볼 수 있다. 오늘날의 과학에서도 발견된다.

그런데 17세기에서 20세기까지 이어진 근대 사회는 하늘 아버지를 막고 그 이름을 사실상 무의미하게 만들었다. 그 결과 하늘을 담을 만큼 큰 남성의 가슴과 영혼은 상실감으로 채워졌고, 남자들은 난폭해졌다. 작가 D. H. 로렌스*D. H. Lawrence*는 이렇게 썼다. "삶이 순전히 개인적이 되고, 매일 뜨고 지는 태양과도 멀어지며, 신비로운 자연의 순환과도 단절된다면 얼마나 참담할까! 이것이 우리가 겪는 문제이다. 우리는 뿌리에 피를 흘리고 있다. 지구와 태양과 별에서 잘려 나왔기 때문이다. 사랑은 비웃는 조롱이 되었다. 가여운 꽃이기 때문이다. 우리는 그 꽃을 생명의 나뭇가지에서 꺾어 화병에 꽂아두고서 계속 피어나길 바라고 있다."¹ 우주를 탐구하던 품이 인간의 마음이나 읽고 있으면 무슨 일이 일어날까? 온 우주와 얽혀 있던 사람이 시장에서 장사나 하고 있다면? 가슴이 쪼글쪼글해진다. 영혼은 오그라들고, 어마어마한 폭력성이 자리한다.

하지만 늘 그랬던 것은 아니다. 그러니 앞으로 계속 그래야만 하는 것도 아니다. 오늘날의 포스트모더니즘 우주론은 하늘을 다시 열어 놀라운 광경을 밝히고, 그 과정에서 하늘 아버지와 신성한 남성성을 되찾도록 남성들을 격려하고 있다.

근대 이전에 묘사된 하늘의 신들

거의 모든 시대와 문화에서 하늘은 신들이 사는 곳으로 여겨졌다. 기독교에서 신은 "지극히 높은 곳"에 있다. 기독교인은 "온 세계에서 가장 높은 자"인 주를 찬양한다. 성경에는 예수가 세 명의 사도를 데리고 산꼭대기로 올라가는 변용-*transfiguration*에 대한 이야기도 있는데, 여기에서 예수는 찬란한 빛으로 묘사된다. 예수는 죽은 지 사흘 만에 부활해 '하늘로' 올라갔으며, 제자들에게는 "하늘에 계신 우리 아버지"라고 기도하도록 가르쳤다. 예수는 최초의 기독교 신학자이자 우주 신비주의자였던 바울에게 "땅 위에 있는 것이나, 땅 아래에 있는 것이나, 하늘에 있는 모든 것"

을 아우르는 존재였다.

위대한 신비주의 사상가 마이스터 에크하르트는 하늘과 땅의 한결같고 끊임없는 순환을 강조했다. 그는 하늘이 "땅에 힘을 불어넣어, 그 땅을 신성하게 만든다"고 말했다. 또한 하늘이 "끊임없이 흘러 평화로 향하여" 평안을 구한다고 말했다. 그는 인간이 신성함을 추구할 때 겪는 과정을 알고 있다. 인간의 영혼에 깃든 신성한 정신은 "쉽게 만족하지 않는다. 그 정신은 하늘을 운영하는 신에게 닿고자 계속 하늘로 오른다. 신성한 정신이 가진 활력으로 세상의 모든 것은 푸르게 변하고, 무성해지며, 잎을 틔운다. 그래도 그 정신은 만족하지 않는다. 자신을 탄생시킨 근본적인 힘인 혼돈과 회오리 속으로 더 깊이 자신을 밀어 넣는다."[2]

유대인들은 모세가 하느님을 만나는 장면을 들려주면서, 시나이산 꼭대기에서 마주한 영광이 너무나 충만해 "모세의 얼굴이 빛나고 있었으므로" 수건으로 얼굴을 가려야 했다고 말한다. 시편 99편에 따르면, 하느님은 "모든 민족보다 높고", "능력 있고, 정의를 사랑하며 공의를 견고하게 세우신 자"이다. 시편의 작가 다윗은, 땅 위에서 하는 일이 평탄치 않을 때 "고개를 들어" 산과 하늘을 보고 하느님을 찾으라고 충고한다. 유대교 랍비 잘만 샤흐터 샬로미*Zalman Schachter-Shalomi*가 지적한 것처럼, 이는 성행위할 때 남자가 아래를 바라보는 정상 체위와 반대되는 자세다. 남자는 아래를 내려다보는 대신, 위를 올려다봐야 한다. 하느님이 있는 광대한 하늘을 말이다.

기독교 이전의 하늘 아버지에 대한 묘사도 매우 많다. 호주 원주민 디에리족은 자신들의 뿌리인 원시 부족이 하늘에 산다고 생각한다.[3] 그래서 이들은 가뭄 때 하늘에 사는 신성한 친척들에게 비를 내려 달라고 간청한다. 호주 남동 지역의 부족들은 '가장 높은 아버지' 혹은 '천상의 신'이라고 부르는 하늘에 사는 영적인 존재를 믿는다.[4] 모든 이의 아버지인 누룬데레*Nurrundere*가 땅 위의 모든 것을 창조했고, 인간에게 전쟁과 사냥에 쓸 무기를 주었으며, 의식과 예식도 모두 제정했다고 생각하는 것이다. 누룬데레는 자녀들을 데리고 고향인 와이라와레*Wyrrawarre*, 즉 하늘로 떠났지만, 땅 위의 존재는 누룬데레가 만든 의식을 통해 하늘의 신과 연결되어 있다. 그래서 이들은 사냥감을 요리하려고 피운 불에서 연기가 오를 때면 노래를 부르면서 자신의 무기를 하늘로 들어 올린다.

또 다른 부족 위임바이오*Wiimbaio*는 누렐리*Nurelli*가 땅과 동식물을 만들고, 인간에게 법을 만들어준 뒤, 하늘로 올라가 별자리가 되었다고 믿는다.[5] 또 다른 부족도 땅에서 위대한 인간으로 살다가 하늘로 올라간 지극히 높은 존재를 '우리 아버지' 혹은 '우리 모두의 아버지'라 부른다. 쿨린족은 신의 아들인 빈베얼*Binbeal*이 인간에게 기술과 사회제도를 가르치고 하늘나라로 올라가 무지개가 되어 자신들을 굽어 살핀다고 여긴다.

남자들이 사춘기 의식을 행하면서 멀리서 울리는 천둥소리를 닮은 목소리를 가진 '아버지'와 특별한 만남을 가지는 원시 부족도 있다. 이들은 아이들에게 모든 것을 창조한 후 사라져, 지금은 높은 곳에 머무르는 고귀한 존재에 대해 가르친다. 그 존재는 예식의 틀을 짜고, 불로러라는 악기를 만들어 바다의 큰 파도 아래 두었는데, 그 악기는 '아버지'의 목소리를 상징하며 주술사에게 권능을 부여한다. 사람이 죽으면 이 고귀한 존재가 마중 나와 죽은 이의 영혼을 하늘에 있는 조상, 즉 별이 된 조상에게 안내한다. 여기서 주목할 점은, 하늘에 있는 고귀한 존재에 대한 이야기들이 서양 선교사들이 호주에 들어오기 전 이미 고대 부족 사이에 퍼져 있었다는 사실이다.

아란다*Aranda*어를 쓰는 지역에서는 땅과 하늘이 처음부터 존재했고, 늘 영적인 존재들의 고향이었다는 믿음이 있다. 아란다 서쪽 지역 부족들은 호주의 대형 조류인 에뮤의 발을 가진 위대한 아버지가 영원히 늙지 않고 하늘에 산다고 믿는다. 그에게는 개의 발을 가진 아내와 많은 자녀가 있으며, 그들은 가뭄에도 끄떡없는 푸르른 땅에서 나는 과일과 채소를 먹고 산다. 하늘을 가로질러 은하수가 넓은 강처럼 흐르고 별들은 모닥불처럼 빛난다. 하늘을 집으로 삼는 이 존재는 별들만큼이나 오래되었지만, 결코 죽지 않는다. 하늘의 위대한 아버지는 자녀들만큼이나 젊어 보인다. 죽음은 오직 땅 위의 현상으로 여겨진다. 하늘과 땅 사이의 관계가 끊어지면서, 즉 땅과 하늘을 잇는 사다리였던 거대한 나무가 잘리면서 죽음이 생겨났다는 것이다.

호주 서부 아넘 랜드에 있는 무린바타족에게는 '꿈의 시대'에 살았던, 하늘에 사는 깨끗한 영혼 노가메인*Nogamain* 이야기가 있다.[6] 노가메인이 사는 곳에 대해서는 의견이 분분한데—누구는 달에 산다고 하고 누구는 아니라고 한다—, 그래도 부족민 전체가 팔을 들어 하늘을 가리키며 '높은 곳'에 산다고 답한다. 이들은 그가 천둥과 번개를 지구로 보내고, 착한 아이를 부모에게 점지해준다고 믿는다.

폴리네시아와 미크로네시아 전역에는 '신으로 모시는 하늘'을 둘러싼 공통된 믿음이 있다. 이 지역 사람들은 오로지 별들에 의지해 먼 거리를 항해할 때, 하늘의 무시무시한 힘을 겪었을 것이다. 폴리네시아 마오리족의 전설에 따르면, 신들은 하늘, 땅 그리고 지하세계의 왕국을 다스린다. 랑기(하늘)와 파파(땅)는 인류를 탄생시킨 태초의 부부다. 아버지가 어머니인 지구에 단단히 뿌리내리고 있어서, 이들의 여섯 자녀 중 숲의 신과 새의 신, 곤충의 신만이 그를 하늘로 끌어올릴 수 있다. 폴리네시아에서는 대체로 "더 강한 신이 '하늘의' 존재다."[7] 미크로네시아 사람들도 온 우주의 생명력을 관장하는 중요한 신들은 대개 하늘에 있다고 생각한다.

아프리카 부족 또한 우주를 보이는 것과 보이지 않는 것, 즉 하늘과 대지로 나눈다. 아프리카 학자 존 음비티*John Mbiti*에 따르면, "우주의 일부인 창공은 별과 태양, 달, 운석, 하늘, 바람, 비가 머무는 곳으로, 천둥과 번개, 태풍, 일식과 월식, '유성' 같은 현상과 연결되어 있다. 부족민들은 신이 '하늘'이나 '구름 너머'에 산다거나, '신은 사람처럼 땅에 살지 않는다'고 말할 뿐 정확한 장소는 알지 못하지만, 그래도 신이 사는 곳은 창공이라 여긴다."[8]

우주의 일부인 창공을 아버지로 여기듯, 많은 아프리카인은 대지를 어머니로 생각하며 살아 있는 존재, '어머니 지구', '여신 대지' 혹은 '대지의 신'이라 부른다. 대지는 신성하며, 그 일부인 산, 폭포, 바위, 숲, 나무, 새, 동물, 곤충과 함께 숭배된다.

아프리카의 많은 신화에 따르면, 하늘과 땅은 한때 이어져 있었다. 둘이 나뉘게 된 이야기는 조금씩 다른데, 둘 사이에 있던 사다리나 밧줄이 끊어졌다는 내용도 있고, 동물들이 가죽 밧줄을 끊는 바람에 한쪽은 하늘로 올라가고 다른 한쪽은 땅으로 떨어졌다는 내용도 있다. 인간 때문이라는 내용도 있다. 어쨌든 단절이 일어났다. (에덴동산 이야기와 너무 비슷하지 않은가?)

아프리카 부족은 지구와 마찬가지로 우주도 가장자리가 없다고 여긴다. 우주의 연속성과 무한함을 상징하는 원 모양은 의식과 제례에서 중요시된다. 탄생과 죽음, 재탄생 의식은 삶이 죽음보다 더 강인하다는 점을 강조한다.

아메리카 원주민들도 어디에나 있는 초월적 존재와 하늘 아버지의 정체성에서 위대한 영혼의 존재를 강렬하게 느낀다. 예를 들어, 알곤킨의 큰 천둥*Big Thunder of the Algonquin* 부족은 "위대한 영혼은 모든 것에 깃들어 있다"고 말한다. "위대한 영혼은 우리가 마시는 공기에도 있다. 위대한 영혼은 우리 아버지이고, 지구는 어머니다. 지구는 우리를 길러주며 우리가 뿌리는 대로 돌려준다." 라코타의 빨간 구름 족장*Chief Red Cloud*은 하늘의 중심인 아버지에게 이렇게 기도한다. "우리를 굽어 살피시는 위대한 하늘의 아버지시여, 모든 부족을 축복하시고, 우리가 평화 속에서 태어나 한평생 평화 속에서 살게 하시며, 우리 아이들을 지켜주시고 마침내 우리를 땅에서 높이 들어 올리시고, 우리 아이들을 하늘 아버지의 자녀로 여겨주시며, 모든 부족이 하늘 아버지의 자녀가 되게 하시고, 우리가 오늘 이 광활한 평원 위에서 손을 잡음으로써, 우리가 영원히 평화롭게 살게 하소서."

반면 고대 그리스인들에게 하늘 아버지는 존경할 만한 인물이 아니었다. 제우스의 아버지 크로노스는 자신의 권력을 빼앗길까 봐 일곱 자녀를 삼켰다. 제우스는 권력에서 밀려날까 봐 두려워 아들을 없애기 위해 지혜의 여신인 아내 메티스를 삼켰다. 볼린의 말대로 "우라노스, 크로노스, 제우스 신화는 하늘 아버지의 원형이 바뀐 증거다."[9]

아리스토텔레스는 하늘의 질서와 아름다움의 조합에 감동하여 신이라는 존재를 가정했다. 그는 아테네에서 공부하던 시절에 쓴 초창기 저서에서 이렇게 고백한다. "태양이 자신의 경로에 따라 뜨고 지며 별들이 박자에 맞춰 질서 있게 춤추는 모습을 본 사람들은 이 아름다운 설계도를 그린 기술자를 찾으면서 이것이 우연이 아니라 강력하고 완전한 어떤 힘으로 탄생했다고 짐작했다. 그런 힘을 가진 존재는 신밖에 없다."[10]

근대 이전, 전 세계 사람들과 토착 부족들에게 하늘은 살아 있었다. 무엇보다 하늘은 아버지 신을 품고 있었고, 인류가 필요한 것을 살피는 주의 깊은 눈으로 가득했다. 하지만 현대의 신은 그렇지 않다.

현대의 하늘 신

현대 사회는 살아 있는 하늘의 아버지 신을 병상에 묶어 결국 죽였다. 19세기에 니체가 깨달았던 '신의 죽음'은 하늘의 죽음과 일치한다. 17세기부터 20세기 초까지 근대 과학은 (근대 전후의 과학과는 달리) 하늘은 기계에 불과하며, 가끔 그 기계에 기름칠하기 위해서만 신이 필요하다고 가르쳤다. 그리고 그 유일한 역할마저 빼앗았다. 그래서 우리는, 특히 남자들은, 하늘이 주는 도움도 이해도 깨우침도 기대하지 않게 됐다. 전근대 철학가 토마스 아퀴나스의 말대로 우리는 모두 광대한 에너지를 허락받고 "우주를 품을 수 있는*capax universi*" 존재가 되었지만, 기계로 전락한 하늘 아래 산업화된 세상에 영혼을 끼워 넣어야 했다. 하늘에 대한 경외심은 인간이 일으키는 파괴에 대한 두려움으로 대체되었다.

뉴턴은 우주가 본질적으로 기계처럼 완성된 하나의 제품이라고 가르쳤다. 인간은 그 기계에 적응하고 순종해야 했다. 그러한 우주에 창조성이 있을 리 없다. 근대 사회에서 창조력은 '순응'에 무릎 꿇었다. 실제로 우리는 자신을 기계화된 세상에 끼워 넣고, 카인이 아벨을 죽일 때 썼던 돌을 탱크와 독가스로, 잠수함과 수송기로, 기관총과 원자 폭탄으로 바꿨다. 우리의 파괴 능력이 강해지면서, 뇌는 미쳐갔다. 폭력이 세상을 지배하게 되었다.

세속화된 하늘 아래, 절망이 퍼져나갔다. 바버라 에런라이크*Barbara Ehrenreich*는 17세기 유럽 대륙을 강타해 대량 자살을 일으킨 '우울 전염'에 대해 이야기한다. "불안한 자아가 나타나 개인이 저마다 스스로를 모든 이로부터 방어하는 일종의 요새로 변했다."[11] 이 집단적 자폐증은 하늘로부터 단절된 결과였을까? 근대 사상가 장 칼뱅John Calvin과 버트런드 러셀Bertrand Russell에 대해 생각해보자. 칼뱅은 근대 초의 종교계 인사였고, 러셀은 근대 말의 철학자이자 과학자였는데, 둘 다 실존적 절망을 토로하며, 아무리 둘러봐도 운명은 무책임하고 인간은 근본적으로 쓸모없다고 여겼다.

칼뱅은 《기독교 강요Institution Chretienne》에 "높은 곳이나 낮은 곳 어디를 보든 저주가 모든 생명체에 퍼져 땅과 하늘을 감싸며, 끔찍한 절망으로 우리 영혼을 괴롭히는 모습을 볼 뿐이다"라고 썼다. 종교적 믿음은 있었지만, 절망에서 끌어내줄 우주를 품는 사상이 없었던 그는 이렇게 고백한다.

> 신이 별과 같은 물질로 우리를 만들었거나, 인간을 만든 재료로 하늘의 물질을 만들었다면, 우리의 시작은 영광스러웠다고 말할 수 있을 것이다. ... 하지만 흙으로 만들어진 존재에 누가 관심이라도 주겠는가? ... 우리는 누구인가? 우리는 온통 진흙으로 만들어졌다. 진흙은 외투의 밑단이나 부츠의 밑창이나 신발 안에만 있는 것이 아니다. 우리도 흙으로 가득 차 있다. 우리는 진흙과 오물에 불과하다.[12]

러셀은 수필 《자유인의 예배The Free Man's Worship》에서 칼뱅의 우울한 주장을 그대로 반복한다.

> 인간은 결과를 전혀 예측하지 못한 원인의 산물이다. 인간의 기원, 성장, 희망과 두려움, 사랑과 믿음은 단지 '원자가 우연히 배열되어 생긴 결과'다. 어떤 에너지나 강렬한 생각, 느낌도 사람의 생명을 구할 수 없고, 모든 헌신, 영감, 찬란한 인간의 천재성도 태양계의 장대한 죽음과

함께 멸종될 운명이다. 인간이 성취한 모든 권위는 폐허가 되어 우주의 파편 아래 묻힐 수밖에 없다. 이 모든 사실이 논란의 여지가 전혀 없다고는 못하겠지만, 거의 확실해서 이를 부인하는 어떤 철학도 살아남지 못할 것이다. 이런 진실을 뼈대로, 절대적인 절망을 기초로 삼은 후에야, 영혼이 머물 곳을 안전하게 지을 수 있다.[13]

러셀에 따르면 우리는 원자가 우연히 모인 것에 불과하다. 이런 믿음은 지금도 여전한데, 1995년에 과학자 스티븐 제이 굴드*Stephen Jay Gould*는 자신의 저서 《건초더미 속 공룡*Dinosaur in a Haystack*》에서 인간을 우주가 만든 "우연한 부속물"이라 불렀다.

인간이 근본적으로 우주에서 아무 의미가 없다는 이런 사고방식은, 천체물리학자 조엘 프리맥과 작가 낸시 애브람스가 정곡을 찌른 것처럼, "우리를 집단으로 더 무책임하게 만든다."[14] 우리가 부속물과 우연에 불과하다면, 우리의 행동이 어떻게 변화를 일으키고, 우리의 선택이 어떤 중요성을 띨 수 있겠는가? 칼뱅과 러셀이 보여준 '절망 선언'은 몹시 위험하다. 아퀴나스는 절망이 모든 죄악 중에 "가장 위험한데" 이는 사람이 절망에 빠지면 다른 사람들을 생각하지 않기 때문이라고 했다. 사회적 불평등과 생태적 참사, 지구 온난화를 외면하고 있는 현실이 이 말로 설명되는 듯하다.

우리는 자기 연민과 절망, 집단적 무책임으로부터 스스로를 끄집어낼 새로운 우주철학이 필요하다. 하늘 아버지와 천상에 대한 새로운 이해가 필요하다. 우리는 그런 이해를 이미 품고 있다. 우주는 뉴턴이 생각했던 것보다 훨씬 광대하다. 더 짜릿하고, 살아 숨 쉰다.

하늘 아버지, 다시 살아나다!

다행히 과학은 하늘이 스스로 움직이지 못하는 무생물이며 차가운 영원의 시간을 가리키는 시계 장치에 불과하다고 보았던 뉴턴의 시대와 빠르게 결별하면서 달라졌다. 오늘날의 하늘은 살아 있으며 생명을 품는다. 즉, 살아가고, 죽어가고, 부활한다.

뉴턴은 우주에서 가장 큰 물체는 항성이며, 항성이 무작위로 퍼져서 영원히 머무른다고 보았다. 그러나 지금 우리는 항성 수천억 개가 은하를 이루고, 수만 개의 은하가 초은하단을 이룬다는 것을 안다. 우리가 발견한 것만도 이렇게 엄청나다. 15초에 하나씩 새 항성이 태어나고, 동시에 다른 항성은 죽는다. 초신성과 은하 그리고 우리 인간은 이 거대한 무도회를 함께 즐긴다. 우리는 정지된 것이 아니라 끊임없이 진화하는 우주를 만끽하고 있다. 우주는 광활하면서도 극적인 사건으로 가득하다. 과학의 발전과 인류의 창의력, 우리가 누리는 놀라운 행운에 감사하게 된다. 확실히 오늘날 우리는 과거에 결코 볼 수 없었던 하늘을 주의 깊게 살피는 것이 '가능'하다.

근대 이후의 하늘

프리맥과 애브람스는《우주의 중심에서 본 풍경*The View from the Center of the Universe*》에서 인류가 우주 역사에서 다시없을 특별한 순간에 놓여 있다며,

지금이 "시간상 태양계의 중간 지점"이라 말한다. "지구의 지적 생명체가 더 먼 우주까지 볼 수 있는 능력을 키우지만, 우주의 팽창 속도는 점점 더 빨라지고 있다. 가장 멀리 있는 은하는 그 어느 때보다 빠르게 우주의 지평 너머로 사라지고 있다. 우리가 볼 수 있는 우주 공간이 비워지고 있는 것이다. 따라서 아무리 과학이 발전하더라도 후손들은 우리가 보는 것보다 더 많은 은하를 볼 수 없다. 이런 점에서 지금이 우주 시간상 중간 지점이다."[15] 즉, 오늘이 우주 역사 전체에서 특별한 때라고 할 수 있다. 이 '중간 시점'이 없었다면 우주의 본질에 대해 이해할 기회를 갖는 건 불가능했을 것이다.

그런데 이게 다가 아니다. 프리맥과 애브람스는 크기도 중요한데, 인간이 우주의 본질을 이해하는 데 딱 알맞은 크기라고 말한다. "인간보다 더 작은 생명체는 충분히 복잡해질 만큼 원자를 갖지 못하고, 더 큰 생명체는 내부 소통이 느려지는데, 이는 단일 개체라기보다는 사실상 세포의 집단이 되는 것을 의미한다."[16] 인간은 살아 있는 세포와 지구의 딱 중간에 해당한다. 내 손가락 끝에 있는 세포와 내 크기의 비율은 나와 지구의 비율과 같고, 세포 속 원자 하나와 나의 비율은 나와 태양의 비율과 같다. 프리맥과 애브람스는 이를 '최적의 원칙Goldilocks Principle'이라고 명명했다.

> 인간보다 훨씬 더 작은 생명체는 원자 수가 충분하지 않아 인간 수준의 지능을 가질 만큼 정교하지 못하다. 반면 지능을 가진 생명체가 인간보다 크다면, 신경 자극의 속도—궁극적으로는 빛의 속도—가 내부적으로 심각하게 느려진다. 따라서 인간이 딱 알맞다. … 하나의 생각이 약100억 년 동안 우리은하를 가로질러 왕복하는 횟수는 평균적인 사람이 몇 분마다 하는 생각의 횟수와 같을 것이다. 우리에게 빛은 아

찔할 만큼 빨라 보이지만, 우주의 규모로 볼 때는 극심하게 느리다. 그래서 큰 지적 생명체의 한 부분은 합리적인 시간 안에 서로 소통하는 것이 불가능할 것이다.[17]

프리맥과 애브람스는 칼뱅, 러셀, 굴드 같은 근대 사상가들의 가르침과는 반대로, 우리 인간이 '우주에 중요하다'고 결론 내린다. 우리는 '특별하다.' 우리의 크기, 지능과 창의력, 우리가 살고 있는 시대로 인해서 말이다. "우리 두뇌의 복잡성이 우주의 나이와 상호 작용"한 결과(근대 우주론은 결코 알 수 없었던 방식으로), 이제 우리는 "인간이 우주의 중심"이라고 주장할 수 있게 됐다.[18] 그런데 인류는 약 10만 년 전 현재의 모습으로 진화했다.[19] 지구가 우리 같은 지적 생명체를 탄생시키는 데 거의 45억 년을 들이며 버텼다는 얘기다. 60억 년 후면 팽창하는 태양의 열로 지구는 사라질 것이므로, 우리는 지구 일생의 중간쯤에 등장한 셈이다. 그리고 지난 5천 년의 인류 역사는 지구 나이의 겨우 1백만 분의 1에 불과하다.

우리는 밀도 측면에서도 우주에서 가장 흥미로운 구석을 차지하고 있다.[20] 태양의 우리은하 공전 궤도의 밀도는 우주 평균의 약 1백만 배다. 태양계의 밀도는 우주 평균의 10억×10억 배이며, 태양계에서 가장 밀도가 높은 지구는 그 밀도의 1조 배다. 지구의 평균 밀도는 태양의 약 4배다.

우주는 놀랍도록 창조적이다. 처음에는 "지금 우주의 거의 모든 곳이 그렇듯, 무한한 가능성과 밀도와 열을 갖춘 창조의 힘만 있었다. 창조의 힘은 양자의 불확실성이 열어주는 모든 가능성을 가지고 광범위한 실험을 진행했고, 작은 불티에서 빛의 속도나 공간에 제약받지 않는 완전한 영원을 향해 팽창하는 사건들이 1초에 수십억 건씩 일어났다."[21]

또한 우주는 매우 불완전하다. 우주의 시공간은 주름으로 가득하다.

멋지지 않은가? "만약 시공간이 완벽하게 매끈했다면, 은하도, 항성도, 행성도, 생명체도 없었을 것이다. 생명은 '불완전한' 우주에서만 진화할 수 있었다."[22] 우리가 속한 우주가 불완전해서, 다른 것 중에서도 아주 불완전한 인간이 태어날 수 있었다.

우리는 우주, 즉 하늘이 어둠으로 가득하다는 사실로 또 한 번 놀란다. 어둠은 어디에나 있다. 하지만 '암흑 물질'이라고 부르는 것은 실제로 캄캄한 것이 아니라 "완전히 투명하다. 이 보이지 않는 물질이 광활한 구름처럼 각 은화와 은하단을 '둘러싸고' 있다."[23] 암흑 물질은 눈에 보이는 항성 표면의 5배까지 거대한 후광처럼 넓게 퍼져 있다. 항성, 가스 구름, 위성 은하 모두 암흑 물질 속에 잠겨 있는 셈이다. 암흑 물질은 어머니처럼 이 모든 것을 안고 있다.

새로운 우주의 모습을 알고, 이 모든 경이로움에 감탄하지 않을 사람이 있을까? 새로운 창조의 이야기와 우주에서 우리가 차지한 특별한 위치를 알고 정신이 번쩍 들지 않을 사람이 있을까? 프리맥과 애브람스의 말처럼 "우리는 더 이상 헤매지 않는다. 우주의 새로운 질서 속에서 우리가 차지한 위치를 발견했기 때문이다."[24] 하늘 아버지는 '살아 있으며', 전에 없던 방식으로 우리도 살아나라고, 이전과는 다른 방식으로 우리 일과 우리 관계와 우리 제도와 공동체에 숨을 불어넣으라고 손짓하고 있음을 누가 부인하겠는가? 정신이 우주를 따른다면, 이는 우주가 정신을 깨우기 때문이다. 무기력과 우울과 절망을 떨쳐버리고, 소매를 걷어붙이고 '일'을 하라고 촉구하고 있는 것이다. 창조의 일을. 우주의 일을.

어느 남성의 증언

스콧 러셀 샌더스Scott Russell Sanders는 자신의 책《희망 사냥: 어떤 아버지의 여정Hunting for Hope: A Father's Journey》에서 우주 앞에서 자신의 영혼이 어떻게 확장됐는지 들려준다. "나는 여전히 최초의 세상, 우리가 만든 세상이 아니라 '우리를 만든' 세상을 동경한다. 혜성의 경로를 구부리고, 올빼미의 목구멍을 노래로 채우며, 모든 눈송이를 다르게 만들고, 언덕에 초목 융단을 까는 창조의 힘과 이어지기를 열망한다. 그 장엄하고 숭고한 힘은 새로운 것을 탄생시키고, 완전히 해체한 후 다시 만들기를 계속 반복한다."[25] 그의 희망은 우주와 우주의 숭고한 힘에서 나온다. 샌더스는 하늘이 심오하고 잊지 못할 목소리로 자신에게 말을 건넨 특별한 순간을 기억한다. "차에서 내려 인사를 하려고 입술을 움직이는 찰나, 하늘이 내 입을 막았다. 우주라는 까만 그릇에서 빛이 무수히 내리비추고 있었다. 하나하나가 태양이거나 휘황찬란한 태양들이 어우러져 만든 완전한 소용돌이였고, 내 말문을 막기에 충분했다."

그는 "소설가 D. H. 로렌스D. H. Lawrence가 쓴 것처럼, 우리에게 가장 깊숙이 자리 잡은 종교적 욕망은 우주를 이루는 생명, 즉 산의 생명, 구름의 생명, 천둥의 생명, 공기의 생명, 지구의 생명, 태양의 생명과 직접 닿는 것"이라고 믿는다. 즉 "바로 접촉하여 에너지, 힘 그리고 어두운 종류의 기쁨을 얻는 것이다."[26] 우리 인간이 아무리 똑똑해도 "이런 욕망을 채울 수는 없다. 오로지 창조를 직접 경험해야만 가능하다." 우리는 자신을 '우리가 만들지 않은 세상'에 열어야 한다. 그 세상에서 샌더스는 자신의 믿음을 발견했다. "무엇에 대한 믿음이냐고? 우리가 품위 있고 다정하게 일할 수 있는 능력, 야생이 가진 치유의 힘, 창조의 거룩함에 대한 믿음이다. … '자연은 기발함과 신성함으로 가득해서 눈발 하나도 그것을 만든 손에서 벗어날 수 없다'고 소로*Thoreau*는 말한다. … 우주가 어떻게든 존재한다는 것, 우주가 법칙에 따라 움직인다는 것, 그 법칙들로 은하와 항성과 행성 그리고 적어도 하나의 행성 위에 생명이 태어났다는 것, 그 생명에서 의식이, 의식에서 말과 숨결이 나온다는 것이 바로 경이로움의 사슬이다. 나는 그 사슬을 단단히 붙잡고 있다."[27] 하늘 아버지가 돌아오고 있다.

하늘 아버지와 땅 어머니가 추는 춤

'하늘 아버지'와 '땅 어머니'는, 나무와 토양, 공기와 물, 새와 짐승, 해와 꽃, 물고기와 새, 비와 인간처럼 특정 대상이 아니다. 우주 자체를 담고 있는 복잡하고 활기찬 힘이다. 지구는 태양계, 은하, 은하단이라는 큰 그물망 안에 있으며, 이 관계는 고정되어 있지 않다. 우리가 발 딛고 있는 지구는 태양 주변을 도는데, 광합성 작용을 하는 식물을 우리가 먹으니, 태양은 우리가 먹는 음식이라고 할 수 있다. 우리가 '하늘 아버지'라고 부르는 것은 지평선 위 푸른 하늘이면서, 우리가 호흡하는 공기, 우리 폐에 생명을 주는 피다. 우리는 호흡을 통해 하늘을 아주 익숙한 방식으로 빨아들인다. 공기 1온스에는 10^{24}개의 원자가 있다. 자연 연구가 다이앤 애커먼*Diane Ackerman*의 말에 따르면, "우리는 숨 쉴 때마다 수백만 개의 하늘 분자를 마셨다가 따뜻하게 데워 다시 내뱉는다. 공기는 우리 허파를 우렁차게 돌려 몸속 세포에 에너지를 공급하게 한다. 우리는 '공기만큼 가벼운'

이라는 표현을 쓰지만 사실 대기에 가벼운 것은 없다. 대기의 무게는 무려 5천조 톤이다. 딱 그 무게만큼 중력이 공기를 지구에 붙들어두고 있는 것이다. 그렇지 않으면 공기는 광활한 우주로 스며들 것이다." 따라서 하늘은 숨이며 영혼이다. 우리가 들이쉬는 숨은 한 조각의 우주, 한 '조각'의 영혼이다. 명상 수련이 호흡을 강조하는 건 당연해 보인다. 명상은 하늘이 우리와 밀접한 존재임을 알게 한다.

하늘과 공기에는 어두운 면도 있다. 공기가 오염되면 우리 건강도 위험해진다. 한두 번 일어난 일이 아니다. 대만의 한 연구진은 해롭거나 오염된 공기가 심장 질환을 일으킬 수 있다는 사실을 밝혀냈다. 이것이 하늘과 우리가 연결된 방식이다. 하늘이 건강하면 사람도 건강하지만, 하늘이 오염되면 심장 질환 등의 질환이 생겨난다.

모든 끼니는 우주를 먹는 것이고, 모든 호흡은 우주를 마시는 것이며, 태양 에너지에서 오는 에너지는 우주의 에너지이다. 우주는 비현실적 관념이 아니라, 지구 존재의 자궁이며 태반이다. 하늘 아버지는 땅 어머니를 감싼다.

지구 생명체는 하늘에서 생기는 일에 크게 영향을 받는다. 프리맥과 애브람스의 말처럼 "생명체의 진화는 지질학과 기후학 심지어 이제 천문학 없이는 설명되지 않는다."[28] 지구가 얼어붙을 때마다(여러 번 발생한 일이다) 오존이 대기 윗부분에 쌓인 현상은 하늘 아버지와 땅 어머니 사이의 관계를 보여주는 좋은 예다. "오존층이 두터워질수록, 지구는 해로운 태양의 자외선으로부터 더 보호받는다. 이 덕분에 생명체가 바다 수면에서 번성하게 되고, 결국 육지로 올라오게 된다."

1990년대 중반에 우리는 처음으로 근처 항성 주변을 돌고 있는 태양계 외부 행성을 발견했다. 그 후 태양계 밖에서 150개가 넘는 행성을 발견했고, 매년 많은 행성을 발견하고 있다. 어떤 항성은 행성이 하나밖에 없지만, 행성을 여러 개 가진 항성도 많다. 대부분 지구에서 150광년의 범위 안에 있는데, 우리은하에서는 아주 자그마한 조각에 불과하다. 우리 태양계가 생겨 처음 10억 년 동안 형태를 갖추고 있을 때 우주에서 소행성과 운석이 끊임없이 쏟아져 들어와 우리 행성과 충돌했고, 그로 인해 행성 조각들이 많이 떨어져 나갔다. 달도 그렇게 지구에서 떨어져 나간 덩어리로 생겨났다. 지금도 비슷한 활동이 일어나고 있어서—태양계 초기만큼은 아니지만—, 화성에서 지구로, 금성에서 지구로 물질이 넘어오고 있다. 우리는 태양계와 그 너머에서 상호의존의 법칙이 작용하는 것을 보고 있다. 지구는 동떨어져 있지 않다. 지구는 무수한 역동적 관계의 일부다.

프리맥과 애브람스는 행성들 중에서 지구가 특별한 이유를 여섯 가지 언급했다. 지구의 특별함을 하나씩 꼽다 보면, 땅 어머니와 하늘 아버지의 오래된 원형이 가진 깊은 의미를 새롭게 알게 된다. 사실 이 둘의 비유적 관계는 우주의 진실을 구체적으로 보여주는 것이다.

1. 천문학자들이 지금까지 발견한 외계행성의 25%는 "뜨거운 목성", 즉 거대한 가스 행성이다. 그 외계행성들이 자신의 태양과 가까운 궤도를 따라 돌고 있는데, 아마도 멀리서 형성되어 태양 가까이로 이동했을 것이다. 그 과정에서 지구 같은 작은 행성은 그 행성과 충돌해 파괴되었을 수도 있다.

2. 태양계에서 목성은 지구 어머니를 돕는 협력자다. "목성의 중력으로 지구는 혜성과의 충돌을 피할 수 있었다." 목성은 지구의 보호막이 되었다. 6,500만 년 전, 단 한 번의 운석 공격으로 공룡을 비롯한 수많은 동식물이 사라졌다. "이런 일이 자주 일어났다면, 지구에서 지적 생명체가

진화하지 못했을 것이다."²⁹

3. 태양과 지구의 거리도 딱 알맞다. 더 가깝다면 지구의 물이 모두 증발할 것이고, 더 멀다면 얼어붙을 것이다. 태양계 행성 중 유일하게 ―역사상 현재― 지구만 표면에 물이 있다. 물은 지구 역사에서 매우 중요한 것이었다. 또한 지적 생명체의 탄생에 없어서는 안 될 요소였다.

4. 지구 표면이 비교적 얇아 지각 활동이 건강하게 이뤄지고 있다. 대륙을 움직이는 판, 새롭게 솟아오른 산맥 등이 탄소를 비롯해 생명에 필수적인 원소들을 재순환하는 데 기여한다.

5. 달은 지구가 생긴 지 얼마 지나지 않아 원시 행성과 지구의 충돌로 생겨난 것으로 보인다. 그 충돌은 얼마나 큰 행운인가! 달이 지구의 자전을 안정되게 하여 우리는 큰 기후 변화를 겪지 않는다. 달은 다른 위성들보다 이상하리만큼 큰데, 그 덕분에 지구 자전축의 기울기가 약 23.5도로 거의 변함없이 유지되고 있으며 우리는 사계절을 누릴 수 있다.

달은 밀물과 썰물에도 영향을 미친다. 달이 오늘날보다 지구에 더 가까웠을 때가 있었는데, 그때 대지는 조수에 많이 덮였었다. 그러다가 달이 지구에서 멀어지면서, 지구의 자전도 느려졌고, 밀물과 썰물도 완만해지며 지구 표면의 바람도 잔잔해졌다. 그 결과 생명이 탄생하기에 더없이 온화한 환경이 만들어졌다.

6. 우리는 은하 안의 '은하 생명체 거주 가능 영역'인 '은하의 변두리'에 산다. 우리 태양계는 우리은하의 중심에서 절반 정도 떨어진 곳에 있다. 중심에 더 가까웠다면 행성들의 생명체는 우주 방사선으로 파괴됐을 것이다. 그러나 우리가 사는 곳은 가장 가까운 초신성에서도 멀찍이 떨어져 있어, 지구의 대기만으로도 약해진 방사선으로부터 우리를 보호할 수 있다. 반면 중심에서 훨씬 더 먼 곳에 자리 잡았다면, 초신성이 너무 적어

질량이 무거운 원소나 지구 같은 행성이 생기는 데 필요한 우주 먼지가 만들어지지 못했을 것이다.

이러한 새로운 과학적 사실들은 하늘 아버지와 땅 어머니가 맺는 경이로운 관계를 보여준다. 그리고 조화로운 관계를 맺을 때 어떤 일이 생길 수 있는지를 깨닫게 한다. 창조적이고 상호보완적인 이 놀라운 모든 작용은 하늘 아버지와 땅 어머니의 활약에 그대로 반영되었다. 이들 관계로 수많은 지구 생명체가 탄생했다. 하늘 아버지는 그 어느 때보다 중요해졌다. 토마스 베리는 "우리 너머에 있는 우주를 보고, 그 우주가 모든 것을 낳은 신비한 힘의 존재를 드러내는 증거임을 이해할 때, 우리는 경이로움과 신성함에 대한 감각을 되찾을 수 있다"고 충고한다. "실제로 우주는 근본적으로 신성한 실재다. 이런 고귀한 차원과 연결할 때 우리는 신성해진다."[30]

이제 이런 관계를 축하하고, 우리 세포와 마음과 생각에 깊숙이 심어 존경과 고마움을 불러일으킬 새로운 의식이 필요하다. 의식이라는 행위를 통해, 머리로 알게 된 것에 형태를 주고 하늘을 죽였던 텅 빈 믿음을 떨쳐낼 수 있다. 예컨대 전기를 발명하고 도시로 이주하면서, 하늘 아버지에 대한 인식은 작아지고 우주를 바라보는 의식도 사라졌다. 환한 조명 때문에 도시에서는 빛나는 별들과의 소통이 거의 불가능하다. 호주 원주민 에디 니본*Eddie Kneebone*은 "낮은 대지와 대지의 창조물을 관찰하는 시간이고, 밤은 하늘과 교류하는 시간"이라고 말한다. 우주망원경이 포착한 우주의 모습을 볼 수 있는 오늘날, 우리는 우주와 우주의 살아 있는 하늘에 대해 태초부터 있었지만 이제야 발견한 이야기를 예식과 춤으로 다시 세상에 알릴 수 있다.

관계를 새롭게 하기 위해서는 특히 젊은 세대가 새로운 우주론, 즉 하늘 아버지와의 새로운 관계를 받아들여야 한다. 프리맥과 애브람스의 말처럼 "전 세계 젊은이는 같은 나라, 심지어 같은 집에 사는 이전 세대보다 여러 면에서 공통점이 더 많다. 젊은 세대는 하나의 종교나 언어를 공유하지 않지만, 우주와 지구 역사에서 이전 세대는 결코 알지 못할 획기적인 시대를 함께 지나고 있다."[31]

2008년 마이크로소프트는 전 세계 모든 주요 망원경과 천문학 기관이 얻은 우주 이미지와 데이터를 모은 '월드와이드 텔레스코프*Worldwide Telescope*' 웹페이지를 만들었다. 아마추어 천문학자, 교사, 아이들, 망원경으로 은하수를 볼 기회가 없는 사람들을 위한 것이다. 이 우주 시뮬레이션 소프트웨어를 개발한 커티스 웡*Curtis Wong*은 로스앤젤레스에서 자랐는데, 10대가 되어 여행을 위해 도시를 떠나고서야 은하수를 처음 보았다고 한다. 그는 그때를 "별이 너무 많아서 정말 황홀했다"고 회상한다.[32] 이제 누구나 인터넷으로 하늘 아버지를 접할 수 있다. "우리는 태초부터 하늘을 바라보았지만, 그것을 공유할 방법은 없었다. 이제 누구든 이 망원경 안으로 들어가면 된다." 확실히 이 발명품으로 우리 모두 하늘 아버지에게 훨씬 더 가까이 다가갈 수 있게 됐다. 마음과 정신을 열수록 더 많은 우주의 경이를 알게 될 것이다.

2장.   녹색 인간

영국 사진작가 클라이브 힉스*Clive Hicks*와 시인 윌리엄 앤더슨*William Anderson*은 《녹색 인간: 우리와 지구가 하나라는 원형*The Green Man: The Archetype of Our Oneness with the Earth*》에서 중요한 원형에 숨을 불어넣는다. 겉흙층이 유실되고, 숲과 열대우림이 사라지고, 포유류의 4분의 1이 멸종하는 등 그 어느 때보다 자연이 빠르게 파괴되고 있는 오늘날, 각자 내면에 있는 녹색 인간을 되살리는 것보다 더 중요하고 시급한 일이 있을까? '다양한' 인류 문화가 예부터 알았던 지구와 하나가 되는 방법을 인간에게 가르치는 녹색 인간의 이미지보다 더 도움이 되는 것이 있을까?

모든 값진 원형이 그랬듯 녹색 인간도 근대 산업화 시대에 외면당했다. 당시를 대표하던 철학자 데카르트와 프랜시스 베이컨의 표현을 빌리자면, 산업화 시대에 서양 세계 전체는 "자연을 정복하는 데" 몰두했다. 녹색 인간의 원형은 자연을 정복하는 것이 아니라 '자연과 이어지는 것', 우리 안에서 자연의 본질을 찾는 것을 가리킨다. 녹색 인간은 가슴(제4차크라)과 미간(제6차크라)에서 나온 지혜를 모아 말로 표현하는 제5차크라(목)의 '생산하는 본성'과 관련이 있다. 녹색 인간은 단순한 지식이 아닌 지혜에 관한 것으로, 아메리카 원주민들은 식물이 생명체 중 가장 지혜롭다고 여긴다. 식물은 지구에 가장 먼저 등장해 광합성을 통해 태양을 먹는 법을 깨쳤다. 그 능력 덕분에 동물과 인간이 생존할 수 있었다. 식물은 인간 없이도 살 수 있지만, 우리는 식물 없이 살 수 없다. 우리는 식물에 빚지고 있다. 녹색 인간은 이 점을 일깨운다.

들판과 숲에서 생겨나다

녹색 인간은 식물 세계와 우리의 관계를 나타내는 고대 이교도의 상징이다. 나무처럼 묘사되어 입과 턱, 머리에서 자라난 잎과 가지를 뿜낸다. 영국에서는 지금도 마을 잔디밭에서 녹색 인간 축제가 열린다. 12세기 때 프랑스와 영국, 독일의 기독교에서 특별한 방식으로 녹색 인간을 받아들였고, 이후 유럽 전역의 성당에서 녹색 인간이 발견됐다.

녹색 인간은 우주와 지구, 즉 하늘 아버지와 땅 어머니와 우리의 관계를 보여주는 원형이다. 식물은 하늘과 땅에서 태어나 그 둘을 잇는다. 식물도 우리처럼 우주적인 존재로, 지구에 에너지를 듬뿍 주려는 태양의 노력이 헛되지 않도록 제 역할을 다한다. 태양도 자신을 받아들이는 식물을 찾아낸다. 녹색 인간을 묘사한 조각 작품 중에는 새가 나뭇가지에 앉아 있거나, 땅과 하늘 사이를 날아다니는 모습이 많은데, 여기서 새는 하늘 아버지가 보낸 전령이다.

녹색 인간 원형에서 식물은 잊히지도 당연시되지도 않는다. 식물은 우리에게 흙, 비, 구름, 나무, 꽃, 태양, 계절 같은 땅 어머니와의 관계를 새롭게 하라고 알려주고, 이 모든 것이 우리가 살아남는 데 꼭 필요한 선물임을 일깨운다. 작가 프레드 하게네더Fred Hageneder는 녹색 인간 원형을 밝힌 책《나무의 영혼The spirit of Trees》에서 나무에 대한 깊은 이해를 들려준다. 그는 "나무가 지구에서 가장 성공한 생물"이며, 3억 년보다 더 이전에 처음 지구에 출현한 이래 지금까지 가장 우세한 생명체라고 말한다. 인간의 돌봄 없이 스스로 씨를 뿌린 각종 나무로 이루어진 삼림지대와 열대우림은, 바다를 제외하고 현재 가장 많은 동식물의 서식지가 되고 있다. 또한 숲은 "물이 유익하게 순환하도록 돕고, 광물을 형성하며, 이온층과 지구 표면 사이에서 전하의 균형을 잡고, 지구 전반의 자기장을 유지해 날씨와 기후에 핵심적인 역할을 한다."[1]

나무는 무엇으로 구성될까? 나무의 몸은 온통 햇빛으로 채워졌다. "햇빛은 나무 안으로 스며들어 생명 활동을 이끌고, 나무 전체의 균형과 건강을 유지한다. 나무는 세포에서부터 끊임없이 빛의 축제를 연다."[2]

나무는 우주를 느끼는 안테나와 같아서, 별의 죽음인 초신성으로 방출된 방사선의 영향을 받는 것으로 밝혀졌다. 한 연구진이 타지키스탄에 있는 807년 된 향나무를 관찰한 결과, 초신성이 발생했다고 알려진 세 번의 시기에 나무의 성장이 뚜렷이 느려졌음을 발견했다. "나무가 우리은하 모든 별의 죽음을 느낀다"고 볼 수 있다.[3]

나무는 처음부터 인간을 도왔다. 오늘날 영장류처럼 인간도 처음에는 아프리카의 숲에서 집을 짓고 살았다. 인간이 숲을 떠나 넓게 펼쳐진 초원으로 나가 불을 발견했을 때, "불은 인류 발전의 원동력이 되었다. 인간에게 필요한 연료를 공급해준 것은 항상 나무였다."[4] 인간이 집과 다리와 창고를 짓기 시작했을 때도 기댈 데는 나무밖에 없었다. "석기 시대에 사용한 돌 도구 역시 나무를 다루기 위한 것이었고", 거대한 중세 도시도 주로 "나무"로 지어졌다. 인간의 글쓰기도 나무껍질과 널빤지 위에서 처음 시작되었다.

신성한 작은 숲도 어디서나 볼 수 있다. "사회생활과 종교 생활은 전 세계 어디든 나무 아래에서 시작됐다."[5] 아폴로에게 바친 월계수, 아프로디테의 도금양, 아테나의 올리브나무, 판의 소나무와 같이 그리스의 모든 신은 특정 나무와 연결되었고, 숭배 의식은 그 나무 아래에서 치러졌다. 인도 종교지도자 하즈라트 이나야트 칸*Hazrat Inayat Khan*은 "현재 우리가 '신'이라 부르는 것은 원래 인류가 경배하던 나무의 영혼"이라고 주장한다. "나뭇잎은 경전의 낱장으로 신의 계시를 담고 있다."

녹색 인간은 제5차크라의 원형이기도 하다. 그의 입에서 가지와 잎, 나무가 나오는 것을 보면 알 수 있다. 나는 이전에 쓴 책들에 목구멍에 있는 제5차크라가 본질적으로 생명이 탄생하는 길이라고 적었다. 특히 이는 남자에게 해당된다. 목구멍의 역할은 심장(제4차크라)과 머리(제6차크라)의 지혜를 '낳는' 것이다. 녹색 인간은 제4차크라의 색이 녹색임을 알려준다! 녹색 인간은 연민과 생산력을 가장 먼저 챙긴다. 생산력, 즉 생명이 탄생하는 길은 근본적으로 녹색 연민을 낳는다.

여신과 녹색 인간이 화려하게 부활했던 12세기에 수녀 힐데가르트 폰 빙엔*Hildegard of Bingen*은 예수를 "녹색 인간"으로 표현했는데, 그가 비를 내려 인간의 영혼을 생동하게 하기 때문이다. 또한 그녀는 우리 모두를 비옥하게 만드는 거룩한 영혼을 "녹색" 존재로 불렀다. 빙엔은 생명이 저지르는 유일한 죄는 "말라붙어버리는 것"이라 가르쳤는데, 이는 우리 안에서 무성해지길 원하는 녹색 인간을 거부하는 것을 뜻한다. 빙엔은 수도원장과 주교, 대주교와 다른 지도자들에게 "스스로 비에 젖어 푸르고 촉촉해서 즙이 흐르게" 하라고, 마르지 말라고 충고했다. 생명이 탄생하는 길이 말라버리면 생명을 낳을 수 없다. 에크하르트도 비슷한 비유를 사용해 "신의 씨앗이 우리 속에 있으며, 배 씨앗이 배나무로 자라듯 신의 씨앗은 자라서 신이 된다"고 주장했다.

흥미롭게도 녹색 인간의 원형 역시 침묵과 묵상을 중시하는데, 이는 땅과 가까이 지내는 농부와 토착민들의 공통적인 특징이기도 하다. 녹색 인간은 눈동자가 가운데로 몰린 모습으로 묘사되기도 한다. 이는 내면을 들여다보는 것을 상징하는 것이 분명하다. 진정한 전사라면 모두 그렇듯, 녹색 인간도 내면세계를 깊이 들여다보기 위해 바깥뿐만 아니라 안으로도 집중한다. 녹색 인간은 자기 자신을 알게 되는 것을 두려워하지 않는다.

제5차크라는 목구멍에 있지만, 끊임없이 말하는 것을 의미하지 않는다. 조용한 사색에서 우러난 진정한 언어를 뜻한다. 우리는 마음이 초조할 때 소음으로 텅 빈 내면을 채우려 한다. 녹색 인간도 자연의 근원이 얼마나 깊고 풍요로운지 설명하면서 이 점을 강조하며, '토양 아래, 우리 심장의 침묵 속'에서 싹을 틔울 것을 촉구한다. 침묵한다면 아마도 어떤 결실이 맺힐 것이다. 많은 녹색 인간의 눈이 내면을 향하듯, 우리도 안으로 시선을 돌린다면 진실을 맺을 수 있을 것이다. 생명을 탄생시키기 위해서는 씨앗을 받아들여 내면 깊숙이 품어야 한다. 이러한 수용성과 내향성은 우리를 더 깊은 곳으로 이끈다. 그곳에서 영혼과 우주, 영혼과 땅의 여신이 이어져 결실을 맺는다. 계속 이어지는 결실을.

중세 신학자들은 예수를 포도나무로 묘사한 성경의 비유에 크게 매혹되었다. 이스라엘과 초기 기독교 지혜문학의 산물인 요한복음에 이런 구절이 있다. "나는 포도나무요, 너희는 가지라. 너희는 가서 열매를 맺게 하고, 또 너희 열매가 항상 있게 하라."[6] 이외에도 녹색 인간의 원형을 환영하라는 메시지를 전하는 구절이 많다.

12세기에는 녹색 인간의 이미지를 청년, 중년, 노년의 다양한 인생 단계로 묘사했다. 땅에 누워 있는 모습도 있고, 가을 낙엽처럼 죽어가며 영혼을 대지로 되돌리는 모습도 있다. 장난기 가득한 모습, 경이에 빠진 모습, 사나운 모습 등 분위기도 다양하다. 어떤 녹색 인간은 사나움과 강렬함, 즉 강인한 전사의 기운이 감돈다. 녹색 인간의 나뭇가지는 사슴의 뿔을 떠올리게 해 전사의 기운이 더 강하게 느껴진다. 그렇게 녹색 인간은 식물의 세계뿐만 아니라 동물의 왕국과도 연결된다. 뿔은 나무고, 남자는 나무로 된 뿔의 힘을 가진 수사슴이다.

또한 녹색 인간은 남성의 성욕에 대해 중요하면서 긍정적인 면을 보여준다. 녹색 인간은 대부분 턱수염이 있다. 턱수염은 주로 나뭇잎과 가지로 변하는데, 가끔은 나뭇잎과 가지가 턱수염처럼 묘사되기도 한다. 수염은 사춘기 때 생겨난다. 이와 더불어 남자의 생식 능력도 생기는데, 이는 생산이라는 우주의 더 큰 목적을 위한 것이다. 자아나 가족, 부족, 국가의 정체성이 아닌, 자연의 전반적인 목적에 부응하기 위한 것이다. 남성의 창조력과 성욕, 관능은 자연의 창조력과 성욕, 관능에서 생기며, 자연의 요구에 따라야 한다. 그렇게 남성의 성적인 힘은 개인적인 권력의 표현, 즉 자아의 과시가 아니라 더 큰 맥락에 포함된다. 녹색 인간은 성욕을 억누르거나 다른 곳으로 돌리지 않고, 존중하고 찬양하며 드러내놓고 표현하는데, 그렇다고 이를 과장하거나 자기만의 것으로 만들지 않는다. 왕성한 성욕으로 우주의 성적이고 창조적인 에너지를 구현한다.

|

12세기의 녹색 인간

녹색 인간은 여신이 재등장한 12세기에 강력한 모습으로 서양 문화에 다시 나타났다. 사실 유럽 문화에서 녹색 인간과 여신은 함께 다닌다. 여신은 125년에 걸쳐 지어진 교회 500곳과 성당 수백 곳의 영감이 되었으며, 모두 기독교의 여신인 성모 마리아에게 헌정되었다. 녹색 인간의 형상은 샤르트르, 디종, 세인트 데니스, 오세르, 밤베르크, 노리치, 서튼, 방돔, 리치필드, 푸아티에, 윈체스터, 마르부르크, 링컨, 엑세터, 트리어, 부르주, 사우스웰, 랭스, 프라이부르크 대성당과 블라디미르의 드미트리 성당에서 중요한 부분을 차지한다.

고딕 양식의 부흥과 더불어 여신과 녹색 인간이 출현할 때까지, 기독교 문화에서 식물은 범죄와 지나친 관능의 상징이었다. 9세기의 영향력 있는 한 기독교 작가는 나뭇잎을 성적인 죄와 동일시했다. 성욕은 벌거벗은 남녀가 갇힌 비틀린 초목으로 묘사되었다. 디오니소스 같은 신들은 환영받지 못했다. 악마는 털이 수북한 다리에 음탕한 욕정을 가진 반인반수로 그려졌다.

앤더슨의 지적대로 12세기 후반에야 "종류를 분명히 알아볼 수 있는 식물이 창조의 아름다움의 징표로 묘사"되기 시작했다.[7] 파리 노트르담 본당의 조각이 처음이었다. 창조의 축복, 즉 창조의 아름다움은 그 시대의 새로운 신학이 되었다. 성경의 〈아가서 *Song of Songs*〉와 지혜문학도 같은 목소리를 냈고, 창조의 거룩함을 공경하는 전통에서 비롯된 역사적 예수 *Historical Jesus*●의 영적 훈련도 마찬가지였다.

새로 짓는 성당과 교회에서 식물은 기쁨과 즐거움의 상징으로 묘사되었는데, 그 묘사가 식물을 연구하는 방법이기도 했다. 이 시기에 자연에 관한 연구를 중심으로 활발한 지식 탐구가 이뤄졌다. "서양 예술에 보이는 세상을 정확히 관찰하는 사조가 생겨났다. 이는 관찰과 분류를 바탕으로 하는 과학의 발전에 큰 영향을 미쳤다. 고딕 시대 조각가들은 식물학 문서의 삽화보다 더 정확하게 식물의 형태를 묘사했다."⁸ 예술가들이 힘을 발휘한 것이다.

특히 샤르트르 대성당에는 녹색 인간이 많은데, 잎을 보고 종種을 알 수 있을 정도다. 남쪽 정문에 있는 세 녹색 인간의 머리는 각각 오크, 아칸서스, 포도나무다. 오크는 샤르트르 대성당의 신성한 장소를 처음 지었다고 알려진 드루이드 교도들에게 신성하게 여겨지는 나무이고, 포도나무는 디오니소스와 예수를 모두 상징하며, 아칸서스는 고대 그리스 로마와 북부 전통에서 재탄생을 상징했다. 오크 녹색 인간은 숲을 지키는 반면, 포도나무 녹색 인간은 농업을 관장한다. 로버트 블라이의 설명처럼, 오크는 서아시아 전역에서 "여신의 종교의식과 관련이 깊다."⁹ 디아나*Diana*는 오크 숲을 가지고 있었고, 로마인들에게 오크는 하데스*Hades*에게 가는 길을 여는 "황금 가지"였다. 오크의 왕은 여신의 남편이었는데, 그는 7년마다 오크 아래 서서 도전자와 대결을 펼쳤다. 이기면 다시 7년 동안 왕이 되지만, 지면 죽임을 당했다. 거대한 오크는 땅과 하늘을 이어주는 '생명의 축'이기도 하다. 아칸서스는 향을 더하거나 치료 또는 독살하는 약초로

●   실재했던 나사렛 예수에 대한 기독교 신학 연구.

서, 경작지와 황무지의 경계를 넘나드는 식물로 여겨진다. 남쪽 정문에 있는 녹색 인간은 웃고 있고, 북쪽 정문에 있는 녹색 인간은 무성한 무화과 잎에서 자라는 젊은 남자의 건강한 얼굴로 무언가를 열망하고 있는 듯하다. 무화과는 흔히 신성한 어머니를 상징한다.

이 모든 관계가 보여주듯, 녹색 인간은 여신과 완전히 하나가 된 남성을 상징한다. 여신과 여신이 몰고 오는 혁신이 여자는 물론 남자를 위한 것이라는 뜻이다. 12세기에 여신은 실제로 혁신을 일으켰다. 12세기에 교육 혁신 운동을 이끌어 수도원 학교를 대학교로 바꿨는데, 대학*universty*은 우주*universe*에서 자신의 위치를 찾으러 가는 곳이라는 의미다. 여신은 예술과 과학의 여왕으로 눈에 띄는 활약을 펼쳤고, 지혜 여인*Lady Wisdom*으로서 교육을 다스렸다. 종교도 개혁해서, 종교의 중심을 시골의 수도원 교회에서 신생 도시의 성당으로 옮겼다. 이 도시들을 형성하는 데 주축이 된 자유를 찾은 농노와 봉건제도의 토지 기반 문화에서 빠져나온 젊은이들은 새로운 형태의 종교를 갈망했고, 성당은 여신이 앉은 왕좌('cathedral'은 라틴어로 왕좌*throne*을 의미한다)를 뜻하게 되었다. 여신은 수동적 존재가 아니다. 여신은 삶을 축하한다. 여신은 가난한 이들을 위한 정의와 연민을 품은 문화의 중심이다.

19세기 후반, 문화 역사학자 헨리 애덤스*Henry Adams*는 샤르트르 대성당과 부르주 대성당을 비롯해 여러 성당에서 여신과 마주한 뒤 더 깊은 신앙에 눈뜨게 됐다. 여신은 사랑이 물리적 힘보다 우위에 있다고 선언하는 것 같았다. "종교, 충성, 애국, 재산 등 무엇에 대한 열정으로도 닿을 수 없는 강한 신념의 표현이었다."[10] 여신은 기독교에서 불교적 요소인 연민을 나타냈는데, "어머니만이 인간적이고 불완전하며 사랑할 수 있기 때문이다. 어머니만이 이중성, 다양성, 무한성을 상징한다. 어머니는 한쪽으로 치우치지 않으며, 똑같지 않은 것, 들쭉날쭉하고 평범하지 않은 것, 금지된 것 등 무엇이든 나타낼 수 있다. 즉, 인류 전체를 상징할 수 있다." 여신은 버림받은 자의 친구가 된다. 녹색 인간도 마찬가지다.

애덤스는 근대 시대를 향해 질문을 던진다. "왜 개신교는 여신의 도움을 받지 않고 완전히 실패했을까? 왜 여성은 교회에서 내동댕이쳐지고 정치에서 소외되었을까? 모든 에너지가 모이는 하나의 통일체는, 이중성, 다양성, 무한성─성별은 물론─을 설명하고 포용해야 한다."[11] 애덤스에게 12세기 여신의 부활은 보통 일이 아니었다. 여신의 부활은 곧 녹색 인간의 부활이기도 했다. 21세기 여신의 부활 또한 대단한 사건으로 밝혀질 것이다.

|

땅 아버지의 귀환

흥미롭게도 녹색 인간은 '하늘 아버지'와 '땅 어머니'를 글자 그대로 받아들이지 말라고 강하게 요구한다. 여러 면에서 녹색 인간은 '땅 아버지' 개념을 나타낸다. 모든 것이 비유이니, 원한다면 성별을 바꿔 하늘 어머니와 땅 아버지를 경배해도 된다. 녹색 인간은 남자들에게 하늘이나 머릿속에서만 살지 말라고 일깨운다. 남성도 나무처럼 땅속으로 들어가 더 낮은 차크라에 집중할 수 있고, 땅에서 자라나 하늘로 팔을 올려 경배할 수 있다.

시인 윌리엄 앤더슨*William Anderson*에 따르면, 녹색 인간은 무엇보다도 "억누를 수 없는 생명력"을 상징하며, "일단 그가 우리 의식으로 들어오면, 우리가 어디를 가든 그의 말을 들을 수 있다."[12] 앤더슨은 자신이 들은 녹색 인간의 속삭임을 시로 썼다.

> 나, 모든 식물의 생각
>
> 나, 수액과 함께 일어나
>
> 나, 바람과 함께 생겨나
>
> 나, 갈망과 함께 타오르다
>
> 나, 그렇게 사랑을 맺은 꿀
>
> 그 꿀, 내 머리에서 흘러내려
>
> 나, 오크를 통해 말하고
>
> 나, 태양과 함께 빛나고
>
> 나, 연어와 함께 헤엄치다
>
> 나, 네 목을 축이려 으깨지고
>
> 나, 네 기쁨을 위해 나를 내어놓고
>
> 나, 그녀를 비밀로 품은 채
>
> 나, 어둠에서 태어나고[13]

　기독교보다 훨씬 오래전부터 존재했던 녹색 인간은 역사에서 나타났다 사라지기를 반복했다. 그가 오늘날 돌아온 데는 여러 이유가 있겠지만, 그의 귀환은 곧 환경에 대한 인식과 행동이 일어나고 있음을 뜻한다. 녹색 인간은 복합적인 이미지로, "나뭇잎과 사람 머리의 결합은 인류와 식물 세상의 결합을 나타낸다. 녹색 인간은 자연의 은밀한 법칙을 알고 표현한다."[14]

　앤더슨은 중요한 질문을 또 던진다. "녹색 인간은 왜 돌아왔을까? 그가 원하는 것은 무엇일까?" 나는 녹색 인간이 '남자들이 일어나기'를 촉구하고 있다고 생각한다. 그래야 진짜 남자가 될 수 있다. 남자들은 현대 자본주의와 미디어가 만들어낸 가짜 남성성에 현혹되어 있다. 녹색 인간은 지구에 대한 사랑과 미래 세대의 건강을 위해 우리에게 깨어나라고 요구한다. 파괴되고 있는 동식물과 인류의 지속 가능성을 지지하라고, 개인의 권력보다는 공동체와 연민을 옹호하라고, 아이들과 태어날 세대를 위하라고 촉구한다.

융*Jung*은 사회 불균형을 바로잡기 위해 원형이 특정 시기에 새로운 형태로 다시 나타난다고 믿었다. 녹색 인간이 돌아왔다면, 자연과 우리의 관계뿐만 아니라 '남성성과 우리의 관계가 균형을 잃었기 때문'이다. 녹색 인간은 남자들에게 상황을 제대로 보라고 말한다. 성욕은 자연에, 문화는 우주에, 경제는 책임과 도덕적 의무에 연결하라고 요청한다.

앤더슨의 말대로, "위대한 여신과 그녀의 아들이자 연인이며 수호자인 녹색 인간이 12세기에 함께 돌아왔던 건 주목할 만한 일이다. 그리고 지금 그와 같은 일이 일어나고 있는 듯하다. 독립적인 일련의 연구로 고대 유럽을 지배했던 모계 중심의 종교가 재발견된 것과 같은 시기에 페미니즘이 등장한 것처럼, 녹색 인간이 다시 꿈틀거리는 것도 깊은 영혼의 생태계에서 신화라는 같은 거미줄로 위대한 여신과 연결되어 있기 때문일 수 있다."[15] 녹색 인간은 신성한 여성성 및 위대한 어머니와 슬기롭게 이어져, 여신의 오랜 상징인 뱀과 특별한 관계를 뽐낸다. 뱀이나 서펀트*Serpent*(날개 달린 큰 뱀)와 나란히 묘사된 녹색 인간이 많다.

녹색 인간은 지능을 중요하게 여긴다. 녹색 인간은 "창조의 바탕이 되는 우주적 인간 혹은 지성"이다.[16] 그래서 그는 주로 머리로 묘사된다. 그는 매우 현명하다. 현명한 지능이 있어야 자연을 연구하고 자연과 현명한 관계를 맺을 수 있다. 자연과 생태계를 향한 관심은 그 어느 때보다 높다. 그래서 녹색 인간이 돌아오고 있는 것이다. 그는 가끔 어리석은 자로 간주되는데, 지혜는 지식과 달리 어리석은 자와 영악한 자의 역할도 인정하기 때문이다. 어리석음과 지혜는 뒤엉킨다.

신성한 혹은 우주적인 나무

녹색 인간은 흔히 우주를 상징하는 신성한 나무를 상기시킨다. 힌두교 경전 중 하나인 《바가바드 기타*Bhagavad Gita*》에서는 나무가 우주를 상징한다. 12세기에 힐데가르트 폰 빙엔이 그린 그림도 마찬가지다. 3세기 서양에서는 생명의 나무가 모든 민족이 마시는 신성한 샘물과 함께 골고다에 있는 세계의 중심으로 묘사됐다. 예수가 "나는 참 포도나무요"라고 말하자, 기독교인들은 디오니소스의 상징을 예수라는 녹색 인간으로 바꿔 그렸다.

부처가 깨달음을 얻은 보리수나무, 선지자 마호메트가 두 번째 환영에서 대천사 가브리엘을 만난 로테나무*Lote Tree* 등 신성한 나무는 신화에 자주 등장한다. 나무의 영혼이 인간에게 말을 걸고 노래하는 모습을 들려주는 옛이야기도 많다. 십자가 나무는 아담과 이브가 생명의 나무에 저지른 잘못을 바로잡아서 기독교인의 숭배를 받는다. 제임스 프레이저 경*Sir James Frazer*은 "죽임을 당한 나무의 영혼이 매번 더 젊고 활기찬 모습으로 회복하거나 부활했음"을 관찰했다.[17] 기독교 예술에서 예수의 수난과 부활 장면에 녹색 인간이 자주 등장하는 것도 이런 이유에서다. 기독교 녹색 인간이 최초로 묘사된 곳은 400년경 생 틸레르 르 그랑 교회에 있는 성 아브레*St. Abre*의 무덤으로 알려져 있다. 이곳을 포함해 녹색 인간은 많은 죽음과 부활 장면에 등장하는데, 이는 나무와 부활한 예수가 상징하는 젊음의 회복과 불멸을 강조한 것이다. 부활은 겨울잠에서 깨어난 식물과 함께 봄에 일어난다.

켈트 기독교인들은 《켈즈 사본*Books of Kells*》처럼 채색한 원고에 녹색 인간을 자주 그렸다. 가끔 녹색 인간은 고대 켈트족이 숲의 신으로 숭배하던, 뿔이 이마(제6차크라)에서 자라고 반은 인간 반은 수사슴인 케르눈노스*Cernunnos*와 함께 있다. 케르눈노스는 사슴과 뱀, 다른 야생동물과 친구가 되었고, 지하세계에서 죽음을 겪었다. 녹색 인간의 머리카락이 식물인 경우도 있다. 나뭇잎 머리카락은 다산과 연관되었다. 인간의 머리는 영감과 예언이 자리 잡는 곳으로 이해되었고, 다산을 촉진하고 악한 힘을 몰아낼 수 있다고 여겨졌다. 켈트족 철학자 스코투스 에리게누스*Scotus Erigenus*와 토마스 아퀴나스 둘 다 식물에 영혼이 있으며, 인간은 천사의 정신세계와 동식물의 영혼세계를 모두 공유한다고 인정했다. 인간은 두 세계를 잇는 중재자다.

12세기 때는 팀파눔•에 우주적 그리스도*Cosmic Christ*를 기념하는 조각을 새겼다. 앤더슨은 무아사크*Moissac*의 생 피에르 성당에 있는 예수상(1130년에 조각되었다)에 대해 이렇게 설명했다. "우주의 기운을 받은 강렬하고 위협적인 왕으로 묘사됐다. 야수 모습을 한 복음 전도자들은 4복음서••뿐만 아니라 예수의 인간적 본성 안에서 완전해진 인간의 네 가지 요소와 네 가지 기질을 상징한다. 그들의 몸은 특별한 에너지로 뒤틀려 있다."[18] 뿔

•   성당의 출입문과 아치 사이에 있는 반원이나 삼각형 구역.

••   신약 성서의 마태오 복음서부터 요한 복음서까지의 네 복음서를 일컫는다.

이 달린 케르눈노스가 예수의 왼편에 있다. 우주적인 나무와 우주적인 예수가 함께 등장하고, 정신(인간의 기질)과 우주가 하나로 모인 것이다. 나무는 가지는 하늘에, 뿌리는 땅속 깊숙한 곳에 닿는다. 나무는 하늘 아버지와 땅 어머니의 결합을 나타낸다. 세상의 중심, 즉 세계의 축*Axis mundi*임을 분명하게 보여준다. 시인이자 기호학자인 J. E. 커롯*Cirlot*의 표현처럼, "넓은 의미에서 나무는 우주의 삶을 상징한다. 나무는 영원한 생명을 나타낸다."[19] 녹색 인간은 성장하고, 널리 퍼져서, 끊임없이 창조하는 우주의 이 모든 과정에 참여한다.

종교 학자 미르체아 엘리아데*Mircea Eliade*는 세계의 축과 "중심으로 여행하는" 고대 주술사의 신내림 의식을 같다고 보았다. 심리학자 유진 모닉*Eugene Monick*도 세계의 축은 세상의 나무로, "뿌리는 지하세계에, 줄기는 현재에, 나뭇잎은 하늘에 있다"고 말한다. 즉 나무는 여러 세계에서 기운을 끌어모은다. 1차원이 아니다.[20]

남자도 1차원적이지 않다. 우리 인간도 우주적인 나무처럼 하늘과 땅, 지하세계와 이어져 있다. 모닉은 "가부장적 사고의 해체를 겪고 있는 현대 남성들에게 '세계의 축'의 이미지가 필요하다"고 말한다. "부상하는 모계 사회에 굴복하는 것은 바람직한 해결책이 아니다. 이는 오히려 퇴행적이며, 결국 남성성을 방어하려는 그릇된 가부장적 태도를 낳을 뿐이다. 두 세계를 잇는 주술사의 아슬아슬하지만 단호한 영웅적 행동과 같은, 세계의 축이 정말로 필요하다."[21]

생태적 선지자들

토마스 베리의 주장대로 생태학은 우주의 기능에 관한 연구다. 우리는 나무처럼 온 우주를 실제로 흡수하는데, 우리의 주변, 즉 지구를 빨아들인다. D. H. 로렌스는 그런 기운을 느낀 후 이렇게 썼다.

> 사람은 평생 자신의 생명을 우주의 생명, 즉 산의 생명, 구름의 생명, 천둥의 생명, 공기의 생명, 땅의 생명, 태양의 생명에 직접 닿게 하려고 애쓴다. 바로 접촉하여 에너지와 힘과 어두운 종류의 기쁨을 얻으려는 것이다. 중재자나 매개자 없이 그런 생명과 접촉하려는 노력이 곧 신앙의 본질이다.[22]

오늘날 우주와 생태('Eco'는 그리스어 '집'에서 유래된 말이다)가 다시 만나야 한다. 프리맥과 애브람스가 지적한 것처럼 그래야 우리 인간이 살아남을 수 있다.

> 행성으로서 지구는 우주에 통합되어 있지만, 현재 지구에 대한 우리의 생각은 그렇지 않아서 많은 문제의 원인이 된다. 우리는 지구와 우주에서 어긋나 있다. 환경 파괴, 동식물의 멸종, 기상 이변, 핵전쟁, 대량 살상 무기로 인한 테러 등 인류의 생존을 위협하는 많은 일이 벌어지고 있다. 신기술의 힘의 본질과 크기를 우주론적으로 이해하지 않고 무분별하게 사용했기 때문이다.[23]

녹색 인간은 우리와 지구, 우리와 우주의 관계를 새로 이어줄 것이다.

12세기 우주적 그리스도와 우주적 나무의 재발견은 고딕 건축에서 비롯된 '미적 혁명'의 신호였다. '확신과 힘'의 기운이 감돌았다. 이런 희망적인 분위기에서 녹색 인간이 돌아왔던 것이다. 수도원 제도는 개혁의 대상이 되었다. 검은 성모 또한 "녹색 인간이 부활한 시기"에 등장했다.[24] 앤더슨은 이집트의 신 오시리스*Osiris*가 입에서 식물을 쏟아내는 녹색 인간의 재현이 아닌지 의구심을 품는다. 오시리스의 몸에서 나일강의 초목이 싹을 틔웠고, 그가 지하세계를 심판할 때 얼굴이 녹색으로 변했기 때문이다. 고대 이집트 풍요의 여신인 이시스*Isis*가 검은 성모의 모습을 가지게 된 것처럼, 녹색 인간도 이시스의 연인 오시리스가 된 것은 아닐까? 몇몇 검은 성모가 침착하고 고요한 모습으로 묘사되는데, 이 시기 녹색 인간에게서 같은 고요함이 발견된다.

샤르트르 대성당에서 녹색 인간의 본성이 가장 잘 드러난다. 앤더슨은 "고딕 시대에 녹색 인간이 거둔 승리"에 대해 들려준다. 녹색 인간은 나뭇잎뿐만 아니라 얼굴 전체가 독특하고 저마다 개성 있게 조각되었다. 그래서 녹색 인간은 놀라운 방식으로 되살아났다. 샤르트르 대성당에 녹색 인간 조각상이 적어도 72개나 되는데, "조각가들은 녹색 인간을 상냥하고 밝은 이미지로 묘사해 자연을 대하는 새로운 태도를 드러냈다. 로마네스크 양식에서 자연을 인간의 생존을 위협하는 적으로 표현했던 것과 달리, 자연을 인간의 친절한 협력자로 묘사한 것이다. 녹색 인간의 이미지를 따라 자연의 분위기도 인간화되었고, 남녀의 모습도 인식을 깨운다는 모든 창조의 근본 원칙을 반영하여 달라졌다."[25] '인간의 친절한 협력자'로서 자연은 가이아*Gaia*다. 녹색 인간은 우리가 자연의 나머지 부분과도 우정을 맺게 했다. 오늘날에도 자연과의 관계를 존중하고 유지되도록 보살피는 새로운 태도가 요구된다.

중세 유럽만 녹색 인간을 존중한 것은 아니다. 1년 전 하와이 대학교에서 강의할 때, 찻잎으로 만든 망토를 입은 녹색 인간에게 비밀 의식을 치르는 원주민 전통이 있다는 것을 알게 됐다. 녹색 인간은 숲에 살면서 새를 잡아 깃털 하나만 뽑고 놓아주는 존재로 존경받았다. 그 녹색 인간은 전쟁할 때 외에는 숲을 관리하는 존재로 여겨졌다. 하지만 하와이 원주민들은 선교사들이 왔을 때 이 의식을 감춰야 했다. 그래서 녹색 인간도 숨겨졌다.

녹색 인간이 목구멍을 존중한다는 것은 예언을 존중한다는 의미다. 선지자(그리스어로 '공개적으로 말하다'에서 나온 단어다)는 부당함과 불균형을 바로잡는다. 우리 모두의 안에 있는 녹색 인간은 우리에게 당당한 자신의 목소리를 찾으라고 요구한다. 녹색 인간은 종종 사납고 강인하게 묘사되는데, 이 또한 선지자가 가진 힘의 일부다. 인류가 계속 유지되고 자연과 평화롭게 지내기 위해서는 힘이 필요하다. 남자가 되기 위해서도 그렇다. 이를 위해 우리는 우리 안에 있는 영적 전사를 키워야 한다. 녹색 인간이 그런 전사다. 녹색 인간이 지구와 지구 생명체를 지키고 보호할 것이다.

녹색 인간은 창조력과 생산력, 즉 예술가의 사명을 상징하기도 한다. 가끔 예술가의 선지자적 역할이 우리 문화에서 무시되는데, 이는 무척 안타까운 일이다. 미얀마 예술 운동가인 더인 소에*Thein Soe*는 46년간 이어진 군부 독재로 민주주의가 탄압받고 표현의 자유가 억압된 상황에서도 "겪은 것과 느끼는 것을 그리는데, 대부분 슬픔"이라고 말한다.[26] 군부는 그의 작품을 끊임없이 검열한다. 많은 시인과 예술가가 작품을 통해 진실을 밝히려다 감옥에서 죽었다. 한 조각가는 가슴에는 가시가, 척추에는 총열이 박힌 채 잠든 어머니를 묘사한 작품을 가까스로 태국으로 보내 방콕의 화랑에 전시했다. 그는 "예술가에게는 무슨 일이 일어나고 있는지 알릴 책임이 있다"고 말한다. 탄압과 검열은 오히려 예술가들을 연대하게 하고 있다. 한 예술가는 "우리는 화난 것이 아니라 슬픈 것이다. 긴 세월이 모두 버려졌기 때문이다"라고 한탄했다. 군부 독재에서 발버둥 치는 미얀마 예술가들도 나름의 방식으로 활약하고 있는 녹색 인간이라 할 수 있다. 진실을 말하고자 하는(제5차크라가 하는 일) 용기와 헌신을 가졌기 때문이다.

미국에도 사울 그리피스*Saul Griffith*와 데이비드 쉬러*David Shearer*라는 두 녹색 인간이 있다. 사울은 33세의 과학자로 캘리포니아 앨러미다에 있는 마카니 파워*Makani Power*의 대표다. 그는 "인류의 가장 큰 위험을 환경 파괴"로 여기며, 이 상황을 바꾸는 데 힘을 쏟고 있다. 대기권의 풍력―1%만 활용해도 지구 전체에 전력을 공급할 수 있다고 과학자들이 말하는―을 이용할 방법을 연구하고 있으며, 이를 위해 구글과 제휴를 맺었다.

미국의 경우 20년 뒤에 풍력발전소가 핵발전소에 맞먹는 전기를 생산할 것이라는 사실이 최근 한 연구를 통해 밝혀졌다. 풍력은 깨끗하고 재생 가능하므로, 녹색 인간이 바라던 에너지라 할 수 있다. 획기적인 기술 개발 없이도, 0.5센트도 안 되는 돈으로 전기 1킬로와트시를 생산할 수 있다. "허풍처럼 들릴 수도 있겠지만 충분히 실현 가능하다."[27] 새로운 송전선 체계만 만들면 된다. 풍력이 석탄과 천연가스를 대신하면, 지구 온난화를 일으키는 이산화탄소의 배출량이 매년 8억 2,500만 톤 감소할 것이다. 이는 "자동차 1억 4천만 대가 도로에서 뿜어대는 이산화탄소를 없애는 것과 같은 효과"라고 미국 풍력에너지협회 이사인 랜들 스위셔*Randall Swisher*는 말한다. 이것이 실현되려면 무엇이 필요할까? 당연히 녹색 인간이다.

데이비드 쉬러는 샌프란시스코에 있는 캘리포니아 환경조합의 선임 과학자다. 그는 예술과 매체를 통해 환경을 개선하는 계획에 관해 이야기하기를 좋아한다. 쉬러는 "예술과 과학은 서로 협력해 지구가 직면한 문제들을 설명하고 그 문제에 관한 종합적인 해결책을 제시할 수 있다"고 주장한다. 불교도인 그는 지구가 겪고 있는 위기는 협력과 대화, 사랑으로 극복할 수 있다고 믿는다. "우리는 창의적이고 흥미로우면서 현실적인 해결책을 떠올려야 합니다."

작가 조지프 재스트랩은 이렇게 말한다. "지금 세대의 남자들은 살아 있는 지구, 위대한 신비와 이어진 남성의 이미지에서 멀어졌습니다. 이를 바로잡을 수 있는 건 녹색 인간의 원형입니다. 녹색 인간을 받아들이면 땅 어머니와 그 위의 생명체를 대표할 새로운 남성의 힘, 즉 새로운 전사의 지위를 얻게 됩니다. 그런데 우리는 이미 '녹색 건물'과 '녹색 정치'를, '녹색 기업'과 '녹색 평화Greenpeace'를, 도시 주변의 '녹색 벨트'와 '녹색 경제'를 이야기하고 있습니다. 안 그런가요?"[28]

그렇다. 녹색 인간이 돌아왔다. 우리는 과연 그를 맞이할 준비가 되었는가?

3장.

아들과
아버지

이카로스Icarus와 다이달로스Daedalus 이야기는 유명하다. 요약하면, 아버지 다이달로스의 말을 따르지 않은 대가로 지구에 추락해 죽은 아들 이카로스에 관한 이야기다. 이 이야기는 심오한 남성성에 관해 시사하는 바가 많아 전체적으로 깊이 살펴볼 가치가 있다.

다이달로스는 유명한 건축가이자 엔지니어, 발명가, 명장이었다(다이달로스는 그리스어로 '장인'을 뜻한다). 플라톤은 다이달로스가 만든 움직이는 조각상이 에게해의 뜨거운 태양 아래에서 땀을 흘리는 것만 같아 달아나지 않게 묶어 놓아야 했다고 말했다. 다이달로스가 발명한 물건 중에는 도끼와 미궁labyrinth이 으뜸으로 꼽힌다. 그의 혈통은 명확하지 않은데, 어머니라고 거론되는 여자가 셋이고, 아버지는 누구인지 알 수 없다. 그는 조카 탈로스의 스승이었는데, 탈로스도 물고기의 뼈를 관찰해 톱을 발명할 정도로 놀라운 기술을 자랑했다. 탈로스의 재주가 많은 칭찬을 받자 다이달로스는 그를 시기한 나머지, 아테네의 아크로폴리스에 던져 살해한다. 그리고 이 일로 아테네에서 추방되어 크레타섬으로 유배된다.

다이달로스와 미궁

크레타섬에서 다이달로스는 미노스 왕과 파시파에 왕비의 마음을 얻어 크노소스 궁전을 짓는 일을 맡게 된다. 그는 파시파에가 포세이돈이 보낸 흰 소와 몰래 욕정을 채울 수 있도록 나무로 큰 암소를 지어주었고, 파시파에는 반은 인간이고 반은 소인 미노타우로스를 낳았다. 다이달로스는 흉측한 미노타우로스를 가둘 미궁 '라비린토스'를 짓는 일을 맡는다. 미노스는 매년 어린아이 14명을 아테네에서 데려와 미노타우로스에게 바칠 것을 요구했고, 결국 영웅 테세우스가 미노타우로스를 죽이기로 마음먹는다. 그런데 미노스와 파시파에 사이에 태어난 딸 아리아드네가 테세우스와 사랑에 빠져, 다이달로스에게 미노타우로스를 죽이는 걸 도와달라고 부탁한다. 다이달로스는 아마실을 그녀에게 줘 테세우스가 미궁에 들어갈 때 실 끝을 문에 묶도록 했고, 테세우스는 미노타우로스를 죽인 후 실을 따라 무사히 미궁을 빠져나올 수 있었다.

미노타우로스를 죽이는 데 성공한 테세우스는 궁궐에 불을 지른 후, 아리아드네를 데리고 크레타섬을 탈출한다. 미노스는 미노타우로스가 죽고 딸마저 잃자 격분해 다이달로스와 그의 아들 이카로스를 미궁에 가두었다. 다이달로스는 직접 미궁을 지었으니 빠져나올 수 있었다. 하지만 그것만으로는 부족했다. 다이달로스는 크레타섬을 완전히 벗어나야 한다고 생각했고, 그가 찾은 확실한 방법은 아들과 함께 날아서 섬을 벗어나는 것이었다.

비행

다이달로스는 마녀 메데이아가 사나운 용이 끄는 수레를 타고 나는 것을 본 이후, 바다가 내려다보이는 절벽에 비밀 작업장을 짓고, 자신을 날게 해줄 장치를 만드는 데 전념했다. 그리고 결국 독수리의 깃털을 밀랍으로 이어 붙여 날개를 만들었다. 다이달로스는 아들 이카로스에게 날개가 태양열에 녹을 수 있으니 태양에 너무 가까이 날아서는 안 되고, 날개가 축축해지면 무게를 못 이겨 추락할 수 있으니 바다에 닿지 않아야 한다고 주의를 주었다. 이들은 이륙에 성공해 섬을 벗어난다. 하지만 비행의 쾌감을 느낀 이카로스가 높이 날아올랐고, 밀랍이 녹아 이카로스는 결국 추락해 바다에 빠져 죽는다. 이카로스가 죽은 그곳을 지금도 이카리아해*Icarian Sea*라고 부른다.

다이달로스가 아들에게 너무 많은 양기(태양)와 너무 많은 음기(바다)를 피해 중간을 택하라고 충고한 사실에 주목하자. 청소년기였던 이카로스는 남성 호르몬이 급증해 양기에 지나치게 끌렸고, 죽음이라는 대가를 치렀다.

비행은 필요하다. 특히 젊은이에게 그렇다. 매리언 우드먼은 "젊은이들은 무엇이든 상상력과 열정으로 시작한다"고 말한다. "그 힘을 분출하지 못하면, 그들은 날개 없는 새가 된다. 날아오르지 못한 절망은 분노로 이어지는데, 그 분노를 억누르는 법도 모른다." 미래의 지도자나 모험적인 영혼이 될 수도 있는 많은 청춘이 날아오를 방법을 찾지 못하고, 좌절감을 억누르지 못해 감옥에 가는 오늘날의 상황을 설명하는 듯하다. 우드먼은 경고도 잊지 않는다. "태양 가까이 날아 결국 죽음의 바다에 빠진 이카로스처럼, 순수한 영혼을 위해 생존에 대한 본능을 희생하며 인간의 한계를 넘어서겠다는 오만함은 매우 위험하다. 태양으로 상징되는 순수한 영혼을 남성성이라 한다면, 여성성에서 벗어난 남성적 영혼은 죽음임을 알 수 있다. 남성성을 붙들어주는 것이 여성성이다."[1]

다이달로스는 계속 날아 시칠리아에 안전하게 도착한 후, 아폴로에게 바치는 신전을 짓고 자신의 날개를 제물로 바쳤다. 다이달로스는 숙련된 명장으로 최고의 예술가를 대표하게 된 반면, 이카로스는 미적·사회적 관습에 도전하다가 자신을 파괴하는 낭만적인 예술가를 상징하게 됐다.

소통에 대한 비유

대체로 이카로스의 죽음에 대해 이카로스 본인을 비난한다. 아버지의 말을 따르지 않았기 때문이다. 그는 어른이 들려주는 지혜가 아닌 부풀린 자아에 귀 기울였고, 결국 죽었다. 이는 어쩌면 마땅한 결과일 수 있다. 이런 해석도 타당할 수 있지만, 나는 조금 다르게 해석한다.

다이달로스는 아버지로서 심각한 결점이 있다. 그는 시기심에 조카를 죽였다. 이카로스와 크레타섬으로 쫓겨난 건 그의 시기심 때문이었다. 즉, 그는 건강한 아버지, 성인의 본보기가 되지 못했다. 오히려 그는 선생과 부모의 어두운 면을 대표하는 인물이며, 젊은이의 성공에 자신이 가려지거나 뒤처지는 것을 참지 못하는 어른이다. 다이달로스는 아들이 날개를 달고 훌륭하게 비행하는 모습을, 언젠가 자기 없이 더 멀리 날아가는 모습을 기꺼이 볼 수 있는 아버지였을까? 아마도 이카로스의 무모한 비행은 이런 부모의 시기심에 대한 반응이었을 것이다. 그는 아버지에게 대항하고 있었고 그 과정에서 자멸했다.

이렇게 이야기를 보면, 젊은이의 절제력 없는 행동에 대한 비난은 좀 누그러진다. 그리고 지혜를 얻기 위해서는 '세대를 아우르는 현명함과 세대 간 소통'이 필요하다는 메시지가 부각된다. 잘 소통하려면 서로 신뢰하고 이해해야 하며, 알아들을 수 있는 언어로 말해야 한다. 다이달로스는 어땠을까? 시기심이 강한 자의 말을 얼마나 신뢰할 수 있을까? 다이달로스의 언어는 어땠을까? 그는 지시하고 명령하는 데 익숙했을 것이고, 자신의 탈출에 집중해 있어 아들이 날개를 달면 어떤 일을 벌일지 가늠하지 못했을지도 모른다. 아니면 요즘 흔한 사례처럼, 아들이 아버지의 말을 잘못 알아들은 것일까? 오늘날 젊은이들은 새로운 언어를 많이 구사하는데, 어른과 젊은이가 서로의 말을 주의 깊게 듣고 그 언어를 배워야 한다. 각 세대가 듣지 않고 자기 말만 하면 비극이 발생한다. 다이달로스는 랩으로 말하거나 문자메시지로 전달하여 아들의 주의를 확실히 끌어야 했고, 비행 '의식'을 만들고 공유하여 해도 되는 행동과 조심해야 할 부분에 관한 자신의 당부를 아들이 완전히 익히게 해야 했다.

날개를 달다

'날개를 다는 것' 자체가 신비주의에서는 강력한 원형적 상징이다. 모든 젊은이는 부모의 그늘에서 벗어나 날아올라 '하늘의 별을 따기'를 바란다. 이는 매우 자연스러운 일이다. 청소년은 알려진 것, 정해진 것, 부모의 집, 사회라는 미궁과 감옥을 넘어, 천국을 향해 손을 내밀고 하늘까지 뻗어나가 진정한 '카팍스 우니베르시_capax universi_', 우주를 담을 수 있는 영혼으로 거듭나기를 원한다. 이카로스는 독수리 날개를 달고 독수리가 됐다고 볼 수 있는데, 고대 그리스인 사이에서(아메리카 원주민과 성경에서도) 독수리는 신성한 지혜의 상징이었다. 남아메리카에서는 콘도르, 아일랜드와 시베리아에서는 큰기러기_Great Goose_가 같은 의미다. 독수리처럼 날아오르는 것은 하늘 아버지에게로 가는 여행이자 신성한 정신과의 접촉이며, 세상의 걱정에서 잠시나마 벗어나는 것이다.

원형의 의미에서 새는 영혼을 상징한다. 이집트인들에게 새—사람의 머리를 가지고 있다—는 죽은 후 신체를 떠나 멀리 날아가는 영혼이었다. 그리스와 로마인들에게는 남자 성기의 상징이었다. 새의 노랫소리는 사랑의 상징이며, 새는 하늘의 메시지를 전하는 전령이다. 전설에 따르면 마호메트는 천국에서 생명의 나무를 먹은 모두가 젊음을 되찾는 것을 봤다. 생명의 나무는 잎사귀가 풍성한 나무들에 둘러싸여 있었고 가지에는 화려한 색을 가진 새들이 앉아 노래하고 있었다. 여기서 새는 충성스러운 사람들의 영혼이다.

상징을 연구하는 커롯_Cirlot_은 "모든 날개 달린 존재는 '세상을 벗어남'을 상징한다"고 했고,[2] 융은 새는 "영혼이나 천사, 초자연적인 도움, 생각,

상상의 나래를 나타내는 선량한 동물"이라 했다. 하늘에 속하는 새는 높고 고귀한 영혼을 나타낸다. 높이 나는 새는 영적 갈망을 상징한다.

나는 이카로스 이야기의 핵심이 갈망이라고 생각한다. 날개를 단 것이나 자신과 아버지를 미워하는 왕을 떠나는 것, 높은 곳을 향해 날아오른 것 모두 이카로스에게는 정상적인 일이다. 모든 젊은이에게 그것은 자연스러운 일이다. 그러나 현실을 모르는 갈망은 위험하다. 너무 높이, 너무 빨리, 태양에 너무 가까이 치솟을 수 있다. 현실 감각과 신중한 태도는 꼭 필요하다. 그래서 현명한 사람은 허용된 정도와 넘어서는 안 될 선에 대해 충고한다.

그러나 그저 상황을 설명하는 것, 젊은이와 아들에게 일방적으로 말하는 것으로는 부족하다. 메시지는 상대가 알아들을 수 있게 전달되어야 한다. 다이달로스는 이것에 실패했다. 오늘날 많은 어른과 유명인도 같은 이유로 젊은이에게 도움이 되지 못한다. 그나마 다이달로스는 자신과 아들을 위해 날개를 만드는 데 시간과 상상력을 들였지만, 그 정도 노력도 하지 않는 어른이 많다. 오히려 거꾸로 가고 있다. 젊은이들을 문화·경제적 미궁에, 즉 소비주의, 개인주의 숭배, 물질 만능주의, 개인과 국가의 빚, 전쟁에 가두고 있다. 이런 것들은 하늘 아버지에게 가까이 솟아오르려는 심장의 갈망을 달래줄 날개가 되어주지 않는다.

비행과 추락, 상승과 하강에 대한 비유는 어디에나 있다. 프랑스 작가 가스통 바슐라르*Gaston Bachelard*의 말대로 "모든 비유 중에서 높이와 상승, 깊이와 하강에 관련된 것만이 설명이 필요 없다. 이 비유를 설명할 수 있는 것은 없지만, 이 비유는 모든 것을 설명한다."[3] 날아다니는 신은 신화에 널려 있다. 고대 이집트와 미노아*Minoa* 그리고 메소포타미아의 신들은 주로 웅장한 날개를 가진 모습으로 그려졌다. 페르시아의 모든 신 위의 신은 기원전 490년 무렵 건축된 다이루스*Dairus* 1세의 궁궐에 날개 그 자체인 것으로 묘사됐다. 고대 히브리인들은 십계명을 담은 성궤 위 세라핌 *Seraphim*과 케루빔*Cherubim*에게 날개를 달았다. 고대 사람들에게 비행은 신의 영역이었고, 인간이 있어야 할 곳은 땅이었다. 인간에게 날개를 다는 것은 신에게 더 가까워지려는 바람의 표현이었으나, 또한 신의 특권을 빼앗으려는 인간의 오만한 시도로도 여겨졌다. 날개를 달고 하늘에 이른 대가로, 이카로스는 목숨을 잃었고, 다이달로스는 아들의 죽음을 겪었다. 다이달로스는 섬에 착륙한 후 자신의 날개를 매달아 슬픔을 표현했고 다시는 날개를 달지 않았다.

교훈은? 우리 모두는 인간성을 확장하고, 신성에 닿고, 날아오르고, 신비적인 것을 개발해 우리 안의 선지자적 혹은 영적 전사를 키우기 위해, 즉 '넘어서기 위해' 대가를 치른다. 오토 랭크는 우리는 모두 "넘어서기를 추구한다"고 말한다. 저 너머는 우리를 부르고, 우리 영혼을 열어주고, 광활한 우주와 아버지 하늘과 교감하게 한다. 좋은 부모라면 아이가 날아오르도록 날개를 만들어주고, 동시에 비행할 때 주의해야 할 점도 알려주어야 한다. 살아남기 위해서는 날개를 사용하는 방법도 알아야 한다. 젊은이의 성공(혹은 피해를 최소화하는 것)은 어른과 젊은이가 얼마나 잘 소통하는지에 달려 있다.

파에톤 이야기

파에톤*Phaethon* 신화도 젊은 남자의 비극에 관한 이야기다. 파에톤은 아버지가 누구인지 모르고, 그 이유로 친구들에게 놀림을 받는다. 아버지가 누구인지 알려달라고 엄마를 조르자, 엄마는 "태양신"이라고 실토한다. 파에톤은 태양신을 찾아가고, 그는 자신이 아버지임을 인정한다. 그리고 같이 있어 주지 못한 것을 다른 것으로 보상해주려 애쓴다. 어떤 소원이든 들어주겠다는 태양신의 말에, 지혜 즉, 넘지 말아야 할 선에 대한 이해가 부족한 파에톤은 태양신의 마차를 타고 하늘을 날아보고 싶다고 한다 (자동차 키를 달라고 하는 것보다 더 위험한 요구다). 심리학자 존 콘저가 지적한 것처럼 "그의 소원은 정도를 넘었고, 땅에 사는 자신의 지위에서 벗어난 것이었다."[4] 그 결과 파에톤은 추락해 죽고 세상에 불을 낸다. 우리가 "끝도 없이 상상하는 상태에 있거나, 또는 반대로 꿈을 꾸지 않고 애늙은이처럼 행동하며, 위험을 마주하지도 한계를 넘어서려 하지도 않을 때, 그런 일이 일어난다."

젊은이에게는 손짓하는 하늘도, 좋은 부모가 줄 수 있는 현실감각도 필요하다. 그러나 잘못된 세대 간 소통이 비극의 원인임을 잊지 말아야 한다. 파에톤 역시 어린 시절 내내 아버지와 따로 살았고, 아버지는 그 죄책감 때문에 아들의 능력을 제대로 살피지도 않고 말도 안 되는 소원을 들어주어 비극을 초래했다.

|

라 트라비아타

주세페 베르디*Giuseppe Verdi*의 오페라 「라 트라비아타*La Traviata*」도 아버지와 아들의 잘못된 소통에 관해 들려준다. 알렉상드르 뒤마*Alexandre Duma*

의 소설 《동백 아가씨La Dame aux Camelias》를 원작으로 프란체스코 마리아 플라베Francesco Maria Plave가 대본을 쓴 이 작품은 파리의 창녀 비올레타 이 야기다. 비올레타는 파티에서 프로방스 출신 알프레도를 만나 고백을 받는다. 그런데 비올레타가 화류계 생활을 접고 진짜 사랑을 택할까 고민하던 중, 폐결핵 징후가 나타난다. 결단을 내린 비올레타는 이전 생활을 정리했고, 두 연인은 파리를 떠나 시골집에서 소박하게 지낸다. 그런데 어느 날, 알프레도가 집을 비운 사이 알프레도의 아버지 제르몽이 찾아왔다. 그는 비올레타를 둘러싼 나쁜 소문이 자기 가문의 명성을 더럽히고, 그 소문 때문에 자기 딸이 파혼당할 위기에 놓였다며 비올레타에게 아들과 의 관계를 끝낼 것을 요구한다. 비올레타는 알프레도를 진심으로 사랑한 다며 애원하지만, 결국 제르몽의 강요에 알프레도를 떠나기로 결심한다.

한편 집에 도착한 후 비올레타가 떠난 것을 알게 된 알프레도는 분노한다. 제르몽이 그를 위로하지만 소용없다. 방황하던 알프레도는 어느 파티에서 바롱이라는 남자와 함께 있는 비올레타를 발견한다. 제정신이 아닌 알프레도는 무모한 도박을 벌이고, 그동안의 빚을 갚겠다며 도박에서 딴 돈을 그녀에게 던진다. 마지막 장면에서 비올레타는 가난에 찌들고, 친구들에게서 버림받았다. 게다가 폐결핵 말기다. 제르몽이 알프레도와 함께 그녀를 보러 온다. 알프레도는 깊이 자책하고, 제르몽도 아들을 위해 희생한 비올레타의 사랑을 깨달았다며 자신을 용서해달라고 간청한다. 마지막 순간, 비올레타는 회복되어 다시 건강해지는 환상에 빠지지만, 겨우 "기뻐요"라는 말을 남기고 죽는다.

이 이야기는 이카로스 이야기와 어떤 면에서 정반대다. 자신의 힘으로 비행하려던 아들은 아버지의 과잉보호와 간섭으로 추락한다. 제르몽은 비올레타를 향한 아들의 사랑을 알고 있었지만, 아들이 실패를 무릅쓰게 하느니 차라리 아들의 날개를 뽑아버리기로 한다. '우주가 두근거리는 것 같다'라고 말하는 자식의 사랑을 그저 열병으로 낮잡는다. 게다가 비올레타를 찾아가 "아비인 내가 이런 말을 하도록 이끈 것은 신"이라며 권위를 내세우기 위해 신을 들먹인다. 그러나 그녀가 겪는 어려움에 공감하며 이렇게 말한다. "울어요, 불쌍한 아가씨, 더 울어요! 내가 당신에게 얼마나 큰 희생을 강요하는지 나도 알아요. 당신의 슬픔이 내 마음에도 전해진다오. 하지만 마음을 굳게 먹으세요. 다른 사람을 위하는 마음이 이기도록." 적어도 그녀가 다른 사람을 생각하는 사람인 줄은 아는 것이다.

제르몽은 알프레도를 꾸짖는다. "다시 아버지의 자랑과 기쁨이 되어라. 나를 여기까지 끌고 온 것은 신이야! 네 늙은 아비가 여기까지 오기 위해 겪은 고난을 모르느냐? 아비가 베푼 사랑에 보답은 없느냐?" 제르몽은 알프레도를 집에 안전히 두려고 수치심과 신, 자기 연민을 내세우며, 자신이 아들과 그의 연인에게 안긴 고통은 아랑곳 않고 자신이 겪는 고통을 인정하라고 다그친다.

한편, 비올레타는 알프레도와의 관계가 끝나면 자신의 생명도 끝날 것이라고 말한다. 오늘날 전인적 의료●처럼, 그녀는 신체의 건강과 영혼의 건강이 이어져 있음을 보여주며, 자신의 영혼이 무너지면 폐결핵이 깊어지고, 몸이 허약해지다가 죽으리라 예견한다. "만약 알프레도와 헤어지면 견딜 수 없을 만큼 아파서, 차라리 죽는 것이 나을 거예요." 그리고 제르몽의 당부를 따르기로 한 후, "나는 곧 죽겠지"라고 한탄한다. 날지 못하게 된 알프레도는 분노와 복수심을 억누르지 못해 폭발하고, 결국 도박에서 딴 돈을 비올레타에게 던지며 자신과 사랑하는 사람에게 치욕을 안긴다.

● 신체, 정신, 영혼, 감정 등 인간 전체를 고려하는 치료 형태.

그 모습에 제르몽은 "내 아들은 어디에 있느냐? 내가 알던 내 아들이 아니구나"라며 절망한다. 제르몽의 계획은 알프레도를 보호하기는커녕 나락으로 떨어뜨렸다.

마지막 장면에서 비올레타가 죽기 직전 제르몽과 알프레도를 곁으로 부르자, 알프레도는 용서를 구한다. "사랑하는 이여, 고통은 잊고 나와 아버지를 용서해주오. 내가 얼마나 잘못했는지, 가장 사랑하는 이여, 이제 모든 것을 압니다." 제르몽도 '비올레타'의 '임종' 직전, 마음의 변화를 보인다. "아무 말도 하지 말고, 나를 그만 아프게 하시오. 가책이 내 영혼을 사로잡고 그녀의 한 마디 한 마디가 나를 찌르네! 내가 참 멍청한 늙은이였어. 이제야 내가 한 짓을 알겠소. 당신의 깨끗한 마음에 입힌 고통을 용서하시오." 결국 아버지는 깨달음을 얻는다.

이 오페라는 어떤 면에서 가족에 대해 비평하고 있다. 이 작품은 당시에 창녀 같은 직업을 가진 사람도 좋은 사람이 될 수 있음을 보여준다는 이유로 수치스럽게 여겨졌다. 창녀인 비올레타가 이 극에서 빛나는 별이 된다. 게다가 겨우 23세에 죽는데, 이는 '어덜티즘*adultism*'에 대한 베르디의 반발을 드러낸다. 어덜티즘은 어른이 아이를 억압하는 경향으로, 이는 젊은이에 대한 무의식적 적대감에서 비롯된다.[5] 어른들이 배우려고만 하면, 젊은이들이 어른들에게 가르쳐줄 수 있는 것도 있다. 비올레타는 사랑하는 이의 가족을 구하기 위해 평생 처음이자 마지막 사랑을 희생하는, 마음이 큰 사람이다. 심지어 연인의 아버지에게 자신을 딸처럼 안아달라고 부탁하면서 가족의 개념을 확장한다.

이카로스 신화에서는 아들이 죽는다. 오페라 「라 트라비아타」에서는 아들의 연인이 죽는다. 두 죽음 모두 소통을 제대로 하지 못한 아버지에게 책임이 있다. 그런데 두 이야기를 더 깊이 들여다보면, 아버지들은 자신의 욕구와 신념과 두려움에 빠져 방향을 잃는다. 즉, 제르몽은 자신의 신념(가족의 명예를 지키는 것)을 아들의 신념(세상의 평판에도 불구하고 비올레타를 사랑하는 것)보다 더 귀중하게 여겨 아들을 위태롭게 하고, 다이달로스는 젊은 세대에 대한 시기심을 억제하지 못해(자신의 조카를 죽임), 아들과 함께 아테네에서 추방된다. 사실 이카로스가 미노스 왕에게서 벗어날 날개가 필요했던 이유도 아버지의 정치적 신념과 왕궁의 음모에 휘말리는 것을 피할 수 없어서였다. 다이달로스는 아들을 위해 날개를 만들고 아들의 비행을 관리하려고 하지만 실패한다. 자신만의 신념에 파묻혀서 잘못된 소통을 하고, 파멸적인 결과를 낳는다.

이카로스와 다이달로스 이야기는 원형의 에너지와 같은 울림을 준다. 현실을 반영하기 때문이다. 아주 오래전, 내 지도를 받으며 석사 과정을 마친 한 남학생이 병에 걸려 죽었다. 미국 중서부의 대가족 출신인 그는 젊었을 때 베트남 전쟁에 반대했고, 그 사실에 몹시 화가 난 아버지는 그를 내쫓으면서 "군복을 입고 오든지, 죽어서 관에 담겨 오라"고 소리를 질렀다. 그는 끝내 병역을 거부했고, 정신과 간호사가 되었다. 반대자들의 협박에도 남성 동성애자를 위한 라디오 프로그램을 시작하는 등 평생 좋은 일을 많이 했다. 그의 죽음은 특별했다. 한 간호사는 "사망 후 하루 동안 빛 하나가 그의 방 주변에 머물렀어요"라고 말했다. 그가 죽은 후 나는 그의 아버지와 이야기를 나눴는데, 아버지는 울부짖었다. "베트남 전쟁을 두고 아들이 한 생각이 옳았어요. 아들이 나보다 더 도덕적이었어요."

젊은이들의 열정과 판단이 항상 틀린 것은 아니며, 어른들의 경고와 관점이 항상 옳은 것도 아니다. 따라서 양쪽에게는 서로가 필요하다. 마음을 열고 서로를 받아들여야 한다. 비행을 두려워하지 말며, 배우기를 겁내지도 말아야 한다.

4장. 수렵채집인

우리 인류는 역사 대부분—90%—을 수렵채집인으로 살았다. 그러나 오늘날 우리 대부분은 농부다. 이는 부인할 수 없는 사실로, 우리가 먹는 음식 대부분이 농장에서 나온다. 우리가 하는 유일한 수렵채집 행위는 시장에서 이뤄진다. 또한 우리는 감성적으로도 농부다. 우리는 돌보고 가꾸고 성장한다. 하지만 오랜 기간 농업 시대에 살며 농사의 혜택을 받았다고 해서 우리가 가졌던 수렵채집인의 특별한 재능, 즉 수천 년 동안 사냥하면서 배운 기술과 지식을 잃어버린 것은 아니다. 조상의 정신에서 벗어나는 사람은 없다. 수렵채집인의 재능을 적극적으로 활용하지는 않지만, 그 힘과 기교와 기술은 우리 안에 있고, 뜻밖의 방식으로 우리에게 영향을 미친다. 21세기에도 우리는 여전히 수렵채집인이다.

사냥꾼 조상이 습득한 기술과 지식은 오늘날 우리 삶에 어떤 모습으로 드러날까? 어떤 모습이 부정적이고, 어떤 모습이 긍정적일까? 인류에게 역사적으로 중요한 지금, 남성은 어떻게 이 기술을 활용해 공동체와 인류의 생존을 도울 수 있을까?

수렵채집인 되기

먼저 수렵채집인의 의미를 살펴보자. 나는 재레드 다이아몬드 *Jared Dia-mond*의 저서 《총, 균, 쇠*Guns, Germs, and Steel*》를 자주 참고한다. 그는 이 책에서 수렵채집인 조상이 가진 특별한 지능에 대해 많은 이야기를 들려준다. "마지막 빙하기가 끝난 기원전 약 1만 1000년 전까지, 모든 대륙의 모든 부족은 여전히 수렵채집인이었다. 700만 년 전쯤 현대 인류의 조상이 오늘날 유인원의 조상에서 갈라진 이후 지금까지 거의 모든 시간 동안, 지구상 모든 인류는 아메리카 원주민 블랙피트*Blackfeet* 부족이 19세기까지 그랬던 것처럼 야생 동식물을 사냥하고 채집하며 먹고살았다."[1]

일반적인 사실에 주목하자. 우리 각각은 모두 수렵채집인의 혈통을 이어받았다. 즉, 인간이 된다는 것은 수렵채집인이 되는 것이다. 수렵채집 기술을 발휘해 공동체와 종족이 생존하도록 돕는 것이다. 이는 우리 조상의 역사 10만 년 중 9만 년과 그 이전 수백만 년 동안 변함없는 사실이었다.

오늘날에도 아메리카 원주민, 호주 원주민, 뉴기니의 부족 등 수렵채집 생활 방식에 일부 혹은 전부를 의존하는 집단이 있다. 언뜻 단순해 보이는 이 문화는, 경작과 목축을 통해 정치제도와 계급사회를 발전시키고 도시를 건설한 현대 세계와 뚜렷한 대조를 보인다. 일단 수렵채집은 도시 건설로 이어지지 않는다. 수렵채집은 주로 부족 단위로 이루어지는데, 작은 집단일수록 좋은 결과를 얻기 때문이다. 모두가 이 일에 참여하므로 서열은 거의 생기지 않는다. 평등주의로 운영된다. 정착하지 않으니 전문성을 키우거나 전문화된 업종을 차릴 겨를은 거의 없다. 수렵채집인들은 계절별 식량을 찾아 끊임없이 이동해야 한다.

다이아몬드는 여러 해 동안 뉴기니의 수렵채집인들과 생활하면서, 수렵채집 생활 방식이 농업과 산업에 바탕을 둔 생활 방식으로 바뀌는 것이 꼭 '발전'을 의미하는 건 아니라고 결론 내린다. "미국의 도시와 뉴기니의 시골에서 각각 생활한 후, 흔히 말하는 도시화의 축복이 양면적이라고 느꼈다. 일례로 현대 산업 국가의 시민들은 수렵채집인에 비해 나은 의료와 낮은 살인 사망 위험, 긴 수명을 누리지만, 친구나 대가족으로부터 받는 사회적 지지는 훨씬 적다."[2] 수렵채집인의 유산에서 잃어버린, 그래서 지금 다시 배워야 할 무언가가 있다는 말일까?

17년 전 브라질의 아마존 열대우림에 있는 한 마을에서 젊은 예수회 수사를 만난 적이 있다. 그 마을 토착 부족은 거의 자급자족하며 식량과 종교 의식을 위해 원숭이를 중심으로 하는 문화를 가지고 있었다. 젊은 수사는 "제가 여기서 뭘 하고 있는지, 그들에게 뭘 가르쳐야 하는지 모르겠습니다"라고 말했다. 그 말에 나는 그 부족이 그에게 가르치는 것이 무엇인지 물었고, 그는 주저 없이 이렇게 대답했다. "기쁨입니다. 저들이 하루에 누리는 기쁨이 우리 국민이 평생 느끼는 기쁨보다 큽니다." 우리 내면에 있는 수렵채집인에게 관심을 기울일 때 기쁨이라는 혜택 하나를 얻을 수 있을지도 모른다.

기쁨과 의식

　수렵채집 부족에게 기쁨이 중요한 것은 의식이 중요하기 때문이다. 바버라 에런라이크는 저서 《거리에서 춤을Dancing in the Streets》에서 황홀경에 빠져 치르는 의식이 "호주의 수렵채집인과 폴리네시아 원주민, 인도의 시골 부족민 삶의 일부"라고 말했다.³ 유럽인들은 '미개'하다고 여겼지만, 그런 의식이 종종 트랜스 음악•으로 발전했다. 이 춤을 접한 서양인들은 '서양의 정신, 특히 서양 상류층 남성이 가진 정신의 핵심은 자아라는 요새 속에 자신을 가두고 북이 내는 중독성 있는 리듬을 거부하는 능력과 세상에 있는 야생의 유혹에 맞설 수 있는 합리성'임을 알게 되었다. 수렵채집인들에게 의식은 '집단과 맺는 정신적 결합'이었고, 결국 치유와 기쁨을 가져다줬다. 에런라이크는 수렵채집인들의 삶을 이렇게 상상한다.

　　1만 년 전으로 간다면, 사냥하고, 먹을 것을 모으고, 무기와 옷을 만들고, 처음 경작을 시도하는 등 생존에 필요한 많은 활동을 하느라 고생하는 인간들을 만나게 될 것이다. 그러나 달이 밝은 밤이나 계절이 바뀌는 특정 시기에 도착한다면 그 인간들이 가끔 가면을 쓰거나 변장한 것처럼 보이는 옷을 입은 채 나뭇가지나 막대기를 흔들고, 나란히 혹은 원을 이루어 춤추면서, 에너지를 낭비하는 것 같은 활동에 빠지는 것도 보게 될 것이다. 대부분 남녀 모두 춤을 추지만, 줄이나 원은 성별에 따라 나뉜다. 얼굴과 몸에는 붉은색 황토 칠을 한다. 아프리카, 인도,

---

•　　의식을 몽롱하게 하는 전자 댄스 음악.

호주, 이탈리아, 튀르키예, 이스라엘, 이란, 이집트 등의 유적에서 발견된 선사시대 바위그림은 이렇게 춤추는 사람들의 모습을 상상하게 한다. 정착 생활을 시작하기 전, 인간에게 글자가 생기기 한참 전에 그들은 춤을 췄고 춤을 돌에 기록해야 할 만큼 중요한 활동으로 생각했다.[4]

동물의 머리 형태나 추상적 모양의 가면을 쓰고, 고고학자들이 '변장'이라고 생각하는 표범 가죽 같은 것을 입고 춤추는 남자들도 있었다. 우리 조상들의 삶은 춤을 통해 황홀경에 이르는 의식을 중심으로 이루어졌다. 그리고 그 의식은 기쁨을 가져다주었다.

이런 공동체 의식은 기쁨뿐만 아니라 방어를 위한 것이기도 했다. "현재 야생의 영장류들처럼 초기 인류도 한 집단으로 단단히 뭉쳐, 발을 구르고, 소리도 치고, 막대기와 나뭇가지를 흔들면서 맹수와 대결을 벌였을 것이다. 맹수는 그들의 단결된 몸짓을 아주 큰 존재로 여기고 도망쳤을 것이다."[5] 사냥도 춤에서 배울 게 있었다. 사냥에는 종종 집단 전체가 나섰고, 집단은 소리치고, 발을 구르고, 막대기와 횃불을 휘두르면서 사냥할 동물 무리를 향해 진격했다. 시간이 지나면서 공동 사냥이 시들해지고 맹수의 위협도 줄어들었지만, 인간이 동물에게 거둔 승리의 짜릿함은 의식을 통해 되살아났다. 작가 올더스 헉슬리*Aldous Huxley*는 "의식에서 춤은 종교적 체험을 제공하므로, 다른 어떤 것보다 만족스럽고 매력적"이라고 지적한다. "인간이 신성한 지식을 가장 쉽게 얻는 방법은 몸의 근육을 이용하는 것이다."[6]

인류학자 마셜 살린스*Marshall Sahlins*는 수렵채집인들이 산업 사회에 사는 사람들보다 더 적게 일했기 때문에 한가했고 또한 잘 먹었다고 설명한다. 그들은 '원초적 풍요의 사회'를 살았는데, 이는 물질적 의미에서 아주 작은 것에 만족하는 일종의 '선禪 경제' 덕분이었다.[7] 그런 사회에는 공동체와 흥겨운 잔치를 위한 시간이 있다. 이는 어느 호주 원주민이 들려준 이야기와도 정확히 일치한다. "우리는 하루에 4시간만 일하고 나머지 시간에는 뭔가를 만듭니다." 무엇을 만들까? 바로 의식이다.

지능

재레드 다이아몬드는 33년 동안 뉴기니에서 부족민들과 생활한 후, 이들이 유럽인이나 미국인보다 더 똑똑하다고 결론 내렸다. 그는 "뉴기니 사람들이 보통의 유럽인이나 미국인보다 평균적으로 더 영리하고, 초롱초롱하며, 표현력도 뛰어나고, 주변 사물이나 사람에 관심도 많다는 인상을 받았다"고 말했다.[8] 인정에 끌려 이렇게 말한 게 아니다. 실제로 뉴기니 사람들이 더 지능적이라는 뜻이다. 초롱초롱하다는 것은 깨어 있고 호기심도 많아 배움을 추구하거나 갈망한다는 의미고, 표현력이 뛰어나다는 것은 자신의 창의력, 즉 내면의 예술가와 접촉한다는 뜻이다. 또한 사물과 사람에 관심이 많다는 것은 기꺼이 자신의 창의력에 이끌려 배울 의지가 많다는 의미다. 우리 중에 더 영리하고 더 초롱초롱하며 표현력이 더 뛰어나고 호기심이 더 왕성하기를 원하지 않을 사람이 있을까? 그런데 왜 우리는 더 나은 수렵채집인의 자아를 억누르는 것일까?

다이아몬드가 정확히 지적했듯, 수렵채집인의 지능 수준은 의심할 여지가 없다. 한 연구에 따르면, 수렵채집인은 예나 지금이나 "자연의 역사를 꿰뚫는 걸어 다니는 사전으로, 동식물의 이름을 1천 개 이상 알고 있고, 그 종들의 생물적 특징, 분포, 잠재적 용도에 대해서도 세밀한 지식을 가지고 있다. 하지만 사람들이 재배하고 사육하는 동식물에 점점 더 의존하게 되면서, 이런 전통적 지식의 가치는 퇴색됐고, 결국 사람들은 들풀과 야생 팥도 구분하지 못한 채 시장을 찾게 됐다."⁹

'왜' 수렵채집인들이 더 영리할까? 다이아몬드는 이는 자연 선택의 결과로, 장애를 극복하고 생존할 만큼 영리하지 못한 개체는 도태되고, 영리한 유전자는 살아남았다고 말한다. 그렇다면 수렵채집의 생활 방식 가운데 그들을 더 똑똑하게 만든 것은 무엇일까? 역설적이지만, 문자가 없었다는 사실이다. 전통적인 수렵채집인 중에 글자를 만든 부족은 없다. 일반적으로 어떤 것을 기록할 수 없는 경우, 기억력을 더 발전시키고, 이야기를 더 많이 만들어내고, 더 집중해서 듣게 되며, 마음을 담아 말하는 능력을 기르게 된다. 즉, 더 많이 더 잘 소통하고, 더 풍성한 공동체 의식을 만들어낸다. 관찰력이 곧 생사를 가르는 능력이 되고, 주변 세상이 가장 집중해야 할 곳이다 보니 현재에 더 충실하게 되는 것이다.

다이아몬드는 이 모든 것을 부족 생활을 하는 뉴기니인들에게서 발견했는데, 그들에게는 서양인들이 당연하게 여기는 것들, 예컨대 발전된 기술이나 조립식 장난감 같은 것이 없다. 서양인들과 다르게 뉴기니인 아이들과 성인들은 TV나 영화가 주는 즐거움에 멍하니 빠져 몇 시간씩 보내지 않는다(미국 평균 가정은 하루에 7시간 동안 TV를 켜둔다). 뉴기니인들은 삶에 끌려 다니지 않는다. 문제를 해결하고, 사람과 자연계와 교류하면서 하루하루를 활동적으로 보낸다. 아이들도 이런 공동 작업에 참여하도록 하는데, 아이들의 놀이조차도 매우 상호적인 방식으로 이뤄진다. 다이아몬드는 "뉴기니인들은 서양인들보다 더 뛰어난 지적 능력을 물려받았으며, 성장에 독이 되는 불리한 환경—산업 문화에 속한 아이들 대부분이 자라는—을 피하는 능력도 매우 뛰어나다"고 결론 내렸다.[10] 우리가 가진 수렵채집인의 본능을 불러낸다면, 틀림없이 아이들은 더 건강해지고 우리 모두는 더 똑똑해질 것이다.

창에서 쟁기까지

인류가 농경을 시작하면서 사회가 변했다. '긍정적'인 변화도 있고 '부정적'인 변화도 있다고 생각할 수 있지만, 의외로 거의 모든 변화가 현대 생활을 힘들게 하는 결과로 이어졌다.

예를 들면, 야생 동물과 식물을 사육하고 재배하면서 인간은 식량이 풍부해졌고, 이는 인구 증가로 이어졌다. 수렵채집인은 보통 땅 1에이커의 0.1%만 식량을 위해 사용했지만, 농부는 바이오매스●의 90%를 식량으로 바꿨다. "그 결과 땅 1에이커로 수렵채집인의 10~100배 정도 되는 목축업자와 농부를 먹일 수 있었다."[11] 가축은 거름을 제공해 토양을 비옥하게 하고, 경작지를 갈아 더 많은 작물을 수확하는 데 도움을 줬다. 풍부한 식량은 정착생활을 가능하게 했고, 이는 높은 출산률로 이어졌다. 평균적으로 수렵채집인들은 4년에 1명의 자식을 낳았고, 농부는 약 2년에 1명의 자식을 낳았다.

농업의 결과로 생겨난 풍부한 식량으로 정치가 생겨났다. 인류는 이제 대가족뿐만 아니라 더 큰 공동체를 유지할 수 있게 되었다. 마을과 도시가

● 단위 시간 및 공간 내에 존재하는 특정 생물체의 중량 또는 에너지량.

형성되었고, 어느 때보다 더 커진 공동체를 유지하기 위해 전문가와 계급, 즉 분업이 필요해졌다. 누구는 먹을 것을 기르고, 누구는 식량 배급을 관리하면서 관료가 생겨났고, 동시에 직업 군인, 성직자, 장인 등도 생겨났다. 농경에는 분명한 이득이 있었지만, 전체적으로 일은 수렵채집보다 더 고됐다. 연구 결과를 보면, 일반적으로 수렵채집인이 가족이나 친구와 함께 삶을 즐길 여유가 더 많다. "실제로 식량 생산을 책임지는 대다수 소작농과 목축업자가 수렵채집인보다 더 잘사는 것은 아니다. 연구 결과, 그들은 수렵채집인보다 하루에 더 많은 시간을 일하는 것으로 나타났다."[12] 초기 농부는 수렵채집인보다 영양 섭취가 부족했고, 심각한 질병을 더 많이 앓았으며, 더 이른 나이에 죽었다.

나는 오랫동안 창세기의 에덴동산 이야기를 수렵채집 생활을 하던 '옛시절', 삶이 더 여유롭고 동산에 먹을 것과 아름다운 것이 가득했던 시절을 향한 일종의 한탄으로 느껴왔다('낙원*paradise*'은 '동산'을 가리키는 페르시아어에 뿌리를 두고 있다). 아담과 이브의 타락은 수렵채집 생활을 하던 동산에서 쫓겨나 경작과 도시 건설이라는 고난이 시작되었음을 상징했다. 다이아몬드의 말도 아담과 이브 신화에 대한 내 생각에 힘을 실어준다. '선악과나무*tree of good and evil*' 비유가 농업의 산물, 즉 과수원의 과일을 먹는 결정에 대한 암시일 수 있다. 앞서 살펴본 대로, 이 결정은 여러 결과를 낳았다. 좋은 것도 있었지만(식량 증가, 인구 증가), 그렇지 않은 것도 있었다(계급 발생, 파괴력 증가, 인구 과잉).

그러나 이는 도덕적 판단에 따른 것이 아니었다. 다이아몬드가 지적한 것처럼 "농경과 수렵채집 가운데 농경을 선택한 것은 대체로 무의식적인 행위였고, 그에 따른 부수적 결과들이 생겨난 것이었다."[13] 이 역시 '지식을 경계하라'는 창세기의 경고를 뒷받침한다. 지식은 감당하지 못할 결과를 낳을 수 있다. 사과를 베어 문 행위는 상상하지 못한 결과로 이어질 수 있다. 그래서 무언가를 바랄 때는 신중해야 한다.

수렵채집과 농경이 공존하고, 유랑생활과 정착생활이 뒤섞인 사회가 발전했다. 식물 재배는 진화 중에 생긴 뜻밖의 사건이지 혁신적 발명이 아니었다. 초기에는 야생에서 먹을 것을 구하면서 동시에 경작용 식물을 길렀다. 야생에서 구하는 식량이 부족할 것에 대비해 예비 식량을 확보하기 위한 전략이었을 가능성이 크다. 창의력과 융통성, 적응력이 수렵채집인이 가진 사고방식의 중요한 특징이었다. 이는 변화를 기꺼이 받아들인다는 의미였지만, 여전히 그 변화는 너무 느렸다. 다이아몬드는 "외부의 영향 없이 수렵채집에서 농경으로 발전한 경우, 수렵채집에 의존하던 단계에서 농경사회로 완전히 바뀌는 데는 아무리 빨라도 수천 년이 걸렸다"고 말한다.[14]

애런라이크에 따르면, 계급 제도는 농업 시대에 가장 크게 발전했다. 우선 의식을 이끄는 지도자가 생겨났다. 9천 년 전 수렵채집인들은 넓게 정리된 '춤추는 운동장'에서 다 함께 참여하여 의식을 치렀다. 이후 농업 사회에서는 주로 남성인 상류층이 의식을 이끌었다. 2천 년 전에는 오직 훈련받은 전업 성직자들이 중요한 의식을 이끌었다. 사회 계급은 "군인 중심 체제와 전쟁과 밀접하게 이어졌고", "춤을 추던 과거의 의식에 대해 반감"도 생겨났다.[15]

수천 년에 걸쳐, 인간 사회는 결국 수렵채집에 바탕을 둔 생활에서 농경을 기본으로 하는 생활로 바뀌었지만, 이는 인간이 의도적으로 선택한 결과는 아니었다. 인류는 그 둘의 장단점을 재지 않았다. 따라서 더 나은 것을 결정한 게 아니었다. 그런 상황에서 사냥감이 감소하고 재배하기 좋은 야생 작물이 늘어나는 진화의 힘이 작용했다. '농업 혁명'은 기원전 1만

1000년쯤, 비옥한 초승달 지대 *the Fertile Crescent*에서 탄생했지만, 이 중대한 변화는 그 지역에 살던 사람들이 특별히 똑똑해서가 아니라, 기후, 환경, 야생 동식물의 영향이었다.

동물을 사육하면서 그 동물들이 퍼뜨리는 병균도 생겨났지만, 유럽인을 포함한 다른 인종들은 오랫동안 그 동물들과 함께 지낸 덕에 면역력이 있었다. 그래서 동물을 사육하지 않아 면역력이 없던 많은 수렵채집 부족을 정복할 수 있었다. 다이아몬드는 "병균은 유럽인들이 아메리카 원주민과 호주 부족, 남아프리카 부족, 태평양 섬에 살던 부족들을 정복하는 데 결정적인 역할을 했다"고 말한다.[16]

역사는 수렵채집인에서 농부로 바뀌는 과정이 매끄러웠음을 보여준다. 상황에 따라 경작만 하거나 부업도 하는 농부가 된 것은 결국 수렵채집인이었다. 뉴기니에 4만 년 동안 인류가 살았고 현재 그곳의 인구 대부분은 농부다. 일부는 경작과 사냥을 모두 하지만 그 지역에 남아 있는 야생 사냥감은 거의 없다. 그러나 이들에게 수렵채집의 '기억'은 여전히 생생하게 남아 있다. 그래서 이들은 수렵채집을 하던 조상의 생활 방식과 지혜에서 많은 것을 배운다. 다이아몬드가 설명한 것처럼, 농업 중심 사회가 결국 번창하고, 수렵채집 사회와의 경쟁에서 이긴 데는 상황의 역할이 컸다. 지금 우리 입장에서 잃은 것은 무엇인지, 과연 그 결정이 이로웠는지 돌아보는 건 당연하다. 수렵채집인의 생활 방식을 간직한다면, 얼마나 더 영리해지고, 얼마나 더 많이 동식물과 교류하며 살 수 있을까? 우리 안에 본능적으로 남아 있는 수렵채집인 생활 방식에 도움을 구하면, 농경 사회가 가져온 인구 과잉과 난개발, 오염으로부터 자연계를 구할 수 있을까?

공격성, 그때와 지금

다이아몬드는 뉴기니 부족민을 감탄하며 바라보지만, 그렇다고 낭만적으로만 본 것은 아니다. 그들이 높은 살인 사망, 부족 전쟁, 사고, 식량 부족을 겪는다고 분명히 밝힌다. 사실 예나 지금이나 살인과 공격은 많은 수렵채집 사회가 보이는 뚜렷한 특징이다. 그런데 공격성은 수렵채집인의 원형에서 꼭 필요한 부분이다. 따라서 이 원형에 대해 고민하면 남자들은 자신의 공격성을 상대하는 새롭고 더 나은 방법을 찾을 수 있다.

예를 들어, 고대 뉴기니에서 전쟁은 말 그대로 전쟁이었다. 잔혹했고, 지면 먹히는 일도 잦았다. 식인 풍습이 삶의 일부로 받아들여졌기 때문이다. 그러나 농경 사회로 바뀐 뒤에도 폭력이나 공격성은 줄어든 것 같지 않다. 전쟁 이야기를 꺼낸 김에 말하자면, 어떻게 폭탄과 네이팜탄 폭격을 식인보다 더 '낫다'거나 '문명화되었다'고 볼 수 있겠는가? 자기 손에 직접 피를 묻히지 않을 뿐, 결과는 훨씬 더 치명적이다. 오히려 기술 발전이 파괴력을 키우고 결과를 더 참담하게 만들어 공격성을 증폭시켰다.

공격성은 그저 어떤 원형이 아니라 생명의 일부로 타고난 것 같다. 심리학자 존 컨저는 한 인터뷰에서 최근에 발견된 화석을 묘사하면서 이에 대해 아주 설득력 있게 설명했다.

> 공격성은 원초적이다. 그것은 동물 진화의 핵심, 사실은 생명 자체의 진화의 핵심에 해당한다. 5억 4300만 년 전에 캄브리아기 대폭발과 함께 일어난 놀라운 일을 생각해보자. 동식물 분류상 문門이 4개밖에 없었는데, 갑자기 200만~400만 년 만에 38개로 폭발적으로 늘어났다가

그 이후 증가 폭이 크게 감소한다. 그때 무슨 일이 일어났을까? 눈 (시각)이 발생했다. 볼 수 있게 되면서 다른 생명체를 잡아먹기 시작한 것이다. 화석들을 보면 이 초기 생명체들에게 갑자기 집게발과 껍질이 생겼는데, 단백질이 축적된 결과다. 생명체는 눈을 갖고 난 후, 서로를 잡아먹으면서 더 나은 단백질의 원천을 얻었고, 그렇게 발전을 거듭하며 지금의 모습이 되었다. 즉, 공격성으로 다양성이 생겨났다. 우리가 다양성을 띠게 된 이유를 진화적으로 이해할 때 그 중심에는 공격성이 있다. 전체적인 주제는 더 나은 단백질의 원천을 확보하는 것과 관련이 있지만 말이다.

진화의 중심에 공격성 자체와 관련된 어떤 것이 있다. 공격성을 가지고 우리가 무엇을 하느냐가 핵심이다. 남자로서 우리는 수렵채집인이 된다.

컨저는 나아지는 기미가 보이긴 하지만, 진화에서 보여준 공격성의 힘이 여전히 작용한다고 말한다.

미라이*My lai* •나 홀로코스트를 어떻게 이해할 수 있을까? 오스트리아 빈 시민들은 독일과의 합병에 찬성표를 던지고, 히틀러의 행진에 환호하며 이웃이었던 유대인들에게 치약으로 길거리를 닦으라고 치욕을 주었다. 입에 담을 수도 없는 이 충격적인 행동을 도대체 어떻게 설명할 수 있을까? 설명할 방법이 없다.

침팬지 두 마리가 있다고 가정해보자. 이들은 집단 안에서는 서로 챙

• 미군이 주민을 대량 학살한 베트남 남부의 작은 마을.

기기도 하지만, 다른 집단이라면 공격해 새끼를 죽인다. 기본적으로 1만 2000년 전 수렵채집인이었던 우리도 그랬다. 수렵채집인은 전쟁에서 이기면 상대 부족을 모조리 죽였다. 식인 행위는 끔찍할 정도로 많았다. 이를 어떻게 이해할까? 그나마 언어의 도움으로 소통할 수 있게 되면서 상황은 나아졌다. 실제로 과거에 비해 우리는 조금씩 더 나아지고 있다. 그래서 나는 우리가 '되고 있는 신'의 형상대로 만들어진다고 말한다. 물론 아직 신의 모습은 아니다.

수렵채집인 부족으로서 공격성은 지금도 여전하다. 캘리포니아주 오클랜드의 한 최근 연구에 따르면, 지난 5년간 미국에서 557명이 살인으로 죽었고, 피해자와 가해자 대부분이 젊은 흑인 남성이었다.[17] 눈에 띄는 점은 많은 공격성이 수치심과 '존중'의 문제로 자극된다는 것이다.

감옥에서 인터뷰한 몇몇 가해자들은 폭력이 문화와 완전히 결합해 살인이 남자다움의 상징이 된 분위기를 들려주었다.

그 재소자들은 감옥과 자기 동네의 유일한 차이는 벽이 있는 것뿐이라고 말한다. 똑같이 서열이 존재하고, 가장 비열한 사람이 높은 자리를 차지한다.

시작은 무엇일까? 분노다. "도덕적 발달을 책임질 사람이 아무도 없는 상황에서 어린 남자아이들은 나름의 규칙을 만든다. 누구도 이들에게 주먹이나 총이 아닌 방법으로 분노와 스트레스를 해결할 방법을 가르쳐주지 않았기 때문에 갈등 상황이 생겨도 이들은 해결하지 못한다." 그래서 일종의 '사냥'이 계속되고, 아이들은 '사냥감'이 된다.

그쪽 세계에서는 도전을 받았을 때 반드시 응해야 한다. 공격과 약탈, 모욕을 겪고도 대응하지 않으면 '멍청이'나 '애송이'라는 꼬리표가 붙는다. 일단 약하다고 여겨지면 공격 대상이 된다. 명예뿐만 아니라 친구와 개인의 안전도 잃는다. 맞서 싸워서—살인이라도 저질러서— 이겨야 공격이 멈춘다.

그들은 차도, 돈도, 여자도 있고 존중까지 받는 길거리 마약상을 본보기로 삼는다. 어떤 살인 수감자는 "폭력배가 되면 명성을 얻으니까, 너도나도 따라한다"고 말했다. 존경이 곧 돈이고, 돈이 힘이며, 힘은 사내다움이다. 폭력을 통해 남자라고 인정받는 것이다.

폭력 조직원이 소속의 중요성에 대해 말할 때, 우리는 수치심이 그들의 삶에 없어서는 안 될 폭력에 큰 역할을 한다는 사실을 알게 된다.

재소자들은 〈크로니클Chronicle〉과의 인터뷰에서 맨 처음 소속감을 준 것이 마약 판매상이라고 말했다. 폭력 집단이 자신들을 원하고, 자신들의 행방에 관심을 기울이고, 자신들이 뭘 하는지, 무슨 생각을 하는지 물어봐준 첫 번째 단체라는 것이다.

남자들은 25세를 넘길 거라 생각하지 않아서, 그 이후의 삶이 없는 것처럼 산다. 살인범 중에 합법적인 직업을 가진 사람은 손에 꼽을 정도다. 고등학교 졸업장이나 직장으로 타고 갈 자동차, 직계 가족의 보호는 없고 전과 기록만 있으니, 사회의 취업 기준에 전혀 못 미친다.

이를 어떻게 바꿀 수 있을까? 해당 기사에 따르면 "전문가와 재소자 모두 외부에서 온 멘토, 즉 다른 방법으로도 남자가 될 수 있음을 보여주는 사람이 있었다면 그들을 구할 수도 있었다고 말했다."

이는 정말 어려운 문제다. 남자가 될 수 있는 다른 방법을 찾아야 한다. 살인을 저지르지 않고, 우리 내면의 수렵채집인 본능을 존중할 수 있는 다른 방법이 필요하다.

몇몇 남자들이 말하는 한 가지 방법은 무술이다. 그들은 무술을 수련하면서 내면의 타고난 공격성을 길들이고, 동시에 건강한 남성성도 기를 수 있었다고 말한다. 컨저 박사도 이를 위해 태권도를 배웠고, 61세에 검은 띠를 땄다.

> 태권도를 배운 건 아빠와 아들의 문제이기도 했고, 제 자신의 남성성에 대한 고민과 관련해서 개인적으로도 중요한 일이었다. 나는 자라면서 별로 눈에 띄는 아이가 아니었다. 아버지는 멀게 느껴졌고, 이 세상에서 남자가 되는 법을 분명하게 배우지 못했다. 내가 가진 공격성이나 내적 갈등을 풀 만한 공간도 별로 없었다. 기꺼이 싸운 적이 몇 번 있기는 하지만, 대개 갈등을 피하며 살았다. 나에게 공격성은 있었지만, 그것을 이해하도록 돕는 이야기는 없었다.
> 삶이 '갈등'이기 때문에, 갈등을 피해 평화를 바라면 일찍 죽을 것이라 느끼게 되었다. 그러다가 고등학교 영어 교사로 일할 때 무술에 흥미가 생겼고, 태권도를 배우기 시작했다. 아이들이 중학생이 되면서 반항하기 시작했는데, 반항을 즐겨서가 아니라 아이들이 제 모습을 알고 싶은 거라 생각했다. 그래서 아이들이 무술을 배웠으면 했다. 아이하나가 학교에서 시범을 보이던 선생을 이미 알고 있었다. 태권도는 편하게 느껴졌다. 아이 둘 다 열심히 하다가 밤색 띠에서 그만뒀고, 나는 계속했다. 지금도 계속 수련하는데, 워낙 감정적으로 몰입하게 하

는 일이라 다른 일을 하기 힘들어서 체육관에 가지는 않고, 혼자 품세 훈련만 한다.

수치심

수치심도 예부터 존재했다. 뉴기니 부족 같은 옛날 수렵채집 부족에 관한 연구는 폭력성과 함께 수치심이 지배력을 유지하는 근본적인 방법이었음을 보여준다. 부족민에게 최고의 수치이자 처벌은 부족에서 쫓겨나는 것이었다. 최악의 범죄를 저지른 부족민에게 내려지는 처벌이 사형이 아니라 추방이었는데, 사실 부족에서 쫓겨나는 것은 격리돼 죽는 것과 다름 아니었다. 이에 따르면 나쁜 행동의 대가가 격리와 추방이라는 점에서 수치심은 '속하지 못하는 것'과 같은 의미다. 수치심은 수만 년 뒤 인간의 DNA에 새겨졌다. 당연히 수치심은 남자에게 큰 영향을 끼치고 공격성을 불러일으킨다.

현대 세계는 부족 집단으로 가득하다. 당연히 집단에서 쫓겨나는 처벌은 그 어느 때보다 무겁다. 현대 부족주의의 극단적인 모습을 보여주는 사례는 종교 근본주의다. 이는 '우리는 구원받지만, 너희는 아니다', '우리는 신의 친구지만, 너희는 신의 적이다'라는 믿음에 바탕을 두고 있다. 근본주의적 종교에서 '소속'은 곧 '우리만 옳고 나머지는 틀렸다'는 이분법적 명제로, 그들이 가진 반지성적 경향을 더 키운다. 부족의 사고방식을 의심하면 수치와 추방의 위험이 따르므로 구성원은 생각과 인식을 포기한다. '소속되기 위해' 생각과 자아를 버리는 것이다. 소속에 대한 갈망은 커지고 소속에의 조건은 점점 까다로워지면서, 자아와 연민, 생각, 신이 내린 모든 선물이 쓸모없어지고 무시된다.

그런데 진정한 선지자는 수치심을 감수한다는 게 사실일까? 예수가 "선지자는 자기 땅에서 존중받지 못한다"고 말한 것처럼, 실제로 혹은 비유적으로 선지자는 공동체에서 쫓겨날 위험을 감수한다. 물론 차이점은 있다. 돌이켜 생각해보면, 우리는 편안함보다 양심을, 작은 부족보다 더 큰 공동체를 우선시하는 사람들을 존경하지 않았던가? 간디, 마틴 루서 킹 주니어, 하워드 서먼*Howard Thurman*, 교황 요한 23세, 디트리히 본회퍼 *Dietrich Bonhoeffer* 같은 사람들 말이다. 선지자나 전사는 흐름을 거슬러 모두에게 더 이로운 일에 관심을 집중하고, 더 크고 넓은 공동체를 만들기 위해 소속의 의미를 재규정한다. 그리고 이러한 시도 때문에 외면당하고 쫓겨나는 위험을 감수한다.

|

마크 미콜슨: 남성운동, 수치심 그리고 분노

마크 미콜슨*Mark Micolson*은 영국 버밍엄에서 자란 45세 치료 전문가다. 그는 어렸을 때 양차 세계대전을 겪었고, 현재 뉴멕시코의 산타페에 있는 '배움을 향한 사랑*Academy for the Love of Learning*'이라는 학회에서 일하고 있다.

미콜슨은 1994년 로버트 블라이와 제임스 힐먼*James Hillman*이 운영하는 입문 워크숍에 참가했다가 남성운동에 발을 들이게 됐다. 지난 10년간 개인 발전을 위한 워크숍을 운영했고, 2년 동안 남성운동을 위한 워크숍도 이끌었다. 남성 7명이 매달 두 차례 세 시간씩 만나는데, 미콜슨은 이런 모임이 드물긴 하지만 남성에게 아주 중요하다고 몸소 느끼고 있다. 남성운동과 오늘날 남성이 갖는 수치와 분노의 원인, 그것에 대처할 방법에 대해 그의 의견을 들어보았다. 그와의 대화를 인터뷰 형식 그대로 전한다.

나: 남성운동을 하는 이유는 무엇입니까?

미콜슨: 저는 실수를 인정할 수 있는 문화가 형성되기를 바랍니다. 지금은 실수를 고백하는 일이 연약함을 드러내는 신호로 여겨지죠. 릴케는 다리를 저는 염소가 강으로 내려가는 모습을 시로 표현했어요. 그 염소는 꼴찌였지만 돌아올 때는 일등이었죠. 완벽하게 해내지 못하는 부분이 있음을 인정하자는 생각이 우리를 계속 배우게 합니다. 배우려는 의지가 없으면 그런 점을 인정하지도 않지요. 실수를 인정해도 비난받지 않고, 부끄러워하지 않아도 되는 환경이 만들어졌으면 해요. 아파르트헤이트가 자행되던 시기에 범죄를 조사하던 남아프리카공화국의 법정이 얼마나 충격적이었는지 생각해보세요. 우리도 악을 품고 있음을 인정해야 합니다. 스스로 그것을 인정해야 완전한 삶을 살 수 있지요.

나: 요즘 남성운동은 어떻습니까?

미콜슨: 일반적으로 알려진 남성운동은 어떤 면에서 좀 실망스럽습니다. 하지만 그런 데에는 이유가 있습니다. 연약한 남자는 사회적으로 비난받기 때문입니다. 남자가 보이는 연약함은 조롱거리가 되죠. 그래서 남성운동은 주류가 되기 정말 어렵고, 남자는 기댈 언덕을 찾기가 힘들지요. 이제 남성운동에 대해 덜 대중적인 방식을 생각합니다. 주로 블라이의 연구가 남성운동의 지침이 되었는데, 저는 오히려 눈에 띄지 않는 곳에서 훨씬 더 많은 영향을 받았습니다.

나: 그것은 '숨겨진' 차원이지요.

미콜슨: 그리 유명하지는 않지만 몬테레이 지역의 남자들에게 큰 영향을 미친 한 단체가 있습니다. 남자들에게 엄청 힘이 되는 단체예요. 에설런 연구소 회장인 고든 웰런*Gordon Whelan*의 수치심에 관한 연구도 생각나네요. 그는 수치심에 관심을 기울여 남자들이 서로 친밀해지도록 도왔습니다. 남성운동 초기의 상황보다 훨씬 덜 주목을 받는 것들이지요.

나: 고든의 수치심 연구에 대해 더 알려주세요.

미콜슨: 고든은 게슈탈트●의 세계에서 벗어납니다. 프리츠 펄스*Fritz Pearls* 계통은 아니었고 폴 굿맨*Paul Goodman* 쪽이었지요. 그는 현장에서 작용하는 힘을 많이 연구했습니다. 어떻게 자아는 이미 만들어져 고정되지 않고 끊임없이 만들어지고 있을까요? 수치심에 관한 그의 연구는 이전부터 우리에게 있던 그 많은 연결을 잃은 채 포스트모던 문화에서 살아가는 것이 곧 소외를 겪는 과정임을 보여줍니다. 우리는 소외감을 달고 살고, 그래서 쉽게 수치심을 느끼지요. 특히 남자들은 어릴 때부터 수치를 크게 느끼고요.

나: 수치심이 무엇이라 생각하십니까?

미콜슨: 고든의 연구에서 수치심은 소속감과 정반대의 감정으로 정의됩니다. 속하지 못하는 경험이죠. 그런데 저는 그보다 앞서 누군가에게 피해를 줄 때 느끼는 합당한 감정이라 생각합니다. 사회를 잘 유지하기 위해 필요한 감정이지요. 하지만 부차적인 수치심은 속하지 못하는 느낌, 현재 자기 모습이 공동체에 적합하지 않다는 느낌입니다. 어떤 문화에서 소속에 필요한 것이 급격하게 바뀔 때 생기기 쉬운 감정입니다. 우리는 특정 지위나 재정적 상태에 소속감을 느끼는 경향이 있는데, 이는 계속 유

● 　전체와 부분의 전체성 혹은 통합성을 강조하는 심리학적 접근.

지될 수 없는 것들이죠.

나: 놀라운 정의네요. 저는 우리가 기계적인 세계에 살면서 웅크리고 앉아 우주와의 연결을 끊어야만 했고, 그래서 우리 영혼이 줄어들었기 때문에 소속감을 느끼지 못하는 거라고 배웠거든요. 당신의 정의는 수치심을 심리적 영역을 넘어 훨씬 더 큰 공동체와 사회적 영역에서 바라보게 합니다. 그런데 여성들은 수치심을 덜 느낄까요? 남성들은 하늘 아버지와 하늘의 초자연적인 부분과 단절되어 있지만, 여성들은 땅과 땅에서 일어나는 일에 가까이 있잖아요.

미콜슨: 기본적으로 여성들은 모여서 자신이 겪었던 수치심을 이야기로 나누는 데 능숙합니다. 남자들이 주로 바깥 경험을 대화 주제로 올리는 것과는 다르죠.

나: 워크숍에서 남자보다 수치심을 더 능숙하게 처리하는 여성의 능력을 본 적이 있나요?

미콜슨: 심리학자이자 소설가인 캐럴 길리건Carol Gilligan의 연구에 따르면, 남자는 유치원에 들어갈 때쯤 자신의 연약함에 대해 부끄러움을 느끼고 감정과 경험을 드러내지 않는 법을 배운다고 합니다. 여자아이들은 그런 과정을 겪지 않는 반면, 남자들은 아주 어릴 때 수치심에 대처하는 능력을 잃기 때문에 소속되지 않거나 스스로 만족하지 못하는 경험을 넘어서는 걸 무척 어려워하게 되지요.

나: 수치심을 극복하는 방법은 무엇입니까?

미콜슨: 우리 문화에서 수치심은 부끄러운 것으로 여겨집니다. 그래서 수치심을 지적하고 "자, 그 수치심을 치유하겠습니다"라고 말하기가 어렵지요. 그렇게 하면 사람들이 혼나는 느낌을 받거든요. 그래서 저는 그런 방식보다는 경험을 공유하게 합니다. 어떤 경험과 그 경험이 자신에게 끼

친 영향을 바르게 살피게 해서 그 과정이 부끄럽지 않게 만들죠. 예를 들면, 참가자에게 상실을 의미하는 물건을 가져오라고 합니다. 그리고 그것에 관해 이야기하게 하지요. 일종의 애도 의식입니다. 슬픔 자체를 창피하게 여기는 경우가 많은데, 상실에 대해 말하면 오히려 잃어버린 소속감을 찾게 됩니다.

나: 남자들이 자신의 상실을 마주하도록 하는 것은 정말 중요한 것 같습니다.

미콜슨: 네, 상실을 인정하고 그로 인한 감정이 본성을 접할 기회를 가져다준다는 점을 깨달으면, 두려움은 용기로, 슬픔은 연민으로 바뀝니다. 슬픔을 외면하면 우울함이 되지만, 감정에 관심을 기울이면 추구해서 닿고 싶은 근본적인 목표를 세울 기회가 생기지요. 그러면 모든 과정이 정상으로 돌아옵니다.

나: 우주를 품은 모든 사람이 내면에 슬픈 경험을 갖고 있습니다. 슬픔을 안에 가두기만 하면 그것은 개인적인 감정이 되고, 말씀하신 대로 연민으로 바뀌지 않습니다.

미콜슨: 네, 슬픔을 연민으로 바꾸는 것이 건강한 종교의 모습일 겁니다.

나: 공격성은 어떤가요? 얼마나 일반적이며, 어떤 방식으로 다루는지요?

미콜슨: 남자로서 우리는 다른 남자가 자신을 무시하고 거절하는 방식에 분노합니다. 문화 전체가 전쟁 이야기이고, 전쟁을 위해 남자에게서 너무 많은 것을 빼앗지요. 우리는 타고난 공격성 외에 전염된 공격성도 갖게 되는데, 남자들 대부분은 분노를 분출할 곳이 없어서 쌓아두기만 합니다. 게다가 이 문화는 분노를 과소평가하고, 그래서 많은 파괴를

유발하지요.

분노를 다룰 때는 그 분노가 옆에 있는 다른 남자에게 표출되지 않도록 조심해야 합니다. 분노는 사실 우리 역사에 속한 것이에요. 우리가 가진 분노 중 일부는 자연스러운 것일 뿐 아니라 삶에 속한 것이라고 이해할 방법을 찾아야 합니다. 분노는 정의를 위한 비폭력적인 노력을 일으키기도 하니까요.

분노에 관한 이야기를 털어놓기가 어려운 건, 남자들이 자신의 분노를 처리할 때 취약해져서 그 과정에서 멸시당할 수 있기 때문입니다. 당연히 분노를 표출하는 상황이 조롱거리가 되어서는 안 되며, 분노의 원인이 된 상처는 존중되어야 합니다. 그리고 이 문화에 잠재된 이야기를 이해해야 합니다. 그런 이야기가 얼마나 많은지 알아야 우리의 분노가 자연스럽다는 것을 깨달을 수 있어요. 그래야 분노를 타당한 것으로 여기게 됩니다.

저는 가수 브루스 스프링스틴Bruce Springsteen이 「강The River」을 연주하기 전에 들려준 이야기를 정말 좋아하는데, 자신과 아버지의 관계가 얼마나 나빴는지에 대한 이야기예요. 그의 아버지가 "군대에서 연락이 올 때까지 기다려라. 군대가 너를 남자로 만들어줄 거야"라고 말했다고 합니다. 그는 신체검사를 받으러 갔지만 떨어지지요. 그래서 아버지를 대할 생각에 두려워졌습니다. 하지만 아버지는 "신체검사를 받았는데, 떨어졌어요"라는 말에 "잘됐네" 하고 답합니다. 바로 그때 분노가 해소됐지요. '있는 그대로'의 아름다운 순간이 존재한 덕분입니다. 아버지의 말에 행복해지고 아버지를 존경하게 됩니다. 그는 더 이상 아버지와의 관계에서 겪었던 자신의 고통을 표현하는 데 두려움을 느끼지 않아요.

나: 남자의 내면과 관련해서 오늘날 어떤 일이 일어나기를 바라십니까?

미콜슨: 저는 '멋진 남자들 모임'에 소속돼 있습니다. 모두 세상에서 아

름다운 일을 하며 아이들을 키우죠. 한 달에 두 번 모여 자신과 우리 사이에 일어난 일과 그 일이 서로에게 미치는 영향에 관해 이야기를 나눕니다. 서로에게 일어나는 일을 살필 기회를 얻지요. 모임을 통해 삶에서 경험하는 진실을 점점 더 많이 풀 수 있다는 생각이 들어요. 이런 말을 하면 누군가 이렇게 묻습니다. "나는 어디서 그런 것을 구할 수 있지?" 배우자에게 의존하지 않으면서 삶에서 겪는 어려움을 해소할 방법을 묻는 거예요. 감사하게도 저게는 다른 언덕이 있습니다. 그 점이 중요해요. 남자들이 의지할 곳을 찾고 함께 경험을 나눌 수 있다면, 그건 정말 멋진 일이 될 것입니다. 자녀들도 이 모임에 대해 물어보지요. 아이들이 관심을 가지고 궁금해해요. 이런 모임이 우리에게 중요하다고 느낍니다. 실제로 정말 중요합니다.

|

여전히 작용하는 수렵채집인

하나의 원형으로서 수렵채집인은 긍정적인 특징이 많다. 명석한 지능, 동식물·땅·하늘을 관찰하고 그들과 교류하는 능력, (계급 제도의 반대인) 평등과 민주주의, 공동체와 가족에 대한 인식이 그 특징이다. 또한 수렵채집인은 초롱초롱함과 주의 깊음, 추구와 배움, 표현과 예술적 발현, 창의력, 다른 사람과 세상에 대한 호기심, 자발성과 즉흥성, 경청, 뛰어난 기억력, 설득력 있는 스토리텔링 기술, 현재를 사는 즐거움, 경계에서의 삶 그리고 강렬한 의식을 모두 가졌다. 아이들은 이 모든 장점을 물려받는다. 그래서 아이들은 놀기 좋아하고 활력이 넘친다.

이런 장점들을 되찾을 수 있을까? 오늘날의 생활환경에서 이 장점들을 어떻게 활용할 수 있을까? 우리가 하는 일 가운데 우리가 가진 수렵채집인의 힘을 쏟을 때 가장 도움이 되는 곳은 어디일까?

짝 찾기 사냥

연애 상대를 찾는 일은 남성 모두의 관심사다. 성욕과 성관계는 사냥 본능을 일으키며, 수렵채집인의 특성을 발현하게 한다. 일단 짝을 찾으려면 독창성과 날카로운 관찰력이 필요하다. 초롱초롱해야 하고 주의 깊어야 하며, 호기심이 있어야 한다(뭘 입지? 뭘 보지? 뭘 하지? 어떻게 마음을 얻지?). 사랑에 빠지면, 사냥은 사냥감뿐만 아니라 사냥꾼도 휘어잡는다. 스토리텔링과 즉흥성이 지배한다. 사랑하는 사람과는 그에 걸맞은 평등한 관계가 생겨난다. 모든 힘과 감각이 집중된다. 토마스 아퀴나스는 이미 중세 시대에 "연인은 사랑하는 사람을 겉으로만 아는 것에 만족하지 못하고, 은밀한 부분을 발견하고 심지어 사랑하는 사람 속으로 들어가려고 애쓴다"고 말했다.[18] 일단 여기까지만. 이것은 매우 다채로운 주제이므로, 6장에서 더 자세히 다룰 것이다.

과학적 이해와 진실을 찾아서

과학자는 학위와 더 나은 도구를 가진 수렵채집인이다. 모든 과학자의 목표는 거의 같다. 우주나 미시적 세계, 자연 세계, 우리 인간 등 각자의 분야에서 그 작동 방식과 그 안에서 우리가 더 잘 기능할 수 있는 방법을 관찰하고 실험한다. 노벨 물리학상 수상자이자 로렌스 버클리 국립 연구소의 책임연구자 스티븐 추Steven Chu는 과학이 기후 재난을 막을 최선이자 최후의 방어막이라고 생각하고, 영국 석유회사 BP가 버클리 대학에 기부한 5억 달러로 새로운 에너지원 사냥을 주도하고 있다.[19] 그는 식물의 광합성 작용을 모방해 태양 에너지를 액체 연료로 바꾼 '태양 페인트' 같은 혁신적인 아이디어를 내놓는다. 그는 "혁신의 역사는 인류가 정치적 관점이 아닌 과학적 관점에서 생각할 때, '불가능하다'고 여겼던 모든 일이 가능해졌음을 알려준다"고 주장한다. 추는 과학을 통해 햇빛을 에너지와 전기로 바꾸는 획기적인 발전이 이루어질 것이라 믿는다. 지속 가능하며 깨끗한 연료를 추적하는 것이 우리가 가진 수렵채집인의 힘을 의미 있게 활용하는 사례가 아닐까? 게다가 이는 녹색 인간과도 연결된다.

나사의 우주선 카시니호가 토성의 가장 큰 위성인 타이탄 사진을 전송했을 때, 한 언론인이 이렇게 썼다. "'사냥이 진행됨에 따라' 일부 과학자들은 메탄이 화산 분출로 발생한 것인지 궁금해하면서 생각을 조율하기 시작했다."[20]

진리와 진실을 찾는 것은 사냥 행위다. 추구하는 것을 얻을 거라는 보장은 없지만, 행위 자체가 우리의 열정과 희망을 일으켜 결국 기술과 지능을 발전시킨다.

언론: 진실한 이야기를 사냥하다

과학자가 사실과 과정을 사냥한다면, 언론인은 이야기를 사냥한다. 아무 이야기가 아니라 진실한 이야기를 말이다. 언론인은 눈으로 찾고 감으로 느끼면서, 냄새를 뒤쫓아 자기가 아니었다면 감춰졌을 의미를 드러낸다. 일례로 이라크 전쟁으로 폭리를 취한 이들의 이야기를 생각해보자. 민간인 하청업자 몇 십만 명이 이라크에서 근무했고, 그중 절반이 준 군사 업무를 제공했다. 블랙워터가 그런 대형 업체이고, 전 부통령 딕 체니*Dick Cheney*가 소유했던 핼리버턴의 자회사 KBR도 그렇다. "〈노포크 버지니안

파일럿*the Norfolk Virginian-Pilot*〉의 보도에 따르면 미 국방성의 감사원이 블랙
워터를 가장 아래에, KBR을 최상위에 둔 '4단계 사슬' 구조의 군사 비리
를 조사 중이다."[21] 블랙워터는 바로 위 업체에 230만 달러를 청구했는데,
"KBR이 정부에 청구한 비용은 1,960만 달러였다." 이전 국무부 감사에서
블랙워터가 서비스에 이중 청구를 하고 간접비용에 수익을 포함한 것이
밝혀지기도 했다. "민간 군사 업체를 비판하는 사람들은 그들을 입찰 계
약도 없고 국방성의 감시도 느슨한 은밀한 영역에서 활동하는 용병이라
고 부른다." 블랙워터의 창업주는 공화당의 핵심 지지자다.

이는 민주당 대 공화당의 이야기가 아니라 우리 모두에게 영향을 미치
는 이야기다. 이런 진실을 캐내 모두가 들을 수 있도록 밝히려면 거짓 발
표와 기업과 정부의 은폐라는 정글을 헤쳐 나가는 조사원과 진실을 모으
는 사람, 즉 강인한 사냥꾼이 필요하다. 수사적 과장과 정치적 공상이 진
실을 가릴 수는 없다.

영적인 진리를 찾아서

진정한 신학은 조상들이 지키고 가르쳤던 진리와 여전히 우리에게 가
르치고자 하는 진실을 채집하고 사냥하기를 추구한다. 또한 개인과 공동
체에 필요한 보편적이면서 근본적인 영적 진리를 찾는다. 작가인 나는 좋
은 책, 짜릿한 생각, 기발한 질문, 지적 동반자를 사냥하는 자신을 자주 발
견한다. 나는 사라진 각주와 흥미로운 단서를 찾아 도서관을 오래 걸어 다
녔다. 특히 저서《많은 우물은 하나의 물줄기에서: 일반적인 믿음에서 나
오는 지혜*One River, Many Wells: Wisdom Rising from Global Faith*》를 쓸 때, 나에게 수
렵채집인의 특성이 많다고 느꼈다. 전 세계 영적 전통에서 신화와 이야기
들을 사냥하면서 이야기들이 내는 한목소리에 깜짝 놀랐는데, 토착 부족

이든 켈트족이든, 동양이든 서양이든, 창조의 신성함, 명상, 공동체, 연민, 거룩한 상상력, 성에 관한 관심, 기쁨, 영적 전사, 빛, 죽음, 여성성, 그 외 많은 것에 관해 심오하면서도 현실적인 가르침이 담겨 있었다.

종교 학자들은 고고학적 기록이나 고대 문서에서 새로운 정보를 찾아 우리 생각을 바꾸고 있다. 예를 들어 예수 세미나*Jesus Seminar* 소속 학자들은 우주적 예수를 신비롭게 비유하는 새로운 정보를 모을 뿐만 아니라, 예수의 실제 가르침을 찾고 역사적인 인물이자 스승으로서 예수가 진짜 어떤 사람인지 가능한 한 제대로 이해하려고 노력한다. 또한 심오한 음악가이자 치유사이며 선지자였던 힐데가르트 폰 빙엔과 서양 작가 중에는 깊이에서 따를 자가 없는 마이스트 에크하르트와 같이 등한시되거나 잊힌 위대한 사람들이 재발견되면서, 여성 연구에도 많은 변화가 일고 있다.

약초를 모으고, 치료제를 찾아서

인류의 질병을 고치는 치료제를 찾는 사람 또한 수렵채집인이다. 이들은 과거와 달리 신체 내부와 세포에서 치료제를 찾는 사냥을 벌일 수 있다. 최근 한 보고서에 따르면 에이즈 연구원들이 "HIV 바이러스 표면에서 항체 공격에 취약한 지점을 찾는 데 성공해, 에이즈를 막을 방법을 발견할 수도 있다는 희망을 키웠다."[22] 적당한 치료제와 백신을 찾는 첨단 의료 연구는 사냥과 채집을 위한 탐험과 매우 비슷하다. 부족을 보호하고, 가족과 공동체를 지키고, 생존을 위해 아득한 기간에 걸쳐 기른 오래된 본능을 불러낸다.

아르기닌 유래 산화질소*ADNO* 연구를 기초로 최근에 알게 된 놀라운 발견물은 혈관이 막히지 않고 탄력을 유지하면서 잘 기능하게 한다. UCLA 의과대학의 루이스 이그나로*Louis J. Ignarro*는 "몸이 만든 작은 분자 하나가 다른 어떤 약보다 심근 경색과 뇌졸중 예방에 효과적이다. 산화질소는 심장 질환과 뇌졸중 예방에 도움이 된다"고 말한다.[23] 스탠퍼드 대학의 조 프렌더개스트_Joe Prendergast_는 엘 아르기닌_L-Arginine_ 합성물과 다른 아미노산인 엘 시트룰린_L-citrulline_을 결합하는 방법을 개발했다. 그는 자신의 성과를 통해 의미 있는 결과를 많이 낳았다. 인간의 고통을 덜기 위한 탐색과 연구가 많이 진행되고 있다. 이러한 탐색과 연구 모두 수렵채집인의 기운을 나타낸다.

가장의 무게: 직장을 위한 사냥

우리는 일자리와 직장을 사냥한다. 직업이 무엇이든, 일 자체는 남성성이 가진 영성을 이해하는 데 아주 중요하다. 로버트 블라이는 현대 문화에서 남자들을 가장 아프게 하는 곳이 직장이라고 말한다.

당연히 수렵채집인의 원형은 일, 그러니까 가족과 공동체를 부양하는 일과 관련된다. 우리는 자신과 가족을 부양하고, 음식과 집을 마련하기 위해 일한다. 남자는 내면에 있는 수렵채집인의 목적을 달성해야겠다는 원초적인 욕망을 느낀다. 아주 오래전 '가족'의 개념은 '확장된' 가족 공동체였다. 그러나 오늘날 '가족'의 개념에는 아내와 자녀, 때로는 나이 든 부모처럼 직계 가족만 포함된다. 공동체 성격의 확대 가족은 호주 원주민 사이에 여전히 존재하는데, 아버지가 아닌 특정 계층에서 선택된 삼촌들이 청소년기 남자들의 사춘기 의식을 이끄는 모습에서 드러난다. 이는 고대 수렵채집인들에게서 배울 수 있는 점이다.

일이라고 이름 붙일 만한 모든 것이 공동체를 치유하고 공동체의 지속을 돕는 행위가 되어야 하지 않을까? 오늘날 우리는 이것을 시민으로서의 역할과 사명, 더 넓은 의미의 가족을 위해 도움이 되는 일이라고 부른다. 그것은 공동체와 도시와 지구에서 살아가는 구성원으로서 가져야 할 책임이고, 뒤에 올 자손에 대한 의무다.

영감에 귀를 기울여 낚아채기

나는 예술가 친구들이 많아 예술가들이 '사냥하는' 모습을 직접 본다. 그들은 감동을 주고 세상을 이해하게 돕는 상징과 아름다운 이미지를 채집한다. 그들은 관찰하고 현재에 머물면서 즐거움을 느끼려는 수렵채집인의 욕망에 충실하다. 나는 30년 동안 운영해온 대안 교육 프로그램의 교사로 예술가들을 선호하는 편이다. 교사 중에 랩과 영화를 만드는 이가 있는데, 그는 종종 카메라를 들고 다니면서 새, 나무, 폭포, 물고기를 화면에 담는다. 영화에 쓸 만한 이미지가 나타날 때를 대비해 항상 귀를 쫑긋 세우고 있다. 그것이 예술가들이 세상을 훑는 방식, 영감이 오기를 기다리지 않고 영감을 채집하는 방식이다.

집과 건물을 뜯어고치기 좋아해 건축을 독학한 건축가 친구도 있다. 그와 함께 거리를 거닐면 참 즐거운데, 그는 언제든 멈춰 서서 모퉁이와 창문 여기저기를 보며 절묘한 디자인에 감탄한다. 그는 자신이 방문한 공간과 건물에서 기꺼이 아이디어를 '훔친다'. 항상 초롱초롱한 눈으로 어슬렁거리면서 아이디어를 사냥한다.

완전히 창의적인 스타일로 작업하는 화가 친구도 있다. 그는 다른 작품을 관찰하고 모은다(물론 모방하지는 않는다). 고전을 연구해 그 기법을 자기 작품에 적용한다. 예술 작품에서는 기법을 사냥하는 한편, 주변 거리, 자신의 기억, 만나는 사람들에서는 아이디어나 주제를 사냥한다. 그는 그림을 그려서 세상에 새로운 선물을 주는 것을 즐거워한다. 예술은 오늘날의 수렵채집인이 기쁨을 표현하는 특별한 방법이다. 진정한 예술가는 자신이 아니라 오래전 조상들처럼 공동체를 위해 사냥하고 채집하고 창조한다.

탐색과 배움이 그 자체로 목표가 될 때

수렵채집 본능을 내면으로 돌리는 이들을 잊어서는 안 된다. 여기에는 자신의 정체성, 조상의 지혜, 가족과 공동체의 역사, 직업적 이력 그리고 인간으로서의 혈통과 지구 주민이자 별을 바라보는 우주 시민으로서의 혈통을 찾아 채집하고 다니는 사람들이 포함된다. 자신의 진정한 종교적 혈통을 끝내 찾아낸 사람도 있다. 나는 힐데가르트 폰 빙엔, 토마스 아퀴나스, 마이스트 에크하르트 같은 중세 신비주의자를 연구하고, 내 유대인과 기독교 조상에게서 우주적 그리스도와 지혜를 찾을 때마다 영적인 수렵채집인이 된다. 진정한 영적인 힘을 찾는 탐색은 모두 찾는 이의 영혼과 삶을 비옥하게 한다. 이것은 영양가 있는 음식을 모으는 것만큼 중요하고, 가족과 공동체에 줄 음식을 마련하려고 일을 확장하는 것과 같은 방식으로 다른 사람의 길을 밝히는 데 도움이 된다. 나도 탐색을 통해, 과거의 지혜를 오늘날 영적인 여정에 비추어 해석하는 방법을 찾을 수 있게 됐다. 창조영성*creation spirituality*의 네 가지 길•이 그것을 가능하게 한다.

앞에 언급한 각 분야는 '배움'의 실행이라고 이해할 수 있다. 배움도 수렵채집 활동이다. 초롱초롱함과 지능, 기쁨이라는 오래된 본능을 이용한다. 하지만 내가 《고대 지혜 교육: 교육과 인간의 재창조*The A. W. E Project: Reinventing Education, Reinventing the Human*》에서 논의한 것처럼, 현대 교육은 배

• 폭스는 영성을 '삶의 길'이라 말한다. 요한복음의 표현대로라면, 이 길이란 주님을 따르는 길로, 창조영성은 길의 목적지를 지정하지 않고 그 길 자체가 곧 영성이 되는 것이다. 창조영성적 삶을 구성하는 4가지 길은 '긍정의 길', '부정의 길', '창조의 길', '변형의 길'이다.

움의 본질인 기쁨과 경이, 위험과 모험과 동떨어져 있다. 교육을 시험으로 축소하는 것은('아동 낙오 방지법*No Child Left Behind*'[•]이 그렇듯) 수렵채집인의 본능을 찾는 게 아니라 죽이는 방법이다. 모험과 상상력을 죽이면서 배움의 즐거움과 기쁨도 죽인다. 학교에서 수렵채집을 장려하지 않으니 교육이 수동적으로 변한다. 현대 사회는 종교에서 영성을, 법에서 정의를, 상업에서 책임을 분리한 것처럼, 교육에서 배움을 잘라냈다. 그래서 내가 고대 지혜 교육*Ancestral Wisdom Education*으로 이끌 새로운 교육 방식을 요구하는 것이다.

배움은 우리 안에 있는 수렵채집인들이 했던 것과 같은 독창적이고 오래된 행위를 실천하는 것이라고 생각한다. 우리는 호기심과 지능을 이용하고 무언가를 따라다니고 탐색하며 표현하면서, 우리가 속한 세상에서 살아남고 이 세상을 지켜간다. 이것은 중요한 일이다. 배우고 탐구하기로 선택한 것을 보면 관심사가 무엇인지 알 수 있다. 다이아몬드가 말한 것처럼, 사물과 사람 모두에게 예리한 관심을 보이는 수렵채집인의 자아는 그렇게 드러난다.

스포츠: 경기 중인 수렵채집인들

에런라이크는 "오늘날 전 세계 사람 대부분이 집단으로 빠지는 황홀경

[•] 일반교육과정에서 낙오하는 학생이 없도록 미국의 각 주가 성취도 평가의 기준을 정하고, 이를 충족하지 못한 학교, 교사, 학생은 제재 받도록 한 법으로, 2002년에 제정되었다.

은 교회나 콘서트, 집회가 아니라 스포츠 경기에서 찾을 수 있을 것”이라고 말했다. “스포츠 심리학자 앨런 구트만*Allen Guttmann*은 ‘일상에서는 엄하게 억눌러야 하는 감정을 거리낌 없이 표현할 수 있는 농신제*saturnalia*• 같은 행사’를 오늘날 스포츠 경기가 제공한다고 했다.”[24] 1980년과 2003년 사이에 미국에서만 평균 7만 명을 수용할 수 있는 경기장 101개가 지어졌다. 스포츠를 향한 흥분이 수백 년 동안 다양한 계층으로 흘러들어, 20세기 초부터 스포츠는 ‘노동자 대중이 열광하는 대상’이 되었다. 현대 스포츠 경기는 수렵채집 시대의 의식을 다양한 방식으로 보여준다. 차량 뒷문을 열어 음식을 펼치고, 바이킹 투구를 쓰거나 돼지 코를 붙이고, 팀 색깔을 얼굴에 칠하는 등의 모습이 그 예다.

스포츠와 대회는 남자들이 조상에게 물려받은 수렵채집인의 에너지를 마음껏 발산할 수 있는 ‘안전’한 영역이다. 옛날에도 사냥은 사냥꾼과 부족 사이 그리고 사람과 짐승 사이의 경쟁이었다. 승리하면 배를 채우는 것을 넘어 칭찬과 인정이 주는 개인적 자부심을 얻었다. 재레드 다이아몬드는 수렵채집인 연구에서, 먹잇감을 고를 때 “남자 사냥꾼은 평판을 생각하는 경향이 있다”고 지적한다.[25] 즉, 기린을 사냥하는 것이 가장 현실적인 선택은 아니지만, 성공하기만 한하면 토끼를 한 아름 들고 돌아온 사냥꾼보다 더 많은 존경을 얻게 될 것을 생각한다는 것이다. 아주 맛있거나 죽이기 어려운 동물을 구해오는 자는 명성을 얻었다. 이런 ‘명성 요인*prestage factor*’이 오늘날 스포츠와 대회에서 어떻게 작용하는지 쉽게 알 수 있다. 낚시꾼은 가장 큰 물고기를 낚아 깊은 인상을 남기려 한다. 승리만으로도 명성을 얻지만, ‘최고’의 팀을 큰 격차로 이길 때 그 명성은 더욱 높아진다.

• 지금의 크리스마스 무렵에 행해지던 고대 로마의 축제.

실제 수렵채집인은 야생의 먹잇감을 사냥하기에 위험과 모험이 따른다. 기술이 있어야 하고, 먹잇감을 살피고 이해해야 하며, 자신의 부상이나 죽음도 감수해야 한다. 스포츠도 이와 같다. 기민함과 과감함, 신체적 모험, 기술과 능숙함, 관찰력과 지능이 필요하다. 사냥꾼처럼 운동선수도 자신의 신체를 잘 관리해 건강한 상태로 유지해야 한다. 운동선수도 더 빨리 가장 많이 득점하는 것을 목표로 한다. 프로 선수에게 승리는 더 많은 수입(그리고 식탁 위에 더 좋은 음식)을 가져다준다. 그리고 팀과 팬에게 감정적 만족감을 준다. 이 보상은 개인적인 것을 넘어 목이 터져라 응원하는 경기장의 모든 사람과 도시, 혹은 국가와 함께 나누기에 더 값지다. 또한 선수들은 팀워크를 통해 수렵채집인의 원형을 활용한다. 애초에 남자아이들을 단체 스포츠에 참여하게 하는 건 이 때문일 것이다. 팀워크를 배우고 동지애와 공동의 목적의식을 기르며 협력하는 법을 배워서, 개인이 아닌 팀으로서 성공하게 하려는 것이다.

사냥과 마찬가지로 스포츠에서도 뜻밖의 사건, 대본 없는 결과, 최고를 끄집어내는 모험과 대담함이 주는 짜릿함이 있다. 경쟁은 특히 남자의 정신에 긍정적인 영향을 미친다. 무기력하고 소극적인 상태에서 깨워 자기 안에 있는 최고를 발휘하게 한다. 우리는 상대를 이기기 위해 힘과 기민함, 기량을 더 잘 갖추려고 열심히 훈련한다. 여러 면에서 수렵채집인이 매우 긍정적으로 드러나는 것이다.

물론 모든 인간의 발명과 활동이 그렇듯, 현대 스포츠에도 어두운 면은 있다. 첫째, 우리는 주로 선수가 아닌 관객으로 '참여'하며, 이를 위해 많은 시간과 돈을 투자한다. 그리고 여러 매체가 이를 부채질한다. 하루 중 스포츠 경기가 TV에 방송되지 않는 때가 1분이라도 있을까? 없다. 보는 것에 지나치게 사로잡히면(실제로 스포츠 중독이 있다) 우리는 수동적이 된다. 상상만 하는 운동선수가 된다. 이런 방식의 참여는 우리 신체나 정신을 결코 건강하게 만들지 못한다. 당연히 가족과 공동체에도 도움이 안 된다. 오히려 신체 건강은 나빠지고, 현실의 일에 소홀해지며, 가족도 방치할 수 있다. '그 순간'에는 스포츠를 보는 것 같지만 사실 잃어버린 젊음, 한때 운동깨나 하던 자신을 응원하고 있는 건지도 모른다. 향수에 젖어 과거에 갇혀 사는데, 심지어 이 과거조차 성취나 성공에 대한 일종의 꿈이나 환상인 경우도 있다.

이것은 진정한 수렵채집의 에너지가 아니다. 과거에 갇혀 사는 사냥꾼은 위험하다. 자신뿐만 아니라 '팀'에게도 위협이 된다. 정신과 신체가 건강하지 않은 사냥꾼도 마찬가지로 위험하다. 상상으로 운동하고 과거를 응원하는 것으로 수렵채집인이 될 수 없다.

과거 운동선수의 업적을 기억하거나 존중하면 안 된다거나, 좋아하는 팀을 응원해서는 안 된다는 얘기가 아니다. 가장 좋았던 시절과 가장 용감했던 모험, 가장 훌륭했던 장점을 다시는 되풀이할 수 없는 것으로 인식해 마냥 그리워하다가 게을러지면 안 된다는 말이다. 나이가 들수록 몸이 이전만큼 말을 안 듣는 것은 사실이지만 그래도 우리는 여전히 운동선수가 될 수 있다. 수렵채집인의 원형이 보여주는 긍정적인 방식, 즉 집중력과 기술을 연마하면서, 세상과 사람들과 관계를 맺으면서—예를 들어 아이들의 코치나 멘토로서— 얼마든지 스포츠에 참여할 수 있다. 이것이 우리 선조였던 사냥꾼들이 어린 사냥꾼들을 가르쳐서 그들의 생존을 보장하고, 가족 관계를 강화하며, 공동체를 지속했던 방식이다.

현대 스포츠의 두 번째 문제점은, 운동선수를 좁게 규정하면서 과도하게 칭찬한다는 것이다. 타이거 우즈나 무하마드 알리, 마이클 조던 정도는 되어야 칭찬받을 만한 진짜 운동선수로 여긴다. 그러나 수렵채집인은 모든 남자에게 공동체의 생존을 위한 각자의 역할이 있다고 가르친다. 모든 남자는 과감하고 영리하고 능숙하게 자기 역할을 감당해야 한다. 이것이 오늘날 젊은이에게 전해야 할 교훈이다. 운동을 잘 못하는 젊은이도 있는데, 참여가 성공보다 더 가치 있는 것임을 알게 해야 한다. 게다가 수렵채집 에너지를 쏟을 수 있는 유일한 것이 운동도 아니다. 경쟁과 운동 능력은 축구장에 제한된 게 아니다.

세 번째 문제점은 경쟁이 주는 혜택을 지나치게 믿는 것이다. 앞서 언급했듯이 경쟁에는 긍정적인 면이 있다. 그것은 경기를 TV로 보기만 하려는 유혹과 게으름과 싸우게 한다. 이런 유혹에 굴복하면 우리는 사냥꾼이 아니라 사냥감이 된다. 수동적이 되고 사고와 비판 능력도 잃는다. 그래서 단순한 소비자이길 바라는 기업과 정치 세력의 먹잇감이 되고 만다.

그런데 경쟁은 수치심을 낳을 수 있다. 이것이 어쩌면 스포츠의 가장 어두운 면일 것이다. 경쟁심은 원초적이고 수렵채집인 원형의 본질적인 욕구지만, 지나치면 파괴적인 결과로 이어질 수 있다. 존 컨저는 이렇게 의견을 전했다.

지금 우리가 짊어진 부담이 매우 무겁다고 생각합니다. 한편으로는 경쟁적인 오디세우스의 세상이 존재해서, 다른 누구보다 원반을 멀리 던져야 하기 때문이지요. 실패하면 남자로 인정받지 못합니다. 경쟁에서 지면 아무 가치 없는 존재가 되므로 남자는 반드시 이겨야 합니다. 최고의 성적을 받고 의사가 되어 성공해야 합니다. 패배자가 되면 어떤 여자도 그를 원하지 않을 겁니다. 여성들은 자녀들을 위한 안락하고 풍요로운 둥지를 갖고 싶어 하거든요. 이렇게 남자들은 자신을 챙기면서 성공해야 한다는 압박을 받습니다. 그런데 이 때문에, 즉 자기만 챙긴다는 이유로 다시 비난을 받습니다. 그러나 승자가 되지 못하면 수치심이 생깁니다. 일등이 되지 못하더라도 최소 10% 안에는 들어야 합니다. 좋은 대학에 들어가야 하니까요.

간단히 말해, 경쟁도 지나치면 해롭다. 수백 년 동안 우리는 야만성이 본성이라는 철학자 토머스 홉스Thomas Hobbs의 말이나 다윈주의Darwinism의 '적자생존'처럼, 생존에 경쟁이 '반드시' 필요하다는 해로운 메시지를 받았다. 그러나 현대 과학은 협력이 경쟁보다 훨씬 더 뛰어난 생존 전략이라고 말한다. 그리고 스포츠에서 선수들 사이에 협력이 없다면 경쟁 자체가 불가능하다.

수렵채집인 원형이 경쟁만큼 혹은 경쟁보다 더 협력을 강조한다는 점을 기억해야 한다. 수렵채집인들은 주로 '함께' 사냥했다. 그들이 함께 행한 의식은 모두 하나 된 공동체를 찾는 것이었다. 경쟁이 기본 원칙이라고 말하는 사람도 있지만, 협력은 더 성숙한 원칙이다. 불건전한 경쟁은 다른 사람을 희생하게 한다. 반면 건전한 경쟁은 모두를 지킨다. 가장 건전한 경쟁의 초점은 자신을 향한다. 즉, 자신의 능력을 발전시키고, 자신의 탁월함을 달성하고자 노력하게 한다. 진정으로 경이로운 일은 자신과 경쟁하며 탁월한 경지에 이르도록 노력하는 것이다. 전혀 다른 맥락이지만 나는 마호메트의 '성전jihad'이라는 개념 역시 상대와의 정당한 전쟁보다는 자신과의 경쟁으로 이해하는 편이 더 맞다고 생각한다. 마호메트도 성전의 첫째 의미는 자신과의 성전이라고 말했다.

다른 사람과의 경쟁 원칙은 그대로 방치하면 종종 전쟁으로 이어진다. '본능적인 파충류 뇌reptilian brain를 너무 키우는' 결과를 낳는다. 이것은 역사 중 중요한 시기에 사는 현재 인간에게 매우 심각한 문제다. 본능적인 뇌는 행동과 반응, '싸움과 도망', 승리와 패배에 관여한다. 우리는 더 나중에 얻은 '진화된 포유류 뇌mammalian brain'를 발달시켜야 한다. 포유류 뇌의 역사는 파충류 뇌의 절반밖에 안 되지만, 지구에 연민을 가져다 주는 특별한 뇌다(그래서 히브리어와 아랍어에서 '연민'과 '자궁'의 어원이 같은 건 지도 모른다).

경쟁이 심한 스포츠에 연민이 들어설 자리나 있을까? 거의 없다. 오늘날 스포츠는 본능적인 뇌의 에너지만 지나치게 표출하는 방법이 되었다. 경쟁이 너무 격해졌다는 것을 어떻게 알 수 있을까? 감정을 통제하지 못해 폭력성이 나타날 때 이를 알 수 있다. 지나치게 몰두한 부모가 '잘못된 판정'을 주장하기 위해 아이의 야구 시합 도중 경기장으로 뛰어들어가 심판이나 다른 부모와 몸싸움을 벌이는 경우가 그러한 예다. 종종 들을 수 있는 이야기인데, 경쟁심이 너무 지나쳐서 본능적인 뇌가 상황을 지배하고 있음을 보여준다.

스포츠와 경쟁이 진정한 수렵채집인의 에너지를 반영하도록 틀을 다시 짤 수 있는 좋은 방법은 그것들을 '서비스service를 제공하는 모험'으로 간주하는 것이다. '서비스'라는 단어는 '노예가 제공하는 일'이라는 뜻을 가진 라틴어 'servire'에서 유래했다. 재미있는 것은 로마 제국 시대의 노예는 전쟁이라는 경쟁 게임에서 얻은 전리품이었다. 노예는 검투사처럼 목숨이 오가는 스포츠에서 상류층을 즐겁게 하는 서비스를 제공했다. 다행히 이제는 '서비스'가 노예가 제공하는 일을 의미하지 않는다. 친절이라는 사랑스러운 행위, 도움의 몸짓, 낯선 사람을 돕는다는 의미가 되었다. 예를 들어, 개학 첫날 학생들이(교사에게 아직은 낯선 사람들이다) 가르침을 달라고 요청한다. 교사는 그 낯선 이들을 돕는다. 서비스를 제공하는 것이다. 학기가 끝날 때쯤에는 교사와 학생 몇몇은 친구가 될 것이다.

상담가나 사업가, 자동차 정비공, 배우, 음악가도 마찬가지다. 우리는 재능을 나누며, 노예의 의무가 아니라 자발적 연민으로 다른 사람을 돕는다. 직장과 온갖 위치에서 이를 수행하는데, 스포츠도 이러한 방식으로 접근할 수 있다. 즉 수렵채집인의 에너지를 이용해 다른 사람과 나누고 서로 돕고 응원하는 것이다. 우리가 하는 일이 무엇이든 지역 공동체와 더 큰 지구 공동체에 긍정적인 도움을 주면, 그것이 바로 수렵채집인의 원형을 펼치는 것이다.

자동차의 역할

자동차와 옛날 수렵채집인의 영혼 사이에 어떤 연관성이 있을까? 도대체 왜 그렇게 많은 자동차와 트럭에 머스탱*Mustang*, 램*Rams*, 바이퍼*Vipers*, 코브라*Cobras* 같은 대형 육상 포유류와 포식동물의 이름을 붙일까? 자동차나 트럭을 운전하는 것이 남자들 내면의 수렵채집인 본능을 깨우는 것일까? 어떤 면에서 우리는 차량에 의지해 직장으로, 월급을 받아서 은행으로, 다시 집으로 이동하며, 사냥하고 채집하는 일을 한다. 자동차는 중요한 도구이므로 우리는 운전 기술을 배워야 한다.

그러나 운전이 목표 지향적인 행위인 것만은 아니다. 운전은 과정이다. 수렵채집을 하던 우리 조상들도 이 점을 분명히 느꼈다. 사냥하는 목표물도 중요했지만, 사냥 방식, 즉 의식과 먹잇감을 쫓는 방법과 그 과정이 주는 짜릿함도 중요했다. 자동차를 고를 때 어쩌면 우리는 의식처럼 행하던 사냥 방식을 따르는지도 모른다. 사냥의 짜릿함과 같은 경험을 제공할 차량을 찾는 것이다. 물론 대부분 자동차의 힘과 성능, 외관이 그 자체로 목표지, 목표로 가는 수단은 아니다. 우리는 마음에 드는 차를 찾아 '사냥'한다.

이것은 광고와 착시의 세계에서 이루어지는 사냥이지만, 우리 정신 속 깊은 어떤 것에 호소하기 때문에 힘이 있다. 자동차는 우리를 '사내다움' 으로 규정하는 것 같지만, 수렵채집인의 경험을 겪게 할 뿐이다. 어떤 자동차든 우리를 똑같이 직장으로 데려다줄 수 있음에도, 우리는 특정 차만이 우리의 기량과 기술을 보여준다고 생각한다. 적당한 차만 있으면 우리는 다시 수렵채집인이 된다. 그런 상상이라도 한다. 우리는 전미 스톡 자동차 경주 대회NASCAR에 직접 혹은 TV로 참여해 결승선을 통과하는 스포츠의 요소와 거친 운전을 갈망하는 요소를 결합한 짜릿한 경주와 하나가 된다.

|

사냥과 하이킹

사냥 그 자체는 어떨까? 사냥 자체가 아무런 비유 없이 내면의 수렵채집인으로 향하게 하는 가장 직접적인 방법이 아닐까? 맞기도 하고 틀리기도 한다. 먼저, 오늘날의 사냥은 필수가 아니라 선택이다. 대개 휴가나 주말의 짧은 휴식을 위해 마련된 오락이나 스포츠다. 자신이 사냥한 것을 먹는 경우도 있지만, 빈손으로 마친다고 해서 굶는 사람은 없다. 그냥 슈퍼마켓에 가면 된다. 이것이 사냥의 본질을 바꿨다. 사냥의 어두운 면은 스포츠와 비슷하다. 고생을 하거나('이 물고기와 벌인 사투를 네가 봤어야 했는데'), 지배하는 경험을 통해서(죽임을 위한 죽임) 자아를 거짓으로 부풀리는 방법이 된다('내가 잡은 엄청난 사슴을 봐야 해'). 그러나 사냥은 자주 자연에 머무르고 있다는 명상의 경험을 낳기도 한다(어렸을 때 위스콘신의 매디슨에 있는 멘도타 호수 위로 태양이 떠오르는 모습을 보며 낚시하던 경험과 아주 비슷하다). 사냥이 숲이나 황무지, 물이 있는 곳으로 돌아갈 수 있는 좋은 구실을 제공해, 시끄러운 일상에서 벗어나 영혼에 활력을 주는 경험을 하게 해준다고 생각하는 남자가 많다. 사실은 고독이 남자들을 끌어들인다. 자연과 자연에서의 사색이 그들을 당긴다. 그러나 그들은 사냥이나 낚시가 끌어들이는 '척'한다.

고독은 심오하다. 나는 고독을 통해 본능적인 파충류 뇌(파충류는 무리가 아니라 혼자 생활하는 데 익숙하다)를 넘어 연민을 느끼는 진화된 포유류 뇌(포유류는 친족 관계와 연대에 능숙하다)로 향한다고 믿는다. 그 과정은 고독의 실천을 요구한다. 남자들은 사냥이나 낚시가 진정한 정적과 고요함, 외로움으로 이끌어주며, 이것이 그들이 가장 좋아하면서 가장 효과적인 영적 실행을 잘 숨겨주는 활동임을 알아냈다.

사냥에서 목표물을 없애도 같은 효과를 가질 수 있다. 즉 그저 걷거나, 달리거나, 순례로서 자연에 들어가는 것이다. 순례는 자신의 본성 속으로 들어가 본성을 직시하고 그것이 되살아나는 것을 느끼기 위해, 배낭을 메고 걸으며 자연과 마주하는 것이다. 하버드 대학교의 생태경영과 환경이론 교수인 로버트 로렌스 프랑스*Robert Lawrence France*는 산티아고 순례, 엘즈미어섬 3개월 횡단, 캐나다 북극권 지역 썰매 여행 등을 했다. 그는 《넘어서! 앞으로! 순례자의 걸음*Ultreia! Onward! Progress of the Pilgrim*》에서 자신을 포함한 많은 사람의 경험을 모아 순례에 대한 철학을 펼치며, 물집과 탈진, 승리, 밤하늘과 비, 연약함, 대화, 동지애, 영혼과 정신의 태곳적 경험에 대해 말한다. 에어컨 달린 자동차나 기차, 비행기를 타고 여행할 때는 볼 수 없는 식물과 꽃, 동물, 벌에 관해 이야기한다. 이것이 직접 겪는 사냥과 채집이다.

32세의 고등학교 수학 교사인 내 친구는 여름 방학에 배낭을 메고 자신이 태어나서 11년 동안 지낸 태국의 여러 마을을 돌아다닌다. 그의 가족은 라오스 산간 지역 출신으로 전쟁을 피해 태국으로 들어왔고, 그는 난민 수용소에서 태어나고 자랐다. 배낭여행의 가장 큰 매력이 무엇인지 묻자 그는 "자유"라고 답했다. "원하는 곳으로 가서 원하는 만큼 머뭅니다. 따라야 할 일정도, 지켜야 할 시간표도 없어요." 그의 어머니는 라오스 토착 부족인 몽족 출신인데, 그가 여행 중에 느끼는 자유가 수렵채집인에 가까운 그의 혈통과 관련되었으리라 추측한다. 그는 식물을 잘 알며, 요리도 잘한다. 그에게는 당연한 것으로 어쩌면 타고났다고 말할 수 있을 것이다.

사업

제품을 사고파는 거래에 수렵채집인의 본능이 작용한다는 사실을 누가 부인할 수 있을까? 시장에서 기반을 마련하거나, 그 기반을 일으키기 위해 광고업자를 찾거나, 고객을 끌어들이기에 적합한 위치를 발굴하려는 모든 사업가는 다양한 거래 영역에서 수렵채집인의 전략을 사용한다. 당연히 '팀'을 구성하는 동료와 친구와의 동지애, 사냥의 짜릿함과 '성공(판매)'이 주는 흥분 같은 오래된 수렵채집인의 에너지도 눈을 뜬다.

구매자도 가장 좋은 거래, 질 좋은 제품, 최신 장비, 제일 싼 물건, 최고의 대출 상품을 찾아서 수렵채집인의 에너지에 따라 움직인다. 상업의 많은 부분이 우리 안에 있는 수렵채집인의 본능에 의지해 이루어진다.

중독

수렵채집인이 가진 다른 어두운 면은 중독이다. 알코올 중독자가 술을 얼마나 능숙하게 사냥하는지 생각해보자. 친구와 가족이 갖은 수를 써서 막아도 알코올 중독자는 기어코 술 한 병을 찾는 데 성공한다. 이는 먹잇감이 사냥꾼을 해치는 데다, 아무런 명예도 따르지 않는 자기 파괴적인 사냥이지만, 그래도 목표가 달성되고, 기술이 향상된다. 하지만 중독 상황에서는 사냥꾼이 사냥당한다고 말할 수도 있다. 즉, 약, 돈, 권력, 섹스, 쇼핑 혹은 일이라는 먹잇감이 사람을 사냥하고 괴롭히며 놓아주지 않으면서 중독자가 먹잇감에 쫓기는 느낌을 받는다. 이 경우에는 자신의 삶을 되찾고 다른 건강한 먹잇감을 발견하기 위해 지금의 사냥을 포기해야 한다.

중독과 수렵채집인 원형에서 볼 때, 충동구매도 현대 문화에 은밀하게 널리 퍼져 있는 어두운 면이다. 사실 충동구매는 원하는 것과 필요한 것을 끊임없이 혼동하게 만드는 소비 경제가 부추긴 것이기도 하다. 기업 광고와 마케팅은 특정 브랜드에만 명성과 성공이 있다고 꼬드기고, 우리는 결국 그 브랜드를 산다. 기업이라는 사냥꾼이 쫓는 먹잇감이 되어 버리는 것이다. 욕망과 구매 중독은 우리를 쉬운 사냥감으로 만든다.

스콧 샌더스Scott Sanders는 소비주의와 수렵채집인 조상 사이의 관계를 관찰하고 이렇게 말한다. "인류 진화의 역사는 많아지는 것이 행복이라 여기도록 했다. 자손뿐만 아니라 신발, 고기, 능력, 전리품 등 모든 것이 늘어나기를 갈망하도록 만들었다. 수렵채집 사회에서는 개인이 발견한 더 많은 음식, 더 좋은 도구, 더 비옥한 땅은 이로웠다. 그 결실이 부족에게 되돌려져 공유되었기 때문이다." 그러면서 그 결실들을 공유하지 않을 때 일어나는 비극에 대해 경고한다. "더 많은 것을 향한 끊임없는 갈망이 수렵채집 부족에게는 도움이 되었지만, 기계가 지능을 가지고 인구는 폭발하는 현시대에는 위협이 되었다. 끝없는 성장에만 몰두한 끝에 이제 자원은 고갈되고, 오염도 빨라지며, 생물은 멸종으로 내몰려 지구가 위험에 빠졌다." 그는 결정적인 선을 넘기 전에 행동해야 한다고 강조한다. "유감스럽지만 모든 생명 활동에는 쇼핑, 탐닉, 성장의 강박이 있다. 욕망을 다스리도록 함께 나누는 대화 문화를 통해서만이 자제력을 얻을 수 있을 것이다." 매년 미국인이 소비하는 재생 불가능한 지구 자원이 인도인이나 멕시코인의 30배나 되는데, 샌더스는 오히려 이것을 희망적인 신호로 본다. "우리가 결핍을 겪지 않고도 음식과 연료의 소비, 나무와 금속의 사용, 집과 옷장의 크기를 극적으로 줄일 수 있다는 뜻이기 때문이다. 많이 먹고 마셔서 뚱뚱해졌으니, 덜 먹고 덜 마시면 건강해질 수 있다."[26]

정의를 좇는 사냥꾼: 영적 전사들

수렵채집인의 원형은 인간 생존의 필수적인 측면, 즉 자신과 공동체를 먹여 살리는 일에 기반을 둔다. 그런데 수렵채집인의 에너지를 사회적 정의라는 더 큰 문제에 집중하면 우리는 영적 전사의 차원으로 들어설 수 있다. 이런 정의를 좇는 사냥꾼에는 간디와 마틴 루서 킹, 오스카 로메로, 맬컴 엑스*Malcolm X*, 벅 고스트호스*Buck Ghosthorse*와 예수가 있다. 정의를 추구하는 사냥꾼은 자주 자신이 속한 공동체에 도전하므로 항상 칭찬받는 것은 아니며 거꾸로 자신이 사냥당할 수 있다. 간디, 마틴, 로메로, 맬컴 엑스, 예수, 메드가 에버스*Medgar Evers*는 모두 정의를 좇은 대가로 죽임을 당했다. 2차 세계대전의 나치, 1960년대 KKK단은 말 그대로 사냥 조직이었다. 중세 시대 선조들은 "최선이 타락하면 최악이 된다"고 말했다. 이런 집단은 사냥 행위를 타락시키고, 우리 중에 가장 고귀한 사냥꾼을 죽이기 위해 이를 사용한다.

이런 상황에서, 모든 사람의 번영을 위해 정의, 자유, 진실 같은 인간이 추구하는 가장 고귀한 것을 사냥하는 수렵채집인이 되려면 전사의 에너지가 필요하다. 따라서 다음 장에서는 전사의 원형을 살펴볼 것이다.

수렵채집인의 경험은 우리 기억과 정신에 깊이 박혀 있다. 그래서 우리가 하는 일이 모험과 창조, 기쁨, 공동체, 추구, 초롱초롱함, 즉흥성, 놀라움 같은 수렵채집인의 요소를 품고 있다면, 그 일을 진정 인간의 일이라고 말할 수 있다. 하지만 이런 것이 없다면, '우리가 하는 일이 우리와 공동체를 지속하게 하는가?'라는 질문을 던져야 한다. '직업'은 생존을 위한 경제적 대가를 제공하지만, 우리가 지구에 존재하는 이유이며 우리에게 맡겨진 '일'은, 더 많은 것을 줄 것이다. 수렵채집인 조상들이 한 일처럼, 그 일은 미래 세대를 포함한 더 큰 공동체에 늘 도움이 될 것이다. 에른스트 프리드리히 슈마허*E. F. Schumacher*는 많은 사람이 직장에서 영혼을 다치는데, 몸을 다치면 보험이라도 있지만 영혼은 학대당해도 보상도 없다며 한탄한다. 직장에서 몸이나 영혼을 다치는 남자가 많다. 직장에서 생기는 더 많은 문제를 살펴보려면 내가 쓴《일의 재발견*The Reinvention of Work*》을 읽어도 좋지만, 지금 여기서 건강한 일을 구성하는 것과 그렇지 않은 것에 대해 수렵채집인이 밝히는 것만 알아도 충분하다. 남자들은 수렵채집인의 원형을 이용해 오늘날의 경제가 영혼에 가하는 가혹한 학대를 치유할 수 있다. 다시 한 번 말하지만, 조상들이 우리를 치유하기 위해 돌아온다. 수렵채집 조상들의 지혜가 일을 건강하고 유용하게 하는 방법을 가르쳐 준다. 우리 모두의 내면에는 수렵채집인이 있다.

5장.   영적
       전사

녹색 인간과 수렵채집인의 원형은 영적 전사의 원형으로 이어진다. 토마스 베리는 "위대한 작업"의 필요성을 언급하는데 위대한 작업이란 무엇일까? "지구에 파괴적 영향을 미치는 현대 산업 문명을 더 부드러운 존재 방식으로 바꾸는 것"이다.¹ 그런 위대한 작업에는 도덕적 분노와 공격성, 경쟁이 가진 힘을 더 바람직한 방향으로 이끌 위대한 정신, 즉 진정한 전사가 필요하다. 위대한 작업은 "우리가 선택한 역할이 아니다. 자신과의 타협을 넘어서 우리에게 맡겨진 역할이다. 말하자면, 우리는 직접 선택할 수 없는 난제와 역할을 안고 세상에 태어났다. 우리가 맡은 역할을 이해하고 수행하는 방식에 따라 우리 삶도 고귀해질 수 있다." 지금 고귀한 전사가 필요하다. 영적 전사의 원형이 지금까지 제기된 두 가지 문제에 건설적인 해답을 제시해줄 것이다. 남성의 공격성과 경쟁심으로 무엇을 할 것인가? 그 둘을 어떻게 건강한 방향으로 이끌 것인가?

공격성은 우리 모두에게 있다. 운동선수, 연설가, 사업가, 택시 운전사 등 누구에게든 어떤 순간에 공격성이 튀어나온다. 전쟁, 정복(사업이나 섹스), 수동성(자신을 향한 공격성, "나는 안 돼."), 이기적인 경쟁("너의 패배 없이는 내 승리도 없어.") 등 부정적인 방식으로 드러나는 공격성은 찾기 쉽다. 그렇다면 공격성을 다루는 건강한 방식은 무엇일까? 어떻게 공격성을 고귀함으로 바꿀 수 있을까?

내 생각에는, 전사와 군인의 차이를 이해하는 것이 핵심이다. 전사와 군인은 엄연히 다른데, 내가 연구했던 토착 부족은 모두 그 둘의 차이를 가르쳤다. 17살에 자원입대해 베트남 전쟁에 참전한 브로큰 워크_Broken Walk_는 그 차이를 설득력 있게 잘 설명한다. "군인이 되는 것과 전사가 되는 것은 다릅니다. 혼동하지 마세요. 육군에 있을 때 저는 군인이었지요. 누군가 명령하면 내 마음의 소리와 상관없이 수행했어요. 꼭두각시처럼 말입니다. 참된 신념을 위해 같은 뜻을 가진 형제들과 함께 거리로 나와 행진하기 전까지는 전사가 된다는 것에 대해 아무것도 몰랐어요. 진정한 믿음을 찾았을 때 고귀한 힘이 나를 잡아줬죠. 그게 핵심이에요."[2] 워크는 상관의 명령이 아니라 자기 영혼의 목소리를 따르면서 전사가 되었다. 그것은 곧 전쟁에 반대하고 그 이유로 감옥에 간다는 의미였다. 티베트 불교의 스승 쵸감 투른파_Chögyam Trungpa_는 "전사의 슬프고 부드러운 심장"에 대해 들려주는데, 그 말이 정말 와닿는다. 전사는 자신의 심장, 그 심장의 기쁨과 슬픔, 광대함과 소통한다.

오늘날 모든 사람이 그 차이를 이해하는 것은 아니다. 나는 로버트 무어가 쓴 책(남성에 관한 영향력 있는 책으로 꼽힌다)을 읽고 그가 군인과 전사를 혼동하는 모습에 큰 충격을 받았다. 나는 군인과 전사를 혼동하면 군국주의를 발전시키고 본능적인 파충류 뇌를 키운다고 믿는다. 동성애 혐오 표현도 마찬가지인데, 전사에 대한 참된 의미를 계속 무시하거나 두려워하는 이면에 이성애 우월주의가 있다고 생각한다.

수피*Sufi*교 신비주의자 하피즈*Hafiz*는 군인과 전사의 차이를 알았고, 자신의 시에서 군인들이 "극심한 고통 속에 사방에서 죽어갔다"고 외쳤다. 군인이 하는 일이 심한 고통이나 죽음을 주고받는 것이기 때문이다. 동시에 그는 "생명을 주는 태양처럼 당신도 온 세상에 심장을 전달하는 기병이 될 수 있다"고 선언한다. "그런데 이는 당신과 신이 달콤한 사랑을 나눌 때만 가능하다."[3] 군인과 달리 전사는 사랑하는 사람이다. 전사는 자신의 심장과 완전히 소통해 심장을 세상에 나누어줄 수도 있다. 전사는 가까운 혈족이나 짝뿐만 아니라 세상과 신을 사랑한다. 전사는 신과 연인 관계가 된다.

신을 심판자로 묘사하는 우익 종교와 얼마나 다른가! 신에 대한 이런 시선 때문에 프로미스 키퍼스*Promise Keepers*● 같은 곳에서 남성성을 왜곡한다(이 장 후반에 다룰 것이다). 전사와 군인을 혼동하면 신과 자아, 사회와의 관계가 병든다. 전사와 군인의 혼동은 제국 건설의 동력이 된다. 제국 건설을 갈망하는 자들의 가장 큰 바람은 군인 활동이 곧 전사가 되는 것이라고 믿는 남자들을 입대시키는 것이다. 이런 무지와 혼동을 더는 내버려 둘 수 없다. 이는 절대 진실이 아니기 때문이다.

● 1990년대 초 미국에서 설립된 '남성적 기독교' 단체.

프로페서 피트Professor Pitt: 현대의 전사에 대해

프로페서 피트는 '쿵후와 힙합의 만남'이라는 주제로 영화『힙합 왕조 *The Hip Hop Dynasty*』3부작을 만든 32세의 아프리카계 미국인 영화 제작자다. 랩 아티스트이자 무술 수련자이기도 한 피트에게 전사라는 개념은 삶과 일에서 특별하고 중요하다. 그와 나눈 대화를 그대로 싣는다.

나: '전사'라는 단어를 자주 사용하는데, 언제 그 말을 처음 이해하게 됐나요?

피트: 무술 연습을 하면서요. 명상에서 그 단어는 고요함과 나를 괴롭히는 것들과의 싸움도 의미합니다. 명상 중에 코가 간지러워도 긁거나 움직여서는 안 되거든요. 그때 간지러움을 따라가지 않는 결단, 즉 신체적 욕구와 싸우는 것이 전사의 자격이지요. 보통 명상 시간에 명상에 빠지자마자 뒤통수가 '쿵' 한다든지, 발이 욱신거리기 시작하면서 또 '쿵' 합니다. 그것이 전사의 싸움입니다. 무술과 명상 스승님에게 배웠어요.

나: 전사의 싸움을 예로 들면요?

피트: 제게 전사로서의 싸움은 제 자신, 제 안의 악마, 제가 가진 것들을 극복하면서 시작됩니다. 제일 어려운 일이에요. 수련을 멈추지 않는 것, 즉 자신과 싸우는 일이죠. 외적으로 볼 때 진정한 전사의 싸움은 아예 어떤 싸움도 벌이지 않거나 최후의 수단이 아니라면 물리적 싸움을 하지 않는 것입니다. 저는 아프리카계 미국인이라서 사람들이 저를 건드려 신체적으로 반응하게 하는 상황에 많이 처합니다. 그때 신체적으로 대응하지 않는 것, 그게 저의 싸움이에요. 왜냐하면 대응하는 순간, 모든 것이 저를

망치도록 이미 다 짜여 있거든요. 그들이 바라는 일, 그러니까 저를 가두고, 기소하고, 사람들과 공동체를 위해 한 일에 상관없이 제게 혐의를 씌울 빌미를 주게 되지요. 싸움에 뛰어드는 순간 제가 한 좋은 일은 모두 물거품이 되고, "너도 똑같은 짐승이야"라는 말을 듣겠지요. 그것도 자신과 벌이는 큰 싸움이에요.

전사는 아내에게 좋은 남자가 됩니다. 남녀 사이에는 항상 갈등이 있게 마련이잖아요. 문제가 있을 때도 우아한 사람, 가능한 한 품격 있는 사람이 되는 겁니다.

나: 폭력을 폭력으로 갚지 않는 것은 마틴 루서 킹과 간디의 비폭력 전략과 꽤 비슷해 보입니다. 어떤 연관이 있을까요?

피트: 저는 당시 마틴 루서 킹의 전략에 동의하지 않아요. 그를 묘사한 영화들을 볼 때마다 저라도 분명 죽었겠다 싶거든요. 잃을 게 하나도 없는 사람을 누군가 아무 이유 없이 때려눕히려 든다면 무슨 일이 일어나겠어요? "내일 너 죽이러 간다"라고 반응하겠지요. 그런 점에서 저는 맬컴 엑스 편입니다. 누군가가 나를 없애려 한다면, 그를 먼저 없애야 합니다. 아프리카계 미국인들에게는 많은 위험이 도사리고 있고, 저는 제 사람들을 위해 살아 있어야 합니다. 온 세상을 제 어깨에 짊어진 기분이에요. 그렇게 소극적으로 시간을 낭비할 권리도, 여유도 없어요.

하지만 마틴 루서 킹과 간디의 공적은 인정해요. 아주 강한 전사들이죠. 그들이 한 행동은 그들을 지구에서 가장 강한 전사로 만들었죠. 그들은 부정적인 신체 에너지의 소용돌이에 빠지지 않았습니다. 그랬다면 지금처럼 위대한 사람으로 인정받지 못하겠지요. 단 한 번만 빠졌더라도 전사에서 제외됐을 거예요. 악마가 바라는 행동이죠.

나: 사회가 권하는 '비뚤어진 전사'에 관한 얘기군요. 더 자세히 말해

줄 수 있을까요?

피트: 저는 전사가 갖춰야 할 요소에 내적 평화, 평온함, 사랑, 힘, 강인함, 명예, 당당함, 존중이 있어야 한다고 생각합니다. 모두가 원하지만 싸워야 얻을 수 있는 것들이죠. 자유도 공짜가 아니잖아요. 그런데 비뚤어진 전사를 위한 안내서에는 명예나 내적 평화, 평온 같은 자질들이 빠져 있어요. 비뚤어진 전사는 힘과 강인함, 당당함이 곧 부와 화려한 생활, 왕이나 여왕처럼 사는 것이라 생각합니다. 비뚤어진 전사는 자신이 가장 강하고 모든 돈과 힘을 가졌다고 세상에 증명하기를 원하는데, 그들에게는 명예가 없어요. 행복도 없지요. 저는 명예 없이 돈과 힘만 가지면 행복할 수 없다고 생각해요. 명예 없이 가진 것만 있는 자는 다른 누군가에게 갈취와 음모의 대상이 됩니다. 자기 것을 빼앗으려는 음모가 있는 것을 알고, 음모를 꾸미는 이에게도 명예가 없다면, 그도 아마 음모의 대상이 되고, 그렇게 정신적인 고통이 끝없이 이어질 겁니다.

힙합은 비뚤어진 전사를 메시지로 전합니다. 많은 사람이 누군가 자기 발을 밟았다고, 이상하게 쳐다봤다고, 부딪혔다고, 음료수를 쏟았다고, 또는 그런 비슷한 이유로 자신의 삶을 지워버립니다. 그 10초에서 70초 사이에 '나에게 그렇게 해서는 안 되고, 그래도 한다면 대가가 있음을 온 세상에 증명하고 싶어'라는 생각에 휩싸입니다. 그 70초 사이에 승리감까지 느낄 수 있지만, 그 순간이 지나고 나면 더 큰 어떤 것에 끌려가는 것을 느낍니다. 이제 카르마와 정의가 뒤따를 차례인 거죠. 아마도 그 사람을 죽였겠지만, 죽였든 그렇지 않든, 카르마는 돌아옵니다. 경찰이 못 잡을 수는 있겠지만, 당한 사람들에게도 식구는 있고 말이 퍼집니다. 아니면 감옥으로 가서 자기 삶을 망칩니다.

기껏해야 열셋 혹은 열네댓 살인데 비뚤어진 전사의 사고방식 때문에 삶의 대부분을 감옥에서 보냅니다. "내 발을 밟으면 안 되지!"라고 즉시 세상에 보여줘야 했거든요. 그러고는 삶을 잃지요. 감옥 안에서도 똑같이 살아가는 사람이 있는데, 비뚤어진 전사의 요소가 너무 깊이 뿌리 박혀 자신이 옳은 일을 했다고 믿는 겁니다. 할 일을 한 거라고 말이죠. 그들은 몸을 일으켜 갱 조직원이나 동료들에게 자신을 건드리지 말라고 보여줍니다. 감옥 안에 수두룩한 다른 갱의 조직원에 맞서서 또 자신을 증명해야 하거든요. 그들은 불행 그 자체, 완전한 불행의 늪에 빠진 거예요. 얼마나 의기양양하게 다니는지, 감방에는 앉아 있는 사람이 없어요. 앉아 있는 건 행복한 거예요. 저도 3개월 동안 교도소는 아니고 구치소 생활을 해봤는데요, 거기에서는 누구도 행복하지 않습니다. 멋진 척하며 제일 큰 목소리를 내는 사람이 아마도 거기서 제일 겁먹은 녀석일 겁니다.

나: 발표한 긍정적인 전사 안내서에 대한 영감은 어디서 얻었나요?

피트: 「마이 언더스탠딩 오브 라이프My understanding of Life」라는 곡에 이렇게 썼어요. "내가 찾던 전사의 삶, 그 중심으로 이끌어줄 남자나 여자를 만난다." 누군가 제가 찾던 전사의 삶으로 가는 열쇠를 건네주었죠. 제가 좇던 고귀한 삶은 내적 평화, 평온함, 사랑, 힘, 강인함, 명예, 당당함 그리고 존중이거든요. 전사의 삶의 핵심은 무엇일까? 자신에게 던지던 질문이에요. 그런 질문을 하고 나니 "만만찮은데"라는 생각이 들더군요.

나: 당신만 그런 게 아니에요. 그것을 알게 된 게 몇 살 때였나요?

피트: 겨우 작년에 알게 됐습니다.

나: 전사와 군인의 차이를 알겠네요?

피트: 그럼요, 확실히요.

나: 차이가 무엇입니까?

피트: 군인은 무슨 일이든 시키는 대로 합니다. 그러나 전사는 옳은 일,

마음이 느끼는 일을 합니다. 전사는 우주와 이어져 있어야 하고, 경건하며, 신이라고 부르는 존재와 연결되어야 합니다. 저는 '엄마'와 '아빠'가 신, 곧 해와 달이라 생각해요. '알라'라고 부르는 사람도 있겠지요. 저는 모든 신이 여성으로도 존재한다고 봅니다. 전사가 그 신과 이어지는 한, 옳은 일을 하는 겁니다. 군인은 손처럼 신체의 일부와 같아요. 손에게 다른 사람의 목을 그으라고 말하면 그대로 하죠. 두 번 생각하는 법은 없어요. 그게 군인입니다. 무장 세력에 참여해서 자신의 숭고함을 붙들 수 있다고 생각하는 사람은 누구나 "가서 누군가의 엄마를 죽여"라는 명령에 따를 수 있어서 전투에도 나가는 겁니다.

나: 어린 친구들에게는 어떻게 전사의 힘을 기르라고 권하나요? 어렸을 때 그럴 기회가 없었다면, 나중에 어떻게 기를 수 있을까요?

피트: 어렸을 때는 무술을, 조금 더 나이가 들면 명상을 배우라고 합니다. 아이들은 힘이 넘치기 때문에 명상은 힘들어요. 지금 제 아들들이 혹시 와서 "아빠, 저도 앨범 내고 싶어요"라고 말하면, 일주일이나 몇 달짜리 명상 프로그램에 가야 한다고 테스트를 합니다. 저는 아이들의 머릿속에서 무슨 일이 일어나는지 제대로 알 수 없으니까 스스로 자신과 싸워야 한다고 말해주는 거죠. "너희가 앉아 있을 수 있다면, 나도 함께 갈게. 너희가 거기서 자기와 교감하며 앉아 있다면 자신을 마주해야 할 것이다." 미국에는 산만하게 하는 것이 많아서 자신을 마주할 기회를 절대 얻지 못해요.

나: 인생에서 스승이나 전사로 여기는 사람, 혹은 전사의 자격을 잘 보여주는 사람이 있나요?

피트: 에디 도이치*Eddie Deutch*나 무술 사부님 같은 모든 스승님, 그리고 마틴 루서 킹이나 맬컴 엑스 같은 전형적인 전사들입니다. 온 나라가 자신을 노리는 상황을 겪은 분들이지요. 저는 아직 부자가 아니거나 모두 저

를 부자로 보지는 않습니다. 가난하면 누구의 삶의 방식도 위협하지 않으니 모두와 친구가 되지만, 돈이나 권력으로 위치가 오르면, 친구로 언제나 기꺼이 도와주던 사람들도 갑자기 자존심 문제, 거의 모든 자아 문제를 해결해야 하는 사람이 됩니다. 제가 그 자존심 문제의 중심이 되지요. 무슨 말씀인지 아시죠?

나: 많은 사람의 표적이 되는군요.

피트: 그거예요! 맬컴이 그렇게 많은 살해 위협을 받았을 때 어떤 느낌이었는지 저는 잘 모르지만, 그래도 그는 연단에 올랐어요. 그게 전사입니다. 그의 머릿속에는, 자신이 처한 상황에서 주어진 일을 아직 다 못 했으니, 무슨 일이 있어도 사람들을 위해 계속 전진해야 한다는 생각이 있었던 거예요. 당시 그가 자리에서 물러나 사라졌다면 공동체의 중심이 무너졌겠죠. 사람들에게는 그 중심이 필요했어요. 저는 아직 그런 문제를 마주하지는 않았고, 앞으로도 그러길 바라지만, 우리가 사는 세상을 보세요.

예수를 봅시다. 저는 그의 죽음에 관한 이야기를 모두 믿지는 않지만, 그를 박해하거나 괴롭혔던 사람들의 이야기는 믿어요. 제 친구가 말하기를 세상의 모든 선지자는 채찍질 당하며 누구도 자신이 무슨 일을 하는지 알지 못하는 비난의 시기를 겪는답니다. 선지자는 신의 말을 전할 사람인데, 그 말이란 게 "내가 관여할 필요가 없도록 선지자를 보낸다"라는 뜻입니다. 만약 신이 관여한다면, 모두 지워버리고 완전히 처음부터 시작할 테니까요.

나: 그건 너무 심한데요.

피트: 그래요. 선지자는 와서, 신의 말을 전하며 돌아다니다가 죽겠지요. 그러면 그가 가져온 말이 이어지다 쌓입니다. 그중 한 명이 저라고 생각해요. 제가 더 강한 전사가 되도록 가르침을 주신 분은 많아요. 그런데

그분들은 밖으로 나가서 사람들이 해야 할 일을 전하지는 않아요. 그분들의 역할이 아닙니다. 제가 그 역할을, 그 짐을 짊어졌어요.

나: 전사와 선지자는 사실 같은 역할을 한다고 생각하나요?

피트: 선지자도 깊이나 높이가 다 다릅니다. "저 전선을 만지지 마. 만지면 죽거나 정말 크게 다치게 돼"라고 말하는 엄마도 선지자입니다. 미래에 선지자가 될 아이의 목숨을 구하고 있는 걸지도 모르니까요.

나: 전사에 관해 더 전하고 싶은 것이 있나요?

피트: 전사에 가까워질수록 덜 판단하게 됩니다. 경험이 많아지면서 모두가 내면의 전투를 벌이고 있음을 깨닫기 때문이에요. 금연 같은 겁니다. 머릿속에 잡음이 끊이지 않죠. 기회만 있으면 머릿속 목소리가 떠들어요. "가서 한 대 피워." 저도 그러니까 다른 사람들의 머리에도 반대방향으로 가라고 요청하는 목소리가 있다는 걸 알아요. 그러나 전투에서 모두 이기지는 못한다는 걸 아니까, 제가 다 못 이기면 남들도 그럴 테니까, 덜 판단하게 되죠. 판단은 어린아이나 하는 것으로 생각돼요. 미디어는 하나하나 다 판단하려고 하고, 다른 모든 사람도 그렇게 만드니 덩치만 큰 아이 같은 겁니다. 경험이 부족한 사람들이 판단을 합니다. 전사의 자격에 가까워질수록 더 겸손하고 덜 판단해요. 깨달음에 이르는 방법과 때는 저마다 달라요. 사람들에게 제가 담배를 피우지 않는다고 말할 때는 그저 "나는 그러려고 해"라고 말합니다. 다른 사람이 담배를 피운다고 해서 그들을 판단하려 하지 않아요. 모두 자신만의 성장하는 때가 있는 법이니까요.

저는 모든 문화가 과거 자기 문화의 전사를 지지하지만, 오늘날의 전사는 다른 문화도 이해해야 한다고 생각해요. 자기 문화에서는 전사가 되기가 비교적 쉽지만, 지금처럼 다양한 세상에서는 다양한 문화의 다양한 전사의 자격을 인정하는 것이 중요하지요. 여기에서도 판단을 멈춰야 합니다. 예를 들어, 저는 낯선 사람의 눈을 들여다보기를 좋아하는데, 그것이 낯선 사람의 영혼을 훔친다고 생각하는 문화도 있어요. 우리가 사는 곳의 다양성을 생각해보면, 모두 상대 문화를 신중히 살피고 물어볼 필요가 있습니다. "너희 문화에서는 어떻게 하는 것이 좋니? 아니면 뭘 하면 안 되니?" 이렇게 대화를 시작하면 서로 기분 나쁠 일 없이 배울 수 있습니다.

벅 고스트호스: 멘토 전사

나는 살면서 여러 명의 전사를 알게 되는 특권을 누렸다. 그중 한 분은 최근에 세상을 떠났는데, 그의 삶과 가르침에 대한 생각을 나누고 싶다. 벅 고스트호스는 사우스다코타의 로즈버드 인디언 보호 구역에서 11명이 함께 사는 두 칸짜리 집에서 자랐다. 어렸을 때 모르몬교도에게 납치되어 그의 원주민 언어와 부족 의식, 종교를 포기하도록 강요받았다. 10대에 해병대에 입대하면서 그곳에서 탈출해 베트남전에 두 번 참전하였고, 퍼플 하트*Purple Heart* 훈장을 받았다. 나중에 그는 베트남 참전에 관한 질문에, 뿌듯한 부분도 있지만 그렇게 자랑할 수 없는 부분도 있다고 대답하곤 했다. 귀국하자마자 마시기 시작한 술에서 헤어 나오지 못하던 그는 월리스 블랙 엘크*Wallace Black Elk*라는 스승을 만난다. 스승은 그에게 인디언 의식과 언어를 다시 가르쳤고, 벅의 인생은 완전히 바뀌었다. 술에서 빠져나온 그는 플로리다 대학교에 입학해 역사학 학위를 받은 후, 조지아로 가 많은 스웨트롯지를 이끌며 아메리카 원주민 철학의 관점에서 사람들을 가르쳤다. 그는 백인들도 이를 수행하도록 이끄는 꿈을 오랫동안 품고 있

1부

었는데, "그들이 세상을 이끌면서 지구가 큰 어려움에 빠졌기" 때문이다.

그는 10년 동안 미루었던 그 꿈에 도전해보기로 했다. 내가 시카고 먼델라인Mundelein 대학에서 캘리포니아 오클랜드에 있는 홀리네임스Holy Names 대학으로 옮겼다는 소식을 듣고, 그도 서부로 와서 문화영성창조연구소Institute in Culture and Creation Spirituality, ICCS의 교수진에 합류하기로 했고, 그곳에서 아메리카 원주민이 가진 영혼의 힘에 대해 강의했다. 그리고 고대 관습을 공부하던 학생들의 도움을 받아 캠퍼스 모퉁이에 교수진과 직원, 학생을 위한 스웨트롯지를 지었다. 나는 '자연 속을 걸으면서 명상하기'라는 강의를 진행하던 한 교수와 스웨트롯지에 들어가기 위해 옷을 벗던 날을 기억한다. 그는 내게 웃으며 "내가 가톨릭계 대학교에서 라코타 부족 지도자와 함께 기도하려고 옷을 벗고 스웨트롯지에 들어간 미국 유일의 유대인"일 거라고 말했다. 아마 그 말이 맞을 것이다.

벅은 스웨트롯지에서 기도를 이끌 때 유머를 잃지 않았다. 그에게는 유머와 엄숙한 기도가 충돌하지 않고 잘 어울렸다. 벅은 3년 동안 나와 일한 후, 북쪽에 있는 시애틀로 가서 자신의 공동체를 시작해야겠다는 소명을 느꼈다. 나중에는 워싱턴 골든데일로 이동했다. 그가 오클랜드를 떠나면서 나에게 24년간 기도를 이끌 때마다 들었던 신성한 파이프를 건네 깜짝 놀랐다. 큰 선물에 어리둥절해하자 그는 이렇게 말했다. "제가 ICCS에 들어올 때 당신 같은 백인 가톨릭교도에게 뭔가를 배우리라고는 생각하지 않았습니다. 하지만 제가 가르친 것보다 배운 것이 더 많았다는 말씀을 꼭 드리고 싶었습니다."

나는 그가 시애틀에서 이끌던 비전 퀘스트vision quest•를 경험하는 특권

•　아메리카 인디언 부족이 행하던 영혼과 교류하는 의식.

을 얻었다. 바티칸이 나에게 함구령을 내린 해였다. 자유신학만큼이나 창조영성을 두려워하던 라칭거*Ratzinger* 추기경(훗날 265대 교황 베네딕트 16세)이 나에게 내민 혐의 중 하나가 아메리카 원주민과 가까이 지낸다는 것이었다. 고백하건대 기도에 대해서라면 교회나 오늘날 가톨릭 종교 재판관에게서보다 스웨트롯지, 비전 퀘스트, 선댄스*sundance*•, 북 연주를 통해 벅고스트호스와 그의 전통에서 훨씬 더 많이 배웠다. 벅은 "우리 전통에서는 악령이 두려움이라는 문을 열고 마음으로 들어온다고 믿기 때문에 모든 기도는 두려움이 생기지 않도록 마음을 단련하는 행위"라고 말했다. 나는 이 심오한 가르침을 많은 사람과 나누었다. 들어만 준다면 바티칸과도 나누고 싶다. 그러나 알아야 할 모든 것을 이미 알고 있다는 끔찍하고 오만한 생각부터 버려야 들을 수 있다.

벅은 지난여름 자신이 이끈 마지막 선댄스에서 아들에게 제단과 함께 선댄스 인도자 자격을 넘겨줬다. 그리고 그 다음주 월요일에 심장마비로 세상을 떠났다. 그의 장례식은 내 인생에서 가장 뜻 깊은 경험이었다. 장례식이 끝난 후 나는 일기장에 이렇게 적었다.

> 해병대 상의를 입고 한 손에 해병대 모자를 쥔 그는 춤출 때 입던 빨간 치마를 두른 채 해병대원의 예포와 함께 묻혔다. 그 치마는 '사람들이 살 수 있도록' 그가 춤추고 가슴을 찌를 때 입던 것이었다.
> 그가 베트남 전쟁에서 세운 공을 인정받아 퍼플 하트 훈장을 받은 군인이면서 '동시에' 전사인 점을 생각하면 두 가지 전통을 잘 아우른 장례식이라 할 수 있다. 그는 해병대 신병 훈련소의 훈련 담당 하사관이

• 북아메리카 인디언 일부 부족이 태양을 바라보며 춤추던 의식.

기도 했다.

전사는 사랑하는 사람이지만, 군인은 '죽이거나 죽도록' 명령을 받는 사람이라는 차이가 있다고들 말한다. 삼촌(벅이 가장 좋아하던 호칭이다)은 사랑하는 사람이었다. 그리고 600명 이상의 공동체 사람들과, 그가 약물과 알코올 중독에서 벗어나 생산적이고 건강한 방식으로 살도록 이끈 수천 명에게서 사랑을 받았다. 그는 말 그대로 생명을 구하고 치유했다. 무엇보다도 사람들이 자립하도록 도왔다. 사람들이 잠에서 깨 커피 향을 맡으며 정신을 차리듯(기도 시간 외에 그의 손에는 항상 커피잔이 들려 있었다) 깨어날 수 있도록 힘을 실어줬다. 그는 직접적이면서도 유머를 사용하며 사람들을 격려했다.

그는 공동체라는 과수원을 가꿨다. 물을 주고, 잘 가르쳤으며, 성장시켰다. 자신의 빈자리를 대비해 현명하게 과수원을 가꾸었고 건강하게 잘 훈련된 지도자를 남겨, 2006년 마지막 선댄스 축제에서 장남에게 제단을 물려줬다.

벅은 여성을 존중했으며 가부장적 문화와 사고방식에 학대받던 여성들이 치유되도록 힘썼다. 그는 우직하면서도 너그러웠다. 우리에게도 너그러워지는 방법을 가르쳤다. 그는 아낌없이 주는 삶을 살았다. 22년간 내 친구가 되어주었다. 형제에게 응원이 필요하거나 조카에게 약간의 개입이 필요할 때, 나는 그에게 도움을 부탁했다. 그는 하늘과 땅, 천상과 세상을 잇는 나무였다. 녹색 인간이자 영적 전사, 자신과 다른 사람 안에 있는 악마와 싸우는 수호자였다. 신성한 여성성을 환영하는 사람이었고, 공동체와 의식이 가져다주는 위엄과 자부심, 강인함으로 다시 고개를 들라고 가르친 '하늘 아버지'를 실천한 사람이었다. 자신의 심장을 단련해 아들이 의식을 배우고 건강한 전사의 자격을 실행하도록 이끈 선하고 현명한 다이달로스였다.

그는 자신과 다른 사람을 치유할 수 있도록 월리스 블랙 엘크 같은 스승과 지도자의 오래된 지혜를 사냥하는 수렵채집인이었다. 다른 어떤 곳에서든 심지어 백인 기독교인에게도 지혜를 구한 사람이었다. 동성애를 혐오하지 않았다. 나는 그의 입에서 동성애를 비하하는 말이 나오는 것을 들은 적이 없다.

그는 내면의 삶을 살면서 심오하게 정신적 수행을 한 사람이었다. 실천하기 어려운 숙제를 내주는 환상과 영혼의 말에 귀를 기울였다. 그는 순탄치 않은 선지자였다. 배신당하고, 때로는 자신이 속한 부족에 의해 사냥당하기도 했다. 그러나 그는 견뎠다. 전사는 견딘다.

벅은 한 교파에 속하지 않았다. 사람들에게 라코타 부족의 방식을 가르치면서 다른 전통(유대인, 기독교인, 원주민)을 버리라고 요구하지 않았다. 다른 신앙 전승을 존중했다. 그가 홀리네임스 예배당에서 미사를 드리며 독수리 깃털로 제단을 축복하던 모습을 기억한다. 심지어 사진도 가지고 있다(사진 속 우리는 정말로 젊다!).

벅은 '상처받은' 치유사다. 가난한 어린 시절에 납치되었고, 해병대로 베트남전쟁에 두 번 참전해 치열한 전투를 치렀으며, 술독에 빠지는 어두운 여정을 겪었다. (우리 문화가 내리는 정의에 따라) 자산이 돈이나 권력, 영향력을 의미한다면, 그에게 자산은 없는 것이나 마찬가지였지만, 그것으로도 그는 너무나도 많은 것을 해냈다. '그러나' 꿈과 환상을 통해 신이 일깨우는 말에 귀를 기울이는 인간의 영혼이 자산이라면, 그리고 심장의 강인함, 상상력, 창의력, 정치적인 영리함, 너그러움, 사람들의 다양한 재능을 깨워주는 능력이 자산이라면, 그는 세상에서 가장 부자이며 가장 많은 것을 타고난 사람이라 말할 수 있다. 인종과 나이, 계층을 초월한 500명이 그의 장례식을 찾았다(검은 재킷에 험상궂은 인상으로 오토바이를 타고 왔지만, 누구 못지않게 경건하고 정중하며 비통해하고 고마워한 사나이들도 있었다). 벅은 정말 다양한 사람들의 삶을 마음 깊이 진실하게 어루만졌다. 그가 개인이나 공동체를 위해 한 일을 언젠가 역사가 기록할 것이다. 지금은 저마다 가지고 있는 이야기를 모으는 중이다. 그의 삶은 라코타 부족과 사실상 모든 토착 종교의 정신적 고귀함을 그대로 담고 있다.

벅은 가끔 말하곤 했다. "나는 그냥 우매한 원주민입니다." 힐데가르트 폰 빙엔이 자신을 "그저 못 배우고 연약한 여자"라고 한 것과 같다. 벅이 우매한 원주민이라면, 예수나 부처, 노자, 이사야, 마호메트, 도로시 데이*Dorothy Day*, 테레사 수녀, 간디, 마틴 루서 킹, 맬컴 엑스, 하워드 서먼*Howard Thurman* 같은 우매함을 지닌 것이다. 지금 우리에게 필요한 것이 바로 그런 우매함이다. 그것의 다른 이름은 지혜다. 영적 전사가 가져오는 지혜다.

반테 다르마와라Bhante Dharmawara, 영적 전사

또 한 명의 영적 전사는 1999년에 109세의 나이로 세상을 떠난 반테 다르마와라다. 그는 명상 스승과 치유사로서 이승에서 마지막 날까지 의욕적으로 활동한 불교의 수도승이었다.

캄보디아의 프놈펜에서 태어난 반테는 특권을 누리며 젊은 시절을 보냈다. 프랑스계 학교에서 교육받았고, 파리 소르본 대학에서 법과 정치를 공부했다. 1차 세계대전 당시에는 프랑스 육군 신병 모집 부대에서 복무하면서, 캄보디아인 자원자를 연합군에 보냈다. 캄보디아 왕궁 법정의 치안 판사와 고문으로 일했고, 7년간 재판관으로도 근무했다. 아내와 딸도 두었다. 젊었을 때는 비싼 음식과 담배, 술을 비롯해 많은 것을 즐기면서 부족함 없이 살았다. 그러나 결코 채워지지 않는 것이 있었다. 당시를 회상하면서 그는 "나는 정부가 운영되는 방식이나 법대에서 배운 것이 마음에 들지 않았다. 돈이 쓸 만큼 있었지만, 만족을 주지는 못했다. 내 안에 두려움이 있었기 때문이다"라고 말했다.[4]

30대 중반 불교를 공부하던 그는 3개월 동안 은둔하기로 결심했다. 방금 딸을 출산한 아내는 두고서였다. 그는 암자에서 "답을 찾았다"고 말했다. "중요한 깨달음을 얻었다. 바로 '내 자신'이 진정한 문제라는 깨달음이었다." 그곳에서 평화를 찾은 다음, 그는 하루 한 끼로 살아가는 태국의 숲속 수도승 무리로 들어갔다. 숲에서 호랑이, 코끼리, 멧돼지, 뱀을 맞닥뜨리면서 심장을 단련했다. 야생 동물들이 후각만으로 친구와 적을 구별할 수도 있음을 알게 되었다. 호랑이들이 여러 번 그의 뒤를 밟았지만 해치지는 않았다. 한번은 야생 코끼리 무리에 둘러싸인 적도 있었는데, 수도승 무리를 이끌고 그곳을 벗어날 때까지 코끼리들은 아무 짓도 하지 않고 가만히 있었다. 그는 동물들이 "냄새로 생각을 알아차릴 수 있다"고 말했다. 생각이 평화롭고 자애로우면 동물들이 괴롭히지 않는다는 것이다.

그는 숲에서 7년을 보낸 후 불교를 더 깊이 공부하기 위해 인도로 떠나 동종요법●을 교육받고 최소 12개의 언어를 배웠다(그의 스승은 52개의 다른 언어로 말했다). 수도원과 명상 센터, 치유 센터로 이루어진 아소카 미션

● 질병과 비슷한 증상을 일으키는 물질을 극소량 사용해 병을 치료하는 방법.

*Asoka Mission*을 설립했는데, 특이하게 그곳에서는 매년 성탄절을 기념했다. 교파를 초월해 문화와 전통을 모두 꿰는 진정한 한 가닥 실이 있다고 믿었기 때문이다. 그는 세계불교도우의회*World Fellowship of Buddhists*의 회장으로 선출되었고, 인도 베나레스에 있는 힌두 대학교의 아시아 언어학부 교수로 일했다. 인도 수상 네루*Nehru*와 가까이 지내면서 주치의로서 도움을 주었고, 간디의 친구가 되기도 했다. 미국까지 건너간 그는 조지타운 대학교에서 강의했고, 캘리포니아 스톡턴에 있는 한 사원에 합류했다.

그는 치유사로서 광범위한 활동을 펼쳤다. 그가 중요하게 여긴 가르침은 "두려워할 것은 없다. 있다면 오직 너 자신이다!"라는 부처의 말이었다. 그는 치유 시간에 녹색 빛을 사용하라고 강조하면서, "빛은 모든 생명체의 근원"이라고 주장했다. "빛은 보이거나 보이지 않는 무수한 색깔을 담고 있다. 특히 녹색 빛은 모든 색깔 중에 가장 균형 잡힌 색이며, 동시에 강인함과 회복의 색이다." 그는 남성을 상징하는 태양의 노랑과 여성을 상징하는 지구의 파랑을 함께 섞어 하늘과 땅의 에너지를 결합한 것이 녹색이고, 따라서 완벽한 균형을 가진 색이라고 보았다. 녹색은 봄과 회복의 특징이며, 심장에 있는 차크라의 색이다. 녹색빛 아래에 앉아 있으면 인간과 동물이 안심하고 마음을 가라앉히게 된다. 반테 자신도 녹색을 사용해 명상했다.

반테는 "명상이 자신을 위해 할 수 있는 가장 고귀한 일"이며, 내면의 평화를 찾아 외부까지 평화롭게 하는 필수적인 방법이라고 자주 말했다. 또한 생각하는 것, 먹는 것, 마시는 것이 삶에 가장 중요한 세 가지 요소이며, 그것들이 곧 자신이 된다고 가르쳤다. 좋은 음식을 먹고 좋은 생각을 하면 좋은 느낌이 생겨난다. 반면 나쁜 음식과 나쁜 생각은 나쁜 느낌을 낳는다.

그는 108세의 나이에도 매일 새벽 4시 30분에 일어나, 씻고, 아침 명상을 준비하는 일상을 지켰다. 아침을 먹고 나면 환자를 치료했으며, 잠시 쉬었다가 점심을 먹고, 저녁 명상에 들어갔다. 반테의 친구이자 동료는 그를 이렇게 묘사했다. "어른이자 스승인 반테를 알게 되면 겸손해지면서 동시에 자극을 받는다. 고령임에도 그가 가진 따스함과 끊임없는 연민, 흐트러지지 않는 집중력을 온전히 설명할 수 있는 단어는 없다. 그는 삶에 대한 사랑과 당신을 포함한 모든 가족에 대한 사랑을 가진 '세상의 할아버지'다. 방금 처음 만난 사람에게도 그런 할아버지가 된다. 그는 언제든 웃기고 웃을 준비가 되어 있는데, 이것이 그가 가장 애용하는 약이다. 그가 녹일 수 없는 마음은 없고, 사람들은 그와 헤어질 때 알아차림의 삶이 가져다주는 무한한 가능성에 열린 마음을 갖게 된다."

그는 진정한 영적 전사다. 봉사를 통해 자신의 두려움과 공격성을 평화를 나누고 베푸는 마음으로 바꾸었다. 심지어 야생 동물들도 그를 존중했다. 흥미로운 점은 녹색이 그의 치유 색이라는 것이다. 그는 모든 의미에서 녹색 인간이자 영적 전사였다.

영적 전사로 가는 네 단계

전사가 군인과 구별된다면, 전사 특유의 강인함을 기르는 방법이 있을 것이다. 전사가 활동하는 신비주의자라면, 다음 네 단계를 시험해 보는 건 어떨까? 이 단계는 창조영성 전승에 있는 신비주의 선지자 혹은 신비주의 전사가 겪는 여정에서 파생된 것이다.

네 단계

1. 긍정의 길*The Via Positiva*

삶을 축하하는 길이다. 아름다움과 선함, 우아함과 너그러움으로 세상을 보며, 더 많이 보도록 항상 열려 있는 길이다. 공경하고 존경하며 감사하는 방식이기도 하다. 근본적인 축복의 방식으로, 모든 갈등과 고통에도 우주와 생명 자체가 우리를 행복과 기쁨을 나누는 존재가 되는 데 필요한 것을 갖춘 개인과 공동체로 낳았다는 진리에 따라 살게 한다. 모든 영적 전사는 다양한 상황에서 이 길을 여러 번 겪어야 한다.

2. 부정의 길*The Via Negativa*

어둠과 상처, 고통으로 가는 길이면서 우리가 배워야 하는 것을 찾을 수 있도록 실존적 침묵과 고독으로 들어가는 길이다. 놓아주고 내려놓는 방법, 비우고 비워지는 방법, 판단과 통제를 넘어서는 방법, 가라앉아 숨을 되찾는 방법, 자리 잡고 앉아 가만히 있으면서 날뛰는 잡생각을 가라앉히는 방법, 침묵 속에 머무르는 방법, 겁내지 않고 공허함을 맛보는 방법, 궁극적으로는 집중하는 것을 배우는 방법이다. 슬퍼하는 방법이기도 하다. 슬픔 없이는 다음 단계로 넘어갈 수 없고, 무언가를 탄생시킬 수도 없다.

모든 영적 전사는 다양한 상황에서 이 길을 여러 번 겪어야 한다. 에크하르트는 내려놓는 것이 "영원한" 과정이라고 말했다. 전사는 삶을 더 열정적으로 살고 사랑하기 때문에, 죽음도 받아들인다.

3. 창조의 길*The Via Creativa*

무수히 삶에 대한 사랑에 빠지고(긍정의 길), 무수히 비워지고 놓아주고 내려놓는 법을 배우고 나면(부정의 길), 영적 전사가 태어날 때가 된다. 창조의 힘은 진정한 영적 전사의 무기이다. 그는 아버지이자 어머니며, 껍데기가 아닌 근본적인 변화를 일으킬 수 있도록 새로운 생명, 새로운 관계, 새로운 이미지, 새로운 도덕적 상상을 위한 에너지를 공급하는 황무지의 샘을 깊이 파는 자다. 진정한 전사는 신을 위해, 신과 함께 일하는 공동의 창조자다. 신은 전사의 손을 통해 일한다. 신이 창조를 행할 때 정확히 붙잡아 쓰는 것은 전사의 정신이다. 아퀴나스의 말처럼, "창조가 시작될 때 물 위에 머물던 바로 그 신이 작업 중인 예술가의 정신 위를 맴돈다." 모든 전사는 예술가이다. 사람들을 위해 일하는 예술가다.

4. 변화의 길 *The Via Transformativa*

예술적 재능과 창의력, 공동 창조를 주장하려면 이를 검증해야 한다. 신은 안목과 검증을 요구한다. 신의 작업이라는 주장을 시험하려면 기본적으로 정의와 연민을 확인해야 한다. 내가 하는 일이 정의의 시험을 통과하는가? 힘 있는 사람뿐만 아니라 가난한 사람에게도 도움이 되는가? 가진 자와 못 가진 자의 간극을 메우는가, 아니면 골을 더 깊이 파는가? 힘 없는 사람들을 치유하고 그들에게 힘을 실어주는가, 아니면 다수를 희생해서 소수의 특권을 한층 더 강화하는가?

선지자는 항상 정의를 위한다. 그들은 부당함을 뼈아픈 고통처럼 느끼며 계속 주시한다. 부당함은 분노를 일으키고 선지자인 전사는 분노와 소통한다. 그러나 본능적인 파충류 뇌의 행동-반응 방식으로 단순히 대응하지 않는다. 분노를 연료 삼아 정의와 정의가 가져올 치유를 일으키는 효과적이고 창의적인 방식을 만들어낸다. 진정한 전사는 항상 겸손하다. 즉 땅에 가까이 머무르고(겸손 *humility*의 어원인 'Humus'는 라틴어로 '땅'을 뜻한다), 자신은 구세주가 아니라 신이 일할 때 쓰는 도구에 불과하다는 것을 안다.

선지자도 다른 사람처럼 약하고 부족한 인간이며, 당연히 실수와 잘못을 저지른다. 그래서 영적인 실천의 일부로 긍정의 길을 계속 실행한다. 삶의 사소한 순간이 가져다주는 기쁨과 평화(심호흡이나 산책 같은 선물에 그저 감사한 마음을 기울이는 것이라 하더라도)라는 시원한 샘물로 자신을 채우고 새롭게 한다. 그럼에도 이런 모든 상황에서 선지자인 전사는 정의를 세우고 연민을 일으키기 위해 치열한 싸움을 벌인다.

전사의 단계를 걷기

전사는 이 네 단계를 점점 깊이 겪을 뿐만 아니라 스스로 그 단계가 된다. 이 단계들을 실천할 때나 스스로 그 단계가 될 때, 자기 안의 전사를 제대로 바라보아야 한다. 벅 고스트호스의 강인함과 가르침이 얼마나 아름다웠는지, 그가 어떻게 깊은 상처를 입은 많은 사람에게서 아름다움을 끄집어냈는지 주목해야 한다. 그는 상처 입은 사람들을 상처를 껴안은 치유자로 되살아나게 했다. 그가 조상들의 영험한 노래와 삶의 방식을 되찾아 오늘날 부족의 정신 속에서 완전히 다시 살아나게 할 때, 아름다움은 그의 스웨트롯지, 기도, 선댄스, 심지어 장례식에도 존재했다. 이것이 긍정의 길이 된 전사다.

영적 전사가 부정의 길을 품는 방식을 생각해보자. 선지자인 전사는 캄캄한 곳, 즉 의심과 의문, 도전과 변화가 필요한 곳으로 사람들을 이끈다. 그는 질서나 통제가 아니라 혼란을 일으키는 깊은 곳으로 들어간다. 중독자나 의존증 환자를 대하는 사람을 생각해보자. 중재는 고된 일이다. 다른 이의 삶을 바꾸는 것이기 때문이다. 벅은 그런 일을 하는 사람이었다. 작열하는 태양 아래 며칠 동안 음식이나 물도 없이 춤추고, 다른 사람들을 위해 자신의 가슴을 뚫어 피어싱을 하는 선댄스 의식은 투쟁과 요구없이 이루어질 수 없다.

우리 속에 있는 진실을 마주하는 것은 필요하지만, 유쾌하지만은 않은 일이다. 정신과 육체가 빠져나와 우리 문화에 무수한 잡다한 생각과 행동에 빠지려 할 때, 명상으로 평온을 유지하는 것은 쉽지 않다. 소파에서 빈둥거리며 유명 인사나 연예인의 가십 같은 다른 사람의 삶을 TV로 보는건 쉽다. 그러나 그건 전사의 길이 아니다. 전사는 어둠을 뚫고 어둠과 함께 사는 법을, 어둠이 가진 우리를 가르칠 만한 것을 빨아들이는 법을 배운다. 그것이 공허감과 허무감을 맛보는 것이라 해도 말이다. 전사는 소리보다 침묵을 좋아하며, 침묵을 품는다.

위대한 신학자이자 과학과 영성의 융합을 주장한 토마스 아퀴나스가그의 마지막 책《신학대전Summa Theology》을 3분의 2쯤 썼을 때 펜을 놓았다. 쓰기와 말하기를 그만두게 하는 신비한 경험을 했기 때문이다. 그는생애 마지막 1년 동안 어떤 말이나 글도 남기지 않았으며, 위대한 작품을미완성으로 남겨둔 채 세상을 떠났다. 그 경험에 대해서는 이렇게 말했을뿐이다. "내가 쓴 모든 것은 지푸라기에 불과하다."(그러나 그가 21년에 걸쳐쓴 책들은 언제 읽어도 심오하다. 세상을 흔드는 힘이 있다.) 우리도 이처럼 말할수 있다. "내가 쓴 것은 모두 지푸라기다." "내가 쌓은 것, 내 모든 사랑, 내가 만든 것, 내가 지키려 한 것, 내가 믿은 것은 모두 지푸라기다."

이러한 생각은 광활한 시간과 공간, 우주, 심지어 인류의 역사 안에서우리가 얼마나 작은 존재인지 일깨워준다. 확실한 전사인 아퀴나스는 모든 인류의 업적이 지푸라기 같음을 인정했고, 때때로 자신이 그 지푸라기가 됐다. 공허는 실재한다. 블랙홀과 어둠의 에너지가 온 우주에 퍼져 있다. 우리가 뭐길래 공허함을 깊숙이 마셔서 그 공허함이 자신이 되지 않고도 살아갈 수 있다고 생각하는가? 전사는 가끔 공허함이 된다. 그저 그렇게 된다.

전사가 되기 위해서는 아무리 어렵게 얻었다 해도 특권적 지위를 내려놓아야 한다. 전사는 성취라는 외투를 버리고, 하워드 서먼*Howard Thurman*이 말한 "신 앞에 자아라는 실체"[5]만 남도록 다 벗은 채 온전히 혼자서 연약한 모습으로 어둠 안으로 들어간다. 그렇게도 전사가 될 수 있다. 어둠의 반대편으로 나올 때 언제나 같은 사람이거나 같은 역할을 하기에 알맞은 모습일 거라는 보장은 없다. 그는 부정의 길이 된다. 친구와 인간관계, 성취와 직위, 연봉과 은퇴 계획 모두 하찮아진다. "살면서 우리가 가지게 된 것은 다 빌린 것이다"라는 에크하르트의 말을 마지막까지 새기며 살도록 요구받을 수 있다. 삶 자체가 빌린 것이고 그 속의 모든 관계 또한 마찬가지다. 빌린 것은 오래가지 않는다. 전사는 죽음을 인식하고 죽을 운명임을 부인하지 않는다. 오히려 죽음을 자신과 다른 사람을 지키는 방패처럼 지니고 다닌다. 죽을 운명을 깨달으면 내일이 아니라 오늘 완전한 삶을 살고, 오늘 아름다운 것을 지키게 된다. 전사는 삶을 기다리지 않으며, 살고 사랑하고 지키고 창조하는 일을 다음으로 미루지 않는다. 빌린 것은 언젠가 돌려줘야 하므로 지금 바로 기회를 만든다.

내려놓는 법을 이미 배운 전사는 분노를 품거나 복수를 위해 다른 사람을 쫓지 않는다. 용서는 이타적인 행위가 아니라, 자신을 위한 일이다. 용서는 지금을 잘살기 위해 과거를 씻는 행위, 즉 영혼의 정화이다. 용서도 내려놓음과 마찬가지로 매일 조금씩 학습할 수 있다. 과거의 상처를 품고 계속 되짚으면, 영혼이 힘을 잃게 된다. 영혼이 아니라 괴로움이 자라기 때문이다. 전사는 심장과 영혼을 어제 혹은 몇 년 전의 보잘것없는 크기 그대로 얼리는 대신 키우는 데 전념한다. 여기에 수련이 필요하고, 자초한 일이든 아니든, 삶의 배반에 타버린 영혼을 키우려면 희생도 감수해야 한다. 전사는 배반을 부인하지도, 곱씹지도 않는다. 초월해 사는 법을 배운다. 배반을 넘고, 깨진 사랑, 피 흘리는 관계, 오해를 일으킨 소통, 이루지 못한 열망이 주는 고통을 넘어서는 법을 배운다. 전사는 열망이 깊숙이 정화되는 과정을 겪는데, 이는 신비주의자들이 '영혼의 어두운 밤*Dark Night of the Soul*'이라고 부르는 작은 학교에서 배우는 가르침이다. 전사는 어둠에서 달아나지 않고 어둠으로 들어가며, 빛과 어둠에 대한 두려움을 극복한다. 빛에 대한 두려움, 즉 빛과 사랑, 아름다움과 우아함에 대한 두려움은 전사의 출현을 막는 걸림돌이 될 수 있다.

또한, 전사는 예술가이자 창조적인 존재가 되어 우주의 모든 작용, 진화라는 이름으로 진행되는 모든 형성과 변형에서 우주가 요구하는 아름다움에 대한 창의성과 미적 견해를 표현한다. 전사는 계속되는 진화를 등에 짊어지고, 진화를 위한 도구, 즉 진화를 일으키는 변화와 변형, 창조력과 치유의 행위자가 된다. 진화는 과거를 희생해 성취하는 것이 아니라, 과거를 데려와 탄생을 갈망하는 식물이나 생명체, 사상과 움직임, 체계나 언어의 꿈틀거리는 새로운 씨앗, 새로운 형태로 펼치는 것이다. 미래는 과거에서 싹튼다. 예수의 말대로, 새 술은 새 부대에 담아야 한다. 기존의 부대는 오래되거나 그동안 누린 특권 때문에 메마르고 부서지기 마련이다.

전사는 자신의 손과 심장과 머리에 새로운 창조물을 지니고 다닌다. 그래서 아퀴나스는 "모든 곳의 모든 문화"에는 선지자와 전사가 있었다고 가르쳤다. 창조력은 늘 요구됐다. 하지만 지배적인 문화를 지키려는 자들은 창조력을 버스 뒷자리나 학교 지하실에 두고 억누른다(예를 들면, '아동 낙오 방지법'이라는 모순된 이름을 가진 법은 시험을 중심에 두는데, 시험은 아이들이 가진 창조력을 질식시킨다. 교육을 되살리기는커녕 빠르게 망친다). 전사가 될 수도 있었던 사람들을 이단으로 몰아 화형에 처하거나, 공개적으로 비난해 전사가 되려는 마음을 접게 하고 그들에게 두려움을 불어넣어 자신과 다른 사람의 영혼을 지키는 것보다 팔아넘기는 게 더 낫다는 생각을 갖게 한 정통파 종교의 사냥꾼도 그런 예다.

전사가 스스로 창조적 존재가 되는 것은 자아나 명성, 돈을 위해서가 아니라 공동체를 위해서다. 벅이 공동체를 설립해 선댄스와 비전 퀘스트 등 다른 의식을 되살리고, 의식을 바르게 치르도록 사람들을 가르칠 때 창조력이 발휘됐다.

전사는 이 모든 것에 도움을 준다. 이 도움은 노예의 노동처럼 강요되지 않고 기꺼이 제공된다. 전사는 베풀 때도 너그럽게 베푼다. 전사는 공동체뿐만 아니라 자신에게도 삶에 대한 사랑(긍정의 길), 고요함과 내려놓음(부정의 길), 창의성(창조의 길), 정의와 연민(변화의 길)이라는 선물을 준다. 앞서 말한 대로 도움은 낯선 이에 대한 사랑이다. 전사는 낯선 이를 사랑하고 그를 사랑하는 방법을 찾아낸다. 이것이 곧 돕는 방식이다. 연민과 정의 역시 낯선 이를 돕는 것이다. 그러므로 전사는 말한 것을 실천하고, 그런 소명에 영감을 준 황홀경에 빠져 춤을 춘다. 전사는 전사의 자격을 자신에게 씌운다. 그러면 치유와 축하, 더 많은 경외와 놀라움, 우아함과 감사가 따른다. 모든 사람의 창조력이 더 자유롭게 흐른다. 모두가 힘을 가지는 것이 당연한 일이 된다. 씨앗은 심어졌다. 과수원은 열매를 맺는다. 좋은 과일을 계속해서 말이다.

거짓 전사, 거짓 선지자

예수는 "양의 탈을 쓴 늑대" 즉, 거짓 선지자를 조심하라고 경고했다. 군인과 전사, 혹은 군인과 선지자를 혼동하게 했던 자들은 우리를 속여 심한 혼란에 빠뜨린다. 오늘날의 우익 정치 세력과 우익 기독교 운동의 연합은, 여러 면에서 히틀러가 독일 기독교 교회의 노골적인 축복을 받으며 나치 독일의 권좌에 올랐던 시절을 연상시킨다. 놀랍게도 당시 독일 기독교 교회는 친나치 지지에 대해 비판의 목소리를 높이지 않았다. 하버드 신학대학원 윤리학 교수였던 제임스 루서 애덤스James Luther Adams는 디트리히 본회퍼Dietrich Bonhoeffer가 이끄는 고백교회Confessing Church●를 지지했다는 이유로 독일 비밀경찰의 심문을 받은 후 1936년 독일을 떠났다. 1995년 침례회 목사 팻 로버트슨Pat Robertson과 라디오 진행자들, 텔레비전 전도사들이 국제적인 기독교 제국을 건설하기 위한 새로운 정치 종교에 대해 이야기하기 시작했을 때, 애덤스는 미국 파시즘의 출현과 그에 대한 종교의 역할에 대해 경고했다.

애덤스는 나치 독일 시대의 상황을 조사하면서, 대화와 포용을 입에 올리지만 실제로 일어나고 있는 일에 맞설 용기는 없던 자유주의자들을 신랄하게 비판했다. "냉혹한 현실은 그런 뻔한 이야기 때문에 외면당했다."[6] 또한 나치 독일 당시의 유명한 연구 중심 대학교와 미디어를 비판하면서, 이런 집단들이 정부와 기업이 제공하는 아늑함에 굴복하고 도취돼, 정의와 평등이라는 근본적인 윤리 문제를 제기할 생각도 능력도 없었

●　교회의 나치화와 교회에 대한 국가의 간섭에 반대한 독일 프로테스탄트 교회 단체.

다고 주장했다.

거짓 선지자들이 판치고 있는 오늘날, 기독교 단체 '프로미스 키퍼'를 살펴볼 필요가 있다. 프로미스 키퍼의 창립자는 댈러스 지역 목사 토니 에번스*Tony Evans*다. 그는 보통 한 번에 남자 수천 명을 축구 경기장에 모아놓고 기독교 국가 설립을 설파한다. 1973년 재건주의 운동을 시작한 R. J. 러시두니*R. J. Rushdooney*의 이념에서 많은 부분을 가져온 이 기이한 기독교 우파는 미국을 성경의 사상으로 통치해야 하며, 지구와 특히 미국을 지배하도록 '선택된' 자들에게 '통치권'을 넘겨야 한다고 주장한다. 또한 간통, 마법, 신성 모독, 동성애를 사형으로 처벌하고, 국방부가 연방정부를 차지하며, 교육과 사회 복지는 교회가 통제하고, 사회는 성경의 법으로 다스려야 한다고 주장한다. 프로미스 키퍼나 팻 로버트슨뿐만 아니라, 조지 부시 전 대통령, 공화당 정치인 톰 딜레이*Tom Delay*, 민주당 정치인 젤 밀러*Zell Miller* 등 토니 에번스와 가까운 영향력 있는 정치인들이 이러한 지배주의 *dominionism*•를 따르고 있다.

에번스는 "세속적인 인도주의"에 박혀 있는 악령의 힘과 싸우고, 신을 두려워하는 기독교 국가를 만들기 위해 신이 이런 사람을 선택한다고 주장한다. 팻 로버트슨은 "우리의 목표는 사회를 지배하는 힘을 확보하는 것"이라고 말한다. 많은 기독교 학교와 홈스쿨링에 사용되는 교과서에는 "성경을 믿는 기독교인이 지배권을 쟁취해야 한다는 성경의 요구가 있다"고 적혀 있다. 예수는 복수하러 온 이로 묘사되고, 예수가 몸소 보여준 로마 제국에 대한 저항과 사랑, 용서, 연민을 향한 메시지는 기독교 제국을 세우고자 하는 움직임 속에서 사실상 잊힌다. 재건주의 운동은 경제

• 　정치 행위를 통해 민간정부에 대한 영향력이나 지배력을 추구하는 미국 보수적 기독교 인들의 사상.

적으로 어려움을 겪고 있는 중하위 계층의 마음을 흔든다. 이에 대해 애덤스의 제자이자 퓰리처상을 받은 언론인 크리스 헤지스*Chris Hedges*는 "일자리는 없고, 의료 서비스는 부족하고, 교육 기회도 보잘것없기 때문"이라고 말한다. "예수에게 씌운 복수를 위한 전사 이미지는 소외된 이들에게 복수에 대한 희망을 준다. 그들의 분노에 정당성을 부여하고 세상에 대한 피해망상을 기괴한 음모론으로 유지하며 부추긴다. UN과 그 외 국제조직에 격렬히 반대하는 팻 로버트슨의《새로운 세계 질서*The New World Order*》에 그런 모습이 많이 드러난다."[7] 히틀러도 권리를 박탈당해 분노한 노동자 계층을 등에 업고 자신의 정치적 입지를 마련했다. 기괴한 종말론 소설 시리즈인《남겨진 사람들*The Left Behind*》(영화화되기도 했다)은 몇 년 만에 6천만 권 이상 팔렸다. 현재 미국인의 영혼에 심각한 일이 벌어지고 있음을 경고하는 불길한 현상이다. 이 소설에서 예수는 성스러운 전쟁을 전파하고 수백만 비非신도의 내장을 끄집어낸다. 세계적인 핵전쟁 이후에 폭압적인 구세주가 등장해 재림과 심판의 날이 올 것이라고 주장한다.

재건주의 운동의 반과학주의는 악명 높다. 이들은 진화라는 과학적 사실을 받아들이지 않으며, 어떤 인구 집단이든 8~10%는 동성애자라는 사실을 부인한다. 히틀러도 1933년에 권력을 잡은 지 며칠 되지 않아 모든 동성애 단체를 금지했다. 허울만 좋은 '가치*value*'라는 단어는 동성애자를 공격하라는 의미를 숨긴 암호로 사용되며, 환경, 전쟁과 평화, 경제, 인종과 성에 대한 정의 같은 더 깊은 '가치'에 대한 질문을 흩뜨린다.

우파 운동은 남자다움에 관한 메시지와 전사에 대한 관념을 왜곡시킨다. 동성애자와 해방된 여성 때문에 남성이 혼란을 겪고 있다고 말한다. 헤지스*Hedges*의 말처럼 "이 운동에는 남성성에 대한 광신적 숭배가 만연해 있다. 이 운동에 참여하는 이들은 페미니즘과 동성애가 미국 남성의 신체와 정신을 무력하게 만들었다고 주장한다." 헤지스는 기독교 우파의 광신과 폭력적 이념을 감안하면 "이들과의 논쟁은 무의미하다"고 말한다. "그들은 우리의 말이 들리지 않는다. 대화를 원하지도 않고 합리적인 생각과 토론에 관심도 없다."[8] 헤지스는 안일함이 가장 큰 위험이라 믿는다. 소설가 싱클레어 루이스*Sinclair Lewis*가 던진 경고가 떠오른다. "파시즘은 십자가를 들고 미국에 올 것이다."

영적 전사의 원형에도 어두운 면은 있다. 그래서 우리는 해야 할 일을 진지하게 받아들이고, 정의와 사랑을 증오로 대체하거나 입맛대로 바꾸는 세력과 전사의 방식으로 싸워야 한다. 진정한 영적 전사들이 다 함께 일어나 현재의 위기에서 지구를 구하고 지구 온난화에 맞서 전쟁을 벌인다면 얼마나 멋질까? '세속주의*secularism*' 대신 가난과 전쟁을 벌인다면? 세계 제일의 경제 국가인 미국에서 8명 중 1명(미국인 3,700만 명)이 빈곤에 허덕이고 있다. 그중 많은 수가 아이들이며, 흑인은 4명 중 1명이 가난한 삶을 산다. 의료 혜택을 받지 못하는 국민이 4,600만 명 이상이다. 이런 사실이 진정한 전사가 나서야 할 전쟁이 많음을 보여준다. 무엇을 기다리고 있는가?

존 컨저: 전사 돈키호테와 오디세우스에 관해서

우리 시대에도 영적 전사는 많다. 앞서 벅 고스트호스와 반테 다르마와라 등 몇몇 전사를 소개하기도 했다. 우리는 삶에서 영적 전사를 알아보고 그들에게 의지할 수 있다. 그들은 진정한 남자다움과 신성한 남성성이 다시 출현하도록 이끌고, 우리 내면에서 전사가 자라게 도울 것이다.

　나는 문학과 신화 속 전사인 돈키호테와 오디세우스(율리시스)를 깊이 살펴보며 영적 전사에 관한 논의를 마무리하고자 한다. 특히 건강한 남성성을 이해할 때, 이들이 하는 중요한 역할에 대해 심리학자 존 컨저가 하는 말에 귀 기울이기를 바란다.

　나는 익살맞은 돈키호테가 중요한 남성의 원형이라고 생각했다. 나에게 돈키호테는 성경의 선지자 요나처럼 (자기도 모르게) 전사라는 개념을 우스꽝스럽게 묘사하는 인물이다. 지혜가 춤을 추려면 어리석음이라는 상대가 있어야 하듯, 전사도 진지하면서 유머 감각을 잃지 않아야 한다. 유머 감각은 돈키호테가 가진 뛰어난 재능이다. 그는 풍차를 사나운 거인이라 착각하고 돌격하지만, 미래의 전사와 선지자들에게 자신을 낮추라고도 가르쳐준다. 광신도와 전사 혹은 선지자의 차이는 자신의 능력이나 이해력이 가진 한계를 인정하고 자신을 낮추는 유머를 구사하는 데 있다. 오늘날 세상에는 거짓 선지자와 거짓 전사인 광신도가 많고, 그들의 믿음은 무섭기까지 하다. 돈키호테가 시대를 넘어 인기를 누리는 이유는 문자 그대로의 해석, 극단주의, 집착이라는 잘못과 어리석음을 깨닫고 확인하게끔 도와주기 때문이다. 돈키호테는 곧이곧대로 받아들이는 사람으로, 기사들에 관한 책을 읽고 그들에게 푹 빠져버린다. 기사들이 하는 모든 말을 진리라고 믿는다. 이런 면에서 그는 성경을 포함해 모든 말을 있는 그대로 해석하는 사람들을 안심시키는 듯하면서 놀린다. 사실 우리에게도 돈키호테와 같은 광신과 어리석음이 있다. 각자의 내면에 예수와 부처의 마음, 진정한 영적 전사가 있는 것처럼, 돈키호테도 있지 않을까? 그렇다면 우리는 웃음과 모순에 열려 있기를 바라게 된다. 그런 점에서 돈키호테는 우리에게 도움을 준다.

결국 돈키호테도 수렵채집인이다. 그는 풍차든 성직자로 위장한 기사로 보이는 인물이든, 실제 혹은 상상의 적을 찾아다닌다. 그는 싸울 거리를 찾느라 바쁘다. 그런데 언제나 자신의 '명예'를 지키는데, 이는 '수치심'이라는 아픔을 피하기 위한 매우 남성적인 정신이다. 이로써 돈키호테는 우리가 가장 좋아하는 반反영웅, 반선지자, 반전사, 반수렵채집인이 된다. 이는 남자들을 건강하게 만드는 훌륭한 약이다. 존 컨저는 돈키호테라는 인물이 다루는 남자 내면의 수치심과 분노에 대해 다음과 같이 말한다.

컨저: 수치심은 자아, 원초적인 자아, 자기 인식, 자의식의 발달과 관련이 있습니다. 수치심이 그 중심에 있지요. 공격성과 공격성을 다루는 방법도 남성성의 핵심이지만 수치심 역시 그렇습니다. 돈키호테가 살던 시절에는 남자가 되려면 명예를 지켜야 했습니다. 《돈키호테》는 아주 익살스럽게 수치심의 정곡을 찌른 정교한 이야기입니다. 저는 학생들에게 위험을 감수하라고 격려하면서 '수치심을 겪지 않는 성장은 없다'고 강조합니다. 수치심은 자기 인식과 관련이 있지요. 사람은 자신을 들여다보고 "내가 이런 짓을 했다니!" 하고 수치심을 느낍니다. 수치심은 양날의 검이어서 자아를 공격할 수도 있습니다. 자신을 끔찍하다고 느끼게 되기 때문이에요. 이때 자아가 약하다면 파괴될 수도 있지요. 그래서 남자는 공격성뿐만 아니라 수치심도 관리해야 합니다.

우리는 쉽게 치욕을 느낍니다. 옛날에는 무슨 수를 써서라도 자신의 명예를 지켜야 하니까 사람들이 결투를 벌였을 거예요. 수치심을 다루기에는 너무 경직된 접근법 같지만, 수치심을 처리하는 방법을 알아내는 것은 성장 과정의 일부입니다. 특히 남성은 수치심과 공격성을 숨기거나 포기하지 않고 잘 다루는 방법을 배워야 하므로, 남자가 되는 것은 특히 어렵지요. 공격성이 있다면, 안전한 남자 즉 누구도 위협하거나 겁주지 않는 남자가 되어야 한다는 압박이 커집니다. 이런 남자는 조금은 여성스러운 남자로 여자에게 위협이 되지는 않을 겁니다. 그러나 여성이 좋아하는 남성은 오히려 힘센 사람, 자신을 지켜줄 수 있는 사람입니다. 즉 의지할 수 있는 사람이지요. 안전한 남자는 여성을 동등한 지위로 보는 대신 어머니처럼 의지하는 경향이 있습니다.

셰익스피어와 같은 시대에 살았던 세르반테스는 놀랄 만큼 거친 삶을 살다가 스페인에서 결투를 벌이고 그 나라를 떠나야 했어요. 이탈리아로 떠났다가 해적에게 붙잡혀 터키인들과 함께 산 적도 있지요. 그는 다양한 직업을 가졌어요. 돈키호테는 자신을 본떠 만든 인물이에요. 그 자신도 매우 복잡한 사람이었죠. 그런데 그 작품에서 가장 놀라운 것은 화자가 아주 박식하고, 냉소적이며, 명랑하고, 교양 있는, 글을 잘 쓰는 사람이고, 소설 속에서 마치 한 명의 등장인물처럼 드러나는 점입니다.

저는 정신분석가니까 정신질환을 많이 연구했는데, 《돈키호테》는 정신착란 증세를 정말 잘 묘사한 작품이에요. 정신질환자는 보통 적대적이며 내면에 분노가 많은데, 돈키호테도 발끈하는 성격으로 즉시 모든 것을 비틀어 생각해놓고 분개하지요. 그는 사실 막을 수도 없을 만큼 사나워요. 그에게 필사적으로 피하고 싶은 수치심이 있는 겁니다. 그는 자신의 명예를 지키고 있어요. 그는 가정부와 스무 살짜리 조카와 함께 사는, 명랑하고 세련되며 도시적인 노신사로 묘사됩니다. 극단적인 한계를 가지고 살아가지만, 또 못하는 일은 없습니다. 그는 소설을 읽다가 자신의 환상 속에 하나의 세상을 만들고 그 속에서 기사가 됩니다. 한계를 뚫고 자신의 힘을 펼치지요.

돈키호테는 성직자들을 마차를 끌고 다니며 거들먹거리는 중산층 부자라고 생각했습니다. 그리고 기사로 보고 싸움을 걸지요. 이때 한 명은 도망가고 나머지는 맞습니다. 그들은 비겁합니다. 반면 같은 상황에서 운송업자들은 실제 싸움을 벌입니다. 수치심에 접근하는 다른 방법이지요.

그러니까 세르반테스 작품을 만나면 명예와 수치심에 관한 이런 재미를 얻을 수 있습니다. 돈키호테는 깨지고 굴욕을 당하지만, 상심하지 않습니다. 그는 귀족 역할, 귀족 연기를 하면서 수치심을 거부합니다. 그를 구하는 것은 친구들이죠. 친구 한 명이 기사처럼 차려입고 돈키호테에게 몇 번이나 결투를 신청한 끝에, 자신이 이기면 요청을 들어달라고 요구합니다. 결국 기사 옷을 입은 친구가 돈키호테를 이기고, 집으로 돌아가 그대로 머무를 것을 요구하지요. 우정이 그를 위기에서 구한 겁니다. 돈키호테가 망상에서 깨어난 것은 자신의 죽음 앞에서였어요.

나: 예수는 수치심을 어떻게 대했습니까?

컨저: 예수는 인간의 영혼에 담긴 수치심의 화신입니다. 신이 수치심 속에 존재하는 것과 같지요.

나: 수치심을 아주 중요하게 여기는군요.

컨저: 네. 수치심은 깨지는 과정이에요. 그것은 발전으로 이어지지요. 저는 이것을 심리적 진보나 발전으로 봅니다. 자아에서 분리된 자아, 견디고 죽지 않는 자아를 가지는 것이니까요. 인간은 명예를 지키기 위해 애쓰지요. 바리새인도 명예롭게 십일조를 바쳤고, 모든 자부심과 명예를 가졌습니다. 하지만 그리 크게 성장하지 못합니다. 깨진 적이 없거든요. 궁극적인 혁명가인 예수는 그들을 아끼며 이렇게 말하지요. "모든 재산을 나누어 주고 나를 따르라." 하지만 그들은 그러지 못하죠. 가진 게 너무 많으니까요. 그러자 예수는 낙타가 바늘구멍을 지나는 것보다 부자가 천국에 들어가는 것이 더 어렵다고 말합니다. 우리 자아에는 잃지 않으려고 깨지

지 않으려고 악착같이 싸우는 어떤 것이 있는데, 예수는 죽음 이후에 삶이 있다는, 즉 깨진 후에 심리적인 삶이 존재한다는 심오한 통찰을 전합니다. 그것이 영혼의 삶이지요.

나: 조지프 재스트랩도 "어려운 개념이지만 전사의 심장은 승리가 아니라 패배에서 얻는다"고 말했습니다.[9] 예수는 공격성은 어떻게 다뤘습니까?

컨저: 아주 능숙하게 다뤘습니다. 공격을 두려워하지 않았다는 말이에요. 그의 주변엔 늘 공격이 도사리고 있었습니다. 질문으로 도전받았는데, 그는 오디세우스 같았습니다. 그는 바리새인들이 어떤 식으로 나올지 알고, 그들을 화나게 하면서 대답할 줄 아는 사람으로 묘사됩니다. 죽기 원하는 사람이 아니라 죽기 싫어하는 사람으로 그려지지요. 하지만 자신에게 주어진 길을 걷고, 친구들의 배반에 몹시 상심합니다.

저는 세례요한이 공격성의 진정한 상징이라 생각합니다. 그는 반항적이고 약간 무법자거든요. 도시에 살지도 않고 외딴 황야에 있는 좀 거친 사람이지요. 게다가 하느님의 왕국이 곧 올 것이며 모든 것이 파괴될 것이라 주장합니다. 그는 유대인들이 로마의 폭군에 저항하며 품은 모든 분노를 담아 세상의 종말에 관한 이야기로 표현합니다. 그래서 저는 그것이 매우 위험한 시대에 관한 이야기라고 생각합니다.

나: 우리 시대와 비슷한 것 같군요. 오디세우스는 이런 상황을 헤쳐 나가는 것에 관해 어떤 이야기를 들려줍니까?

컨저: 저는 지금이 변화가 일어나고 있는 위험한 세상이라 생각합니다. 《평평한 세상The World is Flat》에서 작가는 최근 7년간 있었던 급격한 변화에 대해 이야기합니다. 어떻게 당신은 안전한 자아, 사라지지 않는 자아를 가지고 있나요? 《오디세이Odyssey》의 주제와 같지요. 그러나 《오디세이》

는 신이 존재하는 세상입니다.

저는《오디세이》를 좋아했습니다. 감성적 실재감, 위험한 세상에서 살아남는 방법에 관한 이야기이기 때문입니다. 그것이 제가 세상을 경험하는 방식인데,《오디세이》는 바로 그 점을 지적하지요. 오디세우스는 남성에 대한 놀라운 원형인데,《오디세이》의 도입부에서 제우스가 "나는 오디세우스가 누구인지 안다. 그는 거의 우리와 가까운 존재다"라고 말합니다. 그러나 오디세우스는 결국 남자인 인간에 불과해 여신 칼립소와 함께 섬에 갇히지요. 그녀는 오디세우스를 남편으로 삼기를 바라면서 신으로 만들어 주겠다고 약속하지만, 그는 원하지 않습니다. 그는 그녀와 성관계를 갖지만, 그의 머릿속에는 온통 고향 이타카로 돌아가 아내 페넬로페 곁에 있을 생각뿐이지요. 어머니와 아버지도 그곳에 있다고 알고 있죠. 흥미로운 점은 그곳은 신의 기분이 인간을 좌우하는 신의 세상인데,《오디세이》는 우리에게 인간으로 남는 것이 훨씬 더 좋다고 말합니다. 신이 되는 것이 나아 보일지 몰라도 신은 상실을 경험할 수 없거든요. 죽지 않는 신이므로 심오한 감정이 없습니다. 신들은 옹졸하고, 시기하고, 화를 내는 등 매우 원시적이고 미숙하지만, 오디세우스는 내면의 세계를 가지고 있지요. 신은 이상한 방식으로 인간과 사랑에 빠지고, 심심해서 인간과 성관계를 맺습니다. 삶을 유지하는 게 지루하기 때문이에요.

나: 그래서 오디세우스가 남자가 되는 것과 남자들의 인간관계를 상징하는 거군요.

컨저:《오디세이》첫 부분에서 오디세우스는 절대 당황하지 않는다고 말합니다. 그는 남성의 자신감을 상징하죠. 칼립소는 그에게 떠날 것을 허락하지만, 오디세우스는 이를 자기를 위험하게 하려는 계략이라고 의심합니다. 그녀는 명랑하게 "오디세우스, 당신은 워낙 빈틈이 없어서 모르는

속임수가 없죠"라고 말합니다. 그는 "신의 이름으로 맹세하라"고 요구하고 그녀는 이를 따르지요. 그는 견문이 넓어서 남자의 마음을 잘 압니다. 상실을 애도하고 슬퍼할 수 있으며 또한 자부심도 가지는 매우 능력 있는 자아의 표상입니다. 그가 겪는 수치심은 외부적인 것입니다. 그의 내면은 수치심을 느끼지 않고 명예를 유지하려고 노력합니다. 수치심은 그도 어쩌지 못하는 가족의 압력과 관련이 있습니다. 그가 사는 세상 이야기가 매력적인 이유는 세상 속에서 준비되지 않은 채 위험한 상태에 놓여 있지만 어떤 용기를 보여주기 때문입니다. 거기에서 운명이 생겨나지요. 포세이돈은 그가 폴리페모스의 눈을 찌르자 분노합니다. 그가 저지른 단 한 번의 실수에 식인거인 키클롭스들은 그를 동굴에 가두고 부하를 하나씩 잡아먹습니다. 오디세우스가 그의 눈을 뽑자 묻습니다. "너는 누구냐?" 오디세우스는 "나에게는 이름이 없다. 나는 아무도 아니다"라고 답합니다. 배를 타고 빠져나오면서 그는 키클롭스를 조롱합니다.

우리 가운데 영적 전사의 사례는 많고 여기서 다룬 것은 극히 일부다. 모든 시련은 우리에게 가르침을 전하고 진정한 남자다움을 일으켜, 신성한 남성성이 나타나도록 이끌 것이다. 하지만 우리 가운데 거짓 선지자와 잘못된 영적 전사가 있으니 내면에서 전사의 자격을 기를 때조차 계속 경계해야 한다.

6장.	남성의 섹슈얼리티,
	신비한 섹슈얼리티

1장에서 다루었듯이, 근대에 일어난 하늘의 세속화는 남성의 인식과 감수성에 영향을 미쳤다. 우주에 대한 우리의 인식이 둔화되면서 나머지 본성과 함께 섹슈얼리티*도 세속화되었다. 종교도 이에 굴복해 성이 가진 신비함을 잊어버리고, 엿보기나 즐기는 신을 대신해 성에 대해 꾸짖는 연설을 늘어놓는 역할에 만족하게 되었다. 성직자들은 벌을 주고 죄책감을 일으키는 하느님 아버지 역할을 맡게 돼 행복해했다. 건서 웨일*Gunther Weil* 박사에 따르면 "서양의 제도화된 종교 전통은 성적 본능을 근본적으로 억

•   섹스*sex*가 직접적인 성행위를 뜻하는 반면, 섹슈얼리티*sexuality*는 '성적인 것 전체'를 가리킨다. 즉, 성행위, 성적 욕망, 이데올로기, 제도나 관습에 의해 규정되는 사회적 요소들까지 포함한다.

압하고 왜곡했으며, 개인과 사회에 다양한 병적 상황을 일으켰다. 종교의 영적 기반에서 섹슈얼리티를 사실상 삭제해버렸다."[1]

수도승 비드 그리피스Bede Griffiths도 이 사실을 정확히 알았다. 그는 세상을 떠나기 직전 섹슈얼리티는 몹시 중요하므로 그것을 거룩하게 상징할 수 있는 의식을 만들어 마땅한 예를 갖춰야 한다고 주장했다. 하지만 오늘날 많은 남자 그리고 사회 전반이 자신의 섹슈얼리티를 영광스럽게 여기지도 존중하지도 않고, 그것의 신비한 차원을 탐구하지도 않아서, 섹슈얼리티가 가진 진정한 신비를 찬양할 수 없다. 동서양의 오래된 영적 전통이 우리가 이 일을 해내는 데 도움을 줄 수 있다.

섹슈얼리티에는 거룩한 개념이 담겨 있다. 과거에는 그 거룩함이 성행위와 성행위가 상징하는 모든 것을 바르게 이해하는 근거가 되었다. 남성의 성기에는 '신성한' 차원이 존재한다.

우리는 이런 진실에서 얼마나 동떨어져 있는가? 도교 승려 만탁 치아Mantak Chia는《도교가 말하는 사랑의 비밀: 남자의 성 에너지 계발Taoist Secrets of Love: Cultivating Male Sexual Energy》에서 "거의 모든 사람에게 성행위 경험은 종교적인 경험보다 더 강력하다"고 지적한다. 하지만 종교는 성행위에서 영적인 힘을 캐내기보다는 그것을 통제하는 데 열중인 것 같다. 치아는 "기독교, 유대교, 이슬람교 등 많은 현대 종교 지도자가 자신의 종교 의식에 있는 성적인 힘과 영적인 힘을 이어주는 고리를 잊었다"며 안타까워했다. "성행위를 거룩한 것으로 받아들이면 사회에서 종교의 역할이 새로운 활력을 얻을 것이고, 평범한 인간관계에서도 종교가 더 중요한 의미를 띨 것이다." 많은 부분이 입에서 입으로 전해진 고대 도교 전통을 실천하는 치아는, 남자들이 자기 정액을 통제하는 법을 배우면 강력한 활력과 균형의 근원에 다시 닿을 수 있다고 믿는다. "성기가 가지는 힘의 기반은 정액을 유지하는 데 있다. 생명력은 아래로 내려와 고환으로 들어오고 그곳을 놀라운 활력으로 채운다." 이 능력을 기르지 않으면 큰 잠재적인 힘을 낭비하게 된다. "은밀히 전해지는 기氣를 쌓는 수행은 하지 않고 상대와 성적인 사랑만 나누면, 자신을 변화시키는 길에 이르지 못한다."[2]

|

신성한 섹슈얼리티에 대한 은유들

섹슈얼리티는 생식력과 창조력, 열정, 자녀를 가지려는 바람, 자유, 황홀감, 재미, 몸부림, 기쁨, 다른 사람과의 교감, 심지어 신과의 교감을 상징한다. 이 모든 맥락에서 우리의 성기는 욕망과 연결, 창조에 대한 초월적인 은유가 된다.

성경은 〈아가서〉 전체를 들여 이 진리를 알렸다. 또 오래된 힌두교 사원이 있는 엘레판타 동굴에는 세상을 창조하고 파괴하는 신 시바의 거대한 남근상(링감lingam)이 있다. 심리학자 로버트 무어는 "이 남근상이 생명력으로 가득하고 오늘날까지도 신도들에게 강한 힘을 발휘해, 순례자들의 노래와 기도 소리가 밤낮없이 동굴 사원을 가득 메운다"고 말했다. "숭배자들은 신성한 남성성의 생생한 묘사에 완전히 매혹되어, 조용히 '예'라고 응답한다."[3] 인도 코나라크와 카주라호에 있는 힌두교 사원들도 섹슈얼리티와 사랑의 기술을 찬양한다. 야릇한 느낌을 부추기는 것이 아니라 우주의 신화, 즉 남성과 여성의 결합이 우주의 탄생의 중심에 있고, 인식 자체로서 우리 존재의 (제2차크라가 위치한) 한가운데에 있음을 상징한 것이다. 이 사원에 묘사된 연인들의 얼굴에는 기쁨이 가득하다.

인류학자 미르체아 엘리아데는 섹슈얼리티의 의미를 "자아를 넘어선 어떤 것, 즉 신성함을 인간에게 드러내는 것"이라 결론 내린다. 유진 모닉은 인도 사원에서처럼 남근에 매혹될 때 고귀한 목적이 달성된다고 지적하며, "매혹은 근본적인 호기심, 끌어들이는 힘, 평범한 사람을 신비한 존재로 바꾸는 힘"이라고 설명한다. "이것들은 종교적 경험의 특징이다. 매혹은 영혼의 맞물림이다."[4]

캄보디아의 앙코르 사원과 프레아 칸의 성스러운 장소에는 남근상을 비롯해 섹슈얼리티의 신성함을 찬양하는 상징이 가득하다. 아프리카 말리에서는 이슬람 지도자를 위한 집 지붕에 반드시 남근상을 배치한다. '청년 남성의 집'도 "53개의 남근상을 뽐낸다. 보통 이 집들이 마을에서 가장 크고 화려하게 치장된 건물이다."[5] 이 건물은 학교와 친목회의 기능을 동시에 하는데, 진실을 절대 말하지 않는 거짓말쟁이나 장난꾸러기 같은 성인 남성이 이를 감독한다. 엘리아데는 "현대를 제외하면 섹슈얼리티는 언제 어디서나 거룩함이 육체로 표현된 것이었다"고 말한다. "성적인 것은 통합적 행위이자 지식의 수단이었다."[6] 카를 융도 "남근은 생명과 욕망의 원천, 기적의 창조자이자 행위자로서 모든 곳에서 숭배되었다"고 언급했다.

인도에서 아프리카, 태평양의 섬에서 캐나다에 이르는 전 세계 문화에서 인류는 남근과 남근의 힘을 사원과 그림, 조각에 표현하며 찬양했다. 심지어 샤르트르 대성당에도 환하게 웃으며 자위하고 있는 조각상이 있다. 사진작가 클라이브 힉스가 성당 꼭대기에 숨겨진 이 조각상을 발견했는데, 왜 숨겨졌는지에 주목해야 한다. 서양에는 성행위를 신성하게 묘사하는 예술 작품이 동양보다 훨씬 적다. 서양 문화는 아우구스티누스와 플라톤의 영향을 크게 받아 섹슈얼리티를 결코 영적이지 않은 것으로 여기기 때문이다. 서양 문화는 성행위를 신성함보다 수치심에 연결하는 편이다.

섹슈얼리티와 수치심: 서양의 유산

남자가 가진 수치심 중 얼마나 많은 부분이 성을 수치심으로 연결 지은 가르침 때문에 생겨날까? 만탁 치아는 도교 전통에 따르면 여성이 남성보다 섹슈얼리티를 더 편하게 느끼며, 남성이 자신의 섹슈얼리티의 영적이고 심오한 차원에 뿌리내리지 못할 때 여성을 지배하려 드는 것이라고 말한다. 그는 서양에 비만이 만연한 이유도 성적 기반이 부족해서라고 생각한다. "성적 좌절을 겪은 사람은 음식으로 이를 해소하려 든다. 음식이 가장 찾기 쉬운 대체물이기 때문이다. 성 에너지의 불균형이 비만의 주요 원인으로 꼽히고 있다."[7]

리안 아이슬러는 《신성한 쾌락: 성, 신화, 그리고 신체의 정치학*Sacred Pleasure: Sex, Myth and the Politics of the Body*》에서 서양의 섹슈얼리티가 향하고 있는 잘못된 방향을 제대로 분석했다. 아우구스티누스를 비롯한 많은 성직자가 "랑케 하이네만*Ranke Heinemann*이 쓴 것처럼 '단연코 죄악의 중심은 성'"이라고 선언했다. 그 결과 여성은 "남성에게 위험 요소"로 여겨졌고, (수백만은 아니더라도) 수천 명의 여성이 마녀로 몰려 죽임을 당했다. 어떤 마을에서는 여성 인구가 거의 사라질 정도였다. 이 일로 서양 의학은 큰 타격을 입었다. "그때까지 이교도 여사제들이 전수하던 귀중한 약초와 치료에 관한 지식"이 사라졌기 때문이다. 교회는 섹스를 즐거움이 아닌 "영원한 처벌과 고통"과 관련지었다. 이런 가르침은 남자들이 스스로 여성을 멀리하게 했고, 남성의 지배를 정당화하고 지속하게 했을 뿐만 아니라, 남자를 자기 몸과 감정, 무엇보다 사랑하는 관계를 향한 인간의 욕망과 멀어지게 했다. 지배와 강요, 억압이 관계의 자리를 대신했는데, 이는 정치 세력에 도움이 됐다. "지배적인 사회 집단은 사람들의 신체에 대한 통제를 통해 존속"되기 때문이다. 교회는 성을 끝없이 괴롭히면서 영성을 왜곡한다. 그 과정에서 "섹스를 폭력과 지배와 연관 짓는다."[8]

힌두교 사원들이 보여주듯, 항상 그랬던 것은 아니다. 선사 시대 유적 연구에 따르면, 옛날에는 유럽에서도 섹슈얼리티가 "신성한 것, 종교적 의식, 여신 그 자체와 관련되었다." 이런 "성애를 다룬 신화와 의식들은 여신이 준 생명이라는 선물뿐만 아니라, 여신이 베푼 사랑과 기쁨, 특히 가장 강렬한 육체적 쾌락, 섹스의 즐거움이라는 선물에 대한 기쁨과 감사의 표현이다."[9]

그러나 결국 섹스는 여성을 지배하는 남성의 권력과 연관되었다. "종교 권력은 남자들에게 신체나 성욕은 여성처럼 하류층에 속한 것이라 가르쳤다. 여성뿐만 아니라 신체나 성욕에 관한 모든 것을 통제하는 것이 남자의 의무가 되었다. 남성들은 자기 신체뿐만 아니라 여성과 전쟁을 벌이게 됐고, '성별 전쟁'이라는 말이 생겨났다."[10] 이런 가르침이 "지배자 사고방식"을 키웠다. "지배자 사고방식에서 사랑하는 행위는 '곧' 전쟁을 벌이는 행위다. 결국 남성에게는 '상대에게 승리하는 즐거움'만 남게 된다. 섹스가 배려는커녕 서로에게 주는 즐거움도 아닌 폭압적 지배의 종류가 된다." "종교적 문화유산은 '쾌락에 반대'해왔고, 특히 섹스가 주는 강렬하고 가끔은 황홀한 기쁨을 비난하고 심지어 부정하려 애썼다." 자연이 내린 가장 큰 축복 하나를 훼손하면서 남성과 여성 모두의 영혼에 얼마나 많은 상처를 입혔는가?

서양에서도 남성의 상징으로서 남근을 기념하기는 하는데, 그 방식이 비뚤어졌다. 남근을 "덮개로 싸서" 보관하고, 이름도 제대로 붙이지 않는다. 다른 신체와 신성한 것에게 올리는 경탄이나 영광을 남근에게는 돌리지 않는다. 그 대신 산업과 상업의 우두머리들이 사는 고층 건물로 남근을 우상화한다. 전쟁에서 거둔 승리를 기념하기 위해 세운 수많은 오벨리스크도 이에 해당한다. 그리고 사회가 허용한 방식으로 전쟁놀이를 벌이는 스포츠 경기장은 여성의 성기 모양으로 짓는다. 우리는 이런 상징들을 모른 체하면서, 전쟁과 돈, 정치와 미디어, 스포츠와 사업의 신을 모시는 성과 영혼이 제거된 신전을 짓고 있는지도 모른다. 로버트 무어가 말한 대로 똑바로 선 남성의 성기가 "생명력 그 자체의 상징"이라면, 우리가 그것을 존중하지 않는 이유는 생명보다 돈과 권력, 전쟁, 이익이라는 업적을 더 숭배하기 때문일 것이다. "생명력 그 자체"를 숭배하면 생명애를 앞세우고 중심에 두게 된다. 그러면 죽음을 향한 사랑은 어디로 갈까? 유진 모닉은 이렇게 말했다. "남자의 정신은 남근의 에너지다. 발기하고, 사정하는 것은 정신이다. 정신은 절정을 느끼고 사라진다. 남근은 탈진하고, 남자는 죽음을 살짝 맛본다."[11]

지배적 사고방식은 '위'와 '아래'라는 또 다른 성적 은유 또는 데이비드 데이다*David Deida*가 남성의 섹슈얼리티에 대해 솔직하게 쓴 책《우월한 남자의 방식*The Way of the Superior Man*》에서 언급한 "성적 양극성*sexual polarity*"으로 이어졌다. 오늘날 이성애와 동성애의 성행위에서 열정의 흐름은 보기 어렵다. "기쁨을 주고받는 것 없이, 그저 성기만 문지르기 때문이다."[12] 여기서 핵심은 한 사람이 하나의 역할만 하는 게 아니라는 것이다. 한 가지 역할에 매이지 않기 위해서는 게임 같은 놀이나 상상력이 필요하다. 남성과 여성, 여성과 남성, 남성과 남성, 여성과 여성, 이 모든 관계에서 우리는 경직된 성 정체성에서 벗어나 진정한 '놀이'를 벌일 수 있다. 그러지 않으면 성적 열정은 죽는다. 데이다는 이렇게 말한다. "성행위에서조차 정략적 단조로움을 고집한다면, 성적 매력은 사라질 것이다. 육체적 관계에 대한 욕구뿐만 아니라 관계 자체의 매력이 마르게 된다. '성교의 순간'에 한 명이 남성성의 끝, 다른 한 명이 여성성의 끝의 역할을 기꺼이 맡지 않으면, 사랑과 우정은 여전히 강하게 남아 있을 수 있겠지만, 성의 양극성은 사라진다. 성적인 열정이라는 경기장에서 놀기를 바란다면, 여성성과 남성성의 차이에 활력을 불어넣어야 한다. 사랑에는 이런 차이가 필요 없지만, 달아오른 성적 열정에는 이것이 필요하다."

섹슈얼리티가 가진 많은 이름

섹슈얼리티는 많은 이름으로 불리지만, 대부분 성행위에 집중되어 그 의미가 축소된다. 누군가에게 섹스는 그저 성교, 삽입, 오르가슴, 절정이다. 하지만 이 단어들은 그 경험이나 섹슈얼리티의 지당함을 충분히 담지 못한다. 모든 신비적 경험이 그러하듯 섹슈얼리티도 말로 표현할 수 없기 때문이다. 윌리엄 제임스*William James*가 주장하고 마이스터 에크하르트 같은 신비주의자들이 증명한 대로 섹슈얼리티는 "형언할 수 없다." 섹스라는 행위는 신비롭고, 모든 것을 아우르는 사랑의 본질에 대한 은유이다. 남근상과 성행위를 보여주는 신성한 상징들이 그 사실을 상기시킨다.

연인과 섹슈얼리티의 개념을 확장하기 위해서는, 섹슈얼리티의 경험에서 비롯된 몇 가지 다른 은유를 깊이 생각하고 염두에 두어야 한다.

결합	웃음
교감	기쁨
열정	황홀
연민	비움
하나됨	휴식
출산	안일
즐거움	평화
고통	정원
완수	낙
과거 세대와 연결	약속
미래 세대와 연결	함께 가진 아름다움
축축함	신성한 남성성
호흡	신성한 여성성
정신	사랑
천사의 부러움	치유
망각	화해
기억	용서
죽음	경외
삶	야생
시작	굴복
현재	열림
조상	베풂
신, 부처, 우주적 그리스도	환희
우주	놀이

진화   헌신

희망   생식

창조력

이 단어들은 섹슈얼리티에 대한 은유의 일부이다. 여기에 자신만의 은유를 더할 수 있다. 섹슈얼리티는 우리의 삶과 상상력, 기억의 다양한 영역에 퍼져 있어서, 쉽게 특정 영역에 가두어지지 않으며 더욱이 잊히지도 않는다.

사람들은 섹스를 위해 놀라운 일도 기꺼이 한다. 섹스를 위해서라면 우리의 상상력은 과열 상태에서도 한계를 넘어선다. 우리는 섹스를 위한 수렵채집인이다. 완벽한 짝, 혹은 그냥 짝을 찾으려고 엄청난 정성을 들인다. 섹스도 우리에게 기적을 일으킨다. 우리는 섹스를 통해 잊고, 열중하고, 기억하고, 굴복하고, 축복하고, 저주하고, 배신하고, 속이고, 장난치고, 쉬고, 미소 짓는다. 부모가 되고, 자신이 된다.

|

연인의 깨달음

그렇다. 사실 섹스 자체는 계시에 대한 은유다. 사랑하는 사람이 맞게 될 깨달음 말이다. 그래서 성경은 한 편을 모두 바쳐 성적인 사랑을 신성한 신의 출현과 에덴동산의 회복, 신과 인간의 결혼으로서 찬양했다. 〈아가서〉를 눈여겨봐야 하는 것도, 이것이 섹슈얼리티에 대한 깊은 이해를 통해 섹슈얼리티가 특별하다는 전 세계 종교의 가르침을 일깨우기 때문이다. 섹슈얼리티는 신성하다. 우리 모두를 더한 것보다 크며, 모두에게 꼭 필요하다. 그것은 다른 신성한 존재와 나눌 수 있는 신성한 내면의 힘이다. 섹슈얼리티 안에서 친밀함과 격렬함, 방대함은 하나가 된다. 따라서 섹슈얼리티는 신비한 경험이다. 혹은 자기를 덜어내고 경이로움과 감사하는 마음, 장난스러운 기질로 접근한다면 신비한 경험이 될 수 있다.

데이비드 데이다는 남성이 여성의 아름다움과 관계를 맺는 방식은 "집착, 유희 또는 '계시'로 표현된다"고 말했다.[13] 이는 유대교 랍비 아브라함 헤셸*Abraham Heschel*이 말한 우주 만물에 반응하는 세 가지 방식, 즉 이용하거나, 즐기거나, 경외심으로 받아들이는 것과 일치한다. 섹슈얼리티는 만물의 심오한 부분이다. 진화 과정에서 생겨났다고 볼 수 있다. 섹슈얼리티는 1) 이용 대상, 2) 즐거움의 대상, 3) 경외를 일으키는 주체로 드러난다. 섹슈얼리티가 가진 신성한 의미를 인정하는 것은 세 번째다. 전 세계 영적 전통은 섹슈얼리티의 심오하고 신성한 차원, 즉 계시로서의 섹슈얼리티를 증언해왔다.[14] 12세기 서양에서는 결혼을 성례聖禮로 지정하는 문제를 놓고 치열한 공방을 벌였는데 결국 성례로 인정되었다. 독신 수도승들이 패한 것이다. 사랑을 나누는 것은 우리 가운데 살아 있는 신이 살아 있는 모습으로 함께하는 성례다.

아름다움처럼 환한 빛은 어떤 것이든 그림자를 드리운다. 빛이 밝을수록 그림자는 어둡다. 강간과 학대, 지배와 피지배, 동성애 혐오, 왜곡된 섹슈얼리티가 만든 깊은 절망 등 섹슈얼리티의 어두운 측면은, 사실 건강한 섹슈얼리티와 생식력의 진정한 힘을 또렷이 보여준다. 게이라는 이유로 울타리에 묶여 몬태나 평원의 거센 바람을 밤새 맞으며 외롭게 죽어간 매튜 셰퍼드*Matthew Shepard*를 잊어서는 안 된다. 어떤 여자아이들은 단지 '여자'라는 사실 때문에, 위험에 처하거나 하류 시민이 되거나 성 노예가 된다. 우리가 끌림의 진실을 직시하면, 이런 에너지를 임무를 다하는 데 쓸 수 있다. 데이다는 "남자의 여성을 향한 끌림은 여성을 통한 끌림으로 바뀌어야 한다"고 주장한다.[15] 즉, 경외심을 일으킬 만큼 아름다운 것은 모두 더 큰 어떤 것, 모든 아름다움, 모든 경외, 모든 끌림, 모든 섹슈얼리티의 근원으로 향하는 문이다. 아름다움으로 꽉 찬, 어디에서나 감상할 수 있는 아름다움으로 가는 문이다.

그렇다면 어떻게 바꿀 수 있을까? 데이다가 그 단계를 알려준다. 첫째, 아름다움의 덧없음과 필멸을 인식해야 한다. 아름다움은 영원하지만 아름다운 존재는 죽는다. "여성 숭배에서, 여성이 죽는다는 사실을 잊어서는 안 된다. 감각과 느낌은 금방 사라진다. 여성이 우리를 끌어당겨, 치유하고, 특별한 힘을 발휘하게 할 수는 있지만, 결코 절대적인 만족을 줄 수는 없다. 이 점을 알아야 한다." 둘째, 끌림을 겉모습 너머 "그 여성만이 약속하는 근원"으로 가는 지름길로 사용해야 한다. 궁극적으로 우리는 "겉모습에서 어떤 것도 얻을 필요가 없을 때 가장 행복하다. 바라는 것 없이 그저 자동차를 몰며 스쳐 지나는 나무들을 보는 순간처럼 말이다. 숙면, 오르가슴, 낚시로 보내는 하루, 갓난아이의 눈을 들여다보는 것과 같은 일들이 우리를 느긋하게 하고, 그런 시간이 충분해지면 우리가 추구하는 것을 이미 가졌다는 사실을 깨닫게 된다. 즉, 겉모습이 약속하는 것이 본질적으로 행복한 본성의 계시라는 사실을 깨닫게 된다."[16]

이런 경험을 불교에서는 "깊숙이 내재된 본질적 행복", 나는 "근본적인 축복", 마이스터 에크하르트는 "평온"이라고 부르는데, 우리는 이미 이것을 가졌다. 우리가 아름다움의 '대상'에 매달리지 않는다면, 모든 아름다움은 우리를 그곳으로 이끌 것이다. 그러려면 욕망의 '상대'를 대상이 아닌 주체로 여겨야 한다. 욕망의 주체는 함께 놀 수 있는 사람, 동등한 사람,

우리가 만족을 주려는 사람이지, 우리를 즐겁게 하려고 있는 사람이 아니다. 상호성은 중요하다.

그러면 주체-객체 관계 대신 주체-주체 관계가 형성되고, 많은 것이 공유된다. 이것이 실현될 때 불교에서는 불성Buddha Nature, 유대교에서는 지혜Wisdom, 기독교에서는 우주적 그리스도Cosmic Christ라고 부르는 주체들의 이야기로 들어설 수 있다. 사도 바울이 말한 "하늘과 땅에 있는 모든 것을 함께" 묶는 것은 (인간 본성을 포함한) 본성에 존재하는 바로 그 힘이다. 데이다는 이렇게 말한다. "갈망은 진정한 일체감으로 들어서는 문이 될 수 있다. 깊이 하나가 될 때 비로소 사랑을 알게 된다. 여성은 진정한 본성으로 우리를 이끄는 것 같기도 하고, 진정한 본성에서 멀어지게 하는 것처럼 보이기도 한다. 겉모습과 여자의 매 순간은 유희, 집착 또는 계시일 수 있다. 가슴, 엉덩이, 재산, 명성과 같은 유희에 주목하고, 그런 유희를 관통해 느끼면서 일체감이 주는 깨달음을 실천하라. 여성을 통해 깊은 곳으로 조심스럽게 들어가라."[17] 이것이 신비의 언어, 신과 인간 영혼이 하나되는unio mystica 언어다. 이는 현명하고 당연하다. 연인은 사랑이 끝없이 깊어지기를 원한다.

데이다는 욕정을 느끼라고 우리를 격려한다. "욕정이 실제로 무엇인지 전체적으로 느껴라. 당신의 욕정은 그 여성과 하나가 되고, 가능한 한 깊이 침투하고, 그녀의 달콤한 빛을 당신의 남성적인 영혼을 먹일 밝은 음식으로 받아들이려는 갈망이다. 또한 당신의 특별한 능력을 폭발시켜 둘 다 자아를 뛰어넘어 해방될 수 있도록 자신을 잃으면서 온전한 자신을 그녀에게 주고자 하는 갈망이다." 또한 데이다는 자신의 에너지에 성적인 색을 입히는 것이 섹스라는 행위에만 제한되어서는 안 되고, 세상과 자신과의 관계의 본질이 되어야 한다고 말한다. "이런 베풂은 성에 굴복하는 순간이 아니라 삶의 기반이 될 수 있다. 어떤 여성에게든지 성적 욕망을 느낀다면, 심호흡을 통해 그 느낌을 키워야 한다. 그 에너지를 머리나 성기에 가두지 말고 몸 전체에 흐르도록 해야 한다. 호흡을 순환의 도구로 사용해 달아오른 에너지를 모든 세포에 흠뻑 적셔야 한다. 그 에너지를 심장으로 들이마시고, 그것이 심장에서 빠져나가는 것을 느끼면서 세상을 연인인 것처럼 느껴야 한다."[18]

조지프 재스트랩 또한 섹슈얼리티와 우주를 연관 지으면서 "에로스 Eros와의 성숙한 관계가 신성한 남성성을 회복하는 근본이 된다"고 말했다. "에로스는 전 우주에 내재된 교감을 향한 열망이다. 신성함은 그런 교감이나 결합을 겪는 것 또는 그 자체가 되는 것을 의미한다. 신성한 성적 erotic 감성은 '육체를 통해서' 온 우주와 사랑하는 관계를 확립하는 것이 핵심이다."[19] 약 10억 년 전, 섹스와 섹슈얼리티를 발명한 우주가 그렇게 못할 것도 없다.

정액

남성의 섹슈얼리티에는 남자가 만들어내는 독특한 작품인 정액이 포함된다. 사춘기 때 배운 대로 정액은 인류의 번식을 위해 필요한 생물학적 물질이다. 정상적인 남자는 "평생 1조의 생명을 낳을 만큼 많은 정액을 분출한다."[20] 만탁 치아는 우리 몸이 "엄청난 정신적 에너지 저장고"를 품고 있다고 감탄한다. 전 세계 많은 곳에 있는 남근상을 모신 사원들이 보여주듯, 정액의 전달 체계는 놀랍고 매혹적이다. 그런데 한 가지 질문이 생긴다. 정액도 은유일까, 아니면 말 그대로 섹슈얼리티의 선물일까? 정액은 무엇일까?

최근에 주로 남자들로 이루어진 한 모임에서 이 질문을 던지고, 5~7분 안에 떠오르는 대로 간단히 답을 적어보라고 했다. 감동을 안겨준 시적인 답변이 많이 나왔는데, 그중 일부는 다음과 같다.

정액은 우주가 벌이는 탄생의 움직임에서 사랑 속 절정의 메아리와 함께 나온다. 혼돈의 에너지가 새로운 생명의 가능성을 가지고 춤추듯 우주로 분출된다. 처음부터 특별한 것이 담겨 있지만, 인간의 형태를 띠기 전에는 특별하지 않으며 다시는 '오지' 않는다.

정액(절반의 생명체)은 가끔 난자에 붙어야 하므로, 끈적하고 부드러우며 장난스럽고 축축하다. 또는 그저 다른 것에 붙기를 바란다. 그것은 축복받은 신체의 술이다. 꿈틀거리고 뛰어다니는 용맹한 전사가 찾는 요정의 포도주. 그것은 집을 찾아 환영받기 위해 들어온다. 집으로 온 것을 환영한다. 집으로 잘 왔어!

정액은 생명을 향한 찬양이다. 따뜻하고 촉촉하고 고귀하다. 배출되기를 갈망한다. 씨름과 놀이의 절정이다. 밖으로 나오는 순간 안으로 들어오고, 생명을 주는 순간 받는다. 의지와 상상력을 통해 나타나며, 자신만의 고유한 향과 맛과 질감을 가진다.

정액은 생명을 일으키는 원동력,
신성한 대양의 물방울,

성행위의 열기에서 쏟아지는 빗방울,

첫날밤을 치른 에로스의 달콤한 탄환.

정액은 신과 함께 공동 창조의 역할을 맡은 남자들이 가져다주는 선물이다. 그 속에 새로운 생명을 만드는 역사와 계획과 특징이 있다. 정액이 없으면 '인류'는 이어질 수 없다. 사랑과 성적인 교감으로 생산되는 과즙이며, 상대에게 아낌없이 몰입한 남자의 몸이다.

정액은 자주 해체되고 포장되어 그것을 만드는 남자와 남자다움에서 분리되는—삶이라는 교향곡의 필수요소인— 성적 신비이다. 정자은행, 복제, 의도적인 미혼모, 순간적인 쾌락을 넘어선 경이로움을 이해하지 못하거나 가치 있게 여기지 않는 남자들, 구애, 정액을 생산하는 남자다움의 가치를 제대로 이해하지 못하는 어머니들처럼.

정액은 무엇일까? 끊임없이 인류를 공동창조하기 위해 내가 들이는 노력. 다른 이와 함께 자신을 축하할 때 표현되는 생명에 대한 절실한 열정이 드러난 것. 나를 유전적, 원형적 과거와 이어주는 고리. 내 안에서 그리고 나를 통해 우주 곳곳에서 창조를 행하고 있으며 창조 자체인 신의 황홀함을 맛볼 수 있는 기회.

절정의 순간. 창조자의 무한하고 강렬하며 신성한 사랑에 대한 찰나의 경험. 너무 강렬해서 오래 계속되면 인간의 몸 전체에 무리를 줄 수 있는 순간. 우리를 창조한 신성한 존재가 우리를 얼마나 사랑하는지 온전히 느낄 수 있는 순간.

정액을 말로 표현할 수 없다고 한 남자가 머릿속에 음악이 떠올랐다고 말했다. 그 음악을 연주해보라고 권유하자 그는 피아노 앞에 앉았다. 격정적이고 강력하며 아름다운 음악이었다. 나도 정액에 관해 써보았다.

정액은 매우 특별하다. 단순히 남자의 과즙, 절정의 애액이 아니다. 우리가 쏟는 모든 액체는 우리에게 이야기를 전한다. 눈물은 슬픔, 고통, 기쁨, 행복 그리고 감동을 들려준다. 땀은 육체의 힘겨운 노력을 보여준다. 오줌은 건강 상태와 순환 능력을 보여준다. 그렇다면 정액은 어떤 이야기를 들려줄까? 정액은 우리 조상에 대해 알려준다. 그렇다. 정액에는 과거에 대한 많은 기억과 유산이 담겨 있다. 정액은 양가 조상의 DNA가 섞이고 맞춰진 후, 우리의 절대적 고유성과 결합한 DNA의 집합체. 조상들과 자신의 고유한 DNA가 모두 쌓인 정액은, 강렬하고 멈출 수 없으며 황홀하고 잊을 수 없는 생산적인 순간에 쏟아져 나온다. 그것은 우리가 쏟아내야 하는 다름 아닌, 우리 자신이다.

지금 내가 말하는 사실을 모두가 안다. 정자는 난자와 짝을 이루어 아기가 되는데, 이는 약 200년 전까지만 해도 몰랐던 생명의 진실이다. 오랫동안 정액만으로 아이가 만들어진다고 믿었다. 그래서 아이들은 특별하고 재미있으며 중요하다. 우리도 그렇다. 그렇다면 자기 정액을 어머니가 될 여자가 아닌 다른 남자와 나누기를 선택한 사람들은 어떤가? 이 역시 매우 특별하다. 자기 조상, 즉 특별한 혈통을 어떤 성별이든 다른 이와 나누는 것은 매우 특별한 일이다. 게다가 임신을 생각하지 않으므로 '바로 이 순간'에 더 집중할 수 있다. 그 순간 자체를 풍요롭게 만든다. 9개월의 임신 기간을 기다리지 않는다. 탄생이 이미 일어나고 있기 때문이다. 아이는 바로 지금 그곳에 있다. 둘러보면 동성끼리의 섹스는 이성과의 섹스보다 현재에 더 집중한다. '현재를 사는 것'은 모든 신비주의의 핵심이다. 명상하면서 자신의 호흡에 집중할 수도 있지만, 명상하면서 상대의 정액에 집중할 수도 있다. 열정적이면서 가끔 시끄럽기도 한 정액을 나누는 행위에 집중할 수 있다.

우리는 정액을 아주 너그럽고 거칠게 그리고 격정적으로 주고받는다. 정액을 주는 것과 받는 것은 모두 신비한 행동이다. 식전 기도처럼 우주와 창조에 대해 감사하는 행위다. 정액은 나이가 140억 년이나 되며, 우주 역사 140억 년을 품고 있다. 그리고 그것은 어떤 장소에서 특정한 개인으로부터 다른 개인에게 주어진다. 그 안에 불덩이와 은하계, 초신성, 별, 태양, 지구, 물에서 나오는, 즉 '모든 우리 조상'에서 유래하는 140억 년의 잉태와 탄생이 담겨 있다. 당연히 정액에는 많은 의미가 있고 그것을 배출할 때 우리는 심오한 감정에 빠진다. 정액을 배출하는 순간은 어쩌면 이성애 부부가 아이를 낳을 때만큼 잊지 못할 경험이 된다. 신성한 순간이며 혈통을 전수하는 순간이다.

유진 모닉은 정액에 대해 사색하며 더 깊은 의미를 끌어낸다.

자연의 지혜는 정액이 겪는 운명처럼 비극적인 결과가 실제로 또는 잠재적으로 남자들에게도 일어난다고 말해준다. 정자들이 난자에게 가는 과정은 목숨을 건 투쟁이다. 이는 남자가 정력을 얻고자 매일 벌이는 투쟁의 근거 혹은 원형적인 패턴이기도 하다. 오직 한 정자만 성공하고 나머지 2백만 정자는 죽을 것이라는 신체의 인식이 남성적 사고방식의 원료이다. 이것이 운명에 대한 남자의 공포에 기름을 붓는다.[21]

남성 불임에 대한 깊은 생각

앞서 언급한 모임에서 "정액이란 무엇인가?"라는 질문을 던졌을 때, 데이비드라는 남성은 몹시 난처해했다. 불임(무정자증)을 겪고 있기 때문이었다. 그는 용기를 내어 자신의 문제에 관해 나와 이야기를 나누었다. 데이비드의 상황은 글자 그대로의 해석이 우리 삶을 어떻게 훼손하는지, 그리고 그런 상황에서 은유가 어떻게 우리를 자유롭게 하고 우리의 잠재력을 펼치게 하는지를 보여준다. 연인이라는 원형을 받아들이면 사랑하는 사람이 될 뿐만 아니라, 창조하고 생산하며 사랑하고 보살피기 위해 삶의 어떤 장애물도 뛰어넘을 수 있는 연인이 된다.

캐나다 커플 8쌍 중 1쌍이 불임을 겪는다고 한다. 30%는 남자에게 원인이 있고, 다른 30%는 여자에게, 또 다른 30%는 명확한 원인이 없어 '설명이 불가능'하다. 데이비드 부부는 불임의 원인이 데이비드에게 있음을 알게 되었고, 이는 각자가 개인과 부부로서 진정한 자아를 찾아 수년간 성찰하는 계기가 되었다. 정액에 대한 내 질문에 데이비드는 "'정액'이라는 개념은 불임을 겪는 부부에게 복잡하고 슬픈 주제"라고 답했다. "불임의 원인이 자신에게 있는 남자는 침묵 속에서 그저 아파하거나 어쩔 수 없는 일이라고 치부해버립니다. 혹은 부부가 나눠 가져야 할 현실이라고 생각하지요. 그러나 부부에게 특히 남자에게는 상실감과 고통이 따를 수밖에 없습니다."

데이비드의 이야기는 건강한 정자와 난자를 가진 부부에게 그것을 '당연히 여기지 말라'고 일깨워준다. 임신이 가능하다면 감사해야 한다. 그런데 그 문제를 넘어, 거의 모든 남자가 어느 순간 자신의 섹슈얼리티와 관련해 아픔을 겪는다. 데이비드의 이야기는 불임으로 고통받는 모든 부부에게 용감하고 아름다운 사례가 될뿐더러, 섹슈얼리티와 관련된 남자의 고통과 상실감을 건강하고 활기찬 생각으로 바꾸는 방법을 알려주기도 한다. 데이비드의 허락을 받아 그의 이야기를 그대로 전한다.

저희는 여러 해 동안 아이를 가지기 위해 노력했지만 실패했습니다. 그런데 불임은 쉽게 입에 올릴 수 없는 말인지, 주치의도 "집에 가서 아내를 더 많이 사랑하라"는 조언만 해주었습니다. 당연히 도움은 안 되었죠. 추가 진료도 없었습니다.

하이리버에서 새로 찾은 주치의가 불임 판정을 해주었습니다. 며칠 지나지 않아 우리 부부는 그 확실한 증거를 받아들였지요. 하필 그 사실을 알게 된 게 핼러윈 기간이어서 백 명도 넘는 아이들이 사탕을 얻으러 찾아왔습니다. 우리는 문을 열고 아이들에게 사탕을 주고 다시 소파로 돌아와 울기를 반복했지요.

그러고는 캘거리에 있는 불임클리닉을 소개받았습니다. 긴 기다림 끝에 우리 차례가 왔고 두 가지 선택권이 주어졌어요. 하나는 세포질 내 정자 주입술이었는데, 정자 하나를 난자에 주입하고 체외수정을 통해 자궁에 이식하는 방법입니다. 그 수술은 수천 달러의 비용이 들고, 위험 부담도 있고, 건강을 해칠 가능성도 커서 좋은 선택지는 아니었어요. 게다가 만약 남자아이를 임신하게 되면 그 아이도 결국 저와 같은 처지에 놓이게 될 것이라고 하더군요. 전문의는 불임 자체에 유전적 원인이 있다고 생각했어요. 다른 선택지는 비배우자 정액 주입술로, 누군지 모르는 증여자의 정액을 인공적으로 수정하는 것이죠.

우리는 입양도 고려했어요. 그런데 또 사설 입양은 매우 비쌌고, 공립

입양은 너무 오래 걸리더군요. 우리는 이미 30대 후반이었고 국제 입양은 목사 월급으로 사는 우리 형편에는 불가능했습니다.

많은 고민 끝에, 우리는 '조기 입양' 형태인 비배우자 정액 주입술을 결정했습니다. 아내는 금방 임신했고, 우리는 곧 부모가 되는 길에 들어섰지요.

당시 그 과정은 롤러코스터 같았습니다. 저는 머리와 마음을 다 바쳐 그 결정에 대해 고민해야 했어요. 생명 작용과 부모가 되는 것 사이의 관계를 머릿속에서 다시 정리해야 했습니다. 저는 제 아이와 생물학적 관련은 없지만, 부자 관계라는 개념에 대해 충분히 생각하고 느끼며, 이것이 둘 사이에 가장 의미 있는 연결이라고 믿어야 했습니다. 당연히 옳은 생각입니다만, 당시에는 기증자의 아이를 기른다는 생각이 무척 생소한 영역이었고, 사회적으로 일반적인 일이 아니었습니다.

임신 후반기에 캐나다 연방정부는 정자 기증자에 대한 보상 폐지를 포함한 새로운 생식 기술NRTs, New Reproductive Technologies에 관한 입법을 제안했습니다. 당시 남성 기증자들은 실험 절차에 드는 시간과 불편함에 대해 (최소한의) 금전적인 보상을 받았거든요. 그 실험 절차는 엄마나 아기에게 위험할 수 있는 유전자나 질병을 피하기 위한 것이죠. 우리 부부는 정부에 반대하는 입장이었습니다. 금전적 보상이 없어질 경우, 기증자 수도 감소할 것이라 믿었기 때문입니다. 우리는 정부에 편지를 썼고, 오타와 하원 의사당에서 증언해달라는 요청을 받았습니다. 5분이 주어졌죠. 기증자를 충분히 확보하려면 보상이 이루어져야 한다고 주장하는 성명을 준비해 신중하게 읽었고, 의견은 잘 전달된 것 같았습니다. 공청회 후에 의원들이 우리에게 다가와 말을 걸었어요. 그들에게 접근했던 많은 로비스트보다 제 5분의 증언이 더 많은 것을 알려준 것 같았습니다. 하지만 유감스럽게도 법안에 대한 우리 노력은 물거품이 되었습니다.

지금 우리에게는 두 남자아이가 있습니다. 출생에 대해 처음부터 아이들에게 알려줬지요. 이 모든 일을 일으킨 신비가 놀랍습니다. 자연적 임신이 불가능해 마음 아팠고 앞으로도 그것에 대해 알 수 없으니 아쉽긴 하지만, 이 방법이 아니었다면 지금 아이들은 없었을 것입니다. 아이들을 향한 제 사랑은 다른 어떤 것보다 큽니다. 그 아이들은 제 아들들이죠. 결코 달리 생각할 수 없어요.

최근에 한 대학으로부터 학부 수업에서 NRTs의 윤리성에 대한 인터뷰를 진행하며 제 경험을 직접 들려달라는 요청을 받았습니다. 기분 좋은 일이었고, 저는 '아버지 노릇'과 부모가 되는 것에 관한 학생들의 생각을 바꿀 수 있었다고 생각합니다.

그래서 며칠 전 선생님께서 요청한 '정액'에 대한 생각을 말씀드리면, 불임이 우주의 생명 작용, 아이들, 생식성에 대한 제 개념을 바꾸게 했다고 느낍니다. 이를 통해 유전자를 물려줄 수 없으며, 우주가 이어지도록 하지도 못합니다. 그러나 훨씬 더 넓은 관점에서 보면, 제가 들인 노력도 똑같이 놀랍습니다. 첫째, 대부분 평범하게 일어나는 임신이 우리 부부에게는 불가능했기 때문에, 저는 명확하고 의도적으로 부모가 되기를 원해야 했습니다. 둘째, 협력을 통해서 우리 부부는 우리가 우주에 어떻게 기여하고 있는지, 양육과 생활에 관한 우리의 지혜가 얼마나 동등하고 강력하게 생성되는지를 분명히 해야 했습니다. 셋째, 이 모든 경험은 내 가치관과 행동, 개인적 사명이 내가 속한 공동체와 우주 전반에 어떻게 기여하는지를 깊이 생각하게 했습니다.

성적 다양성과 연인

　　과학은 약 10억 년 전 우주에서 섹슈얼리티가 만들어지면서 충격적인 속도와 규모로 새로움과 다양성이 증가했음을 보여준다. 성행위와 두 존재가 제3의 존재를 만드는 행위가 곧 다양성의 핵심으로, 이것이 다양한 유전자를 들여와 또 다른 다양성을 낳는다. 다양한 눈과 머리카락 색깔 등 가족 안에서 볼 수 있는 서로 다른 특징만 봐도 이를 분명히 알 수 있다. 물론 생물학적 다양성이 전부는 아니다. 우리는 모두 다른 성격, 웃음, 기질, 흥미를 '가지고 태어난다.' 이 모든 것이 섹슈얼리티가 변화와 다채로움을 낳는다는 과학적인 사실을 입증한다.

　　성별, 성적 매력, 성별에 따른 역할, 심지어 성별에 대한 선호 역시 다양성의 한 부분이다. 만물의 창조력을 상징하는 원형인 섹슈얼리티는 복제품을 찍어내는 기계가 아니다. 자연은 두 인간을 완전히 똑같이 만들지 않으며(쌍둥이도 지문은 다르다), 끊임없이 실험한다. 이성 간 섹스만이 '정상적인' 섹슈얼리티의 표현이라는 주장에 대해 우주는 실제로 생명에 다양성이 가득하다는 사실로 이를 직접 반박한다. 우주는 다양성을 향해 기울어져 있다. 다양성을 향한 보편적인 욕망에 섹슈얼리티만 예외일 수 없다. 우리는 이런 사실에 마음을 열어야 한다.

　　나이지리아 영국 성공회 대주교(게이 성직자와 동성애 지지자를 영국 성공회에서 몰아내자고 여론몰이를 하고 있다)는 동성애가 다른 생물 종에서는 발견되지 않는다고 주장한다. 자주 듣는 주장이지만 전혀 사실이 아니다. 성직자라고 해서 성경만 들여다보고 있으면 안 된다. 생물을 연구한 결과, 지금까지 464개 종에서 동성애 개체가 관찰되었다.[22] 나이지리아 영국 성공회 대주교의 주장은 모든 '신의 말씀'은 책 한 권에 담겼고(이런 이유로 문맹은 '신의 말씀'에 참여하지 못한다고 생각하는 사람도 있다) 성직자들은 오직 그 책(성경)만 설교해야 한다는 종교적 이념을 보여준다. 그들은 자연이라는 성경을 외면한다. (근대 이전 기독교에서 자연을 계시로 인정하는 것은 흔한 관습이었다. 마이스터 에크하르트는 "모든 생명체는 신의 말씀이며 신에 관한 책"이라고 말했다.)

다행히 성적 다양성에 대한 인식에 큰 발전이 있음을 보여주는 신호도 나타나고 있다. 네덜란드(2000년), 벨기에(2003년), 스페인(2005년), 스웨덴(2009년) 등에서 동성 결혼을 합법화한 한편, 미국을 비롯한 다른 나라들도 동성애 부부가 이성애 부부와 같은 권리를 가져야 한다는 점에 대해 공개적으로 논의하고 있다.• 이 책을 쓰고 있는 현재(2010년 이전), 매사추세츠 법원은 학교에서 동성애에 대해 가르치는 것에 반대하는 근본주의 학부모들이 제기한 소송을 기각했다. 법원은 공립학교에 "민주주의 제도하에서 학생들이 생산적인 시민이 되도록 돕는다는 목표에 합리적으로 관련된 내용이라면 어떤 것도 가르칠 수 있다"고 판결했다. 그리고 "다양성은 미국의 특징이며, 헌법은 부모들이 공립학교에서 아이들에게 가르치는 내용을 결정하도록 허락하지 않는다"고 강조했다.

실제로 오늘날 청년들 사이에서 성적 다양성이 더 많이 받아들여지고 있다. 수십 년 동안 상당한 위험과 대가에도 불구하고 자신의 성 정체성을 밝힌 많은 동성애자의 용기 덕택에, 오늘날 젊은이들은 자신이 동성애자와 함께 고등학교에 다니고 있고, 친척 중에 동성애자가 있으며, 프로 스

•   미국의 경우 매사추세츠주(2006년)를 시작으로 30개주 이상에서 동성결혼이 합법화됐으며, 2015년 연방대법원이 합헌 결정을 내려 미국 전역의 동성결혼이 허용됐다. 또한 2022년 '결혼존중법'이 미 상원을 통과했다. 이는 합헌 판결에 대한 대법원의 결정 번복을 막기 위한 안전망이다.

포츠 선수와 정치인, 배우, 음악가, 예술가 그리고 다른 유명인 중에 동성 애자가 있음을 안다. 청년들은 섹슈얼리티의 다양성이 인간이 되는 큰 그림의 한 부분이라는 중요한 가치를 배우고 있다. 그러나 아직도 많이 부족하다. 사회 전반에 동성애 혐오가 강하게 남아 있으며, 때때로 폭력과 심지어 살인(매튜 셰퍼드의 죽음)으로 이어지는 경우도 있다.

동성애라는 선물을 존중하고 그것에서 배우기

자연에 성적 다양성과 동성애가 많다는 사실은 내게 큰 충격이었다. 인구의 8~10%가 동성애자라는 연구 결과가 있다. 이중 대부분은 이성 애자 부모 사이에서 태어난다. 이런 일이 무작위로 일어날 확률은 얼마나 될까? 왜 자연은 성적 다양성의 한 종류로 동성애를 계속 탄생시키는 것일까? 이유가 반드시 있을 것이다. 내 생각에는 사회가 아무리 어리석어 도 거절할 수 없는 중요한 선물을 동성애가 베풀기 때문인 것 같다. 네 가지 선물은 다음과 같다.

창의력

동성애자의 작품을 보고 동성애가 사회에 제공하는 엄청난 양의 창의 력에 충격받지 않을 사람은 없다. 이런 창의력은 과학뿐만 아니라 예술에 서도 분명히 드러나며, 성적인 관습의 실행으로 확대된다.

성별에 대한 유연한 관점

이성애자는 사회가 만든 성 역할에 갇힐 수 있는데, 동성애자는 섹슈얼리티가 말 그대로의 해석이 아니라 '은유'의 영역에 존재함을 모두에게 알려준다. 성 역할이 신체 일부에 의해 결정되지 않으면 생명력과 상상력, 열정이 되살아난다. 데이비드 데이다는 "게이와 레즈비언 공동체는 성적 양극성이 생물학적 성별과 별개임을 정확히 알고 있다"고 말한다. "그러나 어떤 관계에서든 열정적인 섹슈얼리티 놀이를 이어가려면 남성과 여성, 위와 아래, 부치*butch*와 펨*femm* 등 서로를 무엇이라고 부르든지 간에 두 개의 극성이 필요하다."[23] 동성애는 섹슈얼리티와 관계를 향한 열정의 회복에 관해 이성애 세계에 가르쳐줄 것이 많다.

유머

역할 놀이는 상황을 글자 그대로 받아들이지 않는다. 성별을 '역할'로 받아들이면 우리는 자아를 넘어설 수 있고, 성적 놀이에 재미와 유머를 위한 공간을 만들 수 있다. 섹슈얼리티가 수치와 죄책감, 두려움, 자의식으로 채워지고, 그래서 너무 심각해지는 경우가 많은데, (에크하르트가 지적한 것처럼) 건강한 영성과 마찬가지로 건강한 섹슈얼리티는 타인을 의식하지 않는다. 물론 섹슈얼리티는 아기를 탄생시켜 연인이 아버지 혹은 부모가 될 수 있기에 진지한 책임이 수반되는 일이다. 그러나 섹슈얼리티 자체는 출산만큼이나 과정이 중요하고, 연인은 아기를 낳는 것 이상의 일을 한다. 섹스는 재미있고, 웃음으로 가득할 수 있다. 이누이트 부족에게는 사랑의 행위가 웃음을 일으키는 행위라는 속담이 있다. 동성애자와 트랜스젠더 공동체에서는 섹슈얼리티와 성 역할이 웃음과 놀이의 원천이다. 이것이 정말 중요한 점이다. 섹슈얼리티와 성별을 글자 그대로 받아들이면 안 된다. 그러기에는 너무 중요하고 또 너무 재미있다.

영성

동성애자가 영적 지도자가 되는 역사를 가진 문화가 많다. 여러 해 전에, 한 아메리카 원주민 여성이 자신의 부족에서 게이들이 부족장의 영적 안내자였다고 말해준 적이 있다. 동성애자는 남성과 여성 세계뿐만 아니라 인간 세계와 영적 세계를 잇는 다리인 것 같다. 동성애를 혐오하는 사회는 스스로 강한 영성을 없앤다. 가톨릭 신자였던 그 여성은 "게이 모임에서 묵상하면 남녀 이성애자로 이루어진 단체에서 묵상할 때보다 더 강렬한 경험을 얻는다"고 말했다.

많은 아메리카 원주민 문화는 베르다체*berdache* 혹은 윙크테*winkte*라고 불리는 게이에게 치유의 힘과 의식을 이끄는 힘, 미래를 내다보는 특별한 영성이 있음을 인정한다. 라코타족의 주술사 레임 디어*Lame Deer*는 그런 사람이 "선지자가 될 재능을 가지며 스스로 날씨를 예측할 수 있다"고 말했다. "자연은 한 사람을 남들과 다르게 만들어 어려움을 하나 줬다면, 남다른 능력도 하나 준다."[24] 사우스다코타 원주민 보호구역에서 성장한 게이 원주민 마이클 원 페더*Michael One Feather*는 자신의 이야기를 들려준다. "고등학교에서 아메리카 원주민 연구 수업을 들을 때까지 윙크테가 가진 영적인 역할을 몰랐습니다. 선생님께서 윙크테가 존경받아야 할 신성한 사람이라고 알려주셨어요. 옛날에는 그들이 전사들과 함께 출정해 전사들을 돌보고 간호했답니다." 초기 스페인인들이 보인 원주민에 대한 적대감 중의 한 요인은 마야인 사회에 존재했던 동성애에 대한 반감이었다. 선교사들도 정복자들 편에서 동성애 혐오에 맞장구를 쳤다. 이후 베르다체를 칭송했던 의식이 가장 심한 비난을 받으며 금지되었다.

전통을 중시하는 원주민이 게이를 비난하는 경우는, 그들의 성적 행동 때문이 아니라, 그들이 공동체에서 자신에게 주어진 영적 역할을 제대로 수행하지 않아서다. 윙크테 삼촌을 둔 한 원주민 여성은 "자기 원주민 전통을 존중하지 않는 사람들은 게이를 비난하지만, 윙크테는 원주민 문화의 일부"라고 말한다. "윙크테를 모욕하는 말을 들으면 정말 화가 납니다. 그러나 많은 젊은 게이가 윙크테로서 자신에게 주어진 영적인 역할을 다하지 않는데 그것 또한 슬픈 일입니다."**25**

이런 모든 이유로, 나는 동성애 혐오를 몰아내지 않으면 진정한 남성의 영성은 있을 수 없다고 확신한다. 우리 사회는 동성애 혐오가 빈번한 만큼, 그 일을 할 영적 전사가 정말 필요하다. 그런데 이는 모두의 역할이다. 모든 이가 자신의 동성애 형제와 자매, 삼촌과 고모, 아버지와 어머니, 아이들, 조카들, 동료들을 지지하며 과감히 일어나야 한다. 마틴 루서 킹 주니어가 누군가를 외면하는 정의는 모두를 외면하는 정의라고 가르쳤던 것처럼, 게이 해방 운동은 모든 이를 해방하는 운동이다.

이성애자가 동성애자를 포용하고 그들이 존재할 권리를 인정하는 것만큼이나, '동성애자에게서 배울 점이 있으므로' 그들의 경험에 가치를 두고 존중하는 것은 중요한 일이다. 이는 인종 차별주의를 극복하는 과정─먼저 다른 인종이나 민족을 인정하고 존중하며, '다른 이' 혹은 외부인이 독특하고 계몽적이며 심지어 본질적인 진실을 제공해왔음을 깨닫게 되는─과도 비슷하다. 남성 이성애자들이 동성애자들의 이야기와 삶의 방식, 영성에 귀를 기울여야 할 때가 왔다. 그럴 때 우주가 의도하는 다양성이 존중되고, 남자 각자의 내면에 있는 연인이 자신의 완전한 사랑과 창조력을 발휘할 수 있다.

동성애자와 이성애자가 함께 노력해서 얻을 수 있는 것은 무엇일까? 동성애 혐오에 에너지가 낭비되는 것을 막고 이를 다양한 분야에서 공동체를 깨우는 데 쓸 수 있다. 동성애 혐오 이면에 존재하는 두려움은 남자들을 억누른다. 두려움과 사랑은 공존할 수 없다. 두려움은 남자를 움츠러들게 하지만, 사랑은 확장하고 연결하게 한다.

사랑의 행위 영역에서, 앞서 언급한 동성애의 네 가지 선물 중에 이성애자에게 필요 없다고 여겨지는 게 있는가? 에로스는 네 가지 모두를 원한다. 동성애 혐오를 극복하면 이성애자 역시 더 나은 연인이 되고, 영혼과 문화를 어루만지는 치료사가 될 수 있다. 또한 동성애 혐오를 해결하면 동성애자가 겪는 수치와 학대, 소외를 없앨 수 있어 모두에게 선물이 될 수 있다. 또 동성애자들을 자유롭게 하고, 세대 간 차이를 메울 수도 있다. 이전 세대들이 가졌던 믿음에 상관없이 우리는 다음 세대의 부모와 조부모가 될 것이고, 그들 10명 중 1명 정도는 동성애자가 될 것이다. 동성애 혐오를 해결하면 아직 태어나지 않은 그들을 돕게 된다.

최근 한 신문에 이런 기사가 실렸다. 한 이성애자 남성이 매력적인 여성에게서 "당신이 게이인 줄 알았어요"라는 말을 들었는데, '우쭐해졌다'는 것이다. '동성애자 남성이 그가 아는 이성애자 남성들보다 더 똑똑하고 건강하고 활력 있기' 때문이었다. 여러 해 동안 나도 많은 여성에게서 (그 남자가 게이인지 모른 채) 동성애자 남성을 사랑하게 됐다는 말을 들었었다. 그들이 여자를 훨씬 더 잘 이해하고 삶과 예술 그리고 자기 신체에 관한 관심을 더 매력 있게 보여주기 때문이었다. 이런 이야기들이 증언하는 것처럼, 건강하고 매력적인 남성성과 영성은 성적 선호와 성 정체성을 넘어선다. 이것이 우리가 동성애자에게서 배울 수 있는 점이다.

신성함으로서 섹슈얼리티

시인 게리 스나이더*Gary Snyder*는 신성함을 이렇게 정의한다. "'신성함' 이란 (인간을 포함한) 우리를 작은 자아에서 끌고 나와 산과 강으로 덮인 완전한 만다라 우주로 이끌어주는 것이다. 신전으로서 황야는 시작에 불과하다."[26] 나는 '만다라 우주' 즉 신성함의 맥락에 섹슈얼리티를 놓지 않고서는 경이로울 정도로 다양하게 존재하는 그것을 결코 이해할 수 없다고 믿는다. 이런 이유로 신의 출현과 신의 경험, 신의 계시라고 볼 수 있는 섹슈얼리티에 성경 한 편이 온전히 할애된 것이다. 자신에게서 시작하지만 자신의 것만은 아닌 모든 사람의 섹슈얼리티를 신성하게 여기면, 모든 사람과 사실상 모든 존재를 신성하게 여기려는 우리의 노력에 힘이 실리고, 누구도 학대받거나 이용당하거나 물건으로 취급되지 않을 수 있다. 이는 (인간과 인간을 넘어선) 다른 존재를 우리와 교감하는 존재, 우리와 사랑하고 입 맞추고 함께 웃고 함께 (비유적으로나 글자 그대로나) 아기를 만들려고 열망하는 존재로 여기는 것이다. 100년보다 더 이전에 시인 보들레르 *Baudelaire*가 "우리는 애정 어린 시선으로 우리를 바라보는 영적이면서 육체적인 숲을 걸어서 지나간다"고 한 말을 지키는 것이다. 세상은 성적이다. 애정이 담겨 있고, 우리의 사랑을 바라며, 자신의 사랑과 연민을 우리에게 준다. 우리는 사람뿐만 아니라 언덕, 나무, 꽃, 강, 새, 동물과 사랑에 빠질 수 있다. 모든 것이 에로틱하다. 자신을 믿고 다시 사랑에 빠져라. 다시 깨달은 이 사실을 연인에게 전하고 사랑하는 삶을 끝없이 다시 시작하라.

결국 만다라 우주는 치유하는 우주다. 어떤 이들은 자신의 성적 존재에 몰입하면 자신의 섹슈얼리티에 과하게 빠져들 것이라 믿는데, 솔직히 이들은 자만에 빠진 것이다. 나는 남자 대부분이 잘못 판단하는 실수를 저질러, 자신의 섹슈얼리티와 성적인 에너지를 거룩함과 경외심으로 억누른다고 생각한다. 나는 우리가 이성애자, 동성애자 혹은 양성애자를 넘어서 범성애자*pansexual*라고 믿는다. 연인의 원형을 받아들이면 우리의 범성애가 회복된다. 결국 그것이 인간의 성적 관계를 포함한 모든 관계를 보살피고 기른다.

섹슈얼리티는 우리 모두를 더한 것보다 더 크기 때문에 신성하다. 그래서 억누를 수 없고, 웃기고, 재미있고, 놀랍고, 충격적이고, 진지하고, 장난스럽고, 신비로우며, 예측할 수 없다. 섹슈얼리티는 우리가 우주와 하늘아버지와 맺는 관계에서 인간 중심적 지배와 통제에 한 번도 완전히 굴복하지 않은 영역이다. 섹슈얼리티는 우리를 자극해 우주와 관계를 맺게 한다. 이 점이 섹슈얼리티가 가진 매력이며, 우리를 살아 있게 하고, 삶의 즐거움을 느끼게 한다.

7장

우주적이면서
동물적인 우리의 몸

녹색 인간의 원형에 대한 찬양은 곧 식물과 초목 세상과 우리의 공통점에 대한 찬양이다. 사랑의 행위가 가진 힘에 대한 찬양은 곧 섹슈얼리티, 창조적이고 생산적인 우리의 본성에 대한 찬양이다. 이번 장에서는 우리의 몸을 그 자체로 찬양하려 한다. 몸도 마찬가지로 비유다. 몸을 죄로 인해 신에게서 떨어져 나온 타락한 것으로 여기는 종교도 있고, 빠져나올 수 없는 의식의 감옥이라고 정의하는 철학도 있다. 《우파니샤드》에는 신체를 바라보는 올바른 마음가짐에 대한 지혜로운 말이 있다. "신체만 경배하는 자는 어둠에 빠질 것이고, 정신만 숭배하는 자는 더 캄캄한 어둠에 빠질 것이다. 신체와 정신을 함께 숭배하는 자는 신체가 죽음을 극복할 것이고 정신이 불멸에 이를 것이다."[1]

놀라운 인간의 몸

우리 몸은 하늘 아버지와 직접 연결되어 있다. 이는 지금까지 우주를 연구하면서 발견한 심오한 사실이다. 과학은 우리 몸이 "별을 이루는 물질"로 구성되어 있음을 증명했다(존 칼뱅*John Calvin*이 500년 전에 애타게 주장한 학설이다).[2] 약 137억 년 전 최초의 불덩어리에서 생겨난 수소와 헬륨 원자가 우리 몸에 있는 원자의 60%를 차지하고, 약 50억 년 전 초신성 폭발로 탄생한 원자들이 나머지 40%를 구성한다. 우리는 매우 오래된 물질들로 만들어졌다. 모두가 하나로 모여 아름답게 잘 작동하는 도구인 우리의 몸을 만든 것이다.

우리 몸은 정말 경이롭다. 모든 사람의 몸에는 은하계에 있는 별보다 100배 더 많은 세포가 있다. 우리 몸은 200종의 세포 100조 개로 구성된다. 100조 개의 세포가 오케스트라처럼 서로 소통해 신체라는 하나의 완전한 소리를 만들어낸다. 세포에 있는 DNA를 모두 풀어서 한 줄로 이으면 지구에서 달까지의 거리에 10만 배에 달한다! 심장은 230그램 정도밖에 안 되지만, 매일 1톤의 물건을 땅에서 5층 건물 꼭대기까지 들어 올리는 것과 맞먹는 일을 한다. 혈관도 한 줄로 이으면 약 9만 7천 킬로미터에 이르는데, 이는 지구 2바퀴에 해당하는 길이다. 신장은 혈액 속 물과 화학물질을 완벽한 비율로 유지하면서 매일 약 150리터의 혈액을 청소한다. 우리 몸에는 600개의 뼈가 있다. 이 뼈들은 강철이나 철근 콘크리트보다 4배 더 강하지만 가볍다. 부러지면 다시 자란다. 피부와 뇌는 정확히 똑같은 원시세포에서 발전하므로, 피부는 뇌의 외피이고 뇌는 가장 깊숙한 피부층이라고 말할 수 있다.

촉각은 가장 오래되었으면서, 굶주린 사자가 앞발로 등을 건드릴 때 최대한 빨리 알아차려야 하므로 가장 긴박한 감각이다. 후각은 두 번째 감각으로, 사실 인간의 대뇌 반구는 원래 후각 줄기에서 생긴 돌기들이었다. 그러니까 우리는 옛날에 냄새를 맡았기 때문에 지금 생각하는 것이다. 완전히 펼치면 테니스 코트 하나를 채울 수 있는 허파는 혈액에 산소를 공급한다. 자연 과학자 다이앤 애커먼*Diane Ackerman*의 말처럼 "우리는 숨 쉴 때마다 하늘 분자 수백만 개를 마시고, 잠시 데웠다가, 다시 세상으로 내뱉는다."³ 이것이 가장 친근한 모습의 우주론이다. 피부는 우리 몸의 가장 큰 기관이자 성적 매력의 핵심이다. 피부 1제곱인치(약 6.5제곱센티미터)에 세포 1,900만 개, 땀샘 625개, 피지샘 90개, 털 65개, 혈관 19개, 감각세포 1만 9천 개, 미생물 2천만 개 이상이 있다. 귀에는 우리 몸에서 가장 작은 뼈 세 개가 있는데, 소리를 들을 수 있는 것은 그 뼈들 덕분이다. 목 깊숙한 곳에 있는 후두는 우리가 고유한 목소리로 말하고 노래할 수 있게 한다. 과학자 아르네 뷜레르*Arne Wyller*는 인간의 눈을 "자연이 만든 최고의 시각 장치"라고 부른다. 인간의 망막에는 1억 개의 간상체와 원뿔체가 있다.

세포 1조 개로 이루어진 인간의 뇌는 다른 모든 기관보다 뛰어나다. 뷜레르는 인간의 뇌를 초소형 컴퓨터 1억 개가 연결된 집합체에 비유했다. 포유류의 뇌 속 신경세포는 대부분 화학적으로 연결되지만, 무척추동물은 주로 전기적으로 연결된다. 포유류의 뇌는 "진화 역사상 가장 빠르게 발달한 기관"으로, 지난 400만 년 동안 크기가 세 배나 증가했다. 뷜레르의 표현에 따르면 "두뇌 발달로 인간은 자연의 가장 원대한 설계 영역에 들어서게 되었다. 인간이라는 동물이 마침내 탄생하기까지 원시세포 발달에는 20억 년, 다세포 생명체 발생에는 8억 년이 걸렸지만, 뇌가 극적인 발전 끝에 대뇌 피질을 만드는 데는 불과 몇 백만 년밖에 걸리지 않았다."[4] 뇌에서는 1초에 10만 번 이상의 화학반응이 일어난다. 뇌는 기억력과 지능, 진정, 공격성에 영향을 미치는 향정신성 약물을 50가지 이상 생산한다.

누가 우리 몸이 경이롭지 않다고 말할 수 있을까? 헤셸의 가르침대로 "경외심을 가지고 우리 몸을 받아들여야 한다." 절대 당연하게 여겨서는 안 된다. 우리는 자주 다치거나 아파서 몸이 고장 날 때에야 우리 몸이 얼마나 소중한지 깨닫고, 훌륭하게 작동하는 우리 몸이 얼마나 경이로운지 인정한다. 몸이 없으면 달리고, 뛰고, 걷고, 헤엄치고, 스케이트 타고, 오르고, 포옹하고, 입 맞추고, 씨름하고, 사랑을 나누고, 먹고, 노래하고, 춤추고, 그림을 그리고, 자고, 쓰고, 생각할 수 없다. 우리는 몸을 움직여 이 모든 일을 이룬다. 기도하고 신성한 존재와 소통하는 일도 마찬가지다. 몸과 영혼, 몸과 인식은 하나처럼 움직인다.

|

그림자가 되어버린 몸

우리는 우리 몸의 경이로움을 얼마나 잘 알고 있으며 얼마나 존중할까? 미국 사회는 겉모습에는 집착하면서도 몸을 잘 관리하지는 않는다. 국립 의료기관 임원들은 미국이 "공공 의료 위기"에 처했다고 말한다. 로버트 우드 존스*Robert Wood Johns* 재단의 상무인 제임스 마크스*James Marks* 박사에 따르면, 정상 체중을 20~25% 초과한 상태를 비만이라고 규정할 때 현재 미국 국민의 32%가 비만이다. 설탕, 가공 음식에 들어 있는 트랜스지방, 우리가 먹는 동물에 주입하는 호르몬도 어느 정도 원인이겠지만, 운동 부족 또한 큰 요인이다. 특히 빈민층에서 비만이 심각한데, 마크스 박사의 말처럼 "가장 싼 음식이 가장 나쁜 음식"이기 때문이다.[5] 비만율이 가장 높은 10개주 안에 가장 빈곤한 5개주가 포함된다. 미국이라는 나라는 국민 30%에게 의료 보험 혜택을 제공하지 않는다.

왜 개인과 사회 전체가 우리 몸을 존중하지 않는가? 생체 에너지 전문가이자 정신과 의사인 존 컨저는 현대 사회를 사는 우리가 원래의 동물적 자아와 너무 멀어져서 "몸이 그림자가 되었다"고 지적한다.

> 지나치게 합리적인 삶이 지배할수록 원시적이고 자연적인 생명력은 희생된다. 몸은 우리가 부정하고 있는 부분의 기록을 담고 있다. 몸을 읽을 줄 아는 사람들에게 몸은 우리가 감히 말하지 못하는 것을 드러내고 과거와 현재의 두려움을 표현한다. 그림자가 된 몸은 대부분 '형질'로서의 몸, 즉 알아차리지 못해서 개발되지 않고 인정받지 못해서 이용되지 않는, 묶인 에너지로서의 몸이다.[6]

인간도 동물이므로, 몸에 관해 이야기한다는 것은 우리가 '동물의 세계'에 연결되어 있음을 인식하고 인정한다는 것이다. 4장에서 본 우리 내면의 수렵채집인이 동물에 익숙한 만큼, 우리도 동물적 본성에 편안함을 느낄까? 우리가 몸을 방치하는 건 그 그림자와 두려움, 의심 때문이 아닐까? 카를 융은 그렇게 느꼈고, 우리가 가진 동물적인 몸과 우리의 관계를 이렇게 설명했다.

> 신체는 원시적인 동물의 상태다. 우리는 모두 신체에 담긴 동물이다. 따라서 그 속에서 살려면 동물의 심리를 가져야 한다. 우리는 신체를

가지므로 불가피하게 동물로도 존재한다. 새로운 생각을 발명해 인식이 커질 때마다 동물과 우리를 묶는 사슬에 새로운 고리 하나가 걸리는데, 오랜 시간이 흐르면 그 고리가 자연스럽게 엉켜 우리는 그만큼 다른 존재가 된다.[7]

융의 말은 하늘 높이 나는 독수리에 달린 사슬이 땅에 있는 두꺼비와 연결된 오래된 상징을 생각나게 한다. 여기서 우리는 신학적인 문제, 즉 원죄라는 어두운 사상을 어느 정도 다루게 된다. 몸이 "원시적인 동물의 상태"이고 우리에게 원초적인 죄가 있다고 믿는다면, 그건 우리 몸에 비난과 수치가 담겨 있다는 말이기 때문이다. 컨저는 우리의 섹슈얼리티에 특히 영향을 미치는 서양 인식의 이러한 비관주의에 대해 이렇게 말한다. "유감스럽게도 서양 문화라는 드라마가 펼쳐지면서 사람의 정신은 몸에서 분리되었다. 특히 섹슈얼리티는 바람직하지 않은 동물적 요소, 사람의 진정한 영적 본성을 파괴하는 악마의 힘과 연결되었다. 서양 문화는 섹슈얼리티의 가치를 부정했다."[8] 그러나 우리가 원초적인 축복으로서 세상에 태어났다면, 우리 몸은 축복이지 죄악을 담은 "껍데기"가 아니다. 우리는 우리 몸과 몸이 할 수 있는 모든 것을 탐구하고, 시험하고, 감탄하고, 숭배하고, 감사할 온전한 권리가 있다.

섹슈얼리티에 대한 두려움이 죄악이라는 개념과 직접 연관된다면 "지나치게 합리화된 우리 삶"은 단지 종교적 문제가 아니다. 그것은 직업 세계 전체에 적용된다. 우리 몸은 우리가 하는 일에 얼마나 참여하는가? 우리 직업은 몸을 "존중"할까? 컨저는 자신의 직업에 대해 "심리학이 몸에 대한 공포가 될 위험에 처해 있다"고 말했다. "우리는 근본을 잊었다. 우리가 탄 엘리베이터는 맨 아래층까지 내려가지 않는다."[9] 확실히 어린 시절에서 전문 대학원까지 교육 프로그램은 신체를 거의 다루지 않는다. "새처럼 나는 것, 바람과 숨이 되는 것은 인류의 영원한 갈망이었다." 융은 "그 갈망을 이룰 수는 있지만, 그것의 대가는 육체의 상실, 혹은 그것과 같은 인간성의 상실"이라고 표현한다.[10] 육체적 존재를 잃으면 인간성과 공동체 의식도 잃는다. 우리 인간은 신체라는 공통점을 통해 하나가 되기 때문이다.

영화감독 스콧 샌더스는 많은 중독적인 행동이 감각을 되살리려는 허무한 노력 때문에 생긴다고 믿는다. "우리가 만든 세상의 많은 부분이 감각을 죽입니다. 우리가 야생으로부터 스스로를 단절시키고 스스로 만든 울타리 안으로 숨어들면서, 우리가 가장 좋아하는 일도 짜릿함과 다양성과 즐거움을 잃었습니다. 그래서 도박이나 술, 약물로 덜컥 스스로에게 자극을 주지요. 낙하산을 등에 메고 비행기에서 뛰어내리거나 발목에 밧줄을 묶고 다리에서 뛰어내립니다. 로데오 기계에 올라타고, 자동차를 타고 질주하거나, 총을 쏘기도 하죠. 모두 잃어버린 전율을 찾기 위해서입니다. 공허함을 채울 어떤 것을, 무엇이든 찾으며 쇼핑몰을 헤매죠. 완전히 익숙해진 환경에 따분해져서 비디오 게임, 영화, 저속한 소설, 쇼핑 채널, 인터넷 세상으로 달아납니다. 그러나 그런 노력도 결국 시들해집니다. 새로움이 사라지면 감각은 더 무뎌지고, 그래서 우리는 속도와 볼륨과 충격을 한층 더 높이지요."[11]

신성한 우리의 몸

많은 영적인 전통은 몸을 신전temple으로 여기며 존중한다. 고대부터 이어진 관념의 결합이다. 최근에 참여한 스웨트롯지에서 만난 라코타 부족 어른도 우리 몸을 신전처럼 대해야 한다고 가르쳤다. 최초의 기독교 신학자 성 바울도 많은 코린트인이 돈을 위해 자기 몸을 팔던 때에 이와 같은 생각을 신도들에게 편지로 전했고, 자신도 그 말을 실천했다.

그런데 이 은유의 뜻은 무엇일까? 신전이란 무엇이고, 우리 몸을 신전처럼 대하려면 어떻게 해야 할까? 신전의 사전적 의미는 '거룩한 집', '거룩하거나 신성한 존재가 산다고 알려진 장소'다. 라틴어 '템플룸$_{templum}$'은 점을 치기 위해 표시된 공간을 뜻한다. 아마도 '시간'을 의미하는 라틴어 '템푸스$_{tempus}$'와 관련 있을 것인데, 신전은 특별한 시간의 장소, 정지되거나 신비한 시간의 장소(시간이 멈추거나 사라진 장소)이기 때문이다. '신전'은 '종교의식을 위한 큰 건축물' 또는 '특별한 목적에 바쳐진 장소'를 의미할 수 있다.

확실히 우리 몸은 이런 다양한 신전의 의미를 그대로 가진다. 우리 몸도 거룩한 집이고, (점술은 아니더라도) 의식을 위해 표시된 공간이며, (정지되고 신비스럽기도 한) 특별한 시간을 겪는 장소이자, 특별한 목적에 바쳐진 공간이다. 신전은 '만남의 장소'이기도 하다. 우리 몸도 그렇다. 이런 사실이 우리 몸을 멋지고, 경이롭고, 신성하게 만든다. 이미 언급한 것처럼 우리 몸은 우주 자체로부터 나온 원자, 즉 137억 년 전 최초의 불덩어리와 50억 년 전 초신성 폭발에서 생긴 원자들을 품고 있으므로, 우주와 우리의 의식적 자아가 만나는 곳이다. 우리 몸은 '선조 모두의 DNA'를 담고 있으므로, 몸 하나하나가 전 인류를 위한 만남의 장소다. 우리 몸은 감탄스럽고 따라서 기적적$_{miraculous}$인데, '기적적'이라는 단어의 기본적인 뜻이 우리를 감탄하게 하는 것, 경외심을 일으키는 것이기 때문이다. 모든 몸은 경외와 경이와 감탄을 받아 마땅하다. 우리는 이런 우리 몸의 거룩함에 대해서 깊이 생각하는가?

또한 우리 몸은 차크라가 '만나는 장소'로, 각 차크라 자체가 '만남의 장소', 힘이 한데 모이는 곳, 다시 말해 '교차로('차크라'의 글자 그대로의 의미)'다. 차크라는 우리 몸의 신성한 힘과 경이를 이해하는 데 도움이 되므로 이 장의 후반부에 다시 살펴볼 것이다.

그런데 신전은 단순히 만남의 장소인 것만은 아니다. 그저 만남의 장소라면 시장과 다르지 않을 것이다. 신전은 신성한 장소이다. 그렇다면 '신성함'은 무엇일까? 게리 스나이더의 말처럼 신성함은 "우리가 작은 자아에서 나와 산과 강으로 덮인 만다라 우주로 향하도록 돕는 것"이다. 우리 몸이 '만다라 우주' 즉 조화로운 우주로 우리를 이끌어줄까? 물론이다. 우리는 몸을 이용해 생각하고, 느끼고, 상상하고, 꿈꾼다. 몸을 써서 먹기도 하는데, 그때 태양을 먹은 식물을 먹으면서 우주를 먹는다. 몸을 사용해 새로운 생명을 만들고, 말 그대로 우리 몸을 우주로 끌어낸다. 확실히 이런 사실들이 몸이 우리를 작은 자아에서 큰 우주로 나오게 한다고 여기게 한다.

이런 점에서 보면, 우리가 하는 모든 일이 우리와 우주가 연결되어 있음에 관한 명상이라고 할 수 있다. 우리는 신과 우주를 찬양하는 것과 같은 방식으로 우리 몸을 돕고, 사랑하고, 돌보고, 기를 수 있다. 자신의 건강을 지킴으로써 우주의 건강도 적극적이고 직접적인 방식으로 지킬 수 있다. 그러면 우리 몸의 아름다움을 숭배해야 하며, 모든 몸은 아름답고 신성하다는 결론에 이른다. 공동체는 아름다움으로 강해지고, 아름다움은 우리에게 감탄을 일으킨다. 아퀴나스의 말처럼 "모든 아름다움은 눈에 띄기를 갈망한다." 젊은이들은 자신의 아름다움을 뽐내며 걷기를 좋아한다. 왜 안 되는가? 우리 모두의 삶에 아름다움이 필요하다. 오늘날 우리에게 주어진 과제는 모든 인간의 몸이 아름답다고 인정하는 것, 모든 몸이 사랑과 정신의 표현이며 내적 아름다움의 발현임을 받아들이는 것이다. 신전은 아늑함이 아니라 위엄으로 영감을 일으키기 위해 지어졌다. 우리는 모든 인간의 몸이 가진 경이로운 위엄에 감탄하고 그것의 아름다움에 주목해야 한다.

게리 스나이더는 저서 《야생의 실천The Practice of the Wild》에서 신성함이 곧 야생이라고 말하는데, 우리 몸이 신성한 신전이라는 은유에 아주 잘 들어맞다. 우리 몸은 야생처럼 거칠게 계획하고 실행한다. 즉, 우리 모두 내면에 품고 있는 거친 상상력을 가지고 거친 것들을 성취한다. 그러나 몸은 또한 평화와 휴식도 요구한다. 자연이 낮의 분주함과 밤의 평온함 사이에서 균형을 맞추듯, 우리 몸도 야성과 휴식 사이에서 춤추는 법을 배운다. 잠은 몸이 다음날 훨씬 더 거친 일을 맞이할 수 있게 한다.

스나이더는 거침과 신성함과 몸에 대해 이렇게 덧붙였다. "우리 몸은 거칠다. 외치는 소리에 자기도 모르게 고개를 휙 돌리는 것, 낭떠러지를 내려다보며 아찔함을 느끼는 것, 위험한 순간 심장이 터질 듯한 느낌, 숨 돌리기, 긴장을 풀고 바라보며 생각하는 고요한 순간, 이 모든 것이 포유류 신체의 보편적인 반응이다. 숨을 쉬고 심장을 뛰게 하는 데 어떤 의식적 지능도 필요 없다. 대부분 저절로 조절된다. 그 자체로 생명이다. 말하자면, 몸은 정신 속에 있고 둘 다 거칠다."[12] 중세 신비주의자들도 비슷하게 생각했는데, 신체에 영혼이 깃든 것이 아니라 영혼이 신체를 품고 있다고 말했다. 몸은 영혼의 도구로, 영혼이 지시하는 대로 움직인다. 영혼이 춤추고 싶을 때 몸은 춤추고, 영혼이 슬픔을 느낄 때 몸은 눈물을 흘린다. 영혼이 행복할 때 몸의 발걸음은 가벼워진다. 우리 몸과 영혼은 아퀴나스가 말한 "콤무니오 아드미라빌리스communio admirabilis" 즉 놀라운 교감을 나눈다. 우리 모두에게 그 교감은 거칠면서 신성하다. 스콧 샌더스도 몸의 거칠음을 이렇게 칭송했다. "우리는 거칠다. 우리 몸을 통해, 끊임없이 흐르는 감각의 통로를 통해, 가장 생생하게는 성행위를 통해, 우리는 창조 에너지에 참여한다. 그 에너지는 매년 돌아오는 봄처럼 우리 안에서 솟아나며, 놀면서 돌아다니라고, 쿡쿡 찔러보며 배우라고, 짝을 찾으라고, 몸을 서로 섞으라고, 그렇게 계속 이야기를 이어가라고 우리를 부추긴다."[13]

인간이 신전과 모스크, 대성당을 건설할 때 마냥 아름답게만 짓지는 않는다. 온갖 노력과 최고의 재능과 재료를 쏟아 유일한 특별함과 '절정의' 어떤 것을 성취하려고 한다. 성스러운 아름다움*Divine Beauty*에 이르는 아름다움이 가득한 공간을 만들려고 한다. 그것은 공간과 비움과 건축적 아름다움이고, 사물과 예식과 공동체의 아름다움이다. 인도의 타지마할, 프랑스의 샤르트르 대성당, 영국의 스톤헨지, 크레타섬의 크노소스, 예루살렘의 유대교 성전, 중앙아메리카의 피라미드, 뉴욕의 세인트 존 더 디바인 대성당, 바르셀로나의 사그라다 파밀리아 성당, 파리의 사크레쾨르 대성당을 떠올려보라. 신전은 항상 '우주의 중심'이 되도록 계획된다. 그 아름다움이 개인과 공동체의 기운과 의미를 하나로 모으면 어떤 면에서 실제로 우주의 중심이 된다. 이런 식으로 인간의 심장과 우주가 하나가 되고 평화가 그 뒤를 따른다.

우파니샤드는 이렇게 말한다. "브라만*Brahman*•이라는 성채의 중심, 즉 우리 몸 안에 연꽃 모양의 작은 제단이 있고, 그 안에 작은 공간이 있다. 그곳에 누가 머무는지 알아야 하고 그에 대해 알려고 해야 한다."[14] 그곳에 누가 있을까? "심장 속 작은 공간은 우주만큼 광대하다. 하늘과 땅이 그곳에 있고, 태양과 달과 별, 불과 번개와 바람이 그곳에 있다. 지금 있

• 힌두교에서 우주의 근본 원리.

는 것과 지금 없는 것도 그곳에 있다. 온 우주가 그 안에 존재하고 그는 우리의 심장 안에 머무른다." 이 우주관에서 우리 몸이 하느님 혹은 브라만이라는 성채의 중심이라는 점에 주목해야 한다. 우리의 심장 안으로 우주와 하느님이 함께 들어온다. 우리 심장이 사실상 거룩한 신전인 것이다!

아메리카 원주민 블랙 엘크도 비슷한 인식을 보여준다. "심장은 하나의 성스러운 장소로 그 중심에 작은 공간이 있고 그곳에 위대한 영혼이 거주하는데, 그 공간이 눈이다. 위대한 영혼은 그 눈으로 만물을 본다. 우리도 그 눈을 통해 그를 본다."[15] 여기서 우리는 평화의 의미를 알게 되는데, "가장 중요한 최초의 평화가 인간의 영혼 안으로 들어오는 것은 인간이 우주와 우주의 모든 힘과 맺는 관계, 즉 모두 하나인 관계를 깨달을때, 그리고 우주의 중심에 와칸탕카*Wakan-Tanka*●가 머물고 이 중심은 어디에나 있으면서 우리 각자에게도 있음을 깨달을 때이기 때문이다. 이것이 진정한 평화이다. 나머지는 이 평화의 그림자에 불과하다." 우리 안에 있는 위대한 영혼의 '눈'을 담고 있는 이 신전에서 모든 평화가 생겨난다. 우리는 이 신전에서 나와 자신의 평화를 주변 세상에 내놓으면서 활동한다.

노리치의 줄리안 같은 중세 신비주의자들도 신체를 신성한 신전이자 신이 거주하는 집으로 찬양한다. 줄리안은 인간의 영혼은 "아름다운 도시"이며, "그 도시 한가운데 주 예수, 하느님, 우리와 똑같은 존재가 머물며, 그는 가장 친근한 집이자 영원한 안식처인 영혼 안에 아름답게 앉아 평화롭고 편안하게 지낸다"고 말했다. "하느님은 우리의 실체와 관능이 절대 떨어지지 않도록 결속하는 힘"이므로, 그는 우리를 하나로 모은다. "육체와 영혼 사이에는 하느님이 만든 아름다운 결속"이 있고 그리스도는 우

● 라코타 부족의 신성한 혹은 거룩한 존재.

리 존재의 중심에 있다. "우리의 육체적 관능은 그리스도가 머무는 아름다운 도시다."[16]

육체를 실제로 신전으로 여기고 신전처럼 대하는 방법은 또 있다. 장식이다. 우리는 몸에 옷을 입히듯 신전을 가꾼다. 신전에 들어갈 때는 말끔히 차려입는다. 파우와우 축제 때 입기 위해 손수 만든 아메리카 원주민의 의상이 얼마나 화려한지, 기독교 성직자들의 예복이 얼마나 아름다운지, 의식에 참석하러 가는 아프리카 부족 원로들과 발리 여성의 예복이 얼마나 눈부신지 생각해보라. 우리도 교회에 갈 때 차려입는다. 우리 몸에는 우주의 아름다움과 우주가 우리에게 준 많은 선물이 담겨 있다. 인도네시아 발리에 있을 때 땅에 닿을 정도로 길고 흰 드레스를 입은 여성이 똑같이 하얀 드레스를 차려입은 아이들의 손을 잡고 의식에 참여하러 가는 모습을 본 적이 있다. 알록달록한 과일 바구니까지 머리에 이고 균형을 잡으면서 걷는데 비까지 쏟아지고 있었다! 모든 것이 깨끗하고 느긋했으며 아름다움 그 자체였다.

우리는 새의 깃털이나 뱀의 껍질, 꽃의 색깔만큼 아름다워지기 위해 몸을 장식한다. 뚫고, 문신하고, 칠하고, 입는다. 아름다움은 거칠어서 길들이거나 기를 수 없다. 우리 몸도 이 거친 아름다움에 함께한다. 하느님 감사합니다!

신전은 빛이 되어 밝히기도 하고 빛으로 밝혀지기도 한다. 어떤 빛은 아름다움을 수반하는데, 이를 깨달은 샌더스는 이렇게 말했다. "우리 몸은 만물의 에너지로 타오르면서 시인 블레이크Blake의 〈호랑이The Tyger〉처럼 빛난다. 또한 지하철에서 주변을 열심히 탐구하는 갓 걷기 시작한 아이처럼 호기심으로 빛난다. 그리고 총명함으로 빛나서 온전히 혼자 힘으로, 고치고 자라고 균형을 잡고 견딘다. 번식을 갈망하다가 그중 많은 몸은 성공해 유전자를 통해 곧 밝혀질 비밀의 실타래를 전수한다. 야생 상태의 모든 것처럼 신체의 구성 방식도 정연하고 우아하며 복잡하고 오래되었다. 또 신체는 끊임없이 자신을 새롭게 하고 무한한 근원에서 나오는 힘을 끌어들이기 때문에 싱싱하다." 우리는 모두 어렸을 때 이런 사실을 알았다. 우리는 몸 안에서 살았다. 이런 지식이 우리 안에 거룩한 호기심을 길렀다. "한때 우리는 모두 자기 몸 안에서 솔직한 즐거움을 느끼며 살았다. 손에 닿는 모든 것을 만져보고, 냄새 맡고, 맛봤다. 단추와 조약돌과 벌레를 보석인 양 살펴보고, 바람을 향해 얼굴을 내밀고, 하늘을 빠르게 나는 새와 물 위에서 춤추는 거품과 나뭇잎 사이로 비치는 햇빛을 입을 벌린 채 쳐다봤다. 어떤 아이를 보든 한때 우리 감각의 강이 맑게 흘렀음을 알 수 있다. 여전히 우리는 호기심 많고 주변에 감탄하는 동물이다. 아무리 감추고 약을 써도, 우리 몸은 여전히 거칠다. 이 감각적인 세상을 음미하고 탐구하도록 완벽하게 만들어진, 우리를 감싼 야생성이 일으킨 환한 불꽃으로 존재한다."[7]

하지만 몸과 신전을 똑같이 여기는 것에도 한계는 있다. 다른 어떤 은유와 마찬가지로, 지나치게 의미를 부여해도 안 되고 글자 그대로 해석해 의미를 축소해서도 안 된다. 존 컨저는 몸을 신전으로 여길 때의 결점을 발견했다. "문제는 일종의 이상화idealization이다. 우리는 신전 안에 있는 것을 만지지 않는다. 신전은 어떤 것을 담기 위한 곳이고, 몸이 정신이라는 존재를 하나로 모아 품고 있다고 보는 것이다. 그러나 융은 신체와 정신을 동전의 양면처럼 생각하며, 쪼갤 수 없는 공통 영역 또는 혼합이라고 말했다."

존 컨저: 신체가 사용하는 여러 언어

정신과 의사이면서 생명에너지학을 연구하고 태권도를 수련하는 존 컨저는 신체에 6가지의 언어 이전의 언어가 있다고 가르친다. 이는 인간이 한때 동물과 이야기를 나눴고 공통 언어로 소통했다는 아메리카 원주민의 이야기를 반영한 것이다. 언어 이전의 의사소통에 대해 그는 이렇게 말했다.

저는 대학원생들에게 신체 어휘에 관해 가르쳐왔습니다. 인류가 '말하는 유전자'를 만든 것은 12만 년 전입니다. 그때 후두가 마침내 아래로 내려와 말할 수 있게 되었지요. 물론 이전에도 많은 방식으로 소통은 이루어졌습니다. 소통은 모든 생명체에게 필수니까요. 그저 우리가 언어를 특별하게 생각할 뿐이죠. 언어가 디지털 혁명과 비슷하거든요. 모든 것을 바꿔버렸고, 우리는 다른 소통 방식을 잊어버린 거죠. 그런데 몸에는 파충류 뇌, 포유류 뇌, 피질, 이 세 개의 뇌가 있습니다. 유용한 것은 진화 과정에서 사라지지 않지요. 우리가 결국 발전시킨 말로 된 언어는 몸의 '언어'도 포함합니다. 저는 사람들의 행동을 늘 관찰합니다. 몸은 항상 말하고 있거든요. 사람들은 제가 그들의 몸짓으로 얼마나 많은 것을 알아내는지 놀라워합니다. 소스라치게 놀라며 묻지요. "어떻게 아셨어요?"
소통의 근본은 말이 아닙니다. 프로이트의 동료는 모든 가장 귀중한 순간은 언어 습득 이전의 시간이고, 모든 친근하고 복잡한 경험도 그때 이뤄진다고 말했습니다. 이야기를 주고받는 많은 경우에, 우리는 말을 넘어 그 이면에 있는 것을 직관적으로 이해해야 합니다.

그래서 저는 언어에 적어도 7개의 종류가 있다고 가르칩니다. 첫째는 본능입니다. 그리고 감각운동이 있습니다. 마이클 조던 같은 위대한 운동선수의 경우, 정보가 피질까지 가지 않습니다. 표현 형식이 감각 운동적으로 발달할 때 일종의 천재성이 생겨납니다. 주로 말로 소통하는 사람은 감각운동적 어휘가 매우 부족합니다. 그리고 심리학에서 인정하는 선천적인 패턴의 언어가 있고, 또 감각의 예술적 표현이 있습니다. 예를 들어, 화가는 자신만의 복잡한 언어로 된 복합 이미지를 만듭니다. 음악가에게도 창의력이 놀랍고도 정교하게 번쩍이는 순간들이 있지요. 그다음에 기호와 상징이 있는데 기호가 발전하면서 은유로서 상징을 끌어냅니다. 마지막으로 음성 언어가 있습니다. 저는 학생들에게 음성 언어를 사용하지 못하게 합니다. 안 그러면 몸으로 하는 소통을 쉽게 포기하기 때문입니다.

우주를 담은 거룩한 음식

인간은 살기 위해 먹을 수밖에 없는 존재이다. 삶의 근본적인 이런 측면이 정신과 육체 사이에 분명한 선을 긋는 것처럼 여겨진다. 하지만 정말로 그럴까? 정신과 육체의 관계라는 맥락에서 음식은 우리 몸에 어떤 의미일까? 먹는 것의 근본 이유가 생존일까, 아니면 다른 무엇일까?

앞서 언급한 것처럼, 오늘날의 우주론은 인간과 인간이 먹는 모든 것이 오래된 별에서 생긴 원자로 만들어졌음을 분명히 밝히고 있다. 따라서 과학과 고대의 영적 가르침은 '음식은 거룩하다'는 같은 결론에 이른다. 음식은 단순한 연료가 아니다. 음식은 삶과 죽음, 재탄생이라는 신비한 순환의 한 부분이다. 우리가 '음식'이라고 부르는 것은 한때 식물이나 동물(혹은 별)이었고, 그것이 우리를 살게 해준다. 그래서 먹는 것은 항상 고마운 마음을 불러일으켰고, 식사 기도는 매우 보편적이고 오래된 영적 실천이 되었다.

게리 스나이더의 말처럼 "살았던 모든 사람은 다른 동물의 목숨을 취하고, 식물을 뽑고, 과일을 따서 먹었다. 초기 인류에게는 해를 끼치지 않아야 한다는 계율을 이해하려는 그들만의 방식이 있었다. 생명을 취하는 것에 감사와 주의가 필요하다는 것을 알았다. 모든 죽음은 누군가에게 음식이 되고 모든 삶은 누군가의 죽음으로 유지된다."[18] 기독교를 비롯한 많은 종교가 같은 의식을 치르며 음식을 먹는 행위와 거룩한 존재를 삼키는 행위를 하나로 묶는다. 스나이더는 "고대 종교는 신을 죽여서 그 신을 먹는 행위"라고 설명한다. 음식은 성체sacrament, 즉 우리가 모든 존재와 모든 존재 뒤에 있는 모든 것과 맺는 거룩한 관계의 상징이다. 우리도 음식이다. 우리도 다음 세대를 위한 음식으로 먹히게 되어 있다. 이것이 바로 '희생'의 의미다. 다른 사람을 위해 자신을 음식으로 내놓는 것. 말 그대로, 우리 몸은 죽은 후에 지구에 묻혀 식물과 다른 생물을 위한 음식이 되고, 결국 다른 인간을 먹이게 된다.

포장된(직접 도축하지 않은) 고기나 포장된 빵(직접 씨앗을 뿌려 곡식을 수확해 굽지 않은)을 살 경우, 음식의 신성한 측면을 바르게 알거나 이해하기는 더 어렵다. 음식의 신성함과 멀어진 듯 느낄 수는 있어도, 우리에게 음식은 여전히 신성하다. 음식을 먹는 것은 거룩한 행위이므로 먹을거리를 정성껏 기르거나 그렇게 하는 사람을 격려하고 지지함으로써 우리 몸을 존중할 수 있다. 다양한 차원에서 이루어지는 유기농법은 우리 몸을 존중하고 집단 구성원을 깨끗이 씻는 방법이다. 스나이더의 말처럼 "자급 경제subsistence economy는 성찬 경제sacramental economy다. 삶과 죽음의 문제, 즉 먹기 위해 생명을 취하는 문제를 직시하기 때문이다."[19] 우리는 모두 먹거나 먹히므로, 우리가 먹는 음식과 다음 세대를 먹일 우리 몸을 감사히 여기고 공경하고 존중해야 한다. 물론 우리가 먹는 음식의 건강이 우리 자신의 건강의 척도이며, 시간이 지나면서 그것의 영향은 쌓인다. 그러다가 우리가 먹힐 시간이 오면, 자신이 가진 최고를 베풀며 동시에 감사와 공경과 존중으로 우리가 받아들여지기를 바랄 것이다. 결국 카르마karma는 카르마를 부른다.

알맞은 음식을 바르게 먹는 것은 자기 몸을 사랑하고 우주적 신전을 소중히 여기는 필수적인 방법이다. 그리고 여기에 수반돼야 하는 활동이 있다. 바로 운동이다. 우리는 건강을 유지하고 훈련하고 단련하면서 우리 몸을 존중해야 한다. 생활 속 대부분의 일처럼, 운동도 의도에 따라 경험과 가치가 결정된다. 허영심으로 하는 운동은 자신을 향한 감탄을 얻고자 몸을 매력 있게 만들려는 것에 불과하다. 이는 몸을 존중하기보다는 통제하는 행위다. 운동은 우리에게 실제적인 도움도 준다. 운동은 확실히 좋은 느낌을 갖게 한다. 에너지를 끌어올리고, 질병과 싸우고, 기분이 나아지게 하고, 우울함을 덜어주고, 스트레스를 줄여준다.

먹는 것처럼 운동도 우리가 원하는 만큼 큰 의미가 된다. 우리에게 축복으로 내려진 경이로 가득한 몸을 찬양하는 행위로서 기도 그 자체가 될 수 있다. 운동은 신체라는 아름다운 신전을 적절하고 바르게 기능하게 하고, 건강하고 청결하게 유지함으로써 공경하는 방법이다. 이런 방식으로 우리는 창조주와 피조물을 모두 찬양하고, 우리가 신체적으로 건강할 때

도움을 줄 수 있는 공동체를 존중하는 것이다. 이제부터 운동할 때 이런 점을 생각해보라. 자기 몸이라는 신전을 공경하려는 의도를 가지면 운동이 심오한 경험이 될 것이다. 애써서 몸을 움직이는 것이 조상과 후손에게 보내는 큰 선물이 된다. 몸이라는 선물을 존중하고 건강함과 아름다움을 유지함으로써 그들 모두를 찬양하기 때문이다. 이렇게 접근하면, 먹는 것과 운동은 살아 있는 기도가 된다.

차크라Chacra: 신성한 육체의 재발견

플라톤과 성 아우구스티누스 이후로 서양 사상의 많은 부분은 정신 대 물질, 신체 대 영혼이라는 이원론에 갇혔다. 그러나 동양 사상은 달랐다. 인간의 육체를 부끄러움보다는 훨씬 더 깊은 호기심으로 바라보았다. 차크라라는 동양 전통에서 이 점이 뚜렷이 드러난다. 이 전통은 우리 몸에 차크라라는 에너지 또는 힘의 중심점이 있고, 이 중심점이 우리 삶에서 적절한 역할과 힘을 갖게 되면 우리도 신체적으로나 정신적으로 강하고 건강해질 것이라고 가르친다. 다양한 전통만큼 차크라에 대한 이해와 해석도 다양한데, 차크라가 7개 혹은 9개, 심지어 16개가 있다는 주장도 있다. 나는 신전인 육체와 자신의 관계를 탐구할 때 차크라가 많은 것을 밝혀준다고 생각한다. 수년에 걸쳐 다양한 자료에서 얻은 차크라에 대한 내 생각을 여기에 정리한다.

제1차크라

내가 생각하는 차크라는 7개로, 첫 번째 차크라는 꼬리뼈*sacrum*('sacrum' 은 라틴어로 '신성한 것'이라는 의미다)에 있다. 제1차크라는 진동, 즉 소리를 알아챈다. 인간에게 꼬리가 여전히 남아 있다면 우주의 진동과 소리를 그만큼 많이 포착할 것이다. 우리는 이제 우주의 모든 원자가 소리, 즉 진동을 내뿜고 있다는 것을 안다. 모든 존재가 음악을 연주하고 있는 것이다. 그러므로 제1차크라는 우리를 우주와 우주의 모든 존재와 그것의 진동과 이어준다. 어쩌면 그래서 우리가 꼬리를 잃었는지도 모른다. 꼬리가 온전하다면 인간의 민감한 감각 체계에 너무 큰 부담이 될 것이기 때문이다.

많은 종교가 소리를 찬양한다. 힌두교 성전은 "태초에 소리가 있었다", 기독교 성전은 "태초에 말씀이 있었다", 유대교의 창조 이야기는 "신이 말씀하시니"라고 시작한다. 오스트레일리아 원주민 부족들도 신이 노래로 각 생명체를 탄생시켰다고 말한다. 노래나 음악, 북소리, 춤을 통해 제1차크라를 찬양하지 않는 종교가 어디에 있을까?

춤은 제1차크라에 아주 중요하다. 하위 차크라들이 무릎과 발에 있기 때문이다. 무릎과 발을 사용해 땅 어머니 위에서 춤추는 것은 제1차크라를 자극하고 기르는 행동이며, 하늘 아버지와 땅 어머니의 기운을 잇는 것이다. 제1차크라는 분명 최초의 차크라이므로, 다른 모든 차크라를 작동시킨다. 이런 작용이 일어나지 않으면 나머지 차크라는 어떻게 될까? 힘이 덜 전달되어 완전한 작동을 위한 에너지가 부족해진다.

특히 남자들에게 제1차크라 단련은 중요하다. 제1차크라를 단련하면 남성적인 영혼의 힘을 회복할 수 있다. 북 치고 춤추는 것은 우리를 땅과 다시 이어주므로 훌륭한 제1차크라 활동이다.

제2차크라

6장에서 섹슈얼리티와 관련된 제2차크라를 이미 언급했다. 제2차크라는 생식기에 있다. 동양에서는 개인적 즐거움과 관계뿐 아니라, 더 큰 공동체와 가족과 부족의 지속을 위해 우리가 받은 힘으로서 섹슈얼리티를 공경한다. 생식성, 창조력, 공유, 친밀감, 기쁨, 놀이, 자신과 가족과 종의 번식, 이 모든 요소가 자리 잡는 곳이 제2차크라다.

제3차크라

제3차크라는 배꼽 바로 아래에 있다. 합기도나 태극권 같은 무술 수련에서 집중하고 자신을 고정하는 곳이 바로 여기다. 부당함에 '울화가 치솟을' 때 화와 도덕적 분노를 경험하는 곳이기도 하다. 따라서 제3차크라는 선지자 또는 영적 전사를 되살리는 데 매우 중요하다. 연민도 제3차크라에서 시작되고, 부당함의 인식과 그에 따른 분노도 여기서 일어난다. 그러나 연민의 완전한 표현은 제4차크라의 작용이다. 슬픔도 제3차크라에 속한 감정이므로, 깊은 슬픔을 그대로 인정하고 그 슬픔에 관심을 기울일 때 제3차크라를 존중하게 된다.

분노는 억울하게도 오랫동안 비난의 대상이었다. 많은 철학자가 자신의 상황을 지키기 위해 영혼을 팔고, 분노를 죄악이라고 가르쳐왔기 때문이다. 1세기 철학자 필로*Philo*의 말, 즉 "우리는 하층 계급을 다루듯 격정을 억눌러야 한다"는 말을 생각해보라. 최소한 그 말의 의도는 확실한데, 분노의 통제가 지배계층, 노예 주인과 제국주의자들의 방식이라는 의미다. 분노가 최고의 죄악이라고 가르친 아우구스티누스와 분노 없이 위대한 일은 일어나지 않는다고 말한 아퀴나스를 비교해보라.

분노는 나쁜 것이 아니라 필요한 것이다. 공격성도 삶의 일부다. 그것을 어떻게 사용하고 어디로 이끌 것인가, 즉 폭력으로 향할 것인가 아니면 내면의 힘의 성장으로 향할 것인가가 중요하다. 제3차크라의 분노 문제를 해결하는 단계는 첫째, 화가 났음을 인정하고, 둘째, 분노를 표현할 건강하고 비폭력적인 방법을 찾고, 셋째, 분노를 진심으로 바라고 해야만 하는 일을 하게 하는 원료로 쓰는 것이다. 남자들은 개인적인 삶과 사회적인 삶에서, 그리고 직장과 가정에서 어떻게 분노를 처리하고 있는가?

제4차크라

제4차크라는 심장과 폐에 있는 연민의 차크라로, 9장에서 중점적으로 다룰 것이다. 제4차크라는 '중심'에 있다. 그래서 아래에 있는 세 차크라의 지지와 위에 있는 세 차크라의 보살핌을 받는다. 도움의 손길을 주는 차크라로, 손을 통해 선을 행하는 심장의 차크라, 즉 공동체를 돕는 치유의 손길이다. 심장마비가 일어나는 것은 혈관을 막는 지방 때문이기도 하지만 연민을 충분히 발휘하지 않아서일 수도 있다.

영적 전사인 벽 고스트호스는 "두려움은 악령을 들어오게 하는 심장의 문"이라고 가르쳤다. 심장에 있는 차크라는 우리에게 닥치는 모든 두려움, 정부와 미디어와 조직화된 종교가 우리에게 심으려는 두려움보다 더 강해야 한다. 특히 종교는 '신을 향한 경탄'의 진정한 의미를 '신에 대한 두려움'으로 왜곡해 수백 년간 몽둥이처럼 휘둘러왔다. 토마스 아퀴나스는 어쩌면 자신 외에는 "어떤 것도 두려워하지 않아야 한다"고 말했다. 그러므로 우리는 신을 두려워해서는 안 된다.

두려움이라는 감정은 너무 강력해서 우리 영혼을 차지하면 "모든 연민을 몰아낼 수 있다." 종교는 사람들을 복종시키기 위해 지옥 불과 천벌을 가르쳐 그들에게 두려움을 심는다. 두려움을 공격적으로 조작하면 땅 위에 지옥을 만들 수 있지만, 연민을 퍼뜨리면 천국을 건설할 수 있다. 두려움에 빠진 사람들은 위축되고 방어적이 되며 문제를 창의적으로 해결하지 못한다. 심장에 있는 차크라는 관심과 돌봄과 보살핌을 요구한다. 따라서 사랑보다 두려움을 강조하는 종교나 정치의 중독성 있는 메시지에서 보호받아야 한다. 사랑과 두려움은 공존하지 않는다. 〈요한서신〉에 따르면 "사랑은 두려움을 몰아낸다." 심리학자들도 치료를 위해 이 사실을 이용한다.

제5차크라

제5차크라는 목구멍이 가진 힘, 즉 말의 힘과 지혜를 나누는 힘을 공경한다. 목구멍 차크라가 괜히 심장과 정신 차크라 사이에 있는 게 아니다. 목구멍은 지혜를 낳는 탄생의 길이며 우리는 그 길을 통해 자신의 목소리를 찾고 세상과 목소리를 나눈다. 선지자_prophet_는 그리스어 'Propheto'('떳떳이 밝히다'라는 뜻)에서 유래했다. 그런데 우리 목구멍이 음료나 음식, 맛있는 소비재로 꽉 차버리면 지혜를 탄생시킬 수 없고, 따라서 공동체에 우리 재능을 베풀 수 없다. 소비지상주의는 쉽게 우리를 식탐에 빠뜨리고 지혜를 탄생시키는 능력을 질식시킨다. 그러므로 자신의 목소리를 찾아 지혜를 낳을 수 있도록, 목구멍을 깨끗하고 열려 있게 유지해야 한다. 이것이 영적 전사의 자격, 선지자적 소명이다.

제6차크라

제6차크라는 우리의 정신, 우뇌와 좌뇌의 강력한 결합을 공경한다. 눈썹 사이에 있어서 '이마' 차크라로 불리기도 한다. 이 차크라는 비판적이고 분석적인 측면뿐 아니라 직관적이고 신비로운 측면도 실행한다. 남자들은 걸핏하면 좌뇌의 역할, 즉 분석 능력과 표현 능력만 가진 것으로 규정된다. 물론 이 능력들도 유용하고 중요하지만, 우뇌가 가진 능력도 길러야 한다. 우뇌에는 언어적인 것보다는 공간적인 것, 합리적인 것보다는 직관적인 것을 보고 이해하는 신비적인 측면이 있다. 남자들은 자신에게 더 신비로운 측면, 오토 랭크가 말한 '비합리적인 것'이 있음을 스스로 인정해야 한다. 그의 경고대로, "삶 자체가 비합리적이다." 여기에 경이와 경외, 신비한 세상의 섭리가 놓여 있다. 건강한 제6차크라는 좌뇌와 우뇌의 균형 잡힌 사고를 뿜낸다. 그 둘이 관계를 맺을 때, 다시 말해 결합할 때 '제3의 눈'으로 발전한다. 에크하르트는 이 눈에 대해 이렇게 말했다. "내가 신을 바라보는 눈은 신이 나를 바라보는 눈과 같다."

제7차크라

일곱 번째이자 마지막 차크라는 머리 꼭대기, 정수리 근처에 있다. 동서양의 수도승들은 이곳을 직접 밀고, 유대인들은 이곳에 야물커_yarmulke_라는 모자를 쓴다. 이런 의식 같은 행동의 의미는 무엇일까? 다른 6개의 차크라가 모은 빛 에너지의 정점인 제7차크라가 가진 중요한 힘을 찬양하는 것이다. 각 차크라의 에너지는 머리 꼭대기에 모여 자신의 빛과 온기를 세상에 보내고, 살아 있거나 죽은 다른 빛의 존재들과 연결되게 한다. 이 차크라는 우리를 조상과 천사, 건강하고 완전한 삶을 살고자 하는 다른 사람들과 이어준다. 기도할 때 야물커를 쓰는 것은 인생에서 이 에너지를 가두어두는 것이 좋은 때가 있음을 상징한다. 다른 때에는 그 에너지와 빛을 밖으로 보내는 것이 좋다.

제7차크라는 비뚤어질 수 있으니 조심해야 한다. 다른 사람에게 빛과 에너지를 보내는 대신, 질투를 할 수 있다. 질투는 다른 사람이 가진 좋은 점을 인정하지만, 그것과 이어지려 하지 않고 오히려 쏴서 떨어뜨리려는 것이다. 공동체를 강화하는 대신 경쟁하고 전쟁을 일으켜 그것을 파괴하려는 것이다. 남자들은 특히 질투와 경쟁 그리고 전쟁을 일으키기 쉬운데, 사회가 다른 선택지를 희생시키면서 이런 힘들을 기를 때 더욱 그렇게 된다.

7개의 방을 가진 우리 속 신전

7개의 차크라를 지정하는 것은 우리 몸을 신전으로 개념화하는 실용적인 방법이다. 차크라는 신성한 신전에 있는 제단이라고 볼 수 있다. 우리의 에너지가 모이고 사랑과 힘이 뿌리내리는 중심지이니 말이다. 제단은 중심 시설이고, 차크라는 신전 속 만남의 장소다.

차크라는 거룩한 신전에 있는 여러 개의 방으로도 볼 수 있다. 각 차크라는 아름다움과 지혜, 우아함, 사랑, 권능으로 들어갈 수 있는 신성한 문이다. 제1차크라는 우주라는 전체와 우리를 이어주는 소리와 진동의 방으로, 우주는 큰 소리로 웅웅거리며 우리도 그 소리와 하나가 되기를 요구한다. 제2차크라는 생식성과 육체적인 대화, 사랑의 행위 그리고 새 생명을 내놓는 힘의 방이다. 제3차크라는 감정의 기반, 꿋꿋함, 슬픈 울음, 도덕적 분노와 정당한 노여움의 방이다. 기반을 단단히 하면 이런 감정들을 비폭력적인 저항운동과 정의와 연민의 행동으로 돌릴 수 있다.

제4차크라는 위와 아래 각각 3개의 차크라가 둘러싸며 보호하는 중심에 있는 방이다. 심장이 있고, 온몸을 데우고 밝히는 연민을 위한 화로가 있다. 토마스 아퀴나스는 "사랑의 첫 행위는 (언 마음을) 녹이는 것"이라고 말했다. 용서도 이곳에서 찾을 수 있다. 신이 바로 이곳 심장에 머무는데, 신을 부르는 최고의 이름이 연민이기 때문이다. 모든 치유와 즐거움, 사랑, 두려움의 극복은 이 네 번째 방에서 이뤄진다.

제5차크라는 목소리를 담는 방이다. 지혜와 정의를 향한 열정을 낳는 길인 목구멍으로, 말이나 예술을 통해, 즉 심장과 마음에서 흘러나오는 행위로 드러난다. 제6차크라는 좌뇌와 우뇌가 사랑을 나누는 신방으로, 진정으로 지적이면서 신비한 삶이 창의적으로 탄생하는 곳이다. 뇌의 두 부분은 협력하며 작용하여, 창조력이 가져다주는 기쁨을 절정에 이르게 하고 신성한 상상력을 살아 숨 쉬게 한다.

마지막으로 제7차크라는 공동체를 건설하는 동료로서, 천사에서 선조에 이르는 다른 모든 빛의 존재와 함께하기 위해 빛과 에너지를 뿜는 발산의 방이다. 이 방에서 당신과 모든 재능 있는 존재가 거룩한 세상, 치유된 세상을 실현하는 데 전념한다. 따라서 우리는 신전으로서 몸을 되찾는다.

|

몸에 대한 인식을 되찾는 4단계 방법

앞서 말한 것처럼, 서양 사람들은 자기 몸, 자신의 신전과 제대로 소통하지 않는 경우가 많고, 몸에 대해 생각하는 것을 좋아하지 않는다. 이런 상황은 우리를 자기감정과 멀어지게 할뿐더러, 사람 사이의 관계와 신과의 관계도 단절시킨다. 존 컨저는 《회복 중인 신체*The Body in Recovery*》에서 우리가 자기 몸과 다시 이어지고 몸 안에서 온전히 존재할 수 있는 네 가지 방법을 제시했다. 그가 제시한 방법에 내 생각을 더해 그 단계를 설명하면 다음과 같다.

1단계: 땅과 이어지기

첫 번째 단계는 땅과 이어지는 것이다. 컨저는 "땅과 이어지지 않으면 위험하다"고 말한다. "땅에 닿지 않으면 불안정해지고 우리가 걷는 바로 그 땅의 지지도 받지 못한다. 우리에게는 뿌리가 없다. 자신의 느낌과 단절되고 다른 사람과도 이어지지 않으면 우리는 보잘것없는 존재가 된다."[20] 땅과 더 이어지는 연습을 할 수 있는데, 스스로가 땅속 깊이 뿌리 내리고 있는 나무라고 상상하는 것이다. 이때 다른 사람에게 자신을 밀어보게 하면 자기 안에 있는 상당한 힘을 느낄 수 있다. 이러한 시각화는 큰 도움이 된다. 또는 다음의 세 가지 자세의 차이를 생각해보는 것도 좋다. 첫째는 무방비 상태로 서 있는 아이의 자세다. 이 자세로는 쉽게 밀려 쓰러진다. 둘째는 다리를 넓게 벌린 방어적인 자세다. 이런 자세의 사람은 지나치게 대립적이다. 셋째는 '내부 자세'다. 즉, 자기 자신과 나란히 서서 에너지가 최대한 땅에서 올라와 사지와 몸통으로 들어왔다가 다시 땅으로 흘러나가게 하는 자세다.

2단계: 경계 설정

땅과 이어지는 법을 배우고 나면 언제든 경계를 설정할 수 있게 된다. 컨저는 "경계는 우리를 보호하며, 사람들에게 선을 넘고 있음을 알려준다"고 설명한다. "경계는 사람들에게 부딪칠 수 있는 어떤 것, 사회적 상호작용 차원에서 우리가 누구인지 알게 하는 정보를 제공한다. 사람들은 우리에게 부딪쳐 우리가 누구인지 알아내기를 원한다."[21]

사회적 공간과 사적 공간은 별개다.[22] 따라서 그 둘을 구분할 줄 알아야 한다. 사적 공간은 보통 우리 몸에서 30~60센티미터 정도 떨어진 곳까지다. 자신과 다른 사람 사이에 '중립적인 공간'이 생기도록 충분한 거리를 두고 선 후, 불편함을 느낄 때까지 상대를 자기 쪽으로 천천히 걸어오게 해보자. "기분이 어때요?"라고 그 사람에게 물어보고 눈을 들여다보며 두려움을 찾는다. 가까이 오지 말라는 신호, 경계를 침범하지 말라는 신호를 찾아보는 것이다. 이렇게 사적 공간을 알 수 있다. 그런 다음 역할을 바꿔보면 건강한 경계라는 개념은 더 분명해진다. 컨저는 이렇게 말한다. "딱 잘라 거절하지 않으면 기꺼이 승낙할 수도 없다. 팔 길이만큼 세상과 간격을 유지하는 것, 그만큼 다른 사람을 밀어내는 것이 건강한 발전을 위해 중요하다. 경계를 알면 진심으로 다른 사람을 안으로 들일 수 있게 된다."

3단계: 호흡

호흡은 몸을 존중하고 몸이 우리 안에서 더 활력을 띠게 만드는 다른 방법이다. 컨저는 "시간이 지나면서 완전한 호흡이 줄어들고, 갈비뼈가 경직되고, 맥박이 희미해지고, 무한한 에너지가 싸늘한 침묵 속에 억지로 버려졌다"면서 "더는 숨이 생식기까지 쭉 내려가 닿지 않고, 이제는 상체와 하체를 이어주지도 않는다. 우리는 어쩌다가 생명 에너지를 억누르게 되었을까?"라고 한탄했다.[23] 많은 명상 수련에서는 호흡을 존중하고, 호흡을 세어보거나, 의도적으로 숨을 깊숙이 들이마시라고 가르친다. 달리기, 수영, 하이킹을 비롯한 스포츠도 숨을 더 깊이 쉴 것을 권한다.

크리스티안 데 라 후에르타는 심호흡에 대한 워크숍을 열어 사람들에게 강한 인상을 줬다. 인터뷰에서 그는 자신의 방법을 이렇게 설명했다.

이것은 요가의 일종으로 수천 년 동안 동양에서 행하던 호흡의 형태이다. 서양에는 약 35년 전, 샌프란시스코 베이 에어리어에서 알려졌다. 방법은 아주 간단하다. 약 한 시간 동안 순환해서 이어지는 방식으로 호흡하는 것이다. 나는 심리학을 공부했고, 아버지는 정신과 의사이다. 나는 환각에는 빠지지 않거나 완전히 중증은 아닌 일반적인 신경증 환자에게 심리치료보다 호흡 수련을 권하는데, 빠르게 작용해서 즉시 그리고 깊숙이 치유되기 때문이다. 호흡 수련이 효과가 좋은 치료적 관계*therapeutic relationship*•를 대체하지는 못하지만, 신체나 감정, 정신, 영혼 등 모든 측면에서 호흡 수련은 치유 효과가 있다. 10년 동안 상담실 소파에 앉아서 똑같은 소리를 지겹게 반복하는 일을 건너뛸 수도 있고, 극적인 변화와 치유가 일어나는 것을 단번에 목격할 수도 있다. 평생 한쪽 귀가 잘 안 들리던 한 남자 환자는 호흡 수련을 하는 도중 '펑' 하는 소리를 들었고, 다음날 아침부터 귀가 다 잘 들리게 되었다. 한 여자 환자는 호흡하면서 누워 있다가, 치료사가 손가락 튕기는 소리에 5살 때 기억을 되살리기도 했다. 아빠와 싸우고는 자전거를 타고 나갔다가 넘어져 코가 부러지고 온몸에 멍이 든 적이 있었는데, 40년 동안 잊고 있다가 기억을 되살린 다음날 얼굴에 멍이 든 것을 발견했다. 우리 몸에 저장된 기억의 힘과 그 기억을 치유하는 것이 얼마나 중요한지 보여주는 사례이다.

또 다른 남자 환자는 딱 한 번의 수련으로 자신이 정직하지 못한 인생을 살고 있음을 절실히 깨닫고, 2주 뒤 여자 친구에게 그동안 다른 여자를 만났음을 털어놨다고 했다. 이후 식단을 바꿔 채식주의자가 되고 삶을 바로잡았다. 단 한 번의 수련으로 말이다.

치유 효과 외에 다른 장점도 많다. 호흡 수련을 통해 깊은 환희를 느낄 수 있다. 나는 가장 심오한 영적 경험은 모두 호흡 중에 얻었다. 죽은 친

• 치료자가 내담자에게 진실한 태도를 보이고 내담자와의 친밀감을 촉진하는 애정 어린 우정의 관계.

척이나 소중한 사람, 혹은 천사가 방문하고, 그리스도나 부처를 만났다고 말하는 사람도 있다. 진정 심오하고 정말 겸허해지는 시간이다.

나도 기독교인 워크숍에 참석해 이러한 심오한 경험을 몇 번 했다. 한 번은 죽은 내 반려견 트리스턴을 만나 함께 하늘과 천국을 여행했다.

4단계: 느낌

컨저는 땅과 이어지기, 경계 설정, 진짜 호흡이 이뤄지면 폭넓은 감정을 다시 품을 준비가 된 것이라고 말한다. "숨을 가슴과 배까지 완전히 불어넣으면 감정이 풀려나는데," 그동안 감정은 우리 삶에서 차단되거나 부정되었다. 감정은 우리 존재에 너무나도 중요하다. 그래서 살인자처럼 정상적인 감정이 없거나 부족한 사람들은 우리를 큰 충격에 빠뜨린다. "감정의 결핍으로 인해 잔악하고 괴물 같은 인간이 되는 것이다." 좋은 부모는 "느낌을 부추겨 아이가 모든 기분을 느끼게 한다." 하지만 안타깝게도 우리는 학교나 가정에서 "얌전하게 굴어라"와 같은 말을 들으며, 사회화 과정에서 감정과 단절된다. 컨저는 "사회화는 우리에게 공격성을 억누르라고 요구한다"면서, "우리는 인정받고 싶은 조급함에 적대적인 감정을 뜯어내고, 자신의 어두운 면을 거의 인식하지 않은 채 살게 된다"고 말했다. "다양한 종류의 감정에 접근하지 못하고, 감정의 빈곤 상태에서 사는 것이다. 화는 직접적인 방식이 아닌, 꼬이거나 비틀린 방식으로 새어 나온다."[24] 세상의 작동 방식이 수동적인 공격성으로 얼룩질 수도 있다.

감정의 빈곤을 막기 위해 우리가 할 수 있는 것은 무엇일까? 컨저는 차고 때리기를 실행하라고 권한다. 차고 때리는 행동은 "억눌린 공격성을 감각적으로나 심리적으로 인식할 기회를 준다. 노력하면 세포 조직에 묶여 무의식 속으로 사라진 감정을 모두 꺼낼 수도 있다."[25] 방법은 간단하다. 베개나 침대, 폼 큐브를 차거나 때리면 된다. 방망이나 테니스 라켓으로 때릴 수도 있다. 그러면서 어떤 "내면의 영화"가 마음속에 나타나는지 관찰한다. 돌아다니거나 제자리에서 그냥 때리거나 차라. 차는 행위는 상체와 하체를 이어줄 수도 있다. 또는 바닥 위에서 발을 굴러라. 발 구르기는 어린 시절 항의하거나 화를 표출하기 위해 했음직한 동작이다. 나는 발을 구르도록 권장하는 의식에 참여한 적도 있다.

자신의 몸 안에서 편안함을 느끼면 어디에서나 편안해질 수 있다. 영혼을 육체에 담을 때 중요한 것은 편안함이다. 그것은 '지금, 여기에 있는 것'이며 이곳에 있기를 바라는 것이다. "하느님의 나라가 너희 가운데 (그리고 너희 안에) 있다"라는 예수의 가르침과도 깊은 관련이 있을 것이다. 온전히 현재에 존재하는 것과 온전히 육체 안에 존재하는 것은 같다. 그것이 결국 두려움과 걱정을 극복하게 한다. 육체와 영혼이 다시 하나가 된다. 우리가 믿는 것이 우리 몸의 작용을 통해 현실이 된다. 융의 말처럼 "우리가 정신과 육체 사이에 그은 선은 인위적이다. 쉽게 이해하도록 만든 것뿐이다. 사실 살아 있는 육체만 존재한다. 육체가 살아 있는 정신인 만큼, 정신도 살아 있는 육체다. 둘은 같은 것이다. 이것이 진실이다"[26]

육체를 노래하는 시

도스토옙스키는《카라마조프가의 형제들》에서 모든 창조물을 향한 사랑을 시로 표현했다. 나는 내 책《하나의 강, 여러 개의 우물*One River, Many*

Wells)에서 이 시를 다시 썼는데, 내가 정말 좋아하는 이 시는 우리 몸에 대해 비슷한 시를 쓰도록 영감을 준다.

> 당신의 온몸을 사랑하세요.
> 당신의 세포, 당신의 장기, 당신의 감각, 그리고 당신의 힘을
> 당신의 간을 사랑하고
> 당신의 신장을 사랑하고
> 당신의 창자를 사랑하고
> 당신의 성기를 사랑하고
> 당신의 허파를 사랑하고
> 당신의 비장을 사랑하고
> 당신의 쓸개를 사랑하고
> 당신의 뼈를 사랑하고
> 당신의 심장을 사랑하고
> 당신의 귀와 당신의 들림을 사랑하고
> 당신의 눈과 당신의 보임을 사랑하고
> 당신의 코와 당신의 냄새 맡음을 사랑하고
> 당신의 입과 당신의 맛봄을 사랑하고
> 당신의 피부와 당신의 만짐을 사랑하고
> 당신의 말함을 사랑하고
> 당신의 근육을 사랑하고
> 당신의 두뇌를 사랑하고
> 당신의 상상을 사랑하고
> 당신의 마음을 사랑하고

당신의 발을 사랑하고

당신의 발가락을 사랑하고

당신의 발목을 사랑하고

당신의 팔꿈치를 사랑하고

당신의 목을 사랑하고

당신의 손과 손가락을 사랑하고

당신의 등과 어깨를 사랑하고

당신의 가슴과 배를 사랑하고

당신의 온몸을 사랑하세요.

당신의 몸을 사랑한다면

그 속에 깃든

신성한 신비를 알아차리게 되고

그것을 알게 되면

신성한 신비를 매일 더 잘 이해하게 되고

결국 여러분은

모두를 포용하는 사랑으로

다른 모든 몸을 사랑하게 됩니다.

그러면 여러분은 공동체를 알게 되고

그러면 여러분은 연민을 알게 되고

그러면 마이스터 에크하르트의 말처럼

연민이

"당신의 몸과 당신의 영혼에 편안히 물들기 시작합니다."

하나의 몸, 그 이상

보통 우리는 자신에게 몸이 하나만 있다고 생각하지만, 사실 크고 끊임없이 확장하는 우리 영혼에는 여러 몸이 있다. 영혼을 담은 몸이 경이로 가득한 여러 몸이라는 것을 인정하는 것도 몸을 공경하는 방식 중 하나다.

우리는 당연히 '물리적인' 몸을 가지고 있다. 그런데 우리 안에는 우주도 있다. 우리 몸은 탄소, 수소, 헬륨, 질소, 황, 마그네슘 등 적어도 45억 년에서 많게는 130억 년 동안 우주를 채워온 다양한 물질로 만들어졌다. 그러므로 우리는 내면에 '우주적인' 몸을 가지고 있다고 과학적으로 정확히 말할 수 있다. 이는 결코 추상적인 개념이 아니다. 우리의 우주적인 몸은 햇빛이 식물 생명체와 동물 생명체 등으로 전환된 것, 즉 우주적인 음식을 매일 섭취한다. 우리는 우주적이면서 물리적인 몸을 건강하게 유지하기 위해 우주적인 음식을 먹는다.

우리의 물리적인 몸은 또한 '땅'의 몸이라고 생각할 수 있다. 우리 몸은 여러 방식으로 땅 어머니와 그녀의 토양과 영양분, 꽃과 나무, 곡식과 풀, 동물과 새로 이루어졌다. 땅의 흙은 우리 몸을 구성하는 흙과 매우 비슷하다. 그리고 언젠가 우리는 땅으로 돌아간다. 평생 우리를 먹인 위대한 어머니가 마지막에는 우리를 삼켜, 우리의 물리적인 몸, 땅의 몸으로 다른 존재를 기른다. 당연히 우리는 '지금' 살아 있는 동안 무릎과 발, 심장, 허파, 땀을 사용해 땅 위에서 춤추며 땅을 찬양하고 땅에 감사하라는 가르침을 받는다. 또한 지구가 부당한 취급을 받을 때 보호하라는 지시도 받는다. 이 모든 것은 땅 어머니와 그녀가 우리 몸에 베푸는 사랑에 대한 감사이며, 우리가 자기 몸을 사랑하는 방식이다.

우리에게는 '신성한' 몸도 있다. 실제로 신은 육체를 빌려 나타난다. 신이 우리 안에서 스스로 살이 되는 것이다. 랍비 헤셸의 가르침처럼 우리는 "신의 손"으로—신이 우리를 통해— 연민을 베푼다. 바로 그 일을 행하기 위해 "신에게는 우리가 필요하다." 인류의 역사와 인류가 사는 지구 위에 연민을 되살리는 것은 우리에게 달려 있다. 하느님이 예수의 몸으로 태어났다는 기독교의 가르침은 종종 완전히 잘못 이해되어 가르쳐진다. 그것의 온전한 의미는 하느님이 '우리 모두'의 안에서 살을 취해 인간의 모습으로 나타난다는 것, 또는 최소한 그러려고 애쓴다는 것이다. 우리는 이런 호사를 만끽할 준비가 되었는가? "네, 들어오세요. 나와 내 영혼과 내 몸을 이용해 치유와 찬양과 변화의 역사를 이루세요"라고 기꺼이 말할 수 있는가? 신은 우리 각자 안에서 '이미지와 닮음'을 찾는다. 인간이 많고 다양한 이유다. 신도 많고 다양해서 자신을 드러내기 시작할 때조차 '많은 이미지'가 필요하다. 신은 우리가 창조하고 있을 때, 특히 우리가 연민을 행할 때 자신을 드러낸다.

우리 몸은 평생 동안 계속 변한다. 우리 몸은 시간을 담고, 시간은 몸으로 드러난다. 컨저의 말처럼 "우리에게는 갓난아기와 아동, 십 대, 청년, 중년, 노년, 말년의 몸이 있다. 우리는 이 몸들을 함께 묶어 앨범에 담는다. 안경을 쓰거나 벗은, 머리카락이 있거나 없는, 자신과 가족의 모습을 알아보며 웃는다. '너 아이였을 때 정말 귀여웠네'라고 말한다. 어린 시절에서 노년까지 우리의 다양한 몸은 급격하게 변하지만, 그 속에 변함없는 존재로서 우리를 인식할 수 있는 어떤 것, 몸이라는 구슬을 꿰는 본연의 실은 간직하고 있다. 다양한 우리의 몸과 함께, 몸의 형태가 변할 때마다 드러나는 우리의 본성을 보면 많은 영감이 생겨난다."[27]

몸의 이런 모든 측면이 우리 몸이다. 인간이 된다는 것은 물리적인 몸,

우주적인 몸, 땅의 몸, 신성한 몸을 갖는 것이다. 이것들이 온전히 존재하며 고스란히 담긴 몸을 갖는 것이다. 인간의 몸은 우주적인 몸과 땅의 몸의 부분이자 그것들을 하나로 묶은 몸이다. 사실 가이아*Gaia*가 아프면(이상 기후가 지구에 병이 생기고 있음을 분명히 말해준다) 우리 몸도 고통을 겪는다. 우리 몸의 건강은 가이아, 즉 땅의 몸의 건강에 달려 있다. 우리는 그녀와 엮여 있어서, 다른 인간, 식물, 동물 등 다른 몸과 분리될 수 없는 것처럼, 결코 땅에서 떨어질 수 없다. 우리는 한 몸이다. 위대한 신비주의자 바울은 이를 "신비한 그리스도의 몸"이라 불렀다. 우리는 그 몸의 광대함에 담긴 우주이자 대우주의 일부이며 소우주로서 우리 자신이다. 힌두교도 한 사람으로서 우주에 관해 이야기하고, 불교도 대우주와 소우주, 거대한 몸, 보이는 몸이라는 모든 존재로서 부처의 본성을 전한다.

마이스터 에크하르트가 "영혼은 몸을 사랑한다"고 말한 것도 당연하다. 13세기 신비주의자 마그데부르크의 메히틸드*Mechtild of Magdeburg*는 이렇게 전했다.

> 자신의 몸을 업신여기지 말라.
> 영혼은 천국에 있을 때만큼이나 육체 안에서
> 그렇게 확실하지 않지만 안전하고
> 그렇게 강하지 않지만 과감하고
> 그렇게 충실하지 않지만 힘 있고
> 그렇게 즐겁지 않지만 사랑하고
> 그렇게 풍요롭지 않지만 자상하고
> 그렇게 결백하지 않지만 거룩하고
> 그렇게 완전하지 않지만 만족스럽다.[28]

이 의미 있는 시기에 특별히 축복받은 지구에서, 남자든 여자든, 피부색이 어떠하든 누군가의 몸에 들어 있다는 것은 대단한 특권이다. 이 순간을, 이 기회와 이 시기를 허비하지 마라. 질문하라. 이 몸 안에 있는 동안 우리는 어떤 헌신을 할까? 이 남자 혹은 여자 몸으로, 이 캐나다인, 중국인, 아프리카인, 켈트인, 미국인의 몸으로, 사랑하면서 미워하고, 화를 내면서 평온하며, 행복하면서 슬프고, 불완전하면서 완벽하고, 실없으면서 진지한 이 몸으로, 이 21세기의 몸으로, 나는 어떤 도움을 줄 수 있을까? 몸은 영혼의 소명, 영혼의 갈망과 나란히 간다. 몸은 영혼을 도우면서 영혼이 이끄는 대로 따르기 때문이다. 우리 영혼은 무엇을 갈망하는가? 아퀴나스의 가르침처럼 몸과 영혼은 함께 "콤무니오 아드미라빌리스" 즉, 놀라운 교감을 이룬다.

오늘날 영적 전사의 임무는 여전히 서양 문화에 영향을 미치고 있는 몸에 대한 부정적인 가르침을 해체하는 것이다. 영혼과 물질을 분리해 영혼은 찬양하면서 물질은 깎아내리는, 플라톤에서 비롯된 이원론을 무너뜨리는 것이다(예컨대 아우구스티누스는 "영혼은 물질이 아닌 모든 것"이라고 주장했다). 건강한 전사는 이 위험한 생각에 맞서야 한다. 이런 생각이 땅과 자신의 몸, 여자와 동물을 향한 인류의 증오와 무관심을 낳는다.

우리 몸과 물질 전반의 거룩함을 회복하기 위한 투쟁에 도움이 될 중요한 협력자가 있다. 바로 과학이다. 물리학자 데이비드 봄*David Bohm*은 물질을 "얼어붙은 빛"으로 규정했다. 얼어붙은 빛이든 매우 느리게 움직이는 빛이든 물질은 특별하다. 우주에 있는 물질인 빛 미립자 하나에 물질이 아닌 빛 입자가 10억 개 있다는 사실을 이제 우리는 안다. 빛이 인간의 모습을 한, 즉 물질에 박힌 빛인 우리는 '희귀한' 존재, 10억분의 1의 존재이다. 그러니 기뻐하고 축하하고 감탄하며 감사하라! 그리고 물질과 몸을 무시하려는 모든 세력과 권력에 맞서라. 몸은 경이다. 몸은 기적이고 감탄할 만한 사건이다. '우리'와 우리가 만나는 모든 사람은 기적이고 경이로운 사건이다. 자신의 신전을 찬양하고, 가꾸고, 사랑하며, 감탄하라. 그리고 자신의 신전을 청결히 유지하라. 결국 그것이 모든 영적인 실천의 첫걸음이다.

데이비드 봄은 신을 가리키는 모든 은유 중에 가장 오래되고 보편적인 표현인 '빛'을 사용해, 우리 몸도 특별한 체계를 가진 '빛'이라고 규정한다.[29] 신은 고대 이집트의 무덤에서 빛으로 숭배된다. 부처는 "항상 환하고 항상 빛을 뿜으며", "자신을 비추는 등불"이 되라고 설파한다. 그리스도는 "나는 빛"이라고 말하며, 우리에게 "각자의 등불을 큰 그릇 아래 숨기지 말라"고 명령한다. 힌두교도 브라만을 빛으로 칭송한다. "우주의 바다는 빛난다. 나는 빛이다! 빛이 환하다. 나는 브라만이다!" 이 오래된 전승에서 빛은 우리 주변에 있으면서 우리 안에 있고, 초월해 있으면서 모든 곳에 있다. "천국 너머, 모든 세상 너머, 더 오를 곳이 없는 가장 높은 세상에 존재하는 모든 것 너머에 빛이 있다. 사람 안에서 빛나는 빛이다."

유대인 경전 속 가장 오래된 창조 이야기는 "존귀와 권위로 옷 입고, 옷을 입음같이 빛을 입었다"(시편 104편)라고 하느님을 찬양한다. 모세는 '불타는' 숲에서 하느님을 경험한다.

물론 오늘날 과학의 입장에서 보면, '모든 숲은 불타는 숲'이다. 모든 몸이 불타는 몸인 것과 마찬가지다. 물질은 만물에 존재하는 광자 혹은 광파를 담고 있다. 과학은 불타는 숲, 빛으로 존재하는 신을 누구나 경험하도록 돕는다.

신전은 언제나 빛과 어둠을 가지고 논다. 우리 몸도 마찬가지다. 우리 몸 안과 몸을 통해, 몸을 장식하는 모든 특별한 기관 안과 기관을 통해, 기관을 꾸미는 특별한 제단(차크라) 안과 제단을 통해, 드러나는 빛을 환영해야 한다. 우리는 다른 빛나는 존재와 나란히 살아가는 빛나는 존재다. 힐데가르트 폰 빙엔이 쓴 것처럼 "신성한 지혜가 내뿜는 불같은 생명력인 나는, 평원의 아름다움에 불꽃을 일으키고, 물을 반짝반짝 빛나게 하며, 태양과 달과 별 안에서 타오른다."

우리 몸은 분명 신전이다. 바로 이 몸 안에서 숨 쉬고, 먹고, 자고, 사랑을 나누고, 노래하고, 이야기하고, 기도하고, 명상하고, 웃고, 화장실에 가며(노리치의 줄리안이 창조주에게 돌린 행동), 심오한 삶의 거룩한 행위를 실천하기 때문이다. 모든 것이 신전이 생겨나게 하고 신전을 빛으로 이끄는, 함께 신전이 되는 행위*con-templing*이다.

8장.

푸른
인간

인도의 위대한 성인 스와미 묵타난다*Swami Muktananda*는 자서전《의식의 놀이*Play of Consciousness*》에서 자신이 겪은 '푸른 진주*Blue Pearl*'와 '푸른 인간*Blue Man*'을 자세히 묘사하며 "모든 이의 심장"에 존재하는 "푸른 사랑의 빛"에 관해 들려준다. 서양에서는 12세기의 선각자이자 개혁가, 음악가, 과학자였던 힐데가르트 폰 빙엔이 "사파이어빛 푸른 인간"을 경험했다. 푸른 인간에 대해 살펴보면서, 그는 건강한 남성을 어떻게 설명하는지 알아보자.

어느 날 스와미 묵타난다는 즐거운 명상에 빠져 동서남북 어디에나 있으면서 자신의 귀와 눈, 입, 코, 목구멍, 팔, 가슴, 등, 배에도 있는 여신 쿤달리니*kundalini*에게 기도를 드리고 있었다. "오! 어머니 구루*Guru*여! 오! 아버지 구루여! 당신은 내 허벅지와 다리와 발에 계십니다. 오! 나의 신이여! 당신은 내 안에, 저는 당신 안에 있습니다. 저와 당신 사이에도 당신은 있습니다." 신이 우리 안에 있고 우리가 신 안에 있다는 만유내재신론萬有內在神論, *panentheism*의 기도였다. 그 명상은 붉은 기운으로 시작되었는데, "흰 불꽃, 검은빛, 푸른 진주가 차례로 뒤를 이었다. 마음이 즐거움으로 가득 찼다."[1]

푸른 진주는 커져서 알 모양으로 변했고, 그러다가 사람 모양이 되었다. "그 알이 점점 커지더니 결국 한 남자의 형상이 되었다."[2] 그에게서 갑자기 신성한 빛이 뿜어져 나와 묵타난타는 잠시 의식을 잃었다. 정신을 차린 뒤, 그는 자신 앞에 있는 푸른 진주를 유심히 보았다. "광채가 줄어들자 푸른 사람이 보였다. 얼마나 아름다운 형상이었던지! 그는 푸르게 빛났고, 순수한 의식이 만든 푸른 광선으로 반짝였다. … 그의 몸은 무한한 의식의 광선으로 이루어졌다. … 그는 진정 나의 어머니 신, 장난스러우면서 신성한 쿤달리니의 모습이었다. 자신의 신성 안에서 은근하지만 찬란한 빛을 뿜으며 내 앞에 서 있었다." 그는 온몸이 푸른빛이었고, 아름다웠다. 푸른 인간은 이렇게 말했다. "만천하에서 만물을 보라. … 내 눈은 어디에나 있다. 나는 모든 육체 안에 있지만, 그 육체와는 다른 존재다." 그는 축복하는 몸짓으로 손을 들어 올렸다. 그리고 "180센티미터까지 커졌던 푸른 알은 다시 작아져 맨 처음 봤던 푸른 진주가 되었다."

이 방문객은 누구였을까? 묵타난타는 이렇게 답을 내놓았다. "그는 푸른 사람이다. 그는 신의 실재에 형태를 부여한다. 드러나지 않는 가장 높은 존재로 불린다. 내가 본 것은 푸른 진주였고, 그는 곧 시바 신, 푸른 구세주였다."[3]

힌두교 수도승 스와미 크리파난다*Swami Kripananda*는 그 푸른 진주를 "찬란한 푸른 점" 또는 "'우주의 창조력을 담은 방울'이라 불렀다. 의식이 우주를 창조하기 직전에 끌어 모은 힘의 상태이기 때문이다. 푸른 진주는 세 개의 진주로 '싹 터서' 모든 소리의 떨림의 근원이 된다. 진동하는 소리로 이루어진 온 우주는 그 푸른 진주에서 생겨난 것이다."[4] 생명을 담은 푸른 점이라는 관점은 태초의 불덩이와 그곳에서 나온 점과 같은 구멍에서 모든 만물이 시작됐다는 오늘날의 우주 창조 이야기와 매우 비슷하다.

푸른 인간이 묵타난다를 찾아와 무슨 일이 일어났을까? 그는 "신이 내 안에 있다"고 믿게 했다. 신은 우리 모두 안에 있지만 "그것에 구속되지 않는다. 신은 모든 존재를 기르는 존재이자, 모든 세포를 지속시키는 존재다." 그는 우리가 가진 모든 능력을 담은 그릇이다. 그는 모든 것 안에 머문다.

이 지극한 존재는 사람, 인종, 행동, 이름, 형태, 국가, 시대에 따라 달리 보이지만, 사실 하나인 존재다. 인간 안에서는 인간으로, 새 안에서는 새로, 소 안에서는 소로, 말 안에서는 말로, 남자 안에서는 남자로, 여자 안에서는 여자로 살아간다. 다르게 설명할 방법이 없다. 그는 만물이지만 유일하다. 창조된 모든 것에 자신의 힘을 불어넣고, 어머니처럼 그것들을 보호하고 유지하며, 그것들을 모두 모아 자신이 되게 한다. 모든 빛 중에 지극한 빛이다. 모든 빛은 그에게서 광채를 얻는다. 그에게 어둠은 없다.[5]

푸른 인간과 힐데가르트 폰 빙엔

12세기 힐데가르트 폰 빙엔은 독일 라인란트 중심부에 있던 한 수도원의 예배당에서 명상하던 도중 푸른빛을 띤 남자와의 강렬한 만남을 경험했다. "조용한 빛이 있었고, 푸른빛을 띤 남자 형상이 그 안에서 밝게 타오르고 있었다." 그녀는 그 환상을 이렇게 들려준다.

> 매우 밝은 빛을 보았다. 그 안에 사파이어빛을 띤 사람이 있었다. 그는 불그스름한 불길에 싸여 있었다. 매우 환한 빛이 그 불그스름한 불길을 완전히 에워쌌고, 동시에 불그스름한 불길이 환한 빛을 완전히 에워쌌다. 불길과 빛 모두 그 사람을 에워싸며, 강력한 힘을 가진 하나의 빛이 되었다. 그리고 나는 그 살아 있는 빛이 나에게 하는 말을 들었다.[6]

힐데가르트가 들은 말은 "살아 있는 [신]에게서 흘러나오는 은밀한 말씀"이었다. 그녀는 그 말씀을 자세히 전하지는 않지만, 자신이 쓰는 이야기가 "신의 신비를 이해하도록 도와 결코 알 수 없었던 신의 완전함을 신중히 구분하고 알게 해줄 것"이라고 말했다. 묵타난다처럼 그녀도 환영 덕분에, 푸른 인간이 모든 만물에 존재하며, 그가 전하는 메시지는 처음부터 끝까지 사랑임을 알게 됐다.

흥미로운 점은, 묵타난다와 마찬가지로 그녀도 '진주'를 언급하는데, 진주는 곧 사람이다. "신이 직접 만든 위대한 작품이자 가장 귀중한 것, 즉 신이 흙으로 만들어 숨을 불어넣은 인간"이다.[7] 힐데가르트는 자신이 본 환영을 만다라로 그리고, 그것의 의미를 글로 남겼는데, 푸른 인간은 "불타는 사랑의 번개를 가지고 있으며, 큰 영광으로 존재해 모든 생명을 자신의 찬란한 빛으로 밝힌다"고 했다. "푸른 인간은 연민으로 인간의 궁핍을 굽어살핀다."[8] 그녀는 "푸른 인간"의 상징을 통해 "포용하는 신의 어머니 같은 사랑"이 사람들에게 닿으며, 사람들이 다른 이의 어려움에 너그러움과 봉사로 응답하게 된다고 말한다. 우리가 푸른 남자가 되고, 연민을 가진 예수가 되며, 하느님의 광채가 된다는 것이다. 그녀는 "하느님의 은혜로운 연민이 사람들을 태양처럼 밝힐 것"이라고 선언했다.

그녀의 만다라 그림에서 푸른 인간은 손을 밖으로 뻗고 있다. 이는 심장 차크라의 에너지를 손에 쥐고 연민을 내보이는 몸짓을 상징한다. 그녀는 사람의 손이 누군가 머무는 곳 또는 누군가에게 소중한 것을 지키는 방법을 제공하는 "만질 수 있는 실체"가 되는 모습을 보여준다. 손과 팔의 두 가지 쓰임을 밝히면서 "아버지의 심장", 즉 포용하는 심장과 보호하는 심장에 관해 들려준다. 그녀는 이 "만질 수 있는 실체"는 하느님에게 있는 그리스도적 요소, 즉 "성모에게서 태어나 만지고 잡을 수 있게 된 말씀" 덕분이라 여긴다. 신성에는 "고결함이 결코 마르지도 줄어들지도 않는 하느님을 의미하는 촉촉한 푸름"이 포함된다. 불그스름한 불꽃은 "믿는 사람의 심장 곁에서 그를 밝히는 성령을 의미한다."⁹

힐데가르트는 소리, 선함, 숨이라는 세 가지 "근원"이 신성에 속한다고 보았다. "말씀에는 들을 수 있는 소리가 있고, 이해할 수 있는 선함이 있으며, 채울 수 있는 숨이 있다. 소리 안에서 형언할 수 없는 힘으로 만물을 공표한 하느님을 발견하라. 선함 안에서 경이롭게 탄생한 말씀을 발견하라. 숨 안에서 밝게 빛나는 거룩한 성령을 발견하라."¹⁰ 신이 가진 세 가지 불은 "찬란한 밝음, 붉은 생명력, 타오르는 불꽃이다. 찬란한 밝음은 신이 빛을 발하게 하고, 붉은 생명력은 신이 활동하게 하며, 타오르는 불꽃은 신이 열정으로 이글거리게 한다." 이 세 가지가 없다면 "어떤 불길도 찾을 수 없고" 어떤 것도 살지 못한다.

또한 그녀는 만다라를 통해 만물을 하나로 묶는 우주의 "불의 밧줄"을 찬양한다. 대우주(우주)와 소우주(인간)의 힘이 섞이고, 영혼과 우주가 한데 모인다. 푸른색은 바탕이 되는 색이다. 우리는 모두 내면에 이 "사파이어 같은 푸른빛의 사람"을 갖고 있다. 그것이 우리가 가진 치유 능력이며, 우리 안에 있는 그리스도의 치유 능력이다.

푸른 실, 푸른 목소리

푸른색은 심장 차크라와 머리 차크라 사이의 목구멍에 놓인 제5차크라의 색깔이다. 우리는 심장과 머리에 있는 가장 좋은 것을 제5차크라를 통해 내놓아 세상을 돕고 치유한다. 선지자(혹은 영적 전사)는 모두 제5차크라의 투사들이었다. 선지자*prophet*라는 단어도 '당당히 말하다'라는 의미다. 목구멍 차크라는 치유와 고통을 세상에 퍼뜨리는 곳이다. 우리는 목구멍의 힘으로 무엇을 하는가? 치유하는가, 아픔을 주는가? 창조하는가, 파괴하는가? 힐데가르트가 그린 푸른 인간과 푸른 우주의 관점에서 이런 질문들이 생겨난다.

푸른색은 하늘, 바다, 광대함과 관련된 색으로, 무한함과 위대함을 상징한다. 천국을 상징하는 동방 정교회 교회의 돔 모양 지붕은 푸른색이다. 예수를 낳은 성모 마리아의 외투도 푸른색이다. 유대 율법 '토라'는 이스라엘 민족에게 푸른색 실로 많은 솔을 옷에 붙이라고 명한다. 랍비 전통은 푸른색이 하느님의 영광을 드러내는 색이라고 가르친다. 사파이어색 위에서 명상하라는 가르침도 있는데, 구약 에스겔서에 따르면 사파이어는 하느님의 왕좌를 뜻한다.[11] 그것은 "여호와의 전차"를 탄 채 행하는 특별한 명상으로, 현대 학자들은 세례요한이 이를 예수에게 가르치고, 예수가 제자들에게 가르쳤다고 본다. 전차에 탄 사람은 불꽃에 휩싸인다. 실제로

'영광'에 해당하는 히브리어 'kavod'는 아라비아어로 "푸름"을 의미한다. 언약궤*Ark of Covenant* 안에 있는 많은 접시를 옮길 때는 푸른 천으로 쌌다. 힌두교에서 크리슈나는 푸른색으로 묘사되고, 시바 신은 목에 푸른 점이 있는데, 이는 세상이 파괴되는 것을 막기 위해 독을 마셨음을 상징한다.

심리학적으로 푸른색은 진보, 사랑, 평화, 행복을 뜻한다. 밝은 푸른색은 마음을 진정시키는 효과가 있다. 그런 안정 효과는 행복감을 일으키고, 사랑과 평화를 부른다.

물론 '푸른색'에도 어두운 면이 있다. '블루스*blues*'는 무한한 슬픔과 상심을 겪은 심장이 부르는 노래다. 기분이 처질 때 우리는 우울*blue*하다. 다쳐서 생긴 멍은 '까맣고 푸르며', 사체는 푸르게 변한다. 이란에서 푸른색은 애도의 색이다. 추위도 물체를 푸르게 만들어 얼음은 종종 푸른색으로 묘사된다. 얼음장 같은 심장은 푸른 심장이다. 푸른색 불이 주황이나 빨간 불보다 더 강하듯, 얼어붙은 푸름은 불보다 더 큰 죄악을 나타낸다. 단테는 가장 비참한 지옥이 불지옥이 아니라 얼음 지옥이라고 말했다. 얼음장 같은 심장은 연민을 가진 심장과 정반대다. 그래서 티베트인들은 사악한 생명체를 푸른색으로 묘사한다.

푸른색이 가진 이런 어두운 면은 푸른색이 가진 '깊이'의 의미를 상기하게 한다. 푸른색은 인간의 심장이 아름다움뿐만 아니라 고통을 위해서도 광활하게 깊음을 말해준다. 하늘과 바다가 푸르고 깊은 것처럼, 우리의 심장도 그러하며, 그 속에서 태양도 똑같이 깊이 빛난다. 어둠이 심장을 덮칠 때 냉혹하고 치명적인 푸른 사건이 되며, 타나토스*thanatos*(죽음에 대한 사랑)가 바이오필리아*biophilia*(생명에 대한 사랑, 생명애)보다 더 커진다.

푸른 인간을 받아들이기

스와미 묵타난다가 마주한 푸른 인간은 서양에서 힐데가르트가 경험한 빛으로 나타난 예수와 매우 비슷하다. 우주적 그리스도라는 개념에서 예수는 "빛 중의 빛"이고 "모든 것 안에 있는 빛"이며 "어둠이 누를 수 없는 세상의 빛"이다.[12]

스와미 묵타난다는 푸른 인간을 만나면서 죽음에 대한 두려움을 치유했다. 엄청난 일이다. 오토 랭크의 말처럼, 삶을 억눌러 온전히 살지 못하게 하는 것이 죽음에 대한 두려움이다. 영적인 스승들은 사랑이 두려움, 즉 적에 대한 두려움과 죽음에 대한 두려움을 물리친다는 예수의 가르침에 동의한다. 사랑이 없으면 죽음을 두려워하게 된다. 그 두려운 마음은 불멸을 위해 요새를 짓게 한다. 우리 심장이 삶을 사랑하기보다 죽음을 두려워하는 건, 죽은 자에 대한 욕망*necrophilia*이 삶에 대한 사랑*biophilia*을 밀어내기 때문이다. 묵타난다는 이렇게 말했다. "어슴푸레한 공 모양의 빛을 보고 난 후, 모든 두려움이 사라졌다. 이는 개인적인 존재에서 해방되었다는 뜻이다. 이후 내면의 용기가 더욱 커져, 이제는 어떤 두려움도 없다. … 내 안에 두려움이 있던 자리는 무너졌다."[13]

다른 변화도 생겼다. '내가 곧 시바'(기독교인에게는 "내가 곧 예수다"라는 말에 해당한다)라는 사실을 더 확실히 깨닫게 된 것이다. "황홀한 행복감이 계속 커졌다. 지극히 높은 푸른 존재의 형태에 대한 기억과 그가 내린 축복의 기억, 그가 내 안에 머물던 기억, 나를 그와 같은 존재로 느낀 기억, '내가 그가 된' 기억 모두가 내 안에 가득했다."[14] "이제는 내가 사는 것이 아니요, 오직 내 안에 예수께서 사시는 것"이라는 바울의 고백과 무엇이 다를까? 나는 그들이 같은 경험을 했다고 믿는다. 존재의 완전함을 만나는 이러한 경험을 우리도 겪을 수 있다.

묵타난다는 자신의 정신과 우주를 잇는다. "내 확신이 하루하루 더 분명해진다. '그는 온 우주에 빛을 퍼뜨리는 진정한 내 내면의 자아다.' 그를 직접 보지는 못했지만, 내면의 자아가 푸른 사람이 된 것을 봤다. … 그 푸른 존재가 나 자신이었다는 것, 모든 것의 내면에 깃든 그 존재가 온 우주에 퍼져 우주를 운영한다는 것, 그 존재는 둘도 없고, 둘로 나눠지지도 구분되지도 않으면서, 하나에서 여럿이 되고 여럿에서 하나가 되며, 언제나 작용 중인 존재라는 깨달음을 얻었다. 그는 스리 크리슈나*Shri Krishna*로, 의식이라는 영원히 푸른 존재다."[15] 묵타난다의 말과 힐데가르트의 설명은 매우 비슷하다. 힐데가르트도 푸른색의 남자가 우리 모두에게 머물며, 우리가 하는 모든 일에 에너지를 불어넣는 모습을 보았다.

푸른 인간은 작동하는 의식, 다시 말해 창조력을 낳는다. 그 창조력에서 모든 것이 태어나 존재가 된다. 묵타난다는 이어 이렇게 말한다.

작고 푸른 진주는 점점 커지면서 빛을 사방으로 퍼뜨렸다. 온 하늘과 땅이 밝아졌다. 진주는 환하게 빛나며 타오르는 무한한 빛이 되었다. … 그 빛은 우주의 모습을 하고 모든 곳으로 퍼져나갔다. 불에서 연기가 피어오르듯, 의식의 빛에서 지구가 태어나 커지는 것을 보았다. … 씨앗 하나가 가지와 잎, 꽃과 과일을 가진 나무가 되듯, 치티*Chiti*는 자신의 존재 안에서 동물과 새, 미생물, 곤충, 신, 악마, 남자, 여자가 되었다. 나는 이 멋지고 아름다운 의식의 빛이 지극한 황홀감으로 내 안에서, 내 밖에서, 내 위에서, 내 아래에서 조용히 고동치는 것을 볼 수 있었다.[16]

'치티Chiti'는 우주적인 의식의 힘이며, 우주의 어머니로 묘사되는 신의 창조적 측면을 상징한다. 또한 "온 세상에 있는 아름다움"을 나타낸다.[17] 묵타난다는 창조력과 탄생이 어디에나 있음을 말하고 있다. 내면의 예술가가 외부의 예술가와 결합한다. 우리는 모두 신과 함께 창조하고 놀면서 신성한 창조에 참여하는 공동 창작자다. 세상이 창조되기 전부터 "어디서나 놀고 있는" 서양 경전의 지혜와 마찬가지로, 의식도 세상 어디에서나 놀이를 벌인다.[18]

푸른 진주와 푸른 인간을 경험한 명상은 너무나 압도적이어서, 이후 묵타난다의 모든 명상의 중심이 되었다. 그는 이 경험으로 자신의 영적 여정이 완성됨을 알았다. 마찬가지로 힐데가르트도 그녀가 본 푸른 인간의 환영이 "완전함"을 상징한다고 썼다. 이것이 오늘날 모든 남자가 푸른 인간을 받아들여야 하는 이유다. 우리에게는 목표가 필요하고, 푸른 인간은 완성을 상징한다. 그래서 우리가 스포츠를 사랑하는지도 모른다. 모든 경기는 분명한 목표와 확실한 결과가 있다. 비록 패배하더라도 승자와 패자가 확실히 정해지면 만족감을 느낀다. 푸른 인간은 '영적인 결승선', 즉 영적인 탐색과 죽음에 대한 두려움의 끝을 제시하는데, 이는 우리 모두 도달할 수 있는 목표다. 이 경기에 패자는 없다. 오직 승자만 존재한다. 푸른 인간은 철저히 평등하다. 우리는 모두 푸른 인간, 푸른 크리슈나, 푸른 예수를 겪을 수 있다. 묵타난다는 이렇게 설명한다. "내가 푸른 진주 안으로 들어갈 때, 다시 한 번 우주가 사방으로 퍼져나가는 것을 보았다. 주변을 구석구석 살펴보니, 나이가 많든 적든, 신분이 높든 낮든, 남자와 여자 모두의 안에 내 안에서 보았던 그 푸른 진주가 있는 것을 보았다. 나는 이것이 모든 사람의 사하스라라sahasrara(제7차크라) 안에 있는 내면의 자아라는 것을 알게 되었다. 이 완전한 깨달음과 함께 명상이 끝났다."[19] 평화와 평온이 뒤따랐다.

　푸른 인간은 한순간도 묵타난다를 떠나지 않았다. 그 순간부터 누구를 만나든 그 사람 안에 있는 푸른 인간부터 보였다. "먼저 푸른빛이 보이고 그다음에 사람이 보인다. 무엇을 보더라도 먼저 아름답고 오묘한 의식의 광선이 보이고, 그다음에 사물이 보인다. 푸른빛의 약이 내 눈을 깨끗이 씻었다. 내게 신성한 시각이 허락되었다."[20]

|

확장하는 의식

　푸른 인간은 확장하는 의식을 상징한다. 이 사실은 오늘날 인류가 하나의 종으로서 생존하는 데 중요한 의미를 지닌다. 실제로 우리 의식은 지금도 '확장되고 있다.' 과학적 발견은 우리가 다른 사람들 그리고 지구와 이어져 있으며, 그래서 서로에게 의존할 수밖에 없음을 이해하도록 우리 의식을 확장한다. 지구 온난화와 에이즈, 핵, 전 세계에 퍼진 빈부 격차도 그렇다. 더 깊은 인식을 통해 정의와 치유법을 찾으라는 경고를 보내며 우리를 깨우고 있다.

　과학이 인류는 아프리카에서 생겨났고 모든 민족이 그곳에서 이동했음을 알려줄 때, 우리는 푸른 인간을 받아들여 의식을 확장하고, 인종과 민족과 종교의 차이 안에 있는 완전한 '관계'를 이해하게 되었다. 마찬가지로 지구가 연약하고, 지금 고통받고 있다는 사실을 알게 되면, 우리는 의식을 확장해 힐데가르트가 말한 '연민의 행동'에 마음을 열게 될 것이다. 그녀에게 푸른 인간은 연민을 베푸는 의식을 상징한다.

푸른 인간은 우리가 정신을 확장하고 배우기 위해 고개를 돌리기만 한다면 언제 어디서든 찾아볼 수 있다. 섹슈얼리티, 다양성, 경제적 정의, 전쟁, 모든 종교적 전통에서 발견되는 지혜 등 무엇을 보든 말이다. 모든 배움은 우리의 의식을 확장한다. 그런데 우리는 과연 그런 의식을 따르고 있으며, 각자 안에 푸른 인간을 받아들이고 있는가?

토마스 베리는 새로운 과학과 그것이 인류와 인류가 하는 일에 갖는 의미를 이해하는 데 평생을 바쳤다. 그는 저서《위대한 과업》에서 "우주는 모든 존재 방식으로 자신을 기념하는데, 인간은 그 기념이 의식적 자각이라는 특별한 형태로 일어난 존재라고 볼 수 있다"고 단언한다.[21] 우리의 자각은 의식적인 자각이자 기념하는 자각이다. 우리 의식 중 일부는 주변의 아름다움에 의해 깨어난다. "지능으로 인해 생기는 부담과 책임을 견디기 위해서는, 장엄한 아름다움의 세계가 필요했다. 우리에게 필요한 의미를 제시하기 위해서 말이다. … 우리는 아름다운 세상에 존재하도록 암호화된 유전자를 가지고 있다. 우리가 맨 처음 겪는 일은 교감의 경험이다. 얼마나 '아름다운' 사실인가!" 의식 속에서 자라면 아름다움을 감상하면서 자라게 되고, 감사와 공경의 마음이 터져 나온다. 그런 점에서 감사나 공경이나 아름다움은 아무리 많아도 지나치지 않다.

우주의 색인 푸른색을 상징하는 푸른 인간은 예수와 다른 이들의 기도대로 하늘 아버지를 땅으로 데려온다. "하늘에서 이루어진 것과 같이 땅에서도 이루어질 것이다."

푸른 우주

하늘은 파랗게 보인다. 하늘을 반사하는 바다도 파랗다. 따라서 푸른색은 우리 세상이 멀리까지 뻗어 나간 우주를 상징한다. 하늘 아버지가 푸른색이라고 말할 수도 있겠지만, 사실 하늘은 색이 없다. 그냥 푸르게 보일 뿐이다. 묵타난다는 저서 《유한에서 무한으로*From the Finite to the Infinite*》에서 자아도 마찬가지라고 말했다. 푸르지만 "어떤 색깔, 모양, 형태도 없다. … 어떤 형태도 없는 존재가, 아무것도 아닌 존재가 우주로 나타난다. 하늘은 아무것도 없지만 푸르다."[22]

인류가 최초로 우주에서 찍은 지구 사진은 지구가 녹색별일 뿐만 아니라 '푸른' 별임을 명확하게 보여줬다. 지구 표면은 80%가 바다이다. 물 때문에 생명이 살 수 있다. 지구는 가장 아름답고, 위태롭게 푸르다. 가이아도 푸르다. 사실 푸른색이 녹색을 앞선다. 물이 없으면 식물이 없고, 식물이 없으면 동물도 없다. 푸른색은 어머니다. 따라서 푸른색은 하늘과 바다, 우주와 지구, 하늘 아버지와 땅 어머니를 하나로 모은다.

우리도 마찬가지다. 묵타난다는 "푸른빛은 모든 사람의 심장에 있다"고 말한다. "궁극의 본질에는 푸른빛이 존재한다. 하늘과 대기는 색이 없지만, 여전히 푸르게 보인다. … 의식도 푸른색이다."[23] 사물이 푸르게 보이는 만큼 푸르게 인식된다는 말이 아니라, 하늘과 물이 자연스럽게 푸른 것처럼 "신의 가장 깊숙한 곳이 푸르다"는 뜻이다. 푸른색은 아주 뜨거운 열을 의미한다. 주황이나 노란 불꽃보다 더 뜨거운 푸른 불꽃이 우리 모두 안에 있다.

묵타난다는 푸른 진주의 빛을 하느님의 왕국이라는 성경의 가르침과 겨자씨에 비유한다. "이 진주의 빛은 온 우주를 밝힐 만큼 밝다. 성경에서는 빛나는 천국이 너희 안에 있다고 하는데 전적으로 옳은 말이다. 한 선지자는 '오 주여, 우리는 불꽃 형태로 빛나는 순수한 빛인 당신을 봅니다'라고 말한다."[24] 푸른색 진주는 우리 안에 머무르며, 우리가 이를 깨달을 때 "존재 전체가 변한다. 사멸하는 존재가 아닌 신성한 존재로 자신을 겪게 된다. 푸른 진주는 우리를 완전히 바꾸는 힘을 가지고 있다." 푸른 진주는 내면의 자아 혹은 영혼의 가장 중심에 있는 알맹이로 "매우 작아 보이지만 무한하다." 푸른 진주는 결국 폭발하는데 신과 하나가 되므로 그것도 좋은 일이다. 마이스터 에크하르트는 이 경험을 "눈부신 발견 *breakthrough*"이라 부르며, 이 경험으로 "신과 내가 하나다"라는 사실을 알게 되었다고 말했다.

푸른 인간은 예술가다

푸른 인간은 창조력을 무한히 일으킨다. 우리가 창조적인 활동에 빠져 있을 때가 바로 푸른 인간이 우리를 찾아온 때다. 흔히 창조적 영감은 '난데없이*out of the blue*' 떠오른다고 말하지만, 보통 그것은 끊임없는 노력의 결과다. 우리가 의식을 확장하기 위해 발버둥치고 그 결과 의식이 확장되어, 창조적인 푸른 인간이 그것에 생명을 불어넣는 것이다. 예를 들어, 아인슈타인은 E=mc²이라는 공식을 버스를 타고 가다가 갑자기 떠올렸다. 물론 아인슈타인은 몇 년 동안 에너지 보존 법칙을 발견하려 애쓰고 있었다. 집중은 깨달음이 들어올 수 있도록 우리를 활짝 열어준다.

사실 창작에 몰입하는 것은 창조적 에너지의 강에서 헤엄치는 것과 같다. 이는 우주가 만들어진 강이다. 묵타난다는 "우주는 신성한 스포츠이자, 의식의 유희, 치티 샤크티Chiti Shakti(우주의 여성적 창조력)가 활짝 피어난 것"이라고 말한다. "이를 아는 사람에게 세상은 신의 놀이다. 그에게는 속박도 해방도 없다. 둘의 차이를 알게 하던 분단이라는 장막은 이미 찢어졌다. … 치티는 창조적 측면에서 온 우주를 담은 몸으로 바깥세상에 빛을 발한다."[25] 이는 예수가 우주의 신비로운 몸이라는 바울의 가르침과 얼마나 유사한가. 그런데 그 몸은 창조적인 몸, 우리와 함께 창조하는 몸이다. 어디에나 존재한다는 측면에서 "그 몸이 세상을 창조한다"고 묵타난다는 말한다. 예수 안에서 모든 것이 창조되고 재창조된다고 기독교 성전은 말한다. 우주는 우리와 따로 있지 않다. 우리는 우주에서 놀고, 우주는 우리 안에서 논다.

모든 사람은 그리고 모든 남자는 자신의 재능을 세상에 발휘하려고 열중하는 예술가다. 음악, 그림, 영화라는 예술적 재능일 수도 있고, 물리학, 의학, 사업, 농업, 건축, 수리, 상담, 가르침, 양육, 우정에 대한 기술적 재능일 수도 있다. 모든 것이 곧 창조력 발휘다. 푸른 인간이 함께하며, 그의 참여에 진정한 만족, 진정한 '승리'를 얻는다. 이것은 개인적 '승리'가 아닌 의미와 연민과 봉사의 '승리'이다.

우리가 푸른 인간이 되고 푸른 인간을 받아들일 때, 예술가이면서 함께 창조하는 존재가 된다. 달리 말하면 모든 진정한 창조와 베풂은 우리 안의 푸른 인간의 작품이다. 푸른 인간을 만나면 우주의 근본적인 힘, 활발한 창조의 힘, 우주에서 작용하며 놀고 있는 지혜의 힘을 만나게 된다. 그 힘 없이는 완전한 사람이 되지 못하며, 완전한 작업도 이룰 수 없다. 그 힘이 있어야 우리는 자신보다 더 큰 세상으로 들어갈 수 있다. 그것이 있으면 자신의 야생성을 이용해 노래하고 춤출 수 있다. 우리의 재능을 세상에, 우리의 작업을 시대에, 우리의 노력을 우주에, 우리의 축복을 공동체에 베풀 수 있다. 그런 선물들이 퍼질 때 평화가 자리 잡는다. 그 어떤 것보다 큰 만족감이다. 예수의 말대로 "세상으로서는 줄 수 없는 기쁨"이다. 그것이 묵타난다와 힐데가르트와 바울의 경험이었다. 우리도 이를 경험할 수 있다.

이 점에서 진정한 창조력이 남자와 남자다움에만 출현하는 것은 아니라는 사실을 기억해야 한다. 연합이 필요하다. 새 생명을 낳기 위해서는 남성과 여성이 결합해야 한다. 2부에서 진정한 창조력이 요구하는 신성한 결합에 대해 생각해볼 것이다. 남성과 여성, 남성스러운 에너지와 여성스러운 에너지, 시바와 샤크티의 결합에 대해 말이다. 인도의 철학자 스리 샹카라차야*Shri Shankaracharya*는 이렇게 말했다. "시바는 샤크티와 연합할 때에만 창조할 수 있다. 샤크티가 없으면 시바는 움직이지 못한다. 그러니 창조와 보전과 파괴의 신이 숭배하는 어머니를 어떻게 못난 인간이 감히 엎드려 찬양할 수 있겠는가?"[26]

'난데없이*out of the blue*'라는 말처럼, 창조력은 우리가 알아보고는 깜짝 놀라는 어떤 것이다. 우리는 어릴 때 비슷한 일을 경험한다. 조지프 재스트랩은 일곱 살 때 돌의 '자그마한 구멍 안에서 반짝이는 수정을 발견한' 이야기를 전한다. "마치 내가 찾아주기를 기다리며 수백 년 동안 숨어 있던 보석 광산을 우연히 마주한 것 같았다. 순간 온몸이 기쁨으로 떨렸다. 돌을 살폈더니 구멍 안에 생생하게 빛나는 존재가 있었다! 다른 사람에게 알려 주려고 달려갔다. 나는 '이 기적을 봐주세요. 이 기쁨을. 나를 봐주세요. 이게 꿈이 아니라고 말해주세요!'라고 외치고 있었다. 그러나 그 누구도 내가 찾은 신성한 발견을 보지 못했다. 그 누구도 내가 원했던 것만큼

함께 기뻐해주지 않았다."²⁷

남자들은 세상과 자신에게 있는 창조력을 얼마나 잘 알아볼까? 푸른 인간의 '신성한 계시'를 알아차릴까? 데이비드 데이다는 의미 있는 말로 우리를 일깨운다. "성욕의 목적은 창조다. 번식은 창조의 생물학적 측면에 불과하다. 남자로서 세상에 베풀 것은 아이 외에도 매우 많을 것이다."²⁸ 우리는 얼마나 다양한 방식으로 창조력을 발휘하고 있는가? 자신을 창조적으로 표현하는 어떤 방법을 찾아냈는가?

나바호족 예술가 데이비드 팔라딘David Palladin은 나치 강제 수용소에서 4년 동안 끔찍한 시련을 견뎠다. 그곳에서 무자비하게 고문받고 방치되었다가 혼수상태에 하반신 마비로 빠져나왔다. 그의 스승에 따르면 이 경험이 그가 주술사로 입문하는 계기가 되었다. 그런데 그는 많은 사람이 자신이 가진 창조력을 알아보지 못한다며 한탄했다. 그는 "우리는 모두 예술가"라고 단언한다. "말할 수 있는 사람은 모두 예술가입니다." 예술가는 자신만의 생각, 감정, 경험, 꿈을 의미 있는 표현과 열정적인 믿음, 연민을 가진 행동으로 바꾼다. '예술가'는 종종 언어, 색깔, 음악, 춤 같은 것으로 창작하는 사람이라는 좁은 의미로 규정되는데, 팔라딘이 보여주는 것처럼 예술가의 최고 작품은 자신의 삶이다. 하지만 자신을 창조적인 예술가로 인식하는 사람도, 삶이 창조적인 예술 작품이라고 인정하는 사람도 별로 없다.

나이가 들수록 '삶 자체가 즉흥적'임을 깨닫게 된다. 우리는 가능한 한 잘 계획하지만, 직업, 거주지, 배우자, 양육 등 많은 결정을 그때그때 상황에 따라 내린다. 자신이 직접 맨 처음 쓴 대본대로 살아가는 사람이 누가 있겠는가? 조지프 캠벨Joseph Campbell의 말처럼 "우리 대부분은 의도한 대로 살지 않는다." 무슨 말일까? 다른 어떤 예술과 마찬가지로 삶도 즉흥적으로 창조되고 표현되는 작품이라는 말이다. 우리는 모두 예술가다. 우리 삶 자체가 우리가 누구이고, 무엇에 관심이 있으며, 무엇을 가치 있게 여기는지에 관한 의미 있는 표현이다. 우리의 삶은 위대한 작품이다. 우리는 생존하고 번성하기 위해서 많든 적든 자신의 상상력에 의지한다. 우리가 가진 창조력의 샘물에 의지해 우리가 가진 것을 세상과 가족과 미래 세대에 베푼다.

나는 인류가 지금 우리가 가진 창조력을 퍼 올리지 않으면 생존이 어려워질 거라고 절실히 느끼고 있다(이 점은 《창조력: 신과 인간이 만나는 곳 *Creativity: Where the Divine and the Human Meet*》에서 더 자세히 다뤘다). 남자와 여자는 푸른 인간의 창조력을 기쁘게 받아들여야 하는데, 슬프게도 현대 사회는 창조력을 복종보다 덜 중요한 것으로 여긴다. 예술은 '전문가'의 전유물이 되었다. 스스로 자신이 가진 창조력과 멀어지고는, "나는 창의력이 없어"라고 말한다. 창조력을 포기하는 것은 인간성을 포기하는 것과 같다. 즉 생명을 만드는 능력을 포기하는 것이며, 아빠와 엄마가 되는 힘을 포기하는 것이다. 창조력을 포기하면 우리 내면이 죽고 우리 문화가 죽는다. 약 100년 전에 오토 랭크는 "비관주의는 창조력을 억누르면서 생겨난다"고 말했다. 그가 옳았다. 과학 연구 결과, 창조적 작업을 하면 슬픔과 우울과 스트레스를 이겨내게 하는 화학물질이 뇌에서 분비된다는 사실이 입증됐다. 《찬도그야 우파니샤드*Chandogya Upanishad*》의 가르침대로, 창조력은 우리를 계속 활기차고 기쁘게 한다. "창조가 있는 곳에 발전이 있다. 창조가 없으면 발전이 없다. 창조의 본질을 알라. 기쁨이 있는 곳에 창조가 있다. 기쁨의 본질을 알라. 무한함이 있는 곳에 기쁨이 있다."[29] 기쁨, 무한함, 창조, 발전은 함께 다닌다.

토착 부족들이 가진 언어에는 '예술'이나 '예술가'라는 단어가 없는 경우가 많은데, 예술과 예술가가 공동체에 필수적인 데다, 공동체와 아예 하나여서 그렇다. 예술가가 구성원이고 구성원이 예술가라는 것이 당연한 사실로 여겨진다. 예술은 그저 자기 재능을 공동체에 베푸는 아름다운 방법이다. 조지프 재스트랩은 "예술은 환상을 분명히 설명할 수 있을 만큼 자연 그대로인 유일한 언어"라고 말한다.[30] 그래서 그는 물러나 움츠려 있는 모든 남자가 "돌아와 자신이 예술가임을 증명해주기"를 기대한다.

오늘날 우리가 가진 문제들 중 기발함과 창조력 없이 해결될 수 있는 게 있을까? 지구 온난화, 인구 과잉, 실업, 세계적 기근, 에이즈 등 도덕적인 문제든 기술적인 문제든, 개인적인 문제든 세계적인 문제든, 해결의 열쇠는 곧 창조력이다. 간디, 마틴 루서 킹 주니어, 예수, 마호메트 같은 위대한 선지자들은 모두 '사회적 예술가'였다. 모든 선지자는 집단 지성을 깨워서 더 나은 방법으로 일을 해결하게 하는 예술가다. 그들은 다른 사람들의 도덕적 상상력을 깨우고, 용기와 상상력을 발휘해 새로운 방향으로 움직일 수 있도록 방법을 제시한다.

모두가 예술가일 수 없듯이 모두가 선지자일 수 없다는 말에 속박될 것인가? 랍비 헤셸은 모든 인간의 깊숙한 곳에 선지자가 있다고 주장했다. 모든 남자와 여자는 선지자가 되어, 다양한 행태로 부당함에 맞서 소리치고, 정의를 위해 행동해야 한다. 모든 남자는 선지자, 예술가, 영적 전사다. 모든 남자는 의식을 확장하고, 정의를 옹호하고, 자신의 심장을 지키며, 연민을 표현하고, 매일의 삶에서 즉흥적으로 예술을 표현하는 푸른 인간이다.

연민과 창조력

세계의 영적 전통은 인간의 더 나은 자아와 도덕성이 궁극적으로 표현된 것이 연민이라는 데 동의한다. 달라이 라마*Dalai Lama*는 "우리는 종교, 이념, 전수된 모든 지혜를 비롯한 다른 모든 것은 거절할 수 있지만, 사랑과 연민의 필요성은 외면할 수 없다"고 가르친다.[31] 예수도 유대인 선조의 말을 인용해 "하늘에 계신 창조주가 연민을 가진 것처럼 너희도 연민을 가지라"고 말했다.[32] 코란에서 알라를 일컫는 가장 흔한 이름도 "연민을 가진 존재"다. 힌두교의 신비 사상가 라마크리슈나*Ramakrishna*도 힌두 전통을 언급하며 이렇게 말했다. "신의 존재는 눈을 감을 때만 느껴지는 것이 아니다. 주변을 둘러봐도 신이 보인다. 올바른 마음으로 굶주리고, 가난하고, 아프고 무지한 사람에게 봉사하는 것이 어떤 영적 수련 못지않게 효과적이다."[33]

자신이 가진 연민의 힘을 공경하는 푸른 인간은 창조의 힘 또한 귀하게 여긴다. 창조력이 없으면 연민도 없기 때문이다. 일반적인 일의 방식에 대안을 제시하려는 사람은 "뱀만큼 영민하고 비둘기만큼 지혜로워야" 한다. 도덕적 상상력은 그냥 습득되지 않는다. 실행과 용기를 통해 삶에서 실천해야 얻을 수 있다. 모두가 내면에 푸른 인간의 연민을 가진다면 분명 내면에 푸른 인간의 창조력을 가지게 될 것이다. 이것이 힐데가르트가 겪은 푸른 인간의 환영에서 '손'이 눈에 띄게 드러난 이유다. 우리는 손으로 어루만지고, 붙잡고, 만들고, 고친다. 인간의 손은 독특한 도구다. 우리는 손으로 말도 하고 치료도 한다. 제5차크라(목)는 손에서 논리적으로 배출된다. 손은 우주의 힘을 받아들이고, 그 힘은 손에서 손으로 전해진다. 그래서 우리는 다른 사람을 만나면 악수를 하는 것이다. 각자의 역사는 다른 이의 역사와 맞물려 있다. 악수하고 눈을 맞추면서 서로의 관계를 인정한다. 군림하는 힘*power-over*이 함께 하는 힘*power-with*으로 대체되는 것이다.

창조력은 공격성을 긍정적인 힘으로 바꾸는 데 중요한 요소다. 이누이트족은 부족 간 전쟁이 벌어질라치면 백일장을 열었다. 그리고 백일장 장원이 속한 부족이 승리를 거둔 것으로 하였다. 100년 전 윌리엄 제임스는 이를 "마음으로 대신하는 전쟁"이라 표현했다. 미켈란젤로가 시스티나 성당 벽화를 그리고 있을 때 한 추기경이 다가와 시비를 걸었다. 미켈란젤로는 그 추기경의 모습을 지옥에 그리는 것으로 답을 대신했다. 현재까지 그는 그림에서 지옥에 있다.

간디와 마틴 루서 킹도 푸른 인간이었다. 그들은 공동체의 도덕적 분노를 다른 방향으로 돌렸다. 사회적 저항은 목적의식을 가진 창조력으로 사회 예술이 되었다. 그들의 예술성이 역사를 바꾼 것이다. 간디의 소금행진•은 연민을 가진 창조적 예술 작업이었다. 그는 누구도 다치게 하지 않고 영국과 싸웠고, 고통을 고통으로 되갚지 않았다. 마틴 루서 킹도 저항을 구치소로 들어가는 연극 같은 의식으로 바꿔 사람들이 분노를 예술로 승화하게 했다.

분노를 연민으로 바꾸는 것은 외적 투쟁일 뿐만 아니라 내면 투쟁이기도 하다. 푸른 인간은 여기에서도 창조력을 제공한다. 마호메트는 성전*jihad*이 자기 내면의 괴물과의 싸움이라고 생각했다. 교회가 제국과 결탁하자 현실을 버리고 사막으로 들어간 최초의 젊은이들인 사막 교부*Desert Fathers*도 제국의 이름으로 자행된 전쟁의 악마와 싸우지 않고, 자기 내면

• 영국 식민지 당시 인도에서 소금세 폐지를 주장하며 벌인 비폭력 시민 불복종 행진.

의 괴물이라는 상대와 싸웠다. 간디조차도 "나는 자신에 맞서 투쟁해야 한다"고 말했다.

우리는 어떻게 푸른 인간에 가까워질 수 있을까? 그가 필요할 때 그를 찾을 수 있는 방법은 무엇일까? 고독을 찾아 명상하면 된다. 고독은 연민과 창조력이 들어가 독창적인 해결책을 찾을 수 있는 공간을 마련해준다. 그래서 모든 남자, 여자, 아이는 고독을 배워야 한다. 혼자 있으면 차분해진다. 성경도 "내가 너를 황무지로 불러 거기서 너와 마음과 마음으로 말할 것"이라고 했다.

그런데 우리 문화는 고독을 두려워한다. 우리는 TV를 종일 틀어 놓고 소음으로 공간을 채운다. 푸른 인간이 소리쳐도 듣지 못할 수 있다. 간디가 자신과의 투쟁을 벌일 때 무슨 일을 했는가? 물레 앞에 앉아 목화로 실을 짜며 긴 시간을 보냈다. 겸손하고, 단순하고, 반복적인 행동을 하면서, 활기를 되찾고 연민 어린 창조력을 회복했다. 남자들은 일상에서 자신을 도울 수 있는 명상의 방법을 찾아야 한다. 종류는 중요하지 않다. 조국을 오랫동안 찢어놓았던 전쟁을 향한 분노를 명상을 통해 내려놓은 틱낫한을 생각해보라. 틱낫한은 자신의 분노를 창조력으로 돌려 공동체를 이루었다. 그 일에는 챙겨야 할 것이 너무 많아 분노할 겨를조차 없다. 나도 몇몇 사람과 힘을 합쳐 우주적 미사*Cosmic Mass* •를 만들었다. 한 번에 몇 시간씩 춤을 추다 보면 녹초가 된다. 분노하거나 전쟁에 나갈 힘은 거의 남지 않는다. 선댄스 같은 의식은 훨씬 더 효과가 클 것이다.

명상은 우리에게 자신을 진정시키라고 가르친다. 〈선禪과 변호의 기술

• 성공회 젊은이들과 포스트모던 형식으로 만든 예배와 전례로, 춤, 디제이, 랩 등이 총망라된다.

Zen and the Art of Lawyering〉이라는 제목의 한 기사는 메리 모신*Mary Mocine*이라는 전前 소송 전문 변호사이자 선종 불교 사제를 소개했다.[34] 그녀는 변호사들에게 명상을 가르치고 있다. 그녀는 스스로를 "법률 적용과 선의 수행이라는 두 가지 언어로 말하는 사람"으로 소개한다. 연구에 따르면 변호사는 다른 직업보다 만성 스트레스와 우울증을 겪는 비율이 더 높다. "UC버클리, 스탠퍼드, 하버드 등 최고의 로스쿨이 '마음 챙김 명상'이라는 세미나를 하는" 이유다. 오늘날 1,500만 명의 미국인들이 명상을 수행하고 있다. 23년간 변호사로 일하고 있는 51세의 파르케 티컨*Farke Tikeon*은 자신의 이야기를 이렇게 들려준다. "저는 무자비한 변호사였습니다. 저만 옳다고 여겼고, 협상 따위는 안 했지요. 그러다 사업 문제와 이혼의 고통으로 흔들리고 있을 때, 한 친구가 명상 모임에 저를 초대했습니다. 명상은 마법 같았어요. 명상은 저를 늦추어줬고, 멈춰서 귀 기울이게 했지요." 샌프란시스코 국선 변호사인 얀 레클리크너*Jan Lecklikner*도 비슷한 이야기를 들려준다. "형사 사법 제도에서 처음 일을 한 5년 동안, 저는 분노하며 모두를 미워하는 변호사였습니다. 결국 이런 마음 상태로는 오래 갈 수 없다는 생각이 들었습니다." 심각한 병이 그녀를 덮쳤을 때, 그녀도 명상을 시작했다.

미국 보건복지부의 의뢰로 이뤄진 한 연구에서, 명상이 심박수, 혈압, 콜레스테롤을 떨어뜨리고 언어 창의력을 높이는 것으로 드러났다. 2005년 위스콘신 대학교가 티베트 수도승을 대상으로 한 연구 결과, "명상 수련은 뇌의 내부 작용에 변화를 일으켰다." 명상을 수행하는 수도승들은 집중력, 기억력, 학습 및 인지 능력이 뛰어나다. "긍정적인 감정과 관련된 전전두엽 피질에서 뇌 활동이 활발해지기" 때문이다. 다시 말해 명상을 하면 더 행복해진다. 명상 워크숍에 참여했던 한 변호사는 이렇게 전한다. "여전히 전투적이긴 하겠지만, 자신과 화해하고 자신에게 집중하니까 분노나 두려움을 내뿜지는 않아요." 푸른 인간이 법조계에서도 생겨나고 있다. 그들은 절대 예전 같지 않을 것이다.

창조력은 수치심을 치유하는 데도 도움이 된다. 우리는 자기가 만든 것을 당연히 자랑스러워한다. 시인은 자기 시를, 화가는 자기 그림을, 사업가는 자기 회사를 자랑스럽게 여긴다. 창조력은 수치심을 떨쳐내게 한다. 자긍심을 되찾아준다.

|

연민이 작용할 때

버나드 아마데이*Bernard Armadei*의 작업은 연민이 작용할 때 어떤 일이 일어나는지를 잘 보여준다. 버나드는 기술자이자 교사다. 그는 몇 년 전 창조영성대학교에서 공부했고, 이후 저개발 국가를 방문하고 돌아와 국경 없는 기술자회*Engineers Without Borders*를 세웠다. 이 단체는 현재 미국 전역에 1만 명의 회원과 235개의 지부가 있다. 43개국에서 250개의 프로젝트를 진행하는데 태양열 관개 시스템에서 친환경 정화 시스템까지 내용도 다양하다. 기술자로서 그는 자신의 창조력에 연민을 더해, 공학 기술을 새롭게 정의하는 데 힘쓰고 있다. 요즘 예전과는 다른 부류의 젊은이가 공학대학에 들어가고 있다. 그는 나에게 이렇게 편지를 보냈다.

연민의 힘이 작용할 때 이뤄지는 일들은 놀랍습니다. 저는 아무 계획이 없었습니다. 모든 건 신의 섭리와 천사의 인도 아래 저절로 일어났지요. 학생들과 전문가들이 합심해서 작업할 때, 그들의 미소는 아름답습니다. 우리는 뉴욕에서 1년 동안 보는 것보다 더 많은 웃음을 아프리카의 한 마을에서 하루 만에 봅니다. 아시다시피, 150억 년간 진화의 결과물인 우리는 모두 풍족합니다. 중요한 건 그것을 잊지 않는 것입니다. 개발도상국에는 그 사실을 기억하는 사람이 많습니다. 우리 정치, 종교, 경제, 교육 지도자들보다 그들이 더 지혜롭습니다.... 저는 여전히 장애물들을 만나지만(특히 박사 동료들로부터) 그건 아무것도 아닙니다. 지금 수피교도의 전통을 탐구 중인데, 그 전통은 매우 온화하고 아름답습니다. 최근 제가 다녀온 아프리카의 몇몇 나라와 네팔, 인도, 르완다에서 만난 모든 아이의 눈에는 신이 있었습니다. 그 아이들은 신의 자녀인 저에게도 제 나름의 신성함과 고유함이 있음을 잊지 않게 합니다.[35]

의식적으로 깨어 있으면서 기술을 갖춘 사람들은 아주 많은 일을 할 수 있다. 버나드는 개발도상국의 모든 여정에서 매우 큰 기쁨과 마주쳤다고 말했다. 기쁨이 있는 곳에 인식이 있고, 인식이 있는 곳에 기쁨이 있기 때문이다. 토마스 아퀴나스는 "신은 극도로 기뻐하고 따라서 극도로 인식한다"고 가르쳤다. "기쁨은 인간의 가장 고귀한 행위다."[36] 인식을 높이는 행위는 기쁨을 높이는 행위이다. 결국 기쁨은 창조력을 일으켜 기쁨을 퍼뜨리고 고통을 덜게 한다. 연민은 고통뿐만 아니라 기쁨에서도 태어난다. 그리고 연민은 세상에 기쁨을 돌려준다.

우리 모두에게 잠재되어 있는 기쁨을 일깨우고 다시 움직이게 할 의식*ritual*이 필요하다. 나는 지난 10년 동안 우주적 미사 의식을 만들면서, 오늘날의 인식과 기술이 기쁨을 되살리는 데 큰 도움이 되리라 확신했다.

기쁨이 연민을 행동으로 옮길 에너지와 힘을 만든다는 사실도 믿게 되었다. 좋은 의식은 좋은 신화를 심장과 세포와 공동체로 전달한다. 그리고 거기에서 행동이 일어난다. 멕시코 토착 부족인 후이촐족의 가르침을 생각해보자.

> 할아버지 불Grandfather Fire은 근본적인 빛이고, 근본적인 지혜이며, 우주 자신의 기억이다. 태초에 그는 원초적인 창조 에너지를 색과 이미지로 만들어 보이게 했고, 노래하여 들리게 했다. 그렇게 우리 인간에게 지식을 주었고 우리는 영원히 감사함을 느낀다. 할아버지 불은 모든 불길과 불꽃에 살아 있다. 불은 영예로운 존재로 다루어져야 한다.[37]

차크라 가운데 분노와 관계있는 제3차크라는 노란색이고, 연민과 관련된 제4차크라는 녹색이다. 분노와 연민이 모여 선지자의 목소리를 만들어내므로, 노란색과 녹색이 모여 '푸른색', 즉 제5차크라와 선지자의 푸름을 만든다고 할 수 있다. 푸른 인간은 세상 속으로 푸름을 퍼뜨린다.

|

푸른 인간이 되자

푸른 인간은 우리 모두에게 허락된 확장된 인식과 창조적 연민을 상징한다. 그는 삶을 그리는 예술가로, 아름다움과 정의를 알아보고 그것을 창조한다. 오늘날 우리는 특별한 방식으로 시험받고 있다. 좋은 소식과 끔찍한 소식으로 인해 정신과 마음을 넓힐 것을 요구하는 세계적 인식이 일어난다. 인간 사회의 집단적 영향으로 지구 건강이 위협받고 있지만, 우리는 전에 없던 방식으로 서로 연결되어 있다. 우리는 직면한 문제들의 해결책을 찾기 위해, 인식이 높아질 때 함께 확장되는 창조의 힘을 사용해야 한다. 확장된 인식을 모든 관계에 적용해야 한다. 푸른 인간의 목적은 우리 손에 힘을 실어 진정한 연민, 진정한 신의 섭리가 우리 삶 속에 일어나게 하는 것이다. 푸른 인간은 죽음에 대한 두려움을 극복하게 하고, 두려움이 일으키는 분노를 내려놓게 한다. 창조력은 격분과 도덕적 분노를 알맞은 저항의 표현으로 바꿔, 무너뜨리지 않고 쌓아 올리게 한다. 간디, 마틴 루서 킹, 예수, 미켈란젤로, 그 외 많은 이가 푸른 인간을 몸소 보여주었다.

푸른색은 하늘과 땅, 하늘 아버지와 땅 어머니를 하나로 만든다. 그것은 하늘과 땅의 결혼으로 우리 안에 모인다. 고대 중국 5경 중 하나인 주역의 48번째 정괘井卦는 "타고난 성향과 교육 환경이 다르더라도, 인간의 근본적인 성질은 다 같다"고 가르쳤다. "모든 인간은 배움의 과정에서 인간 본성 안의 마르지 않는 신성한 샘물에 있는 것을 받아들인다." 푸른 인간은 자신과 모든 것 안에 있는 신성함을 맛보고, 더 많은 일을 하기 위해, 신이 우리에게 요구하는 치유를 돕기 위해 돌아온다. 우리가 푸른 인간이 될 때, 자신이 가진 연민의 마음을 실천하는 연민 어린 신의 손길이 된다.

9장.	땅 아버지:
	아버지의 심장

직설적으로든 비유적으로든 우리는 모두 아버지다. 삶이란 무엇인가, 어떤 가치관을 따르는 것이 좋은가, 가도 되는 방향과 피해야 할 방향은 무엇인가에 관해 젊은이들에게 매일 메시지를 전하고 있으니 말이다. 그런데 그 역할을 잘 해내고 있는가?

우리 모두 아버지이긴 한데, 과연 어떤 아버지일까? 아버지 역할을 할 준비는 되었는가? 아버지의 자격을 실행할 때 '심장'의 역할은 무엇일까? 자기 아버지의 실수를 이해하고 용서해서 1) 그 경험에서 배우고 2) 더 발전해 3) 자기 나름의 아버지가 되었는가? 그렇지 않다면 이유는 무엇인가? 나쁜 아버지의 역할, 정치적·종교적 파시즘이 강조하는 통제의 약속에 중독된 것일까? 오늘날 잘못된 아버지의 힘, 심장 없는 아버지가 일으킨 문제가 얼마나 많은가? 심장이 빠진 생각과 힘이 일으킨 문제가 얼마나 많은가?

|

자연 속 아버지

제프리 무사예프 마송*Jeffrey Moussaieff Masson*은 저서 《아버지의 진화: 동물과 인간 가족의 찬양*The Evolution of Fatherhood: A Celebration of Animal and Human Families*》에서 자연 속 아버지에 대해 말한다. 우리는 대개 "거의 모든 영장류, 사실 거의 모든 포유류의 수컷은 정자를 제공하는 것 외에는 후손에 아무런 도움을 주지 않는 무책임한 아버지이고, 최악의 경우 새끼를 죽이기도 한다고 알고 있다." 하지만 마송은 이를 반박하는 증거를 제시하며 "펭귄, 늑대, 햄, 마모셋원숭이, 비버 같은 동물의 아버지는 몹시 자애로운데, 우리가 그들에게서 교훈을 배우려 하지 않는다"고 한탄했다.[1]

동물 부모는 "새끼의 안전을 위해 할 수 있는 모든 일을 다 한다. 새끼를 보호하기 위해 목숨도 내놓는 동물 아버지의 모습을 보면, 그 동물들이 인간과 비슷한 감정을 느끼지 않는다고 말할 이유를 찾을 수 없다."[2] 마송은 아빠 황제펭귄의 위대한 육아 이야기도 들려주는데, "아빠 황제펭귄은 어미가 바다에서 돌아올 때까지 거의 꼼짝 않고—잠도 자지 않고 굶으면서까지—, 소중한 알을 지킨다." 모든 것을 내어주는 펭귄의 행동은 인간 아버지의 어떤 모습을 반영하는가?

나는 주말 놀이터에서, 따분하지만 다른 곳으로 가지 않고 아이들 곁을 지키는 아빠들을 본다. 아이들이 우리 삶에 들어와 당연한 듯 자기를 가장 먼저 챙기라고 요구하고, 우리가 그 요구에 응하는 모습에 나는 놀란다. 세 살 난 아이가 모래밭에서 구멍을 파거나 성을 쌓고 있을 때, 그 옆에 앉아 있는 것보다 더 재미있는 일은 많다. 하지만 그런 일은 흥미롭기는 하지만 만족감을 주지는 않는다. 아이들 곁을 지키면서 그들이 누리는 소소한 즐거움에 주목하고, 그 기쁨을 흐뭇하게 바라보는 것보다 당연한 일이라고 느껴지는 일은 없다. 우리는 황제펭귄과 조금도 다르지 않다. 우리 또한 아이들이 생존하고 잘 자라날 수 있도록 자신의 일상적 즐거움을 포기하고 아이에게 헌신한다.

마송은 늑대에 대해 이렇게 말한다.

수컷 늑대는 훌륭한 아버지다. 굴이나 굴 근처에서 아버지 역할을 하는 수컷 늑대를 볼 수 있다. 아빠 늑대는 새끼와 짝을 위해 사냥을 하고, 새끼들을 핥아 깨끗이 닦고, 굴을 지키면서 안에 있는 새끼들을 보호한다. 또한 새끼들이 따라다닐 정도로 자라면 진짜 늑대가 되는 법을 가르친다. 늑대도 인간과 아주 비슷한 방식으로 사회화과정을 겪는다. 무리 내 서열과 규칙에 대해 배우고, 자신에게 알맞은 위치를 찾아야 한다. 이런 학습 대부분은 아빠와 엄마의 공동 작업으로 이루어진다. 아빠 늑대가 새끼를 방치하거나 암컷에게만 양육을 맡기는 모습은 찾아볼 수 없다. 많은 이가 본능적인 행위라고 생각하는 사냥조차 아빠에게서 배우는 것이다.[3]

흥미로운 점은, 동물이 인간과 살면서 아빠 노릇을 점점 하지 않는다는 점이다. 예컨대 개는 자기 자식에게는 나쁜 아빠다. 하지만 인간에게는 그렇지 않다. 왜일까? 개에게는 "'인간'이 무리이기 때문이다. 늑대 무리 자리를 인간 가족이 대신한 것이다. 그래서 수컷 개는 무리의 새끼들인 인간 아이들을 보호한다. 아빠가 되려는 본능이 완전히 사라진 것이 아니다. 늑대는 늑대 새끼에게 훌륭한 아빠가 되고, 개는 인간 아이에게 훌륭한 아빠가 된다."[4]

마송은 "포유류의 경우 아버지 역할과 일부일처제가 밀접하게 연관되어 있다"는 것을 알아냈다.[5] 인간 아버지와 늑대 아버지에게는 공통점이 많다. "인간 아버지 역시 자녀와 놀아주는 즐거움을 알고, 아이에게 사랑을 베풀 때 극도의 만족감을 느낀다. 인간은 일부일처제에 알맞지 않다고 불평하는 것이 '남자다운' 거라고 생각하는 이도 있겠지만, 그런 남자들이 멋지다고 생각하는 늑대도 평생의 짝과 새끼들이 기다리는 굴에서 만족감을 찾는다. 그런데 우리는 뭐가 그렇게 다른가?"

아버지의 본능은 자연 속에 잘 살아 있다. 그래서 마송은 "인간 아버지들이 자연계의 다양한 양육 행위를 보는 것이 좋다"고 말한다. "그것을 알고 배우며, 세상의 정글과 숲과 바다에서 이런 지식을 가져와 알려주는 사람을 존중하는 것은 좋은 일이다." 또한 "다른 무엇보다 인간과 동물이 자식을 사랑한다는 사실을 아는 것이 가장 좋다." 마송은 야생 해마, 실고기, 다윈코개구리와 자신이 모두 자식을 사랑한다는 사실에 겸손해지고 위안을 얻는다고 고백했다.[6]

최근에 아들이 아이를 낳아 할머니가 된 분을 만났는데, 첫째 아이를 낳을 때 함께 있던 아들이 이렇게 말했다고 한다. "이렇게 빠르고 온전히 사랑에 빠져본 적이 없어요." 할머니는 요즘 많은 아빠가 아이의 출생 과정을 함께하는데, 이것이 일반적인 일이 될 거라고 덧붙였다. 정말 그랬으면 좋겠다. 심리학자 진 시노다 볼린은 오랫동안 남자들의 이야기에 귀를 기울인 결과, 아버지의 원형이 바뀌고 있다고 믿게 되었다고 한다.

> 남자들이 계속 새로운 세대의 아버지가 되다가 1960년대 중반 이후, 아내의 출산을 함께하는 다른 유형의 아버지가 됐다. 이 남자들은 감정적으로 동떨어져 있거나 다른 일로 바쁜 하늘 아버지가 아니라, 갓 난아이와 유대감을 형성하면서 깊은 관계를 맺는 아버지가 된다. 완전한 땅 아버지가 되는 남자들이 생기고 있다.[7]

땅 아버지의 위기

'땅 아버지'는 무엇일까? 아서*Arther*와 리비 콜먼*Libby Colman*은 저서《아버지: 신화와 역할의 변화*The Father: Mythology and Changing Roles*》에서 땅 아버지를 가족과 매일 교류하는 남자로 설명했다. 땅 아버지에게 가족은 가장 중요한 관심 대상이다. 이들은 집을 떠나 있을 때도 마음만은 아이들에게 가 있다. "땅 아버지의 역할은 아이들이 성장하며 고유한 정체성을 형성해가는 데 필요한 기본적인 신뢰와 내면의 안정을 제공하는 것이다." 볼린은 상담할 때 "밖에서는 제우스처럼 정상의 지위에 있는 전문직 남성들이 가정에서 아이들과 함께 시간을 보내지 못해 아쉬워한다는 말을 듣는다"면서 이렇게 덧붙였다. "이 아버지들은 아이들을 끔찍이 사랑한다. 현대 미국 남자들 사이에 아버지의 원형이 바뀌고 있다. 가부장적인 하늘 아버지가 아직 많긴 하지만, 남자들이 하나하나 분명 바뀌고 있다."[8]

땅 아버지에 뒤따르는 은유는 '아버지의 심장'이다. 마이스터 에크하르트는 신이 가진 "아버지의 심장"에 대해 자주 이야기했다. 신이 아버지의 심장을 가졌다는 건 무슨 뜻일까? 젊은 남자 내면에 '아버지의 심장'을 길러줘야 하는데, 서양 문화는 그러지 못하고 있다. 애틀랜타에 있는 흑인 남자 대학인 모어하우스는 1998년에 '미국 흑인 사회의 아버지 부재 위기 극복'이라는 주제로 학회를 개최했다. 학회가 발표한 보고서에 따르면, 개인주의가 더 심해지고 가족에 대한 의무감이 약해지면서 전 세계가 위기를 겪고 있으며, "빈부에 상관없이 전 세계 아버지들이 점점 가족(아내와 아이들)과 관계를 끊고 있다." 보고서는 아프리카계 미국인 아이의 70%가 미혼모 가정에서 태어나고, 최소 80%는 어린 시절 상당 부분을 아버지와 떨어진 채 지낼 것으로 예상했다. "전국적인 아버지의 부재 현상이 미국의 거의 모든 인종과 민족 집단에 영향을 미치고 있다"고 지적했다.[9]

아버지 역할을 연구하는 학자 론 민시Ron Mincy는 오늘날 아버지의 역할이 처한 위기에 대처하기 위해서는 "일자리 유지와 임금 상승, 경력 발전에 초점을 맞춘 아버지를 위한 직업 소개 서비스를 확대할" 필요가 있다고 말한다.[10] 법과 교육 서비스, 집단 양육 체계, 약물 남용 및 신체·정신 건강과 관련한 의료 서비스도 필요하다. 또한 "아버지와 자녀의 관계를 강화해야 하고, 아버지와 어머니, 남자와 여자 사이에 치유도 이뤄져야 한다." 남자가 영적인 힘을 잃은 것이 아버지의 위기를 일으킨 한 원인이므로, 이 힘을 되살리는 것도 무엇보다 중요하다.

프린스턴 대학교의 신학자 코넬 웨스트Cornel West는 아버지의 위기를 오랫동안 신뢰했던 책무의 위기로 본다. 오늘날 이 책무의 위기에는 세 가지 문제가 있다. 첫째는 경제적인 문제다. 일자리가 안정되지 않으면 불안감과 염려가 관계를 잠식하게 된다. 둘째는 정치적인 문제로, 공동체의 기반이 약해서 깨지기 쉬우면 타락하기 쉽다. 셋째는 개인적인 문제다. 코넬에 따르면, 우리 사회는 "친밀함의 기술, 즉 연약함을 받아들이고 지속적인 관계를 강조할 용기를 잃고 있다. 우리는 시장 윤리*market moralities*에 따라 즉시 쓸 수 있는 신체를 원한다. 따라서 취약함을 진심으로 받아들이는 데 시간이 걸린다. 과거에는 완벽하지 않았지만, 그 와중에 함께 잘 지냈다. 어떤 일들은 헤쳐 나가야 한다. 그렇게 친밀감이 길러진다."[11] 아버지의 심장이 무엇인지 논의하기 전에, 거짓 아버지의 심장을 아는 것도 중요할 듯하다.

거짓 혹은 어두운 아버지

아버지 심장의 반대편에는 동떨어진 심장, 결여된 심장, 차가운 심장, 어디에서도 보거나 만지거나 소통할 수 없는 심장이 있다. 자신의 심장과 닿지 않는 아버지, 심장이 없는 아버지, 진정한 자신에게서 멀리 떨어져 껍데기로만 살아가는 아버지다. 볼린의 지적대로 이것이 하늘 아버지 원형의 어두운 면이다. 서양 문화에서 '결여된 아버지'는 말 그대로 가족과 공동체에서 떨어져 나간 남자로, 그 자체가 하나의 원형이다. 서양이 오랫동안 아버지의 심장이 없는 아픔을 겪었다는 의미다. 작가 매리언 우드먼은 《최초의 왕*The Maiden King*》에서 로버트 블라이와 나눈 대화 가운데 이렇게 말한다.

결여된 아버지로 이루어진 정부가 무언가 하기를 기다리기만 해서는 아무런 변화도 일어나지 않는다. 그들도 역시 아버지가 없었고, 대부분 무엇을 해야 할지, 자신을 이끌어줄 소명을 어디서 찾아야 할지 모른다. 양어머니에게 의존할 수도 없는데, 어딘가에서 진정한 갈망과 연결이 끊어져 양어머니의 어머니와 할머니도 양어머니였기 때문이다. 모든 것의 중심에 삶에 대한 근본적인 사랑이 없으면, 아이들은 태어날 때부터 자신이 평가 대상이라는 것을 알게 된다. 평가는 모든 갈망과 생각, 행동을 제한한다.[12]

'모든 것의 중심에 있는 삶에 대한 근본적인 사랑'이 바로 생명애 *biophilia*의 의미다. 진정한 '아버지의 심장'은 생명과 사랑에 빠지며, 생명애를 기르고 유지한다. 땅 아버지는 사랑을 베풀며 징벌적 판결은 내리지 않는다. 예수는 아버지의 심장에 대해 이렇게 말한다.

> 아들이 떡을 달라 하는데, 세상의 어떤 아버지가 돌을 주며
> 아들이 생선을 달라 하는데, 세상의 어떤 아버지가 뱀을 주겠느냐?
> 하물며 하늘 아버지께서 구하는 자에게는 좋은 것을 주시지 않겠느냐?[13]

서양에서는 '아버지 심장' 대신 권위적인 심장, 즉 징벌하고 판단하며 항상 화내고 멀리 있으며 차갑고 이론적이고 합리적인 심장의 원형만 보인다. 아버지답지 않은 심장은 한 번도 애써보지 않은 심장, 깨달아 인식하도록 요구받은 적 없는 심장이다. 아버지답지 않은 심장은 여전히 잠들어 있고 아무런 인식이 없다. 로버트 블라이는 "'인식 없는 아버지'는 폭정, 자본주의 지배, 젠더 갈등을 일으키는 세력이고, '인식 없는 어머니'는

정신적 무기력과 생각 없는 소비주의를 이끄는 세력"이라고 말한다.[14] 무의식끼리 어울려 결합하므로, 결국 인식 없는 아버지와 인식 없는 어머니가 함께 아이들을 기르게 된다. 매리언 우드먼은 독단적인 아버지와 겁박하는 어머니가 짝을 이루는 모습을 본다.

> 겁주고 다니는 늙은 어머니는 무의식의 깊숙한 곳을 어슬렁거리는 커다란 도마뱀 같다. 그녀는 어떤 변화도 원하지 않는다. 혈기 왕성한 자아가 무언가를 달성하고자 하면, 순식간에 혀를 내밀어 그 천진한 반란을 삼킨다. 그녀의 짝인 완고하고 독단적인 아버지는 그녀가 원하는 대로 변화를 억제한다. 그들은 부드러움의 탈을 쓰고 우리를 가혹하게 지배한다. 그런 어머니는 교회, 복지국가, 대학교, 소중한 모교가 되고, 계층 구조와 법, 현재 상황을 유지하는 아버지의 보호를 받는다. 그 도마뱀을 죽이고자 수백 년간 들인 노력은 물질주의라는 현실에서 어머니에 대한 숭배로 끝났다. 가부장제에서 태어난 아들과 딸은 어머니에게 묶여 있다.[15]

심리학자 고든 휠러Gordon Wheeler와 다니엘 존스Daniel Jones는 '우리 아들들을 찾아서'라는 주제로 워크숍을 여러 번 열었다. 그리고 이 주제를 통찰력 있게 다룬 한 논문에서 남성의 의식에서 수치심이 행하는 가장 난폭한 역할을 지적했다. 영화배우 존 웨인John Wayne의 사례처럼 문화적 우상화를 통해 개인주의와 영웅주의가 판치는 상황에서, 남자들이 다른 남자에게 도움을 청하는 것은 훨씬 어려워졌고 이는 수치심을 일으키는 일이 되었다. "따라서 영웅은 외로울 수밖에 없으며, 남자들이 최고로 여기는 개인주의적 자아의 정점에 있다." 게다가 성찰하고 "자기를 탐구하는 바로 그 행동은 수치심을 불러일으킬 수 있다. 내면을 들여다보라는 응원을 충분히 받을 때, 의지하고픈 마음을 중심으로 수치스러운 느낌과 욕망을 발견할 위험이 있기 때문이다."[16] 그러나 얼마나 많은 12세기의 녹색 인간들이 내면으로 눈을 돌렸는지 생각해보라. 녹색 인간은 성찰을 두려워하지 않는다. 현대의 남자들은 그저 성찰을 두려워하도록 교육받았을 뿐이다.

남자들에게 수치를 느끼게 하고 내면을 들여다보지 못하게 하려는 사회적 노력이 존재한다. "남자들의 힘을 보호하기는커녕 수치심을 느끼게 해 남자의 힘 대부분 혹은 전부를 박탈하는 사회적 패턴과 구조를 정착시키기 위해 이를 위협하는 담론을 막거나 금지하고 있다." 따라서 남자들은 '벽장 안에' 갇혔다. 남자들은 스스로에게조차 가려져 있다.

수치심이라는 부담감은 '요구하거나 의존하는 관계를 의미하는' 아버지 역할에 심각한 영향을 미친다. 휠러와 존스는 "돌봄 역할을 하는 남자와 맺는 양육/관리 관계 모두" 아버지 역할이라고 규정한다.[17] 좋은 아버지 역할은 다른 사람과 자신이 성장해야 할 필요성을 확실히 믿고, 북돋우며, 지지한다. 그들은 우리가 알게 모르게 젊거나 어린 남자에게 아버지 역할을 하므로, 아이가 있든 없든 "모든 남자"가 아들을 가진 아버지라고 인식한다. 수치심은 '이 세상이 나를 위한 것이 아니고, 내 세상이 아니며, 있는 그대로의 나를 위한 자리가 이 세상에 없다는 느낌'이다. 수치심이라는 관점에서 보면 모든 의존은 "유치하고, 창피하며, '미숙'하고, '여자 같은'"것이다.

아버지의 심장은 성별과 나이, 세대에 상관없이 모두가 몸소 보여야 할 만큼 중요하다. 인간의 본성은 아버지의 심장이 어머니의 심장과 함께하기를 요구한다. 둘 다 분명하고 또렷이 깨어 있어야 한다. 그러면 푸른 인간의 인식이 확장된다. 이는 아버지의 심장을 기르는 데 중요하다. 또한 모든 땅 아버지는 푸른 인간이 되어, 깨어 있고, 인식하며, 탐색하고, 가득한 호기심으로 아이들을 사랑해야 한다. 사랑으로 돌보는 사람이 되면 우리와 아이들이 튼튼하게 자란다. 지구와 생명체들이 건강하게 번성한다.

아버지의 심장이 매우 부족하다는 증거는 현대 사회가 지구와 생명체를 대하는 방식에서 드러난다. 미국의 교도소를 채우고 있는 수많은 젊은이 또한 그 증거다. 이들 중에는 아버지 없는 가정에서 자란 이가 많다. 이들은 자기를 사랑하고, 안내하고, 옳은 방향으로 이끌어주고, 남과 자신에게서 지켜줄 아버지의 심장을 거의 혹은 전혀 겪지 못한 채 자랐다. 아버지의 심장이 삶에서 사라지면, 절망이 기지개를 켠다. 절망은 토마스 아퀴나스의 말처럼 모든 죄악 중에 "가장 위험"하다. 절망이 우리를 지배하면 폭력성에 한계가 없어진다. 자신을 사랑하지 않으면 "네 이웃을 네 몸과 같이 사랑하라"는 가르침이 아무런 힘을 쓰지 못한다.

최악의 경우, 거짓 혹은 어두운 아버지는 가부장적이고 징벌적인 신의 개념을 통해 스스로를 정당화하는 파시즘으로 이어진다. 히틀러의 파시즘을 겪었던 제임스 애덤스가 오늘날 미국에서 파시즘이 다시 고개를 들고 있음을 느낀다고 한 말은 괜한 것이 아니다. 그는 "나치는 卍 표시나 갈색 군복을 입고 돌아오지 않는다"고 말한다. "나치의 이념적 후계자들은 파시즘을 가릴 가면을 성경 구절에서 발견했다."[18] 그는 미국에서 우익 세력이 출현하고, 아버지가 꼭대기에서 일거수일투족을 감시하며 지배하는 사회를 동경하고, 열린사회를 해체하려는 움직임이 일어나는 모습에서 일종의 데자뷔를 느낀다. 이런 움직임의 중심에는 거짓 아버지와 병든 남성성이 있다. 거짓 아버지의 가르침에 분노와 공격성이 더해지고 이를 종교로 덮을 때, 그 결과물이 가질 폭발력을 과소평가해서는 안 된다. 악마를 다룬 내 책에서 살펴본 것처럼 히틀러의 연설은 온통 종교의 언어와 비유로 장식되었다. 그는 다양한 모습을 한 종교 전도사였고, '정신적' 아버지였다.

아버지의 심장은 우리 삶에 희망과 약속, 가능성을 가져다준다. 아버지의 심장이 없으면 무기력과 좌절, 그에 따른 폭력이 생긴다. 아버지의 심장은 다이달로스처럼 우리에게 날개를 달아주고, 야망과 자율적인 힘과 강인함을 제공한다. 또한 경계를 설정하고 그 안에 머물게 해 녹색 인간처럼 우리에게 안전한 기반을 제공한다. 로버트 블라이는 좋은 아버지가 "음식과 격려를 제공하는 것이 아버지의 일이라는 착각에서 눈뜨게 한다고 믿는다. 사투르누스*Saturn*의 야만적 본성은 우리가 환상으로 품은 좋은 아버지의 본성과 정확히 반대다."[19] 좋은 아버지는 개인이 각자 책임을 지도록 격려하며, 의존성이 아닌 건강한 인성을 길러준다.

|

땅 아버지: 모든 남성성 원형의 결합

땅 아버지, 즉 아버지의 심장을 가진 진정한 아버지는 이전 여덟 장에서 찾아낸 은유와 원형을 '모두' 포함한다. 진정한 아버지는 하늘 아버지는 실재라는 것을, 하늘이 살아가는 방식에 대한 놀라운 소식을 몸소 이야기를 통해 전해준다. 또한 우리 의식에 기반을 제공하고, 생명체와 토양, 물, 공기, 숲이 건강해지도록 애쓰며, 어머니 지구를 말 그대로 돌보는 녹색 인간이다. 아버지의 심장은 가족과 공동체에서 상호소통, 즉 경청

●   로마 신화에 나오는 농경의 신.

하며 말하고, 배우고 가르치며, 양방향으로 흐르는 소통을 촉진하고자 온갖 노력을 다한다. 땅 아버지는 문화와 세대를 뛰어넘고, 새로운 언어와 소통 방식을 존중하며, 하나의 언어가 아니라 새로운 언어들을 사용한다.

진정한 아버지의 심장은 수렵채집을 하던 조상이 가졌던 깊고 오래된 이야기에 열려 있다. 수렵채집인은 부족이 살아남도록 도왔고, 자연 세계에 대한 왕성한 호기심과 다정한 관계를 길렀다. 땅 아버지는 상호 관계의 필요성을 알고 있다. 아들과 딸에게 세상에서 '사냥'하는 법을 가르치고, 독립했을 때 자신에게 있는 수렵채집인의 본능을 신뢰하도록 이끈다. 또한 영적 전사를 찬양하며 본보기로 삼는다. 기쁨과 슬픔을 편하게 표현하고, 가정과 공동체에서 이런 감정을 쏟을 수 있는 의식을 알고 있거나 만든다. 이런 방식으로, 아이들은 모든 감정을 인식하고, 안전하게 표현하면서 자란다. 아버지의 심장은 내적 작용을 통해 슬픔과 상심을 비롯한 다양한 종류의 감정을 받아들이며, 이를 아이들에게 숨기지 않는다.

건강한 아버지는 섹슈얼리티와 섹슈얼리티의 힘과 위험성에 대해 공개적으로 이야기를 나누면서 건강하고 책임 있는 성적 표현의 모범을 만든다. 건강한 아버지는 아이들에게 건강한 삶에 필요한 것, 즉 건강하게 먹고, 직접 요리하고, 식재료를 기르고, 적절히 운동하고, 몸을 존중하는 법을 보여주면서 기쁨을 얻는다.

마지막으로 건강한 아버지는 말과 행동으로 폭넓은 인식을 기르는 법과 창조적이고 예술적이며 동정적으로 삶에 대응하는 법을 가르친다. 창조적 연민은 역사 중 바로 지금 매우 중요하고 근본적인 가치다. 푸른 인간은 감춰지지 않을 것이다.

여덟 개의 원형을 모두 결합한 땅 아버지는 아버지의 심장을 가진 건강한 아버지다. 그는 건강하고 완전한 남성성을 몸소 보여주는데, 이 과정에는 당연히 완성이라는 끝이 없다. 우리는 완성이라는 정지된 상태에 도달할 수 없다. 그러다가 나이가 들어 죽음에 직면하면, 남성적 원형의 역할이 다시 바뀐다. 우리는 건강한 남성의 심장이 '은퇴*retirement*'가 아닌 '재점화*refirement*'에 들어가는 법을 배워서, 다음 세대와 그다음 세대를 위한 모범이 되어야 한다. 《늑대와 함께 달리는 여인들*Women Who Run with the Wolves*》을 쓴 클라리사 핀콜라 에스테스*Clarissa Pinkola Estés*는 땅 아버지를 시로 노래했다.

땅 아버지

아무도 모르는

이백만 년 된 남자가 있어.

사람들은 그의 강을 가르고

그의 다리에서

가죽을 넓게 벗기고,

그의 엉덩이에

그을린 자국을 남겨.

울부짖지 않던 그가

사람들이 무엇을 하든 단단히 버티던 그가

이제야 찔린 손을 들어

아직 살릴 수 있다고 속삭이네.

우리는 붕대를 감고

천을 대고

연고를 바르고, 실로 감아

바늘로 꿰매, 이어 붙여

천천히 조심조심 그의 몸을 돌리네

위를 볼 수 있도록.

그 아래에 놓인 것은

다친 곳 없이 완전한 모습의

평생의 연인, 늙은 여인.

그는 이백만 년 된 여성 위에서

늙은 등으로, 흉터투성이 등으로,

그 긴 세월을 지켰네.

그녀 아래 땅은

그녀의 눈물로 검게 젖었네.

|

맷 헨리: 작사가의 성찰

맷 헨리*Matt Henry*는 호주에 사는 작사가다. 내 제자였다가 이제는 친구가 된 그는 최근 아내와 함께 셋째 아이의 탄생을 맞이했다. '아버지의 심장'에 대해 생각하며 글을 쓰던 나는 아버지 역할에 대해 그의 생각을 물었다. 그가 에세이 한 편을 보내왔는데, 울림이 크고 생각할 거리를 많이 주는 글이라 여기에 그대로 옮긴다.[20]

너무 오랫동안 인간의 아버지 역할을 바탕으로 신성을 너무 쉽게 생각한 나머지, 신이라는 개념이 상처를 입었다. 우리는 '자녀를 방치하는'

아빠나 '무책임한' 아버지라는 꼬리표가 달린 허약한 아버지상에 익숙하다. 이런 아버지와의 관계가 신에 대한 개념에 영향을 미치면, 신이 없다는 생각을 받아들이기 쉬워진다. 반면, 평가하고 억압하는 아버지상은 '가부장제'를 낳고, 결국 식민주의와 봉건제도, 극단적 배타주의 등에서 그대로 드러나는 지배적 관계를 만든다. 물론 이 두 극단 사이에 다양한 형태가 존재할 수 있다.

이런 관점에서 우리는 "신성이 가진 아버지 역할의 핵심을 먼저 상기하고, 그에 따라 인간 아버지의 역할을 형성할 수 있을까?" 하는 질문을 하게 된다. 순서를 뒤집지 않고 말이다.

켈리 클락슨Kelly Clarkson, 데이비드 호지스David Hodges, 벤 무디Ben Moody가 부른 「비코즈 오브 유Because of You」를 생각해보자. 이 노래는 앞서 말한 강압적인 아버지상을 그대로 보여준다. 이 노래의 화자는 자신과 다른 누구도 믿지 못하며, 아버지가 저지른 실수를 자신은 반복하지 않겠다고 선언한다.

자신을 포함한 모든 사람에 대한 신뢰가 무너진 채 자라는 것은 얼마나 마음 아픈 일인가! 노리치의 줄리안도 "믿음이 없으면 우리 내면이 약해진다"고 분명히 말했다.

> 자주
> 믿음이 가득하지 않아
> 신이 우리 말을 들어준다고 확신할 수 없지.
> 우리가 스스로
> 가치 없고 아무것도 아니라 생각하니까.
> 말도 안 되지만
> 그것이 우리를 약하게 만들어.[21]

이 노래에서 아버지와의 관계가 나쁜 건 아버지와의 관계뿐만 아니라 모든 관계, 심지어 신과의 관계에도 믿음이 없어졌기 때문이다. 어쩌면 오랫동안 아버지가 신과 비슷하다고 여겼기 때문에 더 그럴지도 모른다.

마이스터 에크하르트도 이런 신뢰의 상실을 꾸짖는다.

> 인간이 행한 모든 것 중에
> 신을 향한 신뢰만큼
> 타당한 것은 없다.
> 우리가 신뢰할 때
> 신은 위대한 일을 해내지 않은 적이 없다.[22]

해리 차핀*Harry Chapin*이 부른 「캣츠 인 더 크레이들*Cat's in the Cradle*」은 극단의 반대쪽에 있는 무기력한 아버지상을 떠올리게 한다. 이 노래에서 작사가는 자기가 자랄 때 아버지는 곁에 없었는데, 아버지가 된 자신도 아들에게도 그러고 있어 "나와 똑같이 자란" 아들을 본다고 전한다.

두 노래의 가사 모두 아버지라는 존재가 하나의 힘이라고 주장한다. 이 노래들은 분명한 대조를 위해 제시된 극단적 사례이기는 하지만, 아버지와의 관계가 아이에게 매우 중요하다는 사실을 잘 보여준다. '너무 강한' 아버지와 '너무 약한' 아버지 모두 큰 영향을 미치며, 아버지라는 존재는 모든 경우에서 힘을 가진다. 문제는 아버지의 심장에 힘이 있는가 하는 문제가 아니다. 그 힘을 지니는 방식이다.

기초 생물학은 아버지의 역할과 관련한 다음의 중요한 사실을 우리에게 알려준다. 첫째, 누군가 어머니 역할을 하지 않으면 아버지 역할이 일어날 수 없다. 둘째, 아버지 역할은 자녀가 태어나기 전에 시작된다. 세대가 달라져 요즘은 임신 중 아버지의 적극적인 역할을 인정하고 있다. 아이의 출생 이전에 배우자와 함께 예비 부모 수업에 참석하지 않은 동료가 단 한 명도 없을 정도다. 내가 들었던 수업은 아버지 역할을 강조하며, 우리를 부모로 만든 생물학적이며 영적인 결합의 현실에 대해 책임을 지게 했다. 아버지 역할을 아이가 태어난 뒤로 미루지 말라고, '나 역시 임신했다'는 사실을 잊지 말라고 강조했다.

예비 아버지로서 내가 한 일 중 하나는 '기도'였다. 이는 많은 문화권에서 전해지는 자연이 된 어머니와 시간이 된 아버지가 부부가 되면서 제안한 것으로, 내가 어떤 역할에 관심을 가져야 하는지는 명백해 보였다. 나는 자궁에서 아이가 성장하는 것, 즉 아주 작은 세포들이 시간이 지나 경이로운 인간으로 발달하는 것에 대한 인식을 기르는 데 집중했다. 여성의 뱃속에서는 너무도 많은 일이 너무 빨리 일어나므로 성장이 멈추는 때가 결코 없다는 생각이 들었다. 이런 생각에 빠지면서, 책에서 읽은 다양한 묘사와 이미지를 떠올리거나, 그냥 스스로 궁금해하면서 기도 시간을 보냈다. 때론 그저 시계를 보면서 그 시간을 보내기도 했다.

시간의 문제

- 맷 헨리

뱃속에 있는 아이에게

시계를 보면
바늘이 빙글빙글 돌아가고
아래위로 움직이지.
빠른 것도 느린 것도 있어.

바늘이 돌 때 나는 꿈을 꾸고
마른 바늘은 빨리 뚱뚱한 바늘은 느리게
그렇게 바늘이 둘이니
하나는 내 바늘, 다른 하나는 네 바늘

시간의 문제지.

가끔
빠른 바늘은 누군가 아는 사람이
자기를 붙잡았다가
놓아주는 것을 보네.
시간의 문제지
네 작은 손이
내 큰 손 안에 들어올 때까지.

처음에는 마치
우리는 쉴 틈 없이 움직여도 너는 움직이지 않는 것처럼 보이지
매일 네가 괜찮은지 확인하면서.

그리고 평생
우리는 가까이 혹은 멀리에서 춤을 추네
하지만 떨어지지는 않아
하나의 심장을 중심으로 도니까
시간의 문제지

네 작은 손이
내 큰 손 안에 들어올 때까지.

그리고 결국
우리는 삶이 빙글 돌아서
바뀐 것을 알게 되네
우리 손이 변했지.

시간의 문제지
네 큰 손이
내 작은 손을 쥘 때까지.

이 노래를 만들면서 뱃속에서 아이가 자라고 태어나고, 이후에도 계속될 변화에 대비할 수 있었다. 이렇게 시간과 성장을 기도하는 것이 아이의 출생 전 내 안에서 작용한 아버지의 심장이었다. 그 심장은 아이와 함께 올 내려놓는 일과 다시 받아들이는 일을 대비하게 해주었다. 물론 대비는 했지만, 완전히 준비되었다는 말은 아니다.

'탄생 전에' 생각되는 신성한 아버지의 심장은 어떨까? 바울은 온 만물이 "지금까지 탄생의 고통으로 신음하고 있다"고 말했다.[23] 마이스트 에크하르트도 신은 세상을 만들기 전부터 아들을 낳으면서 어머니의 침대에 누워 있으며, 탄생은 "모든 기쁨이 존재하는 신의 아버지 심장에서 태초부터 생겨난 신의 자각"이라면서 바울의 말에 동의했다.[24] 신의 아버지 심장은 탯줄을 자르기 한참 전부터 탄생에 참여한다. 창조는 처음*the beginning*부터 생겨난다. 그것이 태초*The Beginning*이기 때문이다.

아버지의 심장이 좋은 상징인 건, 우리가 심장 박동이 숨보다 먼저 생긴다는 사실을 알기 때문이다. 임신 초기부터 태아의 심장은 뛴다. 하지만 호흡은 태어난 뒤에 시작된다. 이는 신성한 존재인 아버지 심장이 성부聖父와 비슷하다는 개념과 일치한다. 신의 심장 박동은 항상 드러나지 않지만, 신의 호흡은 신이 창조한 생명에서 잘 드러나기 때문이다.

물론 신에게 선형적 시간을 적용하기에는 곤란한 부분이 많다. 우리는 명확한 이유 없이 시간이 공간(물질)보다 앞선다고 생각했다. 이제는 시간 자체도 창조의 일부이며, 시간이 공간과 함께 창조되었다고 믿는다. 시간은 글자 그대로 본질적인 것이다(「시간의 문제」라는 노래 제목이 의도적인 언어유희였다고 주장하고 싶지만, 솔직히 그 사실은 나중에야 알게 되었다). 현재 상황에서 켈트족의 홀리 킹Holly King과 오크 킹Oak King(녹색 인간의 두 가지 측면)에서 나온 개념인 아버지 시간은 스스로 대자연 어머니보다 우월하다고 뽐낼 근거가 없다. 그 둘은 태초부터 서로의 안에 함께 있다.

에크하르트가 사용한 단어들(어머니의 침대, 아버지의 심장)은 모성과 부성 사이에서 편하게 춤추듯 움직인다. 그가 이 둘이 함께 만드는 완전함을 잘 알기 때문이다. 브라질 신학자 레오나르도 보프Leonardo Boff는 신을 "엄마 같은 아버지이자 아빠 같은 어머니"라고 불렀다.[25] 아버지 심장은 아이와의 관계와 어머니와의 관계를 모두 포함하며, 양쪽과 함께 협력하여 부모가 된다.

이는 편모나 편부 혹은 동성 부부의 부모 자격에 관한 주장을 살피는 문제가 아니다. 모든 남성과 여성이 모성과 부성을 모두 가져야 한다는 말이다. 아버지와 어머니의 최초 협력은 각자 내면에서 일어나야 한다. 엄마 같은 부성과 아빠 같은 모성으로 말이다. 내가 내면의 모성을 인식하지 못하면 나는 두 딸에게 완전한 부모가 될 수 없을뿐더러, 그 아이들의 엄마인 내 아내의 완전한 동반자도 될 수 없다.

유대인의 카발라*Kabbalah* 전통은 신이라는 이름 안에서 남성성과 여성성을 모두 찾아낸다. 신명사문자神名四文字(테트라그람마톤*Tetragrammaton*)•인 YHWH(요드*yod* 헤이*heh* 바브*vav* 헤이*heh*)에서 바브와 헤이는 '신의 섭리 속 남성과 여성의 힘을 상징'한다.[26] 남성의 힘이 세상에 작용하는 힘이라면, 여성의 힘은 신의 권능을 세상이 받아들이도록 하는 힘이다. 아마도 보프는 이를 더 간단하게 표현했겠지만, 신의 이름 안에서 이 사실을 발견한 것은 분명하다. 탈무드의 지혜는 남자와 여자가 아이를 낳는 순간이 신과 가장 비슷해지는 때이며, 그 행위 안에서 신이 그들의 동반자가 된다고 주장한다. 그러면 아이는 어머니의 심장과 아버지의 심장 그리고 신의 심장을 모두 물려받는다고 생각할 수 있다.

아버지의 심장이 '처음'부터 아이를 사랑할 수 있다고 말할 때, 그 처음은 아이가 수정되는 순간이 아니라, 에크하르트도 당연히 동의하겠지만, 태초다. 아버지의 심장이 뛰기 시작한 태초에 무엇이 혹은 누가 있었을까? 카발라교도와 에크하르트는 '아무것도 없었다*ayin*'고 답할 것이다. 또한 카발라교는 그것을 '무한*boundless*'이라고 부르거나 '어떤 개념으로도 부정된다'고 말할 것이다.[27] 에크하르트는 우리가 "하나를 향해 부정否定에서 부정否定으로" 빠질 필요가 있다고 말하곤 했다. 덧붙여 카발라교는 그것을 "되어 가는 중"이라고 부르기도 한다.

도덕경의 성찰은 이렇다.

도道는 빈 접시와 같아서

• 　창조주 곧 여호와 또는 야훼의 이름을 나타내는 히브리어 네 글자.

쓰이려면 절대 채워져서는 안 된다.

깊이를 알 수 없는 만물의 기원이 그럴 것이다.

그것은 날카로운 끝을 모두 무디게 하고,

얽힌 것을 모두 풀고,

빛을 모두 어울리게 해,

세상을 온전한 하나로 모은다.

깊은 곳에 숨어 있지만,

영원히 존재하는 것처럼 보인다.

무엇이 그것을 낳았는지는 알지 못하지만,

만물의 공통 조상, 아버지일 것이다.[28]

　한결같이 아버지의 심장이 하는 근본적인 일을 분명히 말한다. 그것은 내려놓는 것이다(그런데도 도교의 지혜가 날카로움을 무디게 하고, 빛을 조정하며, 얽힌 것을 푸는 실제 현실을 암시하는 것은 좀 묘하다). 딸을 시집보내거나 다 자란 아들이 자신에게서 벗어나려 할 때 아버지가 겪는 어려움을 전하는 틀에 박힌 이야기 뒤에는 원형의 현실이 존재한다(그런 이야기가 농구로 아버지를 이기는 아들처럼 뻔한 것을 의미한다고 하더라도 말이다). 그 내려놓음은, 외면으로 빠져나가기보다 내면으로 확장하라는 도교의 가르침이나, "창조된 것은 흘러나가지만 안에 머무른다"는 에크하르트의 표현으로 설명될 수 있다.[29]

　신의 창조력은 자기를 비우는 행위(케노시스*kenosis*•), 즉 신의 심장 안에 다른 것이 존재하도록 공간을 만드는 것에서 시작된다. 그것은 바로 십자가에 매달린 모습에 사로잡힌 기독교인들이 너무 자주 간과하는 내려놓

•　예수가 인간의 모습을 취하면서 신성을 포기한 행위.

음과 희생이다. 창조와 십자가는 똑같이 자기를 비우는 행위의 일부분이다. 신의 아버지 심장은 인간 아버지 심장의 표상이며, 그 표상은 '내려놓으라'고 말한다.

내려놓는 것은 우연이 아닌 의도적 선택이다. 신학자 위르겐 몰트만 *Jürgen Moltmann*은 신의 창조력은 "신성한 의지의 결단"에서 나온다고 주장한다.[30] 그는 신의 창조력이 의지의 작용 없이 신의 본성이 저절로 발산되는 것이라는 다른 주장과 선을 긋는다. 그래도 몰트만은 신의 본성에 처음부터 절대적으로 그리고 본질적으로 창조하고자 하는 의지가 담겨 있다는 말로 한발 양보한다. 중요한 것은 이런 사실로 볼 때 아버지 심장의 작용이 의도적이지 않다고 생각할 수는 없다는 것이다. 딸들과 내가 그저 존재한다고 해서 부녀 관계가 활발하게 이뤄진다고 볼 수는 없다. 아버지 심장은 창조하고자 결단해야 한다.

부모로서 내려놓는 것은 아이에게 굿나잇 키스를 할 때 아이가 다음날 아침에는 다른 아이가 되어 깰 것을 아는 것이다. 그래도 키스를 했던 그 아이를 끔찍이 사랑했다! 내려놓는 것은 아이가 들어올 수 있도록 마음의 공간을 내어주는 것이다. 아버지 심장은 아이 안에 있는 자신을 알아보고, 아이는 포근한 아버지 심장 안에 존재하는 자신을 알아보기를 열망한다. 그러니 성장하며 끊임없이 변하는 아이가 아버지 심장 안에 자신이 남아 있음을 느낄 수 있게 심장을 내적으로 넓게 내려놓는 것이 중요하다. 포기하는 것과 내려놓는 것은 심장을 쪼개느냐 심장을 확장하느냐의 차이며, 이는 사실 종이 한 장 차이다.

허락하는 한

- 맷 헨리

이제 알겠어.

내가 너에게

수백만 번 입을 맞췄음을.

허락하는 한 또 그럴 거야.

가능하다면 데리고 다닐 거야.

아마도 언젠가

내가 입을 맞출 때

너는 고개를 돌리겠지.

그래도 허락하는 한 또 그럴 거야.

가능하다면 데리고 다닐 거야.

그때쯤이면 분명

내가 한 입맞춤이

수십억이 되겠지.

그래도 멈추지 않을 거야.

내 사랑이

다 채워질 일은 없으니까.

그리고 허락하는 한 또 그럴 거야.

가능하다면 데리고 다닐 거야.

가능하다면 데리고 다닐 거야.

신성이 우리에게 '원인과 결과의 존엄'을 허락한 것처럼, 우리도 아이의 성장과 자아를 받아들여야 한다.[31] 아이에게 입 맞추고 아이를 데리고 다니기만을 원하는 본능이 있어서 내려놓기란 쉽지 않다. 그러나 신비주의자들은 집착이 끝나는 곳에서 신의 일이 시작된다고 가르친다.

나는 지금이 아버지가 되려는 우리의 시도를 신성에 투영하는 행위를 멈추고(결여된 아버지와 지배적이고 강압적인 아버지의 이미지 모두), 신의 아버지 심장을 더 경이로운 것으로 온전히 인정하는 신비주의자들과 예술가들을 믿어볼 때라고 믿는다. 아마도 그 믿음에서 우리의 형상대로 신을 만드는 대신, 자기 나름의 아버지로서 노력을 다할 수 있을 것이다.

아버지가 된다고 해서 심장을 깨뜨릴 필요는 없다. 아버지가 되면 큰 심장을 얻게 된다. 필요한 것은 용기다.

|

아버지 심장의 속성

맷은 아버지와 예비 아버지에 대한 솔직한 성찰을 통해 훌륭한 지혜를 보여준다. 맷이 한 많은 감동적인 표현 중에, 아버지의 역할은 하나의 힘이지만 그 힘을 해석하고 사용하는 방법에 대한 선택은 우리 몫이라는 말은 최고였고, '처음부터' 그리고 감히 말하기를 '처음 이전부터' 아득한 기간 동안 아버지가 신비스러운 존재였다는 말은 충격적이었다(노리치의 줄리안이 "신은 태초 이전부터 우리를 사랑했다"고 한 말을 생각해보라). 내려놓음과 '할 수 있을 때' 사랑과 애정을 보여주어야 한다는 가르침은 어떤 면에서 아버지의 역할이 영원하지 않음을 의미한다. 또는 아이가 독립하고 스스로 아버지나 어머니로서 노력을 시작할 때, 그 역할에 관한 설명이 바뀜을 의미한다. 또한 맷이 아버지다운 심장*fatherly heart*을 아버지 심장*paternal heart*이라고 표현한 것도 마음에 든다.

그렇다면 아버지다운 혹은 아버지 심장이 가진 중요한 특징은 무엇일까?

1. 돌봄: 아버지 심장은 돌본다. 입 맞추거나 안아주거나, 맛있는 음식과 안락한 집, 좋은 교육 기회를 주기 위해 열심히 일하거나 그 밖의 무수한 방식으로 돌봄을 표현한다

2. 베풂과 너그러움: 아버지 심장은 베푸는 심장, 너그러운 심장이다. 아이들은 남자에게서 가장 좋은 것, 즉 베풂의 힘, 그것도 너그럽게 베푸는 능력을 끌어낼 수 있다. 이 베풂은 그저 아이의 놀이방을 물건으로 채워주는 것이 아니다. 시간과 자신의 존재를 베풀고, 삶의 교훈과 철학, 가치관을 나누는 것이다. 내가 만난 많은 과학자는 자연에 대한 사랑과 기쁨을 자신에게 처음 가르쳐준 사람이 아버지라고 말했다.

3. 경청: 아버지 심장은 잘 받아들인다. 즉, 귀를 기울인다. 지시하거나 본능적인 파충류의 행동-반응 방식으로 대응하지 않는다. 열려 있으면서 받아들이는 마음을 통해 사람은 모두 다르고, 각자 개성이 있으며, 삶 또한 다르게 겪을 것이라는 사실을 인정한다. 인생에서, 특히 어릴 때, 우리 모두에게는 귀 기울여 주는 사람이 필요하다. 아버지 심장은 예측은 줄이고 마음 편히 내려놓는 법을 알고 있어서, 잘 들어주는 사람이 되게 한다.

4. 미래를 내다보기: 아버지 심장은 미래를 생각한다. 아버지는 영원히 곁에 머물지 않고 언젠가 죽는다는 사실을 인정한다. 아버지 심장은 미래를 대비하며, 자신이 없어도 아이들이 삶에서 성공할 수 있게 좋은 가치관을 전해준다.

5. 격려: 아버지 심장은 격려하는 마음이다. 아이들에게 삶의 여정을 견딜 수 있을 만큼 강해지는 법, 때로는 적대적인 세상에서 살아남는 법, 가짜 힘, 즉 인종 차별, 성차별, 동성애 혐오, 군국주의로 자기 권력을 과시하려는 거짓된 힘의 반대인 '진정한' 힘을 아이들에게 가르치며 용기를 길러준다. 영적 전사도 아버지의 중요한 가르침에 포함된다. 가르침은 말보다는 직접 모범으로 보일 때 더 잘 전달된다.

6. 큰 그림 보기: 아버지 심장은 미래를 내다보고 과거에서 교훈을 찾을 뿐만 아니라, 하늘 아버지와 우주, 즉 큰 그림을 눈여겨본다. 아버지 심장은 넓은 도량*magnanimity*(라틴어로 '큰 영혼'을 뜻한다)을 몸에 담는다. 또한 옹졸하게 동족이나 종파에 매이지 않고, 과거에 머물지도 않으며, 분노를 마음에 담는 대신 봉사나 치유처럼 건강하게 표출할 방법을 찾기 때문에 냉혹하지도 않다. 아버지 심장에는 푸른 인간이 자리 잡고 있다.

7. 장난기와 애정: 아버지 심장은 애정이 많고, 놀기 좋아한다. 또 생명에 대한 사랑과 상상력, 문제 해결 방법을 나누려 한다. 유머와 웃음이라는 선물을 가치 있게 여기고, 삶을 지나칠 정도로 심각하게 받아들이지 않는다.

8. 보호: 아버지 심장은 보호한다. 보호는 돌봄의 한 부분이다. 아버지가 된다는 것은 탐욕이나 폭행, 질병, 외로움과 같이 아이의 성장을 망치거나 방해하는 세상의 영향력으로부터 아이를 보호한다는 뜻이다. 좋은 아버지는 보호하는 아버지다.

9. 가르침: 아버지는 인도하고 가르친다. 거의 모든 생명체와 달리 인간은 아주 무지한 상태로 태어난다. 인간의 DNA는 자유로운 가능성으로 꽉 차 있지만, 생존 방법이나 삶이라는 경기 규칙, 이 문화 또는 저 제도가 운영되는 눈에 보이거나 보이지 않는 방식을 우리에게 알려주지는 않는

다. 아이들에게는 그런 것을 가르쳐줄 부모가 필요하다. 아이들에게는 한계의 인식과 설정, 내면의 단련을 도와줄 아버지가 필요하다.

아버지 심장은 문자 그대로의 아버지가 되는 것을 훨씬 뛰어넘어 확장된다. 그래야만 한다. 우선, 아버지와 아들은 고정되거나 멈춘 관계가 아니다. 부자 관계는 아버지를 필요로 하는 아들에서 출발해, 두 명의 성인 혹은 친구라는 동등한 관계가 되고, 결국 아들을 필요로 하는 늙은 아버지가 되는 것으로 진화한다. 또한 다양한 모습의 아버지가 존재한다. 생물학적 아버지는 아니어도 아버지 심장은 있을 수 있다. 삼촌이나 흔히 멘토라 부르는 스승, 감독, 성직자, 장인어른 등도 아버지가 될 수 있다. 샌프란시스코에 있는 자선단체 빅 브라더스 빅 시스터스*Big Brothers Big Sisters*의 리처드 마일스*Richard Miles*는 멘토들이 생명을 구한 방법에 관해 다양한 이야기를 들려준다. "멘토가 테레사 수녀처럼 위대할 필요는 없습니다. 그저 아이 곁에 있으면서 아이의 말에 귀를 기울이고, 한 달에 두세 번 전화를 받아주기만 해도 됩니다. 그러면 아이는 누군가 자신을 챙기고 있다는 메시지를 받게 되어, 삶을 조금 더 낫게 바꾸게 됩니다."[32]

땅 아버지가 기르는 것은 아이들만이 아니라 공동체다

당연히 생물학적 아이가 있든 없든, 확대된 의미의 아버지로서 아이의 멘토가 되든 아니든, 모든 남자는 자기가 속한 공동체와 세상의 땅 아버지가 될 수 있다. 아버지 심장은 넓은 의미에서 지구와 사회를 보살피려 애쓴다. 땅 아버지가 적극적인 시민 활동을 통해 아이들뿐만 아니라 공동체를 보살피고 있음을 보여주는 것은 건강한 부모가 되는 데 중요하다.

땅 아버지와 진정한 영적 전사는 어디에 자신의 힘을 쏟을 수 있을까? 생태계 파괴에 맞서 싸우는 것이 가치 있는 하나의 노력일 수 있다. 튀르키예 앙카라 지역은 극심한 가뭄으로 농작물 수확량이 과거보다 30%나 떨어졌다. 호주에서는 최소 100년 만의 최악의 '대가뭄'으로 농사를 짓지 못해 작물들이 죽어가고 있다. 모로코는 2007년 강수량이 평년의 50%에도 미치지 못했고, 카나리아제도에서는 큰 산불로 350제곱킬로미터의 땅이 폐허가 되었다. 멕시코와 조지아주, 캘리포니아 남부도 기록적인 가뭄과 산불로 피해를 입고 있다.[33] 앞으로 전 세계에서 석유 전쟁보다 더 모진 물 전쟁이 이어날지도 모른다. 이런 상황이 대화재와 대량 이주를 낳을까? 현재 미국의 '이민 논쟁'은 생태와 관련이 큰 문제인데, 푸르던 땅이 황폐해지면 인간은 이주할 수밖에 없기 때문이다. 피크 오일_peak oil_•에서 피크 워터_peak water_로 바뀐 상황이 바로 우리의 미래가 아닐까? 이 상황이 건강한 아버지를 요구하는 것은 아닐까?

매리언 우드먼의 말처럼 "잘못된 태양 신화가 남성성에 영웅적 지위를 부여해, 지금 우리가 멸종 위협에 놓여 있다."[34] 이 '잘못된 태양 신화'는 지구 온난화 징후와 함께 비극적인 결과를 우리에게 고스란히 돌려준다. 우리는 말 그대로 자신을 태우고 있다. 지나친 양기陽氣와 불의 기운에 비해 물과 찬 기운은 거의 없다. 따라서 건강한 아버지는 지속 가능한 지구를 만들기 위해 노력해야 한다. 깨끗한 대체 에너지원을 발견하고, 자동차 연비를 높이며, 대체 연료를 개발하고, 전기와 가스 사용량을 줄이는 모든

• 석유 생산이 최고점에 이른 후 급격히 줄어든 현상.

노력은 우리 아이들과 다음 세대를 위해 '아버지 심장'이 해야 할 일이다.

우리는 아버지로서 아이들이 잘 먹고 건강해지기를 바란다. 그러니 4천만 명 이상의 국민에게 건강 보험 혜택을 주지 않는 의료체계를 뜯어고치고, 빈곤과 벌이는 전쟁에 힘을 더하는 것(최근 연구에 따르면 미국 국민 3,800만 명과 그중 18%의 아이들이 빈곤 상태에 있다)은 가치 있는 싸움이다.

소비주의 문화와 싸우는 것도 아버지 심장이 해야 할 일이다. "호모 사피엔스에서 호모 컨슈머러스*Homo Consumerus*로 가는 변화는 두 단계를 거쳐 일어난다. 첫 번째는, 마케팅 전문가의 표현을 빌리자면, '아이들의 소비 확대*consumerization*'다."[35] 이 단계의 목적은 어린아이들이 필요한 것과 원하는 것을 구분할 수 있기 전에 소비에 중독되게 하는 것이다. 두 번째는, 유아화*infantilization*로, 청소년기의 소비지상주의가 성인이 된 이후까지 이어지는 것이다. 세이코*Seiko*의 "시계가 당신을 가장 잘 보여줍니다"라는 광고 문구처럼, 시장은 조건을 내걸어 정체성을 규정하려고 하고, 소비에 익숙해진 아이는 아주 쉽게 자기도취에 빠진 어른이 된다. 그러니 땅 아버지들은 마땅히 소비주의에 맞서 싸워야 한다. 아이를 지나친 TV 시청과 광고에서 벗어나게 해야 한다. 미국의 초등학생 1학년들은 학교에서 보내는 시간보다 2배 많은 시간을 TV 앞에서 보낸다. 스콧 샌더스는 미국인의 소비 분위기에 대해 이렇게 언급했다. "우리 경제는 협력보다 경쟁에, 연민보다 공격에, 너그러움보다 탐욕에, 제대로 하는 것보다 빠르게 하는 것에 보상한다. 기업의 최고경영자가 교사나 공장 노동자보다 100배 많은 보수를 받고, 연봉 상위 1%가 하위 40%를 모두 합한 양의 돈을 벌어들이는 상황에서 어떻게 아이들에게 평등과 정의의 가치를 가르칠 수 있겠는가? 분기별로 성공을 평가하는데 어떻게 인내심을 가르칠 수 있겠는가?"[36]

아버지가 아이들을 위해 치러야 할 또 다른 싸움은 절망의 시기임에도, 절망의 시기이기 때문에 희망을 찾으려는 투쟁이다. 샌더스가《희망 사냥: 아버지의 여정*Hunting for Hope: A Father's Journey*》을 쓰게 된 것은 함께 캠핑 갔던 아들이 자신에게 도전적으로 던진 말 때문이었다. "아빠는 지구 운명을 너무 걱정해서 아무것도 즐기지 못하세요. 이 산에 오를 때 아빠는 어둠을 등에 지고 왔어요. 저에게 그 컴컴한 그늘만 보게 하네요."[37] 샌더스는 "아들이 던진 말의 힘에 너무 놀라 할 말을 잃었다"고 말했다. "내 우울함이 아이에게 그늘을 드리웠다면, 내가 아이를 저버린 것이다. 그런 배신을 되돌릴 방법이 있을까?" 샌더스는 오늘날 많은 젊은이가 자기 아들과 비슷하다고 인정한다. 사실 "우울감이 젊은 세대에 널리 퍼져 있다. 아이들은 지구와 생명을 바라보는 관점에 대해 걱정하며 고민한다. 나에게 불안한 질문을 던지는 젊은이들은 이미 생태와 정치에 대해 교육받은 세대이며, 우리가 위험하다는 것을 알고 있다. 눈길을 돌리는 곳마다 파괴된 환경과 유린당한 공동체, 상처 입은 사람들이 보인다. 그래서 아이들이 상처를 치유하고 깨진 곳을 이어붙일 자원이 있는지 나에게 묻는 것이다. 내가 희망을 품고 사는지 묻는 것이다." 건강한 아버지는 희망을 놓지 않는다. 아버지는 절망에 대처하도록 돕는 존재다.

전쟁 자체가 영원히 이어지기를 바라는 사람도 있다. 그들은 전쟁 외에는 어떤 것도 남자를 영웅이나 위대한 존재로 만들지 못한다고 주장한다. 전쟁터에서 영웅적 업적이 생기는 것은 사실이지만, 그런 식으로 우상을 만드는 것은 위험하고도 무서운 일이다. 제임스 매디슨*James Madison* 전 미국 대통령은 1795년에 이렇게 썼다.

대중의 자유를 위협하는 모든 적 중에 아마도 전쟁을 가장 두려워해야 하는데, 전쟁이 나머지 모든 적의 근원을 품고 키우기 때문이다. 전쟁은 군대를 만들고, 이로 인해 부채와 세금이 발생한다. 군대와 부채, 세금은 다수를 소수의 지배 아래 두는 잘 알려진 방법이다. 또한 전쟁 중에는 집행 조직에 강한 권력이 주어지며, 관직과 명예, 수당을 나누는 집행 조직의 힘은 더욱 커진다. 그리고 사람을 유혹하는 모든 수단이 민중의 힘을 진압하기 위해 동원된다. 공화정치가 가진 악의 측면은 전쟁 상황에서 부의 불평등과 부정한 수단을 사용할 기회가 커지면서 발생하고, 그 둘은 관습과 도덕을 타락시키면서 더 악해진다. 전쟁을 계속 벌이면서 자유를 지킬 수 있는 나라는 없다.[38]

그래서 전쟁 대신 평화적 선택을 찾는 것이 전적으로 아버지 심장이 해야 할 일이다. 전쟁은 절대적으로 최후의 수단이어서, 깊은 의미에서 윤리적 선택일 수밖에 없는 상황이 아니라면, 어떤 아버지가 아들이나 딸을 일부러 전쟁터에 보내기를 원하겠는가? 매디슨이 경고한 것처럼 "끊임없는 전쟁"은 자유의 파괴를 낳는다.

또한 매디슨의 우려대로 전쟁은 소수가 권력을 장악할 수 있는 흔한 방법인데, 땅 아버지는 권력이 매체나 기업, 정부에 집중되는 것을 막을 수 있다. 토머스 제퍼슨Thomas Jefferson도 이런 남성 권력에 대해 경고했다. "지도자에게 모든 권력을 맡긴 정부는 결국 부패한다. 권력을 안전하게 담을 수 있는 유일한 곳은 국민 그 자체다." 시어도어 루스벨트Theodore Roosebelt도 가짜 아버지에게 매달리며 순종하지 말라고 경고한다. "대통령에 대한 어떤 비판도 용납될 수 없고 옳고 그름에 상관없이 무조건 대통령을 지지해야 한다는 주장은, 국가에 도움이 안 될뿐더러 굴종적이며 미국 국민에 대한 도덕적 반역이다." 지금처럼 역사적으로 중요한 시기에는, 제국 건설에 맞서 싸우는 것이 우리가 할 일이다.

땅 아버지는 스포츠를 향한 국가적 집착에 균형 있고 올바른 관점을 제시하며 이를 북돋워야 한다. 앞서 언급한 것처럼, 적절한 장소와 상황에서 조화를 이룬다면 스포츠가 이로울 수 있지만, 슈퍼 볼 선데이를 예배에 버금가는 의식으로 만드는 현상이 우리 문화가 이룬 긍정적인 성취라고 보기는 어렵다. 로마 제국이 대중의 마음을 사로잡기 위해 '식사와 오락을 제공'하면서, '가족'이라는 개념을 사유화하고, 시민들의 관심을 분산시켜, 지도자를 비판하지 못하도록 애쓴 것과 무엇이 다른가? 개인적 차원에서, 건강한 아버지는 프로 선수들이 치르는 신체적 대가를 아이들에게 알려줘야 한다. 예를 들어, 미식축구에서는 가끔 뇌진탕을 경기의 일부인 양 대수롭지 않게 여기는데, 한 연구에 따르면 뇌진탕이 자살과 중증 알츠하이머병, 다른 형태의 뇌 손상을 낳는다고 한다. 메이저리그 선수들의 약물 파동도 경기를 위해 자신의 건강과 삶을 버리는 모습을 보여주는 충격적인 사례다.

마송은 "다 자란 자녀를 둔 모든 아버지가 아이들이 어렸을 때 더 많은 시간을 함께 보내지 못한 걸 후회하며, 한 가지를 바꿀 수 있다면 그 점을 바꾸기를 원한다"고 말했다. 배우자와 아이들을 돌보며 먹이고, 사랑하고 보호하며, 그들과 함께 있으면서 방치하지 않는 것은 진화의 결과다. "아이들은 우리에게서 따뜻함(인간의 신체)과 위로(손길과 달래는 말소리), 보호(해를 입힐 수 있는 다른 동물과 사람에게서), 음식, 청결, 집, 옷, 교육, 의료적 관심을 요구한다. 우리가 이렇게 되도록 진화했음을 생각해보면, 그렇게 벅찬 일도 아니다." 또한 우리는 "자연환경, 즉 야외 서식지에 거주하도록 진화됐다. 아이들은 실내에 갇혀 있으면 당연히 지루함을 느낀다. 아이들은 태어나면서부터 나무와 풀밭을 좋아한다. 아기들은 부모가 자신을 안고 시속 5~6킬로미터로 걸을 때 가장 큰 행복을 느낀다는 연구 결과도 있다."[39]

스콧 샌더스는 "아버지 역할을 하는 나의 마음을 멈출 수 없다"고 고백한다.[40] 누구도 그럴 수 없다. 마송의 말처럼 "'전에는 아버지였지만 지금은 아니다'라는 말은 애초에 성립되지 않는다. 아버지가 되는 것은 한번 경험했다가 빠져나올 수 있는 게 아니다. 남자가 인간으로서 누릴 수 있는 가장 큰 기쁨이자 가장 큰 사랑의 표현이다." 아버지의 역할 중에 인간에게만 있는 고유한 특징은 "얼마나 참여하는 아버지가 될지 의도적으로 선택할 수 있다는 사실이다."

아버지 심장은 생물학적 자녀만 땅 아버지의 아이가 아니라는 사실을, 더 큰 아버지 역할이 있음을 몸소 보여준다. 우리는 유권자와 시민, 직원, 교회 신도, 자원봉사자라는 역할에서 자기가 내린 결정에 따라 모두 아버지가 된다. 많은 사람이 '공동체 양육'이라는 큰 역할보다 일대일 양육을 더 잘한다. '가족'이라는 말은 '개인적' 용어가 되기 쉬운데, 그것은 사실 다양한 가면을 쓴 파시즘이 원하는 것이다. 그러면 좀처럼 정치 체제를 비난하지 않기 때문이다.

아버지 심장은 우리 시대가 겪고 있는 생태학적 위기에서 '밝은 면'이자 '좋은 소식'일지 모른다. 이것이 우리를 개인적이고 좁은 의미의 '가족'과 '아버지'를 뛰어넘어, 훨씬 더 큰 공동체 상황으로 데리고 간다. 위기는 우리가 '깨어나' 편안함을 털고 '일어나도록', 그리고 창조력을 회복해 지구에서 살아가는 방식을 바꾸도록 돕는 사건이 될 수 있다. 그러면 인류와 모든 생명체가 살아남을 수 있다. 사실 이것이 녹색 인간, 영적 전사가 하는 일이다. 생물학적 부모든 '공동체의 어른'이든, 우리는 모두 말로 가르치는 만큼 행동으로도 다른 사람을 가르친다. 행동은 '아버지 심장'이 세상에 드러나게 한다. 행동은 젊은이들이 따르고 모방할 '아버지 심장'의 본보기를 제공한다. 그러면 땅 아버지가 인간의 모습으로 살아난다.

10장.

하늘 할아버지: 할아버지의 심장

우리가 관심을 갖고 길러야 할 것은 아버지 심장만이 아니다. 할아버지 심장도 길러야 한다. 할아버지 심장은 아버지 심장이 확장된 것이고, 하늘 할아버지는 하늘 아버지가 확장된 것이다. 즉, 아버지 심장이 두 배 심지어 제곱으로 커지면 할아버지 심장이 되는데, 이는 우리가 일의 부담과 양육에 대한 의무에서 해방될 때 가능하다. 어렸을 때처럼 시간을 오롯이 나를 위해 쓸 수 있는 데다 더 순수하고 덜 혼란스러워, 중요하지만 아직 해결되지 않은 문제에 더 몰두할 수 있기 때문이다.

노인은 소비 능력('나는 소비한다. 고로 존재한다')으로 사람을 평가하는 미국 사회에서 무시당하기 쉽다. 우리는 노인들이 과거에 세운 업적을 가끔 인정하기도 하지만, 현재의 문제에 관해서는 좀처럼 그들의 의견에 귀 기울이지 않는다. 그들의 경험과 연륜의 도움을 받을 생각도 하지 않는다. 하지만 할아버지나 증조할아버지뻘 되는 분들은 젊은 세대에게 줄 것이 많다. 무엇보다 그들에게는 지혜가 있다. 물론 지혜는 저절로 생기는 건 아니다. 노인들이 하늘 할아버지로서 역할을 하려면 '계속 살아 있어야' 하고, '여전히' 삶을 사랑해야 한다. 그들은 계속 돌보고, 베풀고, 경청하고, 미래를 내다보고, 격려하고, 큰 그림을 보고, 장난치고, 보호해야 한다. 노인은 삶의 더 깊은 측면을 가르치는 스승이다. 그리고 젊은이들에게는 그들의 지혜와 삶에 대한 사랑, 유머가 필요하다.

한 연구에 따르면, 노년은 대부분에게 삶에서 가장 행복한 시기이다. "놀랍게도 가장 행복한 미국인은 가장 나이 많은 미국인이며, 노인은 외롭다는 고정관념과는 반대로 활발하게 사회 활동을 벌이는 것으로 나타났다. 행복과 사회 활동은 밀접한 관계가 있다. 사회 활동이 우울을 떨쳐낸다." 일반적으로 노인들이 젊은 사람들보다 자신이 가진 것에 더 만족할 줄 알고, 이웃과 사귀며, 종교 예배에 참석하고, 봉사 활동을 하며, 모임에 다니는 등 사회적 관계망도 만들고 있다. 이 연구는 1972년부터 2004년까지 18~80세 2만 8천 명을 대상으로 한 것으로, 해당 결과는 2008년 4월 〈미국 사회학 평론*American Socialogy Review*〉에 발표됐다. 한 노인은 "나이가 들면서 만족감이 생겼다"면서 "이제 상황을 있는 그대로 받아들이고, 완벽한 것은 없다는 사실을 알기 때문"이라고 말했다. 무엇보다 노인들은 젊은이에게 나눠줄 행복감을 가지고 있다.

내가 말하는 세대를 아우르는 지혜는, 가장 어린 사람부터 가장 나이 든 사람까지 모든 세대가 서로 만나지 않으면 생겨날 수 없다. 이런 가르침과 나눔은 일방통행이 아니기 때문이다. 따라서 우리는 세대를 아우르는 모임이나 의식에 참여할 기회를 많이 만들어야 한다. 젊은이들도 노인들에게 줄 수 있는 게 많다. 의미와 목적, 아름다움과 자발성, 질문과 도전, 옛이야기를 이을 새로운 이야기, 새로운 언어와 음악, 열정적인 삶의 수용 같은 것들 말이다. 이러한 것들은 노인에게 영감을 줄 수 있다.

힘든 시기에 노인의 존재는 그 어느 때보다 중요하다. 노인은 관리자이자 안내자가 될 수 있다. 또한 공동체와 모든 생명과 땅 어머니에게 상처를 입히는 인간의 욕망과 이기심에 대한 지혜로운 비판자가 될 수도 있다. 노인들의 모임은 청년들의 모임과 결합해 함께 기도하고, 노래하며, 오늘날의 문제에 대해 서로 의견을 나눠야 한다. 이러한 논의를 매체나 정치인들에게 맡겨서는 안 된다. 이들은 거의 항상 솔직한 이야기와 원대한 목표를 희생시키고 눈앞의 이익과 탐욕만 추구하기 때문이다. 노인과 젊은이의 모임이 오늘날 대부분의 교육 제도보다 훨씬 더 의미 있는 교육적 경험, 더 낮은 비용으로 더 재미있게 가르치고 배우는 현장이 될 수 있다.

'은퇴'가 아니라 '재점화'로

모든 변화는 아버지와 할아버지의 의미를 생물학적 의미보다 더 넓게 적용할 때 일어날 수 있다. 나는 아메리카 원주민들과 함께 기도할 때 그들이 '하늘 할아버지'와 '땅 할머니'라는 단어를 사용하는 데 감동한다. 신성을 가리키는 이런 이름의 깊숙한 곳에 어른에 대한 존경이 자리 잡고 있다. 아쉽게도 서양 예배에서는 이런 말을 거의 들을 수 없다.

나이 듦에 대한 아주 귀하고 공감이 가는 논문 〈노인이 되는 것에서 현자가 되는 것으로From Age-ing to Sage-ing〉에서 유대교 랍비 잘만 샤흐터 샬로미는 할아버지의 심장에 관한 심오하고 실용적인 생각을 펼친다. 그는 영적 수련을 위해 황야로 들어가 비전 퀘스트를 행했고, 노년이 된다는 것은 그저 늙어가는 우울한 일이 아니라, "삶의 중요한 한 과정에 들어선 것임을 깨닫게 되었다"고 고백했다. "이는 이승에서의 삶을 만족스럽게 완성하면서, 그동안 세상에 베푼 것을 즐거워하고, 미래 세대에게 자신이 가진 것을 물려주는 과정이다. 그 과정의 맨 처음에 '지금 죽는다면 하지 않아서 가장 후회하는 것이 무엇일까? 삶에서 미완으로 남는 것은 무엇일까'라는 질문을 스스로에게 던졌다."[2]

이는 아주 중요한 질문으로, 고령에 접어드는 많은 이가 그 어느 때보다 자주 스스로에게 묻는 것이다. 백 년 전만 해도 65세 이상의 인구는 전체의 약 4%였지만, 오늘날에는 18%에 이른다. 역사상 65세까지 살았던 사람은 전체의 약 10%에 불과하지만, 지금은 미국인의 약 80%가 65세를 넘길 것이다. 노년, 즉 '은퇴'한 기간을 무엇을 하는 데 쓸 것인가? 쳇바퀴 같은 일상에서 벗어난 뒤 어떻게 시간을 보낼 것인가?

먼저 나는 '은퇴'라는 단어에서 은퇴해야 한다고 생각한다. '은퇴'는 골프장에서 며칠을 보내거나, TV나 보면서 소파에서 뒹구는 목표 없는 여유라는 이미지를 떠올리게 한다. 그래서 '은퇴'보다는 '재점화'가 더 적당한 단어 같다. 가장으로서의 의무감은 우리를 수십 년간 일하게 한 동력이었다. 그 동력은 다른 방식으로 여전히 특별하고, 중요하며, 독특하게 이바지할 수 있다. '아버지'의 열정은 사그라들었지만, 할아버지의 심장에 새로운 불이 밝혀졌으니 말이다. 샬로미는 이것을 "인생 후반의 새로운 발전 모델인 '현자가 되는 것 *Saging*'"이라 불렀다. "이는 곧 노인을 정신은 빛나고, 육체는 활기를 띠며, 사회적으로 책임 있는 '부족의 어른'이 되게 하는 과정"이다. 그는 "수명이 늘어난 만큼, 줄어든 신체 활동과 사회적 교류를 확장된 의식 발달로 상쇄해야 한다"고 강조한다. 그는 이 개념―늘어난 수명만큼 의식의 확장이 필요하다―이 "이 연구의 핵심 주제"라고 말했다. 우리가 지금까지 살펴본 원형을 가리키는 단어 중 하나인 푸른 인간의 의식이 확장되어 하늘 할아버지의 고유한 속성이 되며, 하늘 할아버지의 시선은 광대한 삶과 우주 전체뿐만 아니라 이제 피할 수 없는 삶의 마지막까지 이른다. 샬로미는 "노년기는 내면의 풍요로움을 발견해 자기 발전과 영적 성장을 이루는 시기"라고 주장한 심리학자 게이 루스*Gay Luce*의 말을 인용했다. "노년은 전환의 때이자 죽음을 준비하는 시기로, 직업을 갖거나 가족을 꾸릴 준비를 하는 것만큼이나 중요한 때다. 내면의 성장을 겪는 이 시기를 지나면 현자와 치유자, 선지자 등 다음 세대가 따를 만한 본보기가 된다."[3]

인생 후반부에 명상과 성찰을 통해 의식을 드높이고, 신피질을 더 완전히 사용할 수 있는 능력을 활짝 꽃피울 수 있다. 바라건대, 우리는 이 기술을 발전시켜 미래 세대에 전해주어야 한다. 인생 후반에 신비로운 우뇌가 맡는 특별한 역할이 있을지도 모른다. 어쨌든 이것도 지혜에 이르는 한 방법이다. 수도승 비드 그리피스는 70대에 겪은 뇌졸중이 "내 좌뇌에 남은 모든 것을 죽였고" 그래서 훨씬 더 순수한 신비주의자가 되었다고 말했다. 명상가 람 다스*Ram Dass*도 뇌졸중을 겪은 후에 자신이 더 평화롭고 너그러운 인간이 된 이야기를 들려준다.

분명 나이가 들면서 신체적 기능은 약화된다. 하지만 창조력은 그렇지 않다. 세상의 가장 위대한 예술 작품 중에는 노인이 창조한 것도 많다. 미켈란젤로가 시스티나 성당의 벽에 『최후의 심판』을 완성했을 때, 그는 66세였다. 주세페 베르디*Giuseppe Verdi*는 80대에도 오페라를 작곡했고, 피카소 역시 90세에도 작품 활동을 이어갔다. 나는 파리의 피카소 박물관에서 그의 마지막 작품인 자화상 앞에서 감격의 눈물을 흘린 적이 있다. 피카소는 직설적인 성격이었고, 인생의 마지막 작품에서 죽음에 대한 슬픔을 포함한 어떠한 내면의 감정도 숨기지 않았다. 또한 아르투르 루빈스타인 *Arthur Rubenstein*도 90대까지 피아노를 연주했고, 멋진 자서전까지 썼다. 파블로 카잘스*Pablo Casals*도 노년까지 첼로를 가르치며 연주했고, 곡도 썼다. 괴테는 80세에 파우스트를 완성했다. 이런 사실을 보면, 노년기에는 창조적 결실로 육체적 쇠퇴를 보상받는 듯하다.

물론 창조력은 일에만 국한되지 않는다. 세상을 바라보는 방식과도 관계된다. 우리는 나이 든 자신을 지치고 늙은 관리의 대상으로 보는가, 아니면 아름다운 경이의 대상으로 보는가? 나이가 들고 삶과 이해의 시간이 끝에 가까워지면서, 최후의 관점이 종종 완전히 새로운 의미를 띠기도 하고, 삶에 대한 이해가 창조적인 행동으로 이어지기도 한다. 모든 예술은 주고받는 과정이다. 피카소나 모차르트, 카잘스의 창조력도 그들의 그림과 음악을 감상하며 감동하는 이가 없다면 의미가 없다. 푸른 인간의 의식이 확장되면, 우리를 둘러싼 삶의 아름다움과 창조력을 감상하는 능력이 생긴다.

뇌종양을 앓던 아버지와 여동생 집을 방문했던 때가 생각난다. 공항으로 떠날 시간이 되었는데 아버지가 사라졌다. 한참 뒤에 뒤뜰에서 아버지를 발견했다. 아버지는 아름다운 풍경에 취해 그 자리에 서 있었다. 여동생이 차로 아버지를 이끌며 물었다. "두고 떠나기 아까운 광경이죠?" "그렇구나." 아버지가 답했다. 삶의 아름다움에 대한 이해는 나이가 들면서 얕아지기는커녕 오히려 더 깊어진다. 과거와 미래를 잇는, 절대 늙지 않는 바로 지금의 순간이 한층 더 중요해진다.

나는 겪은 대로 말한다. 나는 몇 번이고 내 집 나무 기둥을 비추는 햇살의 아름다움에 넋을 잃는다. 햇살이 계절마다 다르게 기둥에 내리쬐는 모습과 한 곡의 음악과 활기찬 젊은이의 생각과 아름다운 젊은 신체에 감탄한다. 심리학자 존 위어 페리John Weir Perry가 쓴 것처럼 "인생 후반부에 우리는 부드러움과 공감이라는 끈으로 세상과 이어져 있음을 느낀다. 인생은 시가 된다. 나무와 집, 구름, 동물처럼 우리를 둘러싼 평범한 것들이 비유적인 통찰로 은은하게 빛나고, 실용적인 생각으로는 이해할 수 없는 깊은 의미를 알게 된다. 우리는 영원한 생명 혹은 진실에 뿌리내린 생명의 나무로서 뒤뜰에 있는 나무와 이어진다."⁴ 몇 년 전에 사진작가 코트니 밀른즈Courtney Milnes는 성스러운 장소들을 찍기 위해 세계 순례를 떠났다. 순례를 떠나면서 내가 쓴《우주적 그리스도의 도래The Coming of the Cosmic Christ》를 챙겼고, 이후 자신이 찍은 사진을 엮어 책을 펴냈다. 그런데 얼마 전, 몇 년 만에 만난 그가 이렇게 말했다. "최근에는 주로 집에 머무르면서 뒤뜰에 있는 연못에서 사진을 3만 장 넘게 찍었네. 그곳은 지금까지 찾아다녔던 장소들만큼이나 신성하다네."

|

죽음을 마주하기

할아버지의 심장의 속성은 죽음을 마주하는 데서 오는 의식의 확장이다. 죽음을 마주하려면 죽음에 대한 두려움도 마주해야 한다. 죽음은 삶의 끝을 의미할 뿐인데도, 죽음에 대한 두려움으로 우리는 온전한 삶을 살지 못한다. 삶에 대한 사랑은 삶과 죽음의 경계를 넘어 모든 생명은 순환하며, 죽음과 삶이 경계 없이 이어져 있다는 사실을 깨닫게 한다. 우리의 삶과 죽음도 그래야 한다. 죽음은 삶의 당연한 결과다. 모든 '생명체'뿐만 아니라, 은하와 별도 살다가 죽어 다른 모습으로 부활한다. 작가 어니스트 베커*Ernest Becker*와 정신의학자 엘리자베스 퀴블러-로스*Elisabeth Kübler-Ross* 같은 이들 덕분에 오랫동안 죽음의 영적 측면과 죽음의 부정에 대해 돌아볼 수 있었다. 그들의 연구로 사람들은 더 솔직하게 죽음을 마주하고, 그 과정에서 마지막까지 온전하게 살 수 있었다. 죽음이 모든 의료장비를 동원해 싸워야 할 대상은 아니라는 인식을 나누는 호스피스 운동도 큰 도움이 되었다. 죽음은 우리의 의식이 존재의 다른 차원으로 옮겨가는 과정이다.

모든 종교와 영적 전통은 죽음과 그 이후의 삶을 각각 다르게 부른다. 여신의 시대에는 '회생*regeneration*', 현재 동양에서는 '환생*reincarnation*', 서양에서는 '부활*resurrection*'로 말이다. 하지만 모두 죽음의 신비와 경이에 대해 가르친다. 마이스트 에크하르트는 죽음을 맞이할 때 "생명은 죽지만 존재는 계속된다"고 말했다. 죽으면 우리는 태어날 때 흘러나온 신에게로 돌아간다. 수피교의 신비주의자 하피즈는 "삶과 생명은 너무도 신성해서 끝나지 않는다는 약속을 신은 우리 심장 곳곳에 무수히 새겼다"고 주장했다.[5] 중앙아메리카의 시인 네사우알코요틀*Nezahualcoyotl*은 죽음과 그 이후를 탐구해 시로 남겼다.

> 따라서 우리는
> 죽을 운명이니,
> 모든 인간은 하나도 빠짐없이
> 모두 사라져야 할 것이니,
> 모두 땅 위에서 죽어야 할 것이니.

그러나 그는 성찰 끝에 죽음에 대한 두려움이나 죽음의 승리보다 더 큰 것을 발견한다.

내 안에서 내가 알게 되었나니,

사실 나는 죽지 않을 것이고,

사실 나는 사라지지 않을 것이니,

죽음이 없는 그곳

죽음을 넘은 그곳

그곳으로 들어가리라.

그리고 다시 우리는 아름다움의 은혜 안에서 다른 모습으로 삶을 이어가게 된다.

내 꽃은 지지 않으리,

내 노래는 끝나지 않으리,

노래하는 나는 꽃들을 들어올려

흩뿌려 다른 생명을 얻게 하리라.[6]

십자가의 요한 *John of the Cross*은 "죽기 전의 죽음"에 대해서 썼는데, 이는 죽음에 대한 두려움을 극복하기 위해 우리에게 필요한 것이다. 우리는 살면서 얼마나 많은 것을 내려놓았는지 깨닫고 읊어봐야 한다. 에크하르트의 말처럼 삶은 '끝없이' 내려놓음을 실행하는 과정이다. 죽음을 맞이할 때 우리의 내려놓음에 유일하고 특별한 의미가 있을 수도 있겠지만, 죽음은 그냥 한 번 더 내려놓는 것이다.

죽음을 마주하고, 죽음의 관점에서 삶을 바라보면 삶은 더 심오해진다. 죽음이 가까워지면 삶은 깊어진다. 죽음의 위기에서 빠져나온 사람들은 야생화나 사람의 미소처럼 이전에 한 번도 주목하지 않은 평범한 것들이 완전히 새롭고, 경이로우며, 은총으로 가득해 보인다고 종종 이야기한다. 죽음은 중요한 질문을 던진다. 한 번뿐인 삶을 가지고 무엇을 할 것인가? 누구를 사랑하고 누구를 도울 것인가? 이것이 죽음과 언젠가 죽어야 할 운명이라는 사실을 인식할 때 얻는 심오한 질문이다.

속세 문화에서 이런 질문을 계속 되살리는 것은 누구일까? 노인들이다. 우리 모두 그런 질문을 던져야 하지만, 이런 심오한 인식을 젊은이에게 전할 때 노인이 특별한 역할을 해야 한다. 서양 물질문명에서는 '내일 죽을 수도 있으니, 오늘 마시고 즐겨라' 같은 생각 때문에, 죽음과 관련된 어떤 것도 대부분 외면된다. 다른 사람보다 죽음에 가까운 노인은 보통 죽음의 교훈을 받아들이고 계속 인식하며 산다. 오늘날 '죽은 자의 날Day of the Dead'로 발전한 고대 메소아메리카의 오랜 관습은 죽음의 관점에서 살아가는 사람이 가장 충만한 삶을 산다는 것을 상기시킨다. 삶은 짧아서 가치 있다. 삶은 짧아서 한층 더 귀하다. 삶을 낭비해서는 안 된다.

|

멘토링: 할아버지의 심장 나누기

수렵채집인들은 공동체에서 연장자의 역할을 존중하는 의미 있는 방법을 만들어냈다. 샬로미가 쓴 것처럼 "아메리카 원주민은 노인을 성숙한 성찰로 부족의 생존에 도움을 주는 지혜의 보고로 여겼다."[7] 샬로미는 산업화 사회에 접어들어 이런 오랜 방식과 우리를 이어주던 끈이 사라져버렸다고 말한다. 노인들은 자주 외롭고 젊은 세대에게서 단절된 기분을 느끼며, 젊은이들은 부모에게 반항하고 조부모에게서 멀어진 자신을 발견한다. 노인들은 "자기가 이룬 것을 누리는 고급 기술을 익히지 못했다." 이것이 그들이 되찾아야 할 기술이다.

프랑스 도미니크회 신부이자 나의 멘토였던 마리 도미니크 세뉘*M. D. Chenu*는 내게 건강한 할아버지의 본보기였다. 그는 넬슨 만델라가 감옥에서 석방되던 날, 95세의 나이로 세상을 떠났다(세뉘는 해방 신학의 할아버지였으니, 딱 맞게 선택된 순간이라고 말하고 싶다). 88세의 세뉘를 인터뷰한 한 기자는 후에 그를 가리켜 "내가 인터뷰한 사람 중 가장 젊게 사는 사람"이라고 말했다. 그는 항상 젊었고, 생각이 유연했으며, 가르칠 때나 글을 쓸 때 늘 겸손했다. 강의에서 그가 젊은 제자를 깎아내리거나 '이기려고 하는 것'도 본 적이 없다. 그는 언제나 학생들을 격려했다. 1968년 파리 혁명이 일어났을 때는 "나가서 동참해라. 다음 주에 돌아오지 말고 그다음 주에 돌아와 무엇을 했는지 알려줘. 우리는 역사를 배워왔는데, 지금은 역사를 쓸 기회다"라고 말했다. 그때 그는 76세였다.

내가 세뉘 신부를 마지막으로 봤을 때 그는 88세였다. 그는 지식*savoir*와 권력*pouvoir*에 대해 주교와 논쟁을 벌이기 위해 샤르트르 대성당으로 가는 길이었다. 마이스트 에크하르트의 표현을 빌리자면, 세뉘 신부의 영혼은 "태어난 날만큼이나 순수했다." 에크하르트는 "나는 어제보다 더 젊으며, 내일은 오늘보다 더 젊지 않으면 나 자신이 부끄러울 것"이라고 말했다. 에크하르트와 세뉘 신부는 젊음이란 영혼의 상태이므로, 영혼을 제대로 가꾸기만 하면 완전히 새것처럼 기쁨으로 가득하고 활발하게 유지할 수 있다는 것을 보여준다. 나도 이런 천진한 기쁨이 나이 든 사람의 건강함을 보여주는 신호라고 생각한다.

의사이자 작가인 디팩 초프라*Deepak Chopra*는 《늙지 않는 육체, 마르지 않는 정신*Ageless Body, Timeless Mind*》에서 "노년에 활력이 줄어드는 것은 스스로 쇠퇴할 것이라 예상하기 때문"이라고 말했다. "사람들은 자신도 모르게 강력한 믿음의 형태로 자멸적인 생각을 자신에게 심고, 무의식적으로 이 생각을 행동으로 옮긴다."[8] 부정적인 생각이 정신에게 영향을 미칠 수 있다면, 당연히 반대로도 작용할 것이다. 젊음을 유지하겠다는 의도를 가지면 정신과 신체를 더 건강하고 젊게 유지할 수 있다. 이것이 멘토링의 목적이기도 하다. 나이가 많은 사람은 젊은 사람과 어울리면서 그들로부터 배우기를 '선택'해야 한다. 두 가지 유형의 노인이 있다. 하나는 젊은이들을 무시하거나 모자라다고 깎아내리면서 억누르려는 사람들이다. 이런 사람들은 낡고, 고약하며, 함께 있기 싫은 사람이 된다. 그들은 성장하지 않기 때문에 꽉 막혀 있다. 반면 다른 유형은 가르침을 주고받으며 젊은이들과 함께 있기를 선택한 사람들, 자신이 가진 모든 지혜를 나누면서 젊음을 유지하는 사람들이다. 이들은 죽을 때까지 젊게 산다.

요즘 젊은이들은 새로운 언어로 말하고, 특히 온라인상에서 직전 세대도 모르는 방식(인터넷, 마이스페이스, 유튜브 등)으로 소통한다. 우리는 현대 이전과 이후 세대 사이에 끼어 있으며, 특히 노인은 소통의 경계를 이어야 하는 어려운 문제를 안고 있다. 노인은 가르치고만 싶을 수 있지만, 젊은이에게 새로운 언어를 배울 필요가 있다. 어쩌면 그 어느 때보다 더 젊은이들에게 가르침을 받아야 한다. 랩, 광란의 파티, 브레이크 댄스, 개인 동영상 제작 등 새로운 형태의 예술은 (옛이야기와 영적 지혜를 쓸모없는 것으로 만드는 게 아니라) 함께 나눌 수 있는 재미있고 새로운 환경이 되고 있다. 이는 꼭 필요한 일이다. 지구가 살아남으려면 오늘날 젊은이와 노인 사이에 치유와 강한 유대가 형성되어야 한다.

　　과거 사회는 이런 연결을 위해 더 직접적인 일대일 기회를 제공했고, 어른들은 철학적인 질문에 대한 조언을 넘어 모든 방면에서 잘살기 위한 실용적이고 적용 가능한 지혜를 나누었다. 학교에 기반을 둔 현대의 교육 형태는 산업 혁명의 먼지를 뒤집어쓴 채 생겨났는데, 전인 교육도 과연 대량 생산될 수 있을까? 수세기 전 젊은이들은 주로 어른들 밑에서 일하며 기술을 배웠다. 수도사들도 마찬가지였다. 이들은 자기 분야의 기술뿐만 아니라 세상에 존재하는 방식도 이렇게 배웠다. 샬로미의 지적처럼 "산업 혁명과 함께 공장화된 학교가 젊은이들에게 산업 사회에 필요한 전문 기술을 가르치면서, 멘토링도 관료화되고 제도화되었다."[9] 산업 혁명 이전에는 유대교 랍비가 되려는 이들은 신학 대학이 아니라 랍비에게서 직접 수업을 받으며 공부했다. 젊은 수도사들도 쓰고 읽는 것뿐만 아니라, 성가 부르기, 들판에서 노동하기, 자기 수련하기(금식, 식단 제한, 새벽 기상, 혹독한 날씨 견디기 등) 등을 훈련하며 배웠다.

　　배우 에드 해리스*Ed Harris*는 가슴 아픈 사연 하나를 전해 들었다.[10] 29세의 쌍둥이 형제 로건 밀러*Logan Miller*와 노아 밀러*Noah Miller*의 아버지가 55세의 나이로 마틴 카운티 교도소에서 생을 마쳤는데, 이들이 아버지에 관한 영화를 만들고 싶어 한다는 것이었다. 이들의 아버지는 트럭에서 잠을 자며, 지붕을 수리하고 목수 일을 하던 사람이었다. 형제는 영화를 만들어본 적이 없었지만, 해리스는 그들의 꿈에 긍정적인 답을 보냈다. 그렇게 『터칭 홈*Touching Home*』이라는 영화가 만들어졌다. 로건은 "아버지가 나쁜 상황에서도 늘 최선을 다하려고 애쓰던 모습을 보여주고 싶었다"면서 "아버지는 아름다운 사람이어서 그와 관계를 끊을 수는 없었다"고 말했다. 그러나 술이 문제였다. "맨 정신일 때는 즐거웠습니다. 어떤 일이든 이겨낼 수 있었어요. 그저 아버지가 술만 마시지 말았으면 했습니다." 그들의 아버지는 한국 전쟁 참전 용사였다. 해리스가 아버지 역을 맡기로 동의한 덕분에, 영화 제작에 필요한 투자를 받는 일은 수월해졌다. 노아는 "아버지는 감옥에서 무일푼으로 죽었지만, 한 영화배우가 아버지를 되살렸다"고 감동했다. 이는 젊은이와 연장자가 동료로 관계를 맺은 훌륭한 사례다.

젊은이와 노인은 함께 배우고 서로 가르쳐야 한다. 젊은이는 삶에 대한 사랑, 사는 것의 즐거움, 목적의식을 덜어낸 생활을 노인에게 가르치거나 알려줄 수 있다. 노인은 고난을 이겨내면서 얻은 지혜와 삶에 반드시 존재하는 한계—젊은이들이 흔히 무시하고 인정하지 않는—를 가르칠 수 있을 것이다. 존 컨저는 이렇게 말했다.

> 자기도취는 젊을 때는 괜찮지만 나이가 들면 추하다. 그래서 나이를 먹으면 잃은 것과 실수한 일을 감내하면서, 과거를 되짚어봐야 한다. 나이를 먹을수록 상실을 처리하기가 더 어려워진다. 특히 남자들이 더 그러한데, 여자들처럼 감정을 다루고 자신의 감정에 관해 말하는 법을 제대로 배우지 못했기 때문이다. 그래서 대체로 상처를 안은 채 살아간다. 수치심을 해결하고 감정에 관해 이야기하며 상처를 치유해야 한다. 어릴 때는 한계를 두지 말라는 얘기를 듣지만, 삶은 우리에게 한계를 가르친다. 그러니 남자는 나이가 들면 자신의 한계를 받아들이기 위해 겸손해져야 한다. '나는 부회장까지구나, 좋은 의사지만 훌륭한 의사는 못 되는구나, 좋은 연구원이지만 최고의 연구원은 아니구나' 하고 말이다.

시간도 제한되어 있다. 우리 신체도 점점 한계를 드러내며, 남은 시간이 줄어들고 있음을 알려준다. 이러한 상황이 젊은이들을 위해 선물을 남겨야 한다는 마음을 부추길 것이다.

노인의 필요성과 노인이 되는 기쁨은 결코 줄어들지 않는다. 20년 전, 비드 그리피스 신부가 죽음을 준비하던 때가 떠오른다. 그는 인도 남부의 한 아쉬람에서 많은 젊은이에게 기독교와 힌두교의 영적 수행을 통합하도록 가르치는 일에 생을 바쳤고, 이제 이승에서 자신이 해야 할 일은 끝났다고 느꼈다. 그런데 그즈음 케임브리지 대학을 졸업한 젊은 영국 과학자 루퍼트 셸드레이크*Rupert Sheldrake*가 그의 아쉬람으로 들어왔다. 둘 사이에 깊은 우정이 생겼고, 그 우정은 무엇보다 비드가 이승에서의 삶을 꽤 오래 이어가게 했다. 지적으로나 영적으로 호기심이 가득했던 비드는 루퍼트가 들려준 현대 과학의 발견 이야기에 푹 빠졌다. 루퍼트는 동양에서 요가와 고대 전통을 배우면서 서양 문화를 버려야 한다고 느꼈지만, 비드를 만나 서양 문화가 가진 정신 수련을 개발하는 데 몰두하게 됐다. 둘은 서로에게 영혼의 안식처가 되었고, 서로를 가르쳤기에 역사를 바꿀 수 있었다. 좋은 멘토링은 이렇게 작용한다. 노인과 젊은이는 서로 배우고 가르치며 발전한다.

샬로미는 진정한 멘토링을 위해서는 다음의 다섯 가지가 요구된다 말한다. 첫째, 마음을 열고 경청해야 한다. 둘째, 자신의 것을 강요하지 말고 상대가 원래 알고 있는 것을 끌어내주어야 한다('education'이라는 단어는 라틴어 'educere' 즉 '끄집어내다'에서 유래했다). 셋째, 뭐든 다 아는 체하거나 남에게 강한 인상을 남기려 애쓰지 말고, 탐구적이고 겸손하고 인간적인 자아가 되어야 한다. 넷째, 상대의 고유한 특성을 불러내야 한다. 다섯째, 멘토 관계가 영원하지 않음을 인정해야 한다. 젊은이가 자라면 멘토-멘티 관계보다 우정이 더 필요하게 된다. 친구와 멘토는 다르다.[11]

짐 밀러: 악당의 지혜

72세의 짐 밀러*Jim Miller*는 '은퇴한 농부, 투자가, 사진작가, 시인, 악당 같은 괴짜, 평생 수영을 해온 사람'으로 자신을 소개한다. 짐과 대화를 나누면서 그의 삶, 실수, 배움, 소명에 대한 성찰이 이 책의 많은 주제와 어우러져 깜짝 놀랐다. 몸, 섹슈얼리티, 땅(녹색 인간), 의식(푸른 인간)은 그의 삶의 철학에서 중요한 요소이며, 노인이 되는 과정에서도 중요한 역할을 한다. 그래서 열정적인 이 늙은 '악당'이 들려주는 이야기로 이 장을 마무리하기로 했다.

나: 수영은 밀러 씨의 삶에서 어떤 부분을 차지하나요?

밀러: 수영은 놀 거리였어요. 부모님의 양어장에서 수영을 배웠고 항상 물을 좋아했지요. 할머니는 여름마다 저희를 바닷가로 데리고 가셨어요. 대학생일 때는 서핑 선수로 활약했어요. 마흔에 할머니께서 "이제 바꿔야 한다"고 말씀하셔서 수영으로 돌아갔죠. 저는 A형 성격*으로 마음이 늘 앞서서 항상 진정이 필요했습니다. 게다가 전 탁 트인 물을 좋아하거든요. 명상 같은 거죠.《젖은 시인의 사회: 수영하는 이들의 시와 예술 선집 *The Wet Poet's Society: Anthology of Swimmers' Poetry and Art*》이라는 수영에 관한 책을 편집하기도 했지요. 65세인가 66세 때 계주팀에 참가해 영국 해협을 횡단한 적도 있어요. 물도 아주 맑았고 멋진 경험이었습니다. 카탈리나 해협 횡

●   미국 심장병학자 로젠먼과 프리드먼이 환자들의 행동 패턴을 두 유형으로 분류했는데, A형은 급하고 경쟁적이며 공격적인 성향이 강하다.

단은 아주 오래 걸렸습니다. 새벽 5시에 출발해서 11시에 돌아왔는데, 큰 돌고래 떼가 다가와 저와 함께 헤엄쳤지요. 맨해튼은 두 번 수영으로 돌았고, 앨커트래즈섬은 여러 번 왕복했어요. 저에게 수영은 약이자 치유고 명상입니다. 섹스 같기도 하지요. 파도를 길게 늘어서 그 위에 올라타는 거죠.

나: 남자의 문제에서 수치심은 얼마나 큰 역할을 할까요?

밀러: 엄청나죠. EMDR 즉, 안구운동 민감 소실 및 재처리 요법을 개발한 샤피로Shapiro 박사(샤피로 박사는 그 요법을 튀르키예와 오클라호마에 소개했습니다)와 주말을 보내기 전까지 저는 수치심으로 가득했어요. 어머니가 나에 대해 갖는 수치심이 고스란히 제 것이 되었죠. 내 몸, 섹슈얼리티, 생각 등 내 삶의 모든 것이 수치스러웠어요. 수치심은 수많은 남자에게 나쁜 영향을 끼치는데, 그 영향은 알기 어렵고 쉽게 발견되지도 않아요. 몸으로 느끼는 지경이 돼야 알 수 있지요. 하지만 수치심은 몸 안에 자리 잡고 있어요.

나: 남자들이 수치심에서 빠져나올 수 있는 전략이 있을까요?

밀러: 남자들을 인정해주는 거죠. 남자들이 느끼는 감정에 귀를 기울이는 겁니다. 수치심에 대한 인식이 널리 퍼지고 해결하려는 노력이 따르면 상황이 달라질 겁니다. 누구에게나 수치심은 있으며 없앨 수도 있다고 힘을 실어주고, 실제로 수치심을 극복하면서 힘이 생기도록 하는 겁니다. 서로를 향한 남자들의 애정도 이를 극복하게 합니다. 영적 관계가 생기거든요. 지난 15~20년 동안 다양한 남자들과 그런 경험을 했는데, 강력한 힘을 느꼈습니다.

나: 신체가 수치심과 관계가 있다면, 수영이 그런 점에서 도움이 되나요?

밀러: 물론입니다. 수영은 엉덩이에서 시작되거든요. 모든 에너지가 골반 부분에서 나옵니다. 어제 제 손녀가 두 살이 되었는데요, 손녀를 발

레리나로 키워야겠다고 딸에게 말했어요. 손녀는 엉덩이를 흔들면서 온몸을 움직이고 있었거든요. 전혀 부끄러워하지 않아요. 믿음이나 피부 색깔, 문화와 상관없이 전 세계 아이들이 가지고 있는 아름다움이지요. 모든 아이는 똑같이 하나의 언어를 타고납니다. 사랑이라는 언어죠. 몸은 아무런 부끄러움 없이 세상에 태어나는데, 문명, 문화, 교육, 종교라는 이름이 몸에 갑옷을 입힙니다. 몸이 수치심을 받아들이고, 수치심이 온몸으로 스며듭니다. 없애기가 쉽지 않아요. 뿌리가 균처럼 박혀 있거든요.

수영은 내 몸이 갑옷에 갇혀 있다는 사실을 깨닫게 합니다. 그 갑옷들이 수치심을 만들거든요. '나는 중요하지도 않고, 잘하지도 강하지도 못해.' 진정한 제 모습을 봐주는 사람이 없으니, 부모님이 원하는 모습이 되거나 애정의 부스러기라도 얻으려고 자신을 바꿔야 했습니다. 하지만 스스로 진정한 자신이 되는 것이 중요합니다. 삶은 내면의 작업이에요. 우리 문화는 아이들에게 그 내면의 작업을 하도록 응원하지 않습니다.

오늘날 아이들은 우리 세대보다 자기 몸에 훨씬 더 관심을 기울입니다. 우리 세대는 부모의 눈길을 끌어야 했고, 부모의 인정을 받기 위해 무언가를 했죠. 사랑을 얻기 위해 자신의 힘을 포기해야 했는데, 자신을 비틀어서 진짜가 아닌 다른 것이 되면 진정한 자아가 쪼글쪼글해집니다. 어떤 시에서 제가 쓴 것처럼, 이는 너무 급격한 변화여서 집이 바뀐 것처럼 자아도 바뀐 것 같죠. 정신이 분열되는 거예요.

나: 여성보다 남성에게 수치심과 관련한 문제가 더 많을까요?

밀러: 우리 어머니 세대는 여성에게 교육받을 권리, 재산을 소유할 권리, 정치에 참여할 권리, 발언한 권리 등이 제한되었어요. 지금은 여성들이 틀을 깨고 있어요. 그러니 남자들이 다시 바빠진 거예요. 보수적인 이슬람 율법과 교황을 보세요. 역사를 수백 년 전으로 되돌려 여성에게 진짜

족쇄를 채우려 하잖아요. 보수적인 기독교도 남자들은 자유를 두려워합니다. 그 두려움으로 자신의 자유를 수치심과 통제, 결손의 철창 속에 가두지요. 자유롭게 열려 있으면서 쿤달리니와 정의가 흘러 삶을 찬양하게 하기는커녕, 모든 것을 통제하는 거예요.

미국은 세계에서 분노가 가장 많은 나라입니다. 섹스는 극단적으로 얕고요. 분노와 섹스는 서로를 반영하거든요. 몸이 답하는 거죠.

나: 남성이 가진 분노와 공격성, 문제가 크지요?

밀러: 엄청난 문제지요. 게다가 그 문제가 다시 신체로 향합니다. 많은 남성이 필요도 없는 포경 수술을 하는데, 생각해보세요, 피부가 잘리면서 성기에 있는 말초 신경의 80%를 잃습니다. 그러면 성적 쾌감이 그만큼 줄어들어요. 라이히의 말에 따르면, 암에 제일 좋은 치료제가 모든 세포가 떨리도록 온몸으로 느끼는 오르가슴인데 말이에요. 게다가 남자들은 여성을 통제하기 위해 자신에게 수치심을 강요해요. 서양의 3대 종교의 목표는 여성의 섹슈얼리티를 억제하고 따라서 남성의 섹슈얼리티도 통제하는 거예요. 리안 아이슬러가 지적한 분노지요. 기독교 역사 중 많은 부분이 공격성으로 가득해요. 아메리카 대륙의 인종 청소와 십자군 전쟁 같은 것이 종교의 이름으로 벌어졌지요.

나: 분노와 싸울 수 있는 전략은 뭘까요?

밀러: 먼저 분노를 직시하는 겁니다. 남자와 분노를 다루는 워크숍을 많이 했는데요, 분노의 힘이 슬픔을 가리고, 슬픔이 사랑을 억누른다는 사실을 남자들이 아는 것이 아주 중요합니다. 그러면 억누르고 있던 격노가 터져 나오는 자신만의 상황을 잘 알게 되지요. 조지 부시_George Bush_ 전 대통령의 꽉 다문 턱을 보세요. 턱은 골반과 같거든요. 턱이 굳어 있으면, 골반도 굳어 있는데, 이는 어린 시절 양육의 결과입니다. 아이가 턱을 움직이

면서 젖을 빨 때 몸에 흥분이 일어납니다. 모든 것이 연결되어 있습니다.

육체적 즐거움이 남성과 여성이 가진 신성함인데, 화가 많으면 그 육체의 즐거움에서 단절됩니다. 바꿔야 해요. 안 그러면, 그 분노가 다른 식으로 표출되어 지구가 뜨거워지고, 뜨거워진 지구가 우리를 마구 흔들어 우리에게 심한 변화가 생길 겁니다.

나: 수치심을 속하지 못하는 것으로 규정하는 사람도 있어요. 밀러 씨 생각은 어떤가요?

밀러: 개인적으로 저도 수치심 때문에 곁든 적이 있습니다. 남자들은 그래요. 남자가 가족 역동*family dynamics*에 속하는 것을 본 적이 없다 보니 자신도 그렇게 하지요. 특히 50대에는요. 매카시*McCarthy*•의 어머니는 어땠을까요? 보통 어머니 때문이거든요. 여성들은 너무 오랫동안 억눌려 있고, 그들의 분노는 아이들에게 표출되지요. 어머니가 아이에게 줄 수 있는 것은 성별뿐만 아니라 눈 맞춤과 신체 접촉, 따뜻함, 비언어적 표현입니다. 바바라 워커*Barbara Walker*가 멋진 작품《할머니*The Crone*》에서 쓴 것처럼, 아이들을 자신의 섹슈얼리티에 가두는 것은 바로 어머니예요. 어머니가 학대당한 경험이 있다면, 심하게 당했던 제 어머니처럼, 그 상처 때문에 아이에게 순수하고 귀중한 선물을 줄 수 없죠. 남자건 여자건 우리에게는 모두 상처가 있어요.

나: 아버지와 아들의 관계는 어떨까요?

밀러: 제 아버지는 저를 밀쳐내셨어요. 아버지가 저에게 준 메시지는 남자는 사랑하지 않는다는 것이었죠. 남자는 섹스를 하지 사랑을 하지 않

• 미국 공화당 정치인 조지프 매카시*Joseph McCarthy*는 2차 세계대전 후 반공산주의에 기반해 많은 인사에 대해 마녀사냥을 자행했다. 이는 '매카시즘'으로 불린다.

아요. 달콤함이 아니라 분노를 보여줍니다. 남자들은 작은 머리와 큰 머리, 두 머리를 가지고 태어나는데, 작은 머리에게 모든 생각을 하게 하죠. 하지만 그러면 안 돼요. 가슴을 열어야 하지요. 아이들의 성격은 생후 2년 동안 겪는 모든 상처를 기반으로 만들어집니다. 상처들이 쌓이는 거죠. 제 어머니는 사랑할 줄 몰랐고, 저도 2~3년 동안은 분노에 빠져 있다가, 결국 분노를 삼키고, 마음을 닫고, 사랑하지 않게 되었습니다. 진정한 어머니는 아이에게 희망을 주고, 아이를 받아들이며, 아이의 몸을 부끄러움 없이 존중합니다. 그러나 어머니나 아버지에게 이런 마음이 없다면 사랑이 오가지 못해요. 분노가 행동이듯, 사랑도 행동이거든요.

나: 호피족은 "바보는 머리로만 생각한다"고 말하죠.

밀러: 정말 그래요. 우리는 종종 몸을 잊죠. 그런데 미식축구를 보세요. 정말 격렬한 신체 접촉이 일어나잖아요. 많은 남자가 동성애를 혐오하고, 제 아버지도 동성애를 질색하셨는데, 지금 생각해보면 아버지는 양성애자였던 것 같아요. 자신의 섹슈얼리티에 대한 고민은 아주 어릴 때 시작됩니다. 저도 기본적인 지식이 없어서 제 섹슈얼리티를 괴로워했는데, 남성 운동 덕분에 스스로를 강한 남자라고 여기게 되었어요. 그전에는 제가 절대 강하다고 생각하지 못했죠.

나: 남성운동에 불고 있는 가시적인 변화가 있을까요? 어떻게 발전하고 있습니까?

밀러: 전 샌프란시스코 베이 에리어 주변의 많은 모임에 참여했어요. 남자들은 애쓰고 있고 그래서 변하고 있지요. 어떤 모임은 눈에 띄는 성과를 내고 있어요. 예를 들면 마이클 미드*Michael Meade*가 이끄는 남성 모임이 있어요. 멋진 모임이죠. 남자들은 북을 치면서 리듬에 빠지고, 다른 사람들과 조화를 이루는 법을 배워요. 춤도 추고 글도 쓰며 다른 창작 활동도 벌이지

요. UCS*처럼 창조력이 발휘되게 하면서 남자들이 방어하기보다는 마음을 터놓고 함께 이야기해도 안전하다고 느끼도록 만들죠. 방어적인 남자들이 너무 많아요.

나: 취약함이 남자들에게 정말 큰 문제입니다. 어릴 때부터 감정을 숨기라고 강요받으니까요.

밀러: 남자들은 'A 모양으로 포옹'합니다. 골반이 서로 접촉하지 않게 하죠. 그런데 여자를 안을 때 골반이 닿는 것만큼 기분 좋은 건 없잖아요. 남자와도 마찬가지입니다. 이는 성적 에너지와 상관없이 그저 무척 다정한 행동이지요. 그것이 접촉입니다.

나: 몸을 이렇게 이해하게 된 것이 언제인가요? 그것을 발견하는 데 얼마나 오래 걸렸습니까?

밀러: 아주 오래전이에요. 25년 전 라이히가 쓴 《예수의 살인*The Murder of Christ*》을 읽고 기독교가 얼마나 억압적이었는지 알게 되었죠. 1920년대, 경제 대공황, 2차 세계대전 당시의 음악들이 1960년 이후 우드스탁*Woodstock*과 플라워*Flower* 운동**으로 터져버렸어요. 신학이 "이건 건드리지 마, 더러워"라며 오랫동안 억눌렀던 게 확 열린 겁니다. 우리는 칼뱅을 위한 장례식을 열어 그를 잘 묻어줘야 해요. 50년마다 무덤 밖으로 머리를 내밀고는 계속 보수적인 기독교도들을 선동하니까요. 우리는 칼뱅을 몸소 부정합니다!

나: 어쩌면 아우구스티누스도 그래야 할 것 같네요. 이제 할아버지가 되셨는데, 할아버지가 되어서 제일 좋은 점은 뭘까요?

●   미국 아이오와주에 본사를 둔 비영리 의료 서비스 업체.

●●   총구에 꽃을 꽂고 평화와 자유를 외친 반전 운동.

밀러: 아직 할아버지가 되는 법을 배우는 중이에요. 저는 여전히 철없는 남자고, 제 손녀는 제게 할아버지가 되라고 요청한 적이 없어요. 그냥 태어나서 "자, 이제 할아버지가 되셨네요"라고 말했을 뿐이죠. 저는 아직 준비가 되지 않았고 그래서 제 안에 있는 철없는 남자의 허물을 벗어야 했지요. 이제 제가 쥐고 있던 장난감을 놓아줘야 한다는 사실을 인정하면서 서서히 할아버지가 되어갑니다. 그 장난감들이 필요했지만 이젠 아니에요. 할아버지가 되려면 완전히 변해야 합니다.

나: 손녀가 밀러 씨의 삶과 존재 방식을 바꾸는군요.

밀러: 제 존재와 상황을 보는 방식을 바꾸고 있어요. 깊은 불안의 근원을 부드럽게 없애고 깨끗한 마음으로 내면의 아름다움과 관계를 맺으면서 더 많은 것을 봅니다. 척 켈리*Chuck Kelly*가 말한 대로, 감정을 방어하는 게 아니라 마음으로 관계를 맺을 수 있어요. 우리는 살아가면서 계속 생각을 하는데, 저는 어렸을 때 감정을 억누르도록 강요받으면서 생각을 해야 했습니다. 원하는 것을 얻으려면 제 자신을 바꿔야 했지요. 자기방어를 하기 시작한 거죠. 춤이 그냥 몸에서 흘러나오도록 하는 대신, 영리하게 모든 것을 생각했습니다. 하지만 제 손녀는 춤출 때 그저 미친 듯이 그 작은 엉덩이를 흔듭니다. 어린 훌라 댄서처럼요. 그 아이는 골반으로 정확한 진실을 말하죠.

나: 밀러 씨는 여전히 성장하고 있는 아이와 공통점이 있는 것 같군요.

밀러: 손녀가 태어난 날 처음으로 그 아이를 안았을 때 눈물이 터져 나왔어요. 무슨 일인지 이해하는 데 시간이 걸렸습니다. 너무나도 해맑은 아이를 안고 있으니 잊었던 연약함이 떠올랐죠. 과거의 일이지만 그것의 어떤 면이 제 몸에 너무 깊이 박혀버렸어요. 꼭 그 생각을 한 것은 아니지만 눈물이 그냥 흘렀지요. 손녀가 나를 바라볼 때 눈을 또렷이 들여다보거든

요. 그 아이의 눈은 심장과 닿아 있어요.

며칠 전 파티에서 실리콘밸리 출신으로 이제 은퇴해서 비행기 조종이나 수영을 하며 지내는 아주 영리한 남자를 만났습니다. 그런데 그가 이야기를 나눌 때 내 눈을 똑바로 보지 못하고, 곁눈질을 하더라고요. 그가 단절되어 있음을 알 수 있었죠. 자기 안에 푹 빠져 있는 거예요. 자기 머릿속으로 들어가야 하니 저를 볼 겨를이 없었겠죠. 저를 똑바로 봤다면 서로 마음을 열었을 텐데 말이에요. 아주 오랫동안 갑옷을 두르고 다닌 늙은이들은 그것을 벗는 게 쉽지 않아요.

나: '은퇴'를 '재점화'로 바꾸자는 제 의견에 동의하시나요?

밀러: 네, 마음에 들어요. 동네에서 백발노인이 자전거를 타거나 다른 운동을 하는 모습을 자주 보는데, 놀라워요. 우리가 10대였을 때는 운동하는 노인이 없었잖아요. 테니스나 치고 끝나면 진토닉이나 마시러 다녔죠. 남자들이 바뀌었어요! 아직 안 그런 부분도 많지만 남성 문화의 많은 부분이 바뀐 건 사실입니다. 어린 세대들이 하듯이 50세 남자들도 운동하고 자전거 타며 건강을 유지합니다. 수영도 하고요.

나: 돈키호테에 공감하시나요?

밀러: 아니요, 돈키호테는 사기꾼이에요. 하지만 돈 후안_Don Juan_은 다릅니다. 저는 제 속에서 흥청대며 파티를 즐기며 뛰어다니는 돈 후안을 느껴요. 저는 제 삶의 많은 부분을 달리면서 보냈거든요. 운동선수처럼 한 건 아니고, 그냥 제 안의 깊숙한 곳에 있던 고통에서 벗어나려 했지요. A유형의 성격이라 아주 충동적이고, 끝을 봐야 하며, 열정적입니다.

나: 농사, 특히 포도 재배로 성공하셨죠? 그 일을 즐기셨나요?

밀러: 정말 좋아했습니다. 저는 포도나무 숲에 있는 걸 좋아했어요. 치유의 한 방법이었죠. 제 밭과 목장이 저를 치유했어요. 저는 제 아들과 '리

어 왕'을 현실로 옮기고 있어요. 아직 저를 죽이지는 않았지만, 아들이 제 포도밭과 땅을 원하고, 저는 페르시아 카펫과 집에서 쓰던 은 식기만 가지고 산에 있는 작은 굴로 밀려난 상황입니다. 아들의 달라진 모습이 정말로 힘들었어요.

아들에게는 일생의 여자인 아내가 있어요. 아빠도 되었습니다. 남자로서 저는 아들을 인정하고 축복해야 하죠. 결혼식에서 그렇게 했고요. 그런데 제 안에 많은 불안과 고통, 변화가 일었어요. 뒤죽박죽되었다가 곪아서 터져버렸죠. 아들과 저에게 아주 힘든 일이었습니다. 제 아들이니, 분노의 조각이 어디에 있는지 알 수 있어요. 아이를 놓아주지 않고 아이와의 관계를 제가 바라는 대로 이용했기 때문이지요. 제게 여자인 친구가 있는데 그녀도 딸과 고통스러운 관계를 겪고 있습니다. 여성을 소재로 한 리어 왕 같은 이야기도 있을까요? 그런 갈등은 아주 흔해요.

나: 포도밭에서 몇 년이나 일하셨나요?

밀러: 포도밭에서 흙을 묻히면서 불도저처럼 35년을 일했어요. 포도밭에서는 나무 받침대와 직선으로 된 도구들이 많이 쓰이는데, 이는 남자의 지배 혹은 결손을 가진 남자의 비유입니다. 모든 것이 직선으로 정렬되어야 하죠. 포도밭은 모든 것이 알맞게 정리되고 잘려지고 통제되는 곳입니다.

나: 그 일을 내려놓고 나서 깨달음이 생긴 걸까요?

밀러: 누구든 일은 항상 해야죠. 60~70대에도 여전히 일하는 사람들을 몇 알고 있는데, '50년의 치유와 여전한 강인함'에 관한 책을 쓰고 싶다는 생각을 해요. 나이 든 사람들이 섬세하게 변하는 방식을 창으로 들여다보는 것 같은 내용으로요. 치유에는 끝이 없어요. 전국 각지에서 생겨나는 남자들의 모임을 보면 분명히 알 수 있지요. 남자들은 가부장적 신권정치

안에 잠들어 있었고 너무 오랫동안 눈을 가리고 있었죠. 하지만 이제 어울리지도 않는 신화보다는 자신의 연약함과 삶에 대한 감수성에 눈뜨고 있어요. 알아차림과 깨어남이죠.

나: 스스로 노인이라 생각하시나요?

밀러: 네.

나: 가장 중요한 노인의 자질은 무엇일까요?

밀러: 지혜, 인내, 젊음 유지하기, 젊은이들에게 귀 기울이기, 젊은이들과 춤추기, 창조적인 예술 작업하기 등이죠. 이것들은 모두 프로페서 피트 *Professor Pitt*가 하는 일입니다. 당신이 이끄는 '우주적 미사'도 어른과 청년, 모든 나이를 아우르는 매우 가치 있는 일입니다. 생명을 기르고, 양육하고, 생각을 심어주고, 격려하고, 젊음의 불꽃을 살아있게 만들며, 젊은이들에게 남편 역할을 하는 것이 어른이지요. 인사이드 서클*Inside Circle*이라는 남성 모임이 있어요. 교도소에서 수감자들이 내면의 삶에 눈뜨게 도와주는 놀라운 일을 하고 있지요. 죽을 수도 있었던 젊은 폭력배들이 조직에서 나와 자신만의 연약함 속에서 남자가 되는 법을 배웁니다. 자기 발견이 한 편의 시처럼 이뤄지는 놀라운 일이지요.

캘리포니아 새크라멘토에도 수감자들 속으로 들어가 새로운 일을 하는 이들이 있습니다. 수감자들이 변하는 모습에 교도소장과 교도관들이 정말 좋아합니다. 인도와 LA의 교도소에서 이뤄지는 명상에 관한 다큐멘터리 영화 『위빠사나를 위한 시간*Doing Time, Doing Vipassana*』에서처럼 감옥 안의 기운이 바뀝니다. 다시 몸에 주목하는 겁니다. 미국 남성의 에너지는 너무 많이 억압당해서 아주 부적절하고 파괴적인 형태로 분출됩니다. 다른 사람을 존중하는 것이 아니라 부숴버리는 식이죠.

나: 어른들이 해야 할 일이 많겠군요.

밀러: 엄청나게 많죠. 실제로 하는 어른들도 있고요.

나: 어른이 되고 싶지만, 방법을 모르는 남자들이 많습니다. 초대받지 못한다고 느끼는 것 같습니다.

밀러: 가입이라는 절차 같은 게 없으니 초대도 없어요. 그 대신 예식은 필요합니다. 스웨트롯지와 선댄스처럼 젊은이들에게 강력한 힘을 불어넣는 '오래된' 의식입니다. 저도 직접 본 적이 없어서 더 말씀드리지는 못하겠지만, 기독교 문화에는 없는 것이죠. 이런 의식들이 젊은이를 불러들입니다. 당신도, 마이클 미드도 음악을 활용하죠. 로버트 블라이는 시의 노래들에 눈뜨게 하고요. 데이비드 화이트*David Whyte* 같은 훌륭한 시인이 하는 일도 그와 같습니다.

나: 더 하고 싶은 이야기가 있나요?

밀러: 당신이 '신성한 남성성'에 대해 말하는 것을 들었어요. 주류 문화에는 신성한 남성성이 많지 않다고 생각해요. '신성한 남성성' 하면 시애틀*Seattle* 추장이 떠오릅니다. 놀라울 정도로 훌륭한 남자였죠. 그의 고별 연설은 정말 압도적이었어요.[12] 남자가 간직한 신성함에서 뿜어져 나온 말들이었는데, 자신의 몸을 신성하게 여겼기에 가능한 것이었죠. 자신의 몸을 신성하게 여기는 것이 문화적 존재로서 신성함을 존중하는 근본입니다.

우리가 여성을 존중해왔을까요? 아니죠. 그래서 여성들은 자신의 분노를 아이들에게 전했고 그렇게 세대를 이어서 상처받는 겁니다. 저는 신성함이 실체를 귀중하게 여길 때 나온다고 생각합니다.

선불교에서는 농사를 지을 때 땅에 구멍을 내는 대신, 씨앗 하나를 심고 그 주변에 잡초들이 자라게 합니다. 인간의 모든 문화가 자연에서 힘을 빼앗고, 자연을 통제하며, 자연을 이용하고, 그 후에는 없애버리는 문화였다는 것이 문제입니다.

나: 웬델 잭슨*Wendell Jackson*은 우리가 만 년 동안 잘못된 방식으로 농업을 해왔다고 주장합니다.

밀러: 제 아들은 잡초가 자라도록 내버려두는 생물 역학적 방식으로 자연을 그대로 지키며 포도밭을 가꿉니다. 농약도 쓰지 않고요. 우리는 다른 방식으로 자연에 접근하지요.

저는 폭력적인 신권정치가 이어지면서 신성함이 메말랐다고 생각해요. 무엇보다 신권정치는 통제를 통해 권력을 얻기 위해 섹슈얼리티를 부정했어요. 섹슈얼리티는 우리를 신과 땅에 이어주는 것입니다. 데이비드 데이다가 《우월한 남자의 방식》과 《섹스를 통해 신을 찾는 법*Finding God through Sex*》에서 이를 잘 설명합니다. 라이히의 말대로, 많은 인디언처럼 몸과 이어지면 지구와 연결되므로, 몸과 이어짐, 몸으로 관심을 돌리는 것은 정말 중요합니다. 이교도와 기독교 이전의 예식들이 여러 방식으로 이 점을 다룹니다. 우주적 미사가 아름다운 것도 다양한 요소를 하나로 묶어 축제로 만들기 때문이에요. 삶의 황홀한 부분이죠.

성직자가 자신은 섹슈얼리티를 부정하기 때문에 우월하다고 말하는 것은 마음 아픈 일입니다. 우리와 나무와 바위를 포함해 모든 생명에 흐르는 우주의 에너지에 우리가 다가가는 방법은 우리의 섹슈얼리티와 그 섹슈얼리티를 표현하는 것입니다. 우주 에너지는 끊임없이 움직이며 흘러 다닙니다. 우리도 우주의 에너지로 만들어지죠. 이 사실을 부정하면 성적 에너지가 가진 중요한 의미를 무시하게 됩니다. 서양 문화는 아주 억압적이에요. 반면 아메리카 원주민은 섹슈얼리티를 긍정적으로 봅니다. 중국에도 고유한 비전이 있고, 인도에도 탄트라*tantra*•가 있는데, 모두 건강

•　고대 힌두교와 불교 등에서 행해지는 밀교 수행법.

한 섹슈얼리티를 긍정적으로 가르칩니다. 영어에 있는 최악의 단어가 수음*masturbation*이라고 생각해요. 이 단어는 '학대'를 의미하는 'masturbare'라는 말에서 나왔거든요. 작가인 스타호크*Starhawk*는 "그 단어를 버려야 한다"고 말합니다. 자위*self-pleasure*가 옳은 단어입니다. 원래 몸이 요구하는 것으로 돌아온다는 의미거든요. 우리는 자위해도 됩니다. 자위한다고 눈이 멀지 않습니다. 오히려 아마 더 많이 보게 될 거예요! 우리 몸에 애착을 가지면 땅에 애착을 갖게 됩니다.

신성한 결혼

2부.

11장.

남성성과 여성성의 신성한 결혼

　이 책을 시작하면서 남성적인 호랑이와 모성애를 지닌 코끼리가 성대하게 결혼식을 올리는 꿈에 대해 이야기했었다. 2부에서 신성한 결혼에 관해 이야기하고, 이 책을 끝맺고자 한다. 도교 승려 만탁 치아는 "매 순간 비어 있는 음이 가득 찬 양을 받아들이는데, 이것이 남성과 여성, 정신과 물질, 하늘과 땅의 끝없는 결합"이라고 가르친다.[1]

　이번 장에서는 성 역할을 줄곧 글자 그대로 받아들임에도 각자의 내면에 원형으로 자리 잡은 남녀의 신성한 결혼을 살펴보고, 다음 장에서는 자아와 현대 사회에 문제를 일으키는 많은 대립적인 두 가지 원리를 결합하는 방법에 대해 알아볼 것이다. 신성한 결혼은 완전하고, 푸르며, 활기차고, 지속 가능하며, 다양하고, 즐거운 새 세상을 만들기 위해 각자의 내면과 우리 사이에 필요하다.

신성한 남성성이 부활하더라도 신성한 여성성과 결합하지 않으면 무슨 소용일까? 지난 수십 년간 여성성이 부활해 자신을 치유했더라도 건강한 남성성을 가진 동등한 상대를 만나 짝을 이루지 못한다면 아무 소용이 없다. 마이스터 에크하르트의 말처럼, 사랑은 대등한 상대 사이에서 생겨난다. 사랑은 평등하거나 평등을 실천하려 애쓰는 곳에만 존재할 수 있다. 따라서 노예와 주인의 결혼은 불가능하다. 결혼은 서로와 신성한 결혼 자체를 섬기는 것이지 한쪽이 일방적으로 섬김을 받는 것이 아니기 때문이다. 리안 아이슬러는 신성한 결혼을 "동반자 관계*partnership*"라고 부르며, 우리에게는 가부장제나 모계사회가 아니라 '동반자 관계'가 필요하다고 주장한다. 동반자적 결합이 의미하는 바는 매우 중요하다. 아주 오래전에는 "남성과 여성 사이의 균형 잡힌 결합을 기반으로 세상의 모든 영역에 균형과 조화가 생긴다"고 믿었다.[2] 카를 융이 생각하는 '신비한 결혼'은 깨어 있는 남성과 깨어 있는 여성의 결혼이다.

유진 모닉의 경고처럼, 남성이 위축되거나 '거세'된 느낌을 받는다면 신성한 결혼은 이뤄질 수 없다. 그는 "거세당한 남성은 히에로스 가모스 *Hieros Gamos* •에 들어갈 수 없고, 자기 내면의 여성성에게 내놓을 만한 남성성도 없다"고 말했다.[3] 비유적으로 말해, "거세는 무력하게 하는 것"이고, 남성은 이것을 '여성화'로 받아들인다. 이 책에서 살펴본 원형들이 중요한 이유가 이것이다. 원형을 갖춘 남자는 힘이 실린 채 협상에 나설 수 있지만, 그렇지 못한 남자는 협상에서 제시할 게 거의 없다. 열 가지 원형을 이해하고 깨닫게 되면 이번 장에서 다룰 성별 사이의 신성한 결혼과 다음 장

• 성혼聖婚 혹은 성스러운 성 의식.

에 나올 다양한 신성한 결혼을 향해 나아갈 수 있을 것이다.

'신성한 결혼'을 이야기할 때, 남성이든 여성이든, 동성애자든 이성애자든, 영혼에 일어나는 일이 비유적으로 표현된다는 점을 잊어서는 안 된다. 이는 실제 성별에 관한 것이 아니다. 이 원형은 결코 성별의 차이나 성별에 대한 선호로 제한되지도 않는다. 남자의 내면에 신성한 남성성이 건강하게 존재한다면 그의 내면에 있는 신성한 여성성과 결합할 준비가 된 것이다. 그리고 둘이 결합되면, 영적으로 풍성한 신성한 결혼이 구체화된다. 남자들의 경우, 남성적 영성은 대체로 감춰져 있어서, 알아차릴 수도 없고 보이지도 않는데, 이 영적인 힘을 적절히 인정하고 존중해야 여성성에 대한 두려움을 떨쳐낼 수 있으며, 나아가 영혼과 사회와 개인의 모든 속성을 (성별에 대한 편견 없이) 조화롭게 결합할 수 있다.

이 과정은 각자의 내면에서 다른 방식으로 일어나, 우리의 놀라운 다양성을 설명해준다. 이런 결합이 어떤 형태로든 일어나지 않으면, 개인 또는 공동체가 어려움을 겪게 될 것이다. 신성한 결합을 찬양하지 않으면 인류 전체가 곤경에 처한다. 현재 인류는 힘든 상황에 있다. 지금 우리가 가고 있는 방향을 보면, 계속 생존할 수 있을지 장담하기 어렵다고 말하는 이도 많다.

사랑에 빠지기: 여성성의 인식과 존중

남자들이 자신의 영적인 힘을 알아차리지 못하면, 신성한 여성성에 의해 여성화될까 봐 두려워하게 된다. 자신에게 내놓을 만한 남성적 영성이 없다고 생각하기 때문이다. 어떻게 보면 가부장적 이념과 지나친 남자다움의 과시는 이런 상실감을 보상하려는 데서 비롯된 것일 수 있다. 남자들은 지배력과 권위를 잃는 것을 두려워해서, 여성의 권리와 여성성이 가진 지혜를 인정하려 들지 않는다. 남자들은 이런 태도를 대대로 물려주고 있는데, 리안 아이슬러가 말한 것처럼 얼마든지 "지배자의 황홀경에서 깨어날" 수 있다.

건강한 남성이 되면, 즉 자신의 영성이나 깊이를 감추지 않고 드러내면 신성한 여성성을 인정하고 존중하게 된다. 사내다움을 내세우는 남자는 결코 건강한 남자가 아니다. 일방적인 남자, 여성 위에 군림하고 자신의 정신에서 여성성을 제거한 남성 우월주의에 빠진 남자는 건강한 남자가 아니다. 흔히 자신이 주도권을 쥐고 있다고 믿는 사람은 사실 자신에게 상처를 입힌다. 여성을 억압하는 것이 곧 정의라 여기는 남성은 결코 전사가 아니다. 가부장제의 하수인일 뿐이다. 과거에 노예제도가 자연의 질서가 반영된 것이라며 이를 옹호하는 사람도 많았는데, 이는 억지스럽고 부자연스러운 것이었고, 결국 남북전쟁을 일으켜 미국을 피로 물들였다. 어떤 사회나 사람이나 종교나 신성한 여성성을 부인하면 비슷한 결과에 이른다. 여성에 대한 사실상의 학대를 합법화하고, 나이가 적든 많든 남자의 내면에 있는 여성성을 깎아내리고 죽이면, 결국 자신까지 망가뜨리는 괴물이 되고 만다.

남자는 매일 여자와 사랑에 빠진다. 가부장적이지만 아내를 사랑하는 남자도 분명 많다. 하지만 이들은 사회에서 여성의 역할은 제한적이라거나 여성성이 자기 영혼을 위해 할 수 있는 일은 없다고 믿는다. 건강한 남자는 여성뿐 아니라 신성한 여성성과 사랑에 빠진다. 건강한 남자는 여성이 자기 인식과 자기 존중, 사회적 평등을 실현할 때 크게 기뻐하며, 여성 권리 운동의 핵심인 '정의'에 관심을 가진다. 또한 여성의 투쟁과 여성이 가진 지혜에 귀를 기울인다. '여성이므로 항상 옳다'는 게 아니다. 여성이 남성에게 올바로 전할 수 있는 이야기가 있다는 얘기다. 당연히 건강한 남성은 여성에게 있는 신성한 여성성이 자신에게도 없어서는 안 될 것임을 인정한다. 사회와 인간 안에서 여성과 남성, 여성성과 남성성의 균형은 모든 건강한 남자가 추구해야 할 참된 목표다. 균형이 이루어질 때마다, 신성한 여성성과 신성한 남성성의 거룩한 결혼이 우리 자신과 세상 안에서 이뤄진다.

건강한 남자는 여성에게 귀 기울이고 여성의 이야기와 삶을 통해 배운다. 지난 40년간 클라리사 핀콜라 에스테스, 시인 에이드리언 리치*Adrienne Rich*와 리안 아이슬러, 신학자 로즈마리 류터*Rosemary Reuther*와 메리 데일리*Mary Daly*, 저술가 메리 포드 그래보우스키*Mary Ford Grabowsky*, 화가 모니카 스주*Monica Sjoo*, 시인 바바라 모르*Barbara Mor*, 작가 앨리스 워커*Alice Walker*와 벨 훅스*Bell Hooks*, 사학자 루시아 번바움*Lucia Birnbaum*, 교사 겸 작가 루이사 테이시*Luisah Teish*, 작가 스타혹*Starhawk* 등 여성들이 여성에 관해 많은 글을 썼다.

그렇다면 원형의 관점에서 신성한 결합은 어떤 것일까? 많은 것이 다양한 이름으로 존재하는데, 이번 장에서는 세 가지를 살펴볼 것이다. 그것은 하늘 아버지와 땅 어머니, 녹색 인간과 검은 성모 그리고 음과 양의 결합이다.

하늘 아버지와 땅 어머니: 우주의 신성한 결혼

　하늘과 땅은 그리 멀리 떨어져 있지 않다. 이 둘은 바다에 떠 있는 배에서 보면 수평선에서, 사막에 서서 보면 희미하게 빛나는 지평선에서 만난다. '하늘'이라고 부르는 것은 인간과 모든 생물이 마시는 공기이며, 우리가 땅에 서서 공기를 들이마시는 행위가 바로 하늘 아버지와 땅 어머니를 결합하는 것이다. 즉, 우리 안에서 그들은 혼인을 한다. 그리고 현대 과학이 밝힌 것처럼, 우리는 숨 쉴 때마다 온 우주를 마신다. 우리 허파나 몸속 세포 그리고 다른 생명체와 공유하는 공기가 곧 우주라는 물체이기 때문이다. 수십만 년 전에 다른 생명체와 인간이 살면서 내뱉은 분자를 우리가 들이마시는 것이다.

　모든 생명체는 하늘과 땅이 결합한 증거여서, 하늘과 땅은 모든 존재를 낳은 신성한 부부로 묘사된다. 우리는 땅 어머니의 토양에서 복숭아, 사과, 당근, 콩, 우유, 치즈, 닭고기, 오리고기에 이르는 영양분을 얻는다. 땅 어머니가 가진 물은 우리의 갈증을 풀어주고, 활력을 주며, 우리를 깨끗이 씻긴다. 이는 인간만이 아니라 사자, 코끼리, 호랑이, 뱀, 고래, 돌고래, 캥거루, 연어 등 모든 생명체가 누리는 혜택이다.

　하늘 아버지가 이런 생산력, 다양성, 아름다움, 우아함, 푸름과 관련이 있을까? 물론이다. 지구에 사는 모든 것을 먹이고 기르는 햇볕과 비는 하늘에서 온다. 하늘의 오존층은 치명적인 우주 방사선에 지구가 타서 생명이 사라지는 것을 막는다. 하늘과 땅은 똑같은 쓸모와 중요성을 가진 필수적인 존재로, 함께 생명이라는 위대한 선물을 낳는다.

　그런데 지금 하늘과 땅은 자신이 낳은 자식이 주는 상처로 신음하고 있다. 환경운동 단체들은 지구를 보호하고 (녹색 인간의 배우자인) 가이아를 존중하자고 종종 주장하는데, 하늘 아버지를 보호하고 치유해야 한다는 요구, 즉 더 늦기 전에 우리의 생활 방식을 바꿔야 한다는 주장도 매우 중요하다. 지나친 이산화탄소 배출은 하늘 아버지를 질식시켜 해를 입히고, 그 결과 생명을 낳는 땅과 하늘의 관계도 해친다. 물론 땅 어머니와 하늘 아버지는 자기 자녀가 사라진 후에도 남겠지만, 얼마나 끔찍할까? 인류는 늦기 전에 새롭고 근본적인 균형의 원칙을 찾아내야 한다. 이것이 자신과 다른 생명체를 위하는 길이다. 토마스 베리의 말을 들어보자.

> 젊은 세대는 인류와 지구가 서로 발전하는 방식의 필요성을 더 인식하고 있다. 우리는 다른 생명체에게 발생한 일이 인간에게도 일어나리라는 것을 안다. 외부 세계에 일어난 일은 내면세계에도 일어난다. 외부 세계의 장엄함이 약해지면 인간의 감정적이고 창조적이며 지적이고 영적인 삶도 소멸한다. 하늘로 오르는 새, 울창한 숲, 곤충들의 소리와 색깔, 자유롭게 흐르는 개천, 꽃피는 들판, 낮의 구름과 밤하늘의 별이 없다면 우리를 인간으로 만드는 모든 것도 메말라버린다.[4]

캐나다 환경운동가인 데이비드 스즈키David Suzuki는 현시대에 필요한 책 《신성한 균형: 자연 속 우리의 위치를 찾아서The Sacred Balance: Rediscovering Our Place In Nature》에서 가이아를 깊은 가슴을 가진 땅인 "고대 그리스인의 위대한 신"이라고 언급했다. "그녀는 만물이 흘러나오는 어머니 여신이다. 그녀는 우라노스Uranus의 별이 반짝이는 하늘을 창조했다. 둘은 함께 새로이 우주를 모았으므로, 가이아는 우주의 창조자다."[5]

물론 누군가의 어머니를 찬양한다고 해서 나쁠 건 없다. 호메로스는 가이아에게 이런 시 한 편을 바쳤다.

어머니 지구

우리 모두의 어머니,

우리 중 가장 먼저 나온,

단단하기와

웅장하기가 바위와 같고

땅에 있는 모든 것은

무엇이든 그녀이며

그것을 먹이시는 분.

그 땅을

나는 찬양하네.

하늘도 지구 못지않게 살아 있으며 생명을 탄생시키는 데 참여한다. 이것이 하늘 아버지와 땅 어머니의 진정한 '결혼'이고, 결합이며, 거룩한 하나 됨, 어우러짐이다. '신성함'을 어떻게 정의하느냐에 상관없이, 이는 신성한 결혼이며 신성한 균형이다. 이 결합은 우리가 태어나기 전에 일어났다. 우리는 그로 인해 생겨난 자식이고 후손이다. 하늘과 땅은 우리의 부모, 조상, 우리보다 먼저 온 친척과 친구다.

그런데 인간이 중심이 된 현대 사회에서 우리는 이런 생각과 그것이 맺는 결실에서 멀어졌다. 공해로 인해 하늘에는 아무것도 보이지 않고, 지구는 인간이 사용할 물건만 담는 자루가 되었다. 우리는 균형이나 생명 과정 자체를 생각하지 않고, 오직 자신만 키운다. 인간 중심주의, 곧 인간과 인간이 만든 것과 인간의 성취에 대한 집착은 아들을 뺏기지 않으려는 시어머니보다 더 지독하게 하늘 아버지와 땅 어머니의 결혼을 깨뜨리려고 위협한다. 땅과 하늘을 무시한 결과로 오만한 인간 중심 사상이 생겼는지, 아니면 고압적인 인간 중심적 사고가 땅과 하늘을 방치했는지는 논란의 여지가 있겠지만, 그것이 중요한 게 아니다. 어차피 우리가 누구이며 어디에 있는지, 어디에서 왔고 어디로 가고 있는지는 여전히 혼란스러울 것이기 때문이다. 우리는 이런 혼란을 다음 세대의 아버지와 어머니에게 아무 생각 없이 물려주려 한다.

선조들이 그랬던 것처럼 사춘기 통과 의례를 기념이 될 만한 방식으로 지내는 건 매우 중요하다. 사춘기는 단순히 첫 면도나 첫 몽정, 첫 월경이 아니다. 사춘기는 당연하고 본질적인 시기다. 우주가 섹슈얼리티를 창조하는 과정에서 우리가 이르는 하나의 높은 단계다. 사춘기가 되면 모든 자녀가 우리 종을 이을 수 있는 신체적 능력을 갖추게 된다. 얼마나 축하하고 기념할 만한 일인가! 아기를 배는 것은 미래 세대를 낳으면서 동시에 조상을 거룩하게 기억하는 일이다. 사춘기에 하늘 아버지와 땅 어머니는 다시 결합한다.

사춘기가 없으면 결혼 예식도, 결혼 생활도, 거룩한 결합도, 자녀와 자손도 없다. 우리의 사랑이 향할 곳도 없을 것이다. 하늘 아버지와 땅 어머니의 결혼은 우리 모두에게 이런 사실을 일깨워주지만, 우리가 들으려 하지 않는다면 소용없는 일이다. 그 결혼이 예식과 구호, 과학 공부, 성경 공부, 시, 북 연주, 노래를 통해 다시 우리의 인식에 자리 잡을 때, 우리는 우리 삶과 그 속의 변화와 축하할 일을 새로 만들 수 있다. 사춘기는 남자아이에게 "나는 '네 안에' 특별히 들어왔다. 내가 가진 신비하고 강력한 아버지의 능력을 네게 줄 것이다. 이는 네가 평생 가져야 할 힘이니 가벼이 여기지 마라. 너의 노력과 창조력으로 모든 살아 있는 존재에게 숨과 햇볕, 비와 물을 전하라"고 말하는 하늘 아버지다.

또한 사춘기는 여자아이에게 "내가 너에게 넘칠 만큼 풍성한 어머니의 힘을 전하니, 그 힘을 가벼이 여기지 마라. 이는 평생 너와 함께 있을 힘이니, 내가 매일 하듯 너와 모든 사람의 나날을 가꿔 기르고, 밝고 화려하게 만들어라"라고 말하는 땅 어머니다.

인간의 일생도 하늘 아버지와 땅 어머니가 우리 안에서 결합하는 방식의 관점에서 볼 수 있다. 아기에게 그 결합은 당연하게 여겨진다. 어머니의 젖가슴이 아기 입에 딱 맞으리라 막연히 생각하는데, 실제로도 그렇다. 어머니의 돌봄은 아이를 먹이고, 아버지의 돌봄은 아이를 이끌고 보호한다. 각자의 방식으로 아이에게 먹을 것과 머물 곳을 주고, 지구에서 살아가는 법을 알려준다. 아이는 조금 더 자라면 집에서 벗어나 마당과 공원, 도시의 거리와 호수 같은 세상으로 가서 논다. 찌는 듯한 여름과 에는 듯한 겨울, 활기로 가득한 봄과 시원한 가을에, 하늘과 땅은 자신만의 언어로 우리에게 말을 건다. 또한 우리를 시험하고 가르치는 친구와 또래와 선생님을 통해 우리에게 말을 걸고, 우리 안에서 작용한다. 하늘과 땅은 늘 우리와 소통한다. 문제는 우리가 귀를 기울이느냐다.

사춘기 이후 성인기가 어렴풋이 다가오면, 하늘 아버지와 땅 어머니는 우리 안에 더 깊이 뿌리 내린다. 젊은 여성의 월경과 젊은 남성의 당당한 발기는 사람을 난처하게 하려는 것이 아니라 아직은 책임이 없음을 알려주는 거룩한 현상이다. 지금은 생명의 위대한 힘, 하늘과 땅이 주는 힘을 받고 있지만, 언젠가 '하늘과 땅'이 행하는 아버지와 어머니의 일에 참여할 것임을 상기시키는 것이다. 우리가 낳는 것은 '우리 것'이 아니며, 우리보다 더 크므로 그것은 더 거룩해진다.

우리가 가진 아버지와 어머니의 힘은 꼭 생물적으로만 결합할 필요는 없다. 현재 지구의 인구 과잉을 생각하면, 예술이나 다른 유형의 생산을 존중하는 것이 오히려 지구를 돌보는 데 도움이 될 수 있다. 아이를 기르는 사람은 모두 아버지나 어머니의 자격을 수행하는 것이며, 양육은 음악을 만들거나 시위를 하거나 가르치거나 나무를 심거나 지속 가능한 에너지원을 개발하는 것처럼 다양한 형태를 띨 수 있다.

모든 하늘 아버지와 땅 어머니가 앞으로 최소 45억 년 동안 지구에 남아 계속 결합할 것이다. 참으로 영원한 약속이며 참으로 진정한 결합이다!

하늘과 땅의 신성한 결혼을 찬양하기

아메리카 원주민에게는 '신성한 파이프Sacred Pipe'로 기도하여 위대한 힘과 이어지는 전통이 있다. 이 신성한 파이프로 연기를 뿜는 행위가 하늘과 땅을 결혼시키는 의식인 것이다. 담배는 땅이 주는 선물 같은 특별한 식물이고, 연기는 잠시 '눈에 보이는 정신'이다. 연기를 뿜는 것은 제5차크라의 작용으로, 우주의 숨(정신)을 마시고 내뱉는 일종의 호흡이다. 연기는 하늘로 올라 정신처럼 눈에 보이지 않게 된다.

9세기 전에 아시시의 성 프란체스코St. Francis of Assisi도 훌륭한 시 한 편으로 이 신성한 결혼을 찬양했다. 인간이 땅과 하늘을 내팽개쳐 위험에 빠뜨린 오늘날, 이 시의 의미를 곱씹어보는 것은 마땅한 일일 것이다.

가장 고귀하고 전능하며 온전히 선한 주여,
모든 찬양을 주께 돌립니다. 모든 영광과 존귀와 축복을 받으소서.

그가 먼저 '찬양'과 선함(우리는 선한 것을 찬양한다)과 축복('축복'은 '선함'

을 가리키는 신학적 단어다)을 노래한 것에 주목하자. 찬양하지 않을 때 우리
는 큰 대가를 치른다. 시인 루미Rumi는 이렇게 지적한다.

> 너의 우울은 네가 오만하여
> 찬양하지 않아서 비롯된 것이니.
> 남이 닦은 길을 걸으며 찬양하지 않는 이는,
> 남자든 여자든 매일 다른 이의 것을 훔치는 도둑일지니.[6]

찬양하지 않는 사람은 우울해진다. 냉소도 그렇다. 우리 영혼은 '선함'
을 꾸준히 맛보면서 삶을 견뎌낸다. 성 프란체스코는 찬양의 시를 쓰며
이렇게 말했다.

> 오직 당신, 가장 높으신 이에게만 모든 것이 속하나니,
> 인간의 어떤 가치 있는 입술로도
> 당신의 이름을 부르지 못합니다.

이 시에서 성 프란체스코는 모든 이름과 인간의 이해를 넘어서는 신의
측면인 부정의 신성apophatic Divinity*을 넌지시 내비친다. 모든 것에 퍼져 그
것들을 말로 표현할 수 없게 하는 신성한 존재를 경외하는 것이다.

> 나의 주여, 당신이 만든 모든 것을 통해 모든 찬양을 당신께 돌립니다.
> 먼저 나의 주이며 형제인 태양,

* 부정적 진술을 통해 신의 본질을 설명하려는 신학적 접근 방식.

우리에게 낮을 안겨주고, 그를 통해 빛을 밝히십니다.
얼마나 아름다우며, 모든 영광 속에서 찬란한지!
그는 가장 존귀한 주를 닮았습니다.

태양은 형제며 남성이다. 태양이 가진 양기의 아름다움과 찬란함, 영광은 신성함 그 자체를 닮았다. 그래서 빛은 전 세계 신성이 가진 가장 오래되고 보편적인 이름이며, 성 프란체스코도 이를 알고 형제인 태양을 찬양했다. 태양은 "주Lord"로, 이 시에서 프란체스코가 미묘하게 비판하는 중세 시대의 '영주와 귀부인'보다 더 높다. 자연이 인간 문화보다 더 위대한 것이다. 프란체스코는 인간 중심적 허영을 버리고 그 자리를 자연의 존귀함에 대한 인식으로 채웠다. 그러나 태양은 군림하는 주인이 아니라 형제다.

이어 성 프란체스코는 누이를 향한 찬양으로 형제에 대한 찬양과 균형을 잡는다.

나의 주여, 누이인 달과 별을 통해 모든 찬양을 당신께 돌립니다.
주는 달과 별을 하늘에서 빛나게 하고
고귀하고 맑게 만드셨습니다.

달은 누이다. 고귀하고 맑은 위엄으로 별과 함께 하늘을 밝힌다. 프란체스코는 모든 토착 부족들처럼 하늘 아버지와 살아 있는 관계를 유지한다. 그리고 어머니이며 동시에 누이인 땅에 찬양을 돌린다.

나의 주여, 누이이자 어머니인 땅을 통해 모든 찬양을 당신께 돌립니다.

그녀는 지극히 높은 힘 안에서 우리를 먹이며

무한한 과일과 화려한 꽃과 풀을 낳습니다.

프란체스코는 우리의 누이이면서 어머니인 땅의 자녀, 즉 과일과 꽃, 풀과 다양하게 자라서 여러 방식으로 우리를 먹이는 모든 것을 찬양한다. 누이이자 어머니인 땅은 절대자로서 마땅한 힘을 가진 통치자이므로, 세상의 지배자들보다 칭송할 것이 더 많다. 풀은 치유에 쓰이므로, 프란체스코는 인간이 가진 치유 능력을 찬양하며 이렇게 선언한다.

나의 주여, 용서를 베풀어 당신의 사랑을 전하는 이들과,

아픔과 시련을 이겨내는 사람들을 통해 모든 찬양을 당신께 돌립니다.

조용히 견디는 이들에게 복이 있을지니

지극히 높은 주가 그들에게 왕관을 씌우실 것입니다.

프란체스코가 직감하는 성별의 균형에 대한 가르침, 즉 남성과 여성의 결합은 인간의 행동에도 적용된다. 그렇게 부족들 사이의 아량과 용서, 아픔과 시련의 극복, 진정한 평화가 탄생한다. 그러나 맞이해야 할 죽음도 있다. 성 프란체스코는 죽음도 인격화한다. 죽음은 누이다.

나의 주여, 누이인 죽음을 통해 모든 찬양을 당신께 돌립니다.

어떤 인간도 그녀의 손길에서 벗어날 수 없으며

용서받지 못할 죄악 속에서 죽는 이에게는 괴로움이 있겠으나,

신의 뜻을 행하며 그녀를 만나는 이에게는 행복이 있을지니!

그 죽음은 그들에게 해가 되지 않으리.

살면서 신의 뜻을 행하면 죽음도 해가 되지 않는다. 누이인 죽음은 절대적이다. 누구도 벗어날 수 없다. 오히려 죽음을 하늘과 땅, 아버지와 어머니가 낳은 가족으로 받아들여야 한다. 우리가 남성과 여성의 신성한 결합을 깊이 마시며 겪었다면, 그리고 삶의 여정이 고되더라도 자신의 삶을 찬양하고 축복하며 감사하는 법을 배웠다면, 죽으면서도 행복할 수 있다. 우리는 이미 첫 번째 죽음을 여러 번 겪었다. 이승에서의 죽음은 '다른 죽음'이기 때문이다. 헌신의 삶을 살았다면 우리는 잘 죽게 된다.

주를 찬양하고 축복하며, 그에게 감사하라.
그리고 무릎을 꿇고 그에게 헌신하라.

프란체스코는 현명해서 남성과 여성이 신성하게 결합한 샘물을 깊이 들이마시며 우리에게도 그렇게 하라고 권한다.
최근 한 치유사로부터 편지 한 통을 받았다. 이 신성한 결합을 어떻게 보고 찬양할지를 잘 보여주는 글이라 그대로 옮긴다.

저는 고객과 함께 작업하면서 '땅 어머니'와 소통했습니다. 고객은 자기 내면의 신성한 남성적 기운이 진동하는 것을 더 잘 느끼려고 애쓰고 있었습니다. 신성한 남성성과 신성한 여성성의 균형을 맞추는 것이 궁극적 목표였지요. 시간이 끝날 때쯤, 우리는 새로 느낀 그 남성적 떨림을 '땅 어머니'의 깊은 곳에 단단히 연결하려고 했습니다. 별다른 절차는 아니었는데, '땅 어머니'라는 말이 입에서 나오지 않았습니다! 계속 '땅'이나 '지구'라고만 나왔지요.

갑자기 '지구'가 감사하는 마음이 왈칵 느껴졌습니다. '땅'은 신성한 남성성의 기운에 감사하고 있었던 거죠. 고객은 자신도 신성한 남성성과 신성한 여성성의 균형을 찾으려 애쓰고 있다면서 다른 사람에게만큼 자신에게도 이는 어려운 일이라고 말했습니다. 사실 땅의 어떤 격정적인 활동은 '남자다움을 과시'하려는 오랜 기운과 관련이 있는데, 그녀는 그것이 신성한 남성성으로 충분히 대체될 수 있다고 생각합니다. 그리고 그녀는 그 균형을 찾기 위해 우리가 줄 수 있는 모든 도움을 다 받을 겁니다.

그 과정이 끝날 때쯤, 저는 한층 더 편하게 그녀를 '어머니와 아버지가 함께 있는 땅'이라고 부를 수 있었습니다.

녹색 인간과 검은 성모: 자연의 신성한 결합

앞서 2장에서 우리는 녹색 인간의 귀환을 축하했다. 녹색 인간은 우리가 지구의 다른 생명체, 특히 식물 세계와 맺는 관계를 찬양한다. 그는 땅 어머니와 그녀의 창조물을 지키고 보호하는 영적 전사다. 또한 녹색 인간은 심장에 있는 차크라, 연민이 가진 녹색의 힘을 상징한다. 그는 우리가 되찾은 생식성의 힘, 거룩한 섹슈얼리티를 다양하고 복합적인 모습으로 보여준다. 그런데 녹색 인간이 혼자 돌아올까? 짝을 찾지는 않을까? 선한 결합, 대등한 유대관계, 평생 친구가 될 수 있는 여성 반려자가 함께 등장해야 하지 않을까? 나는 검은 성모의 귀환이 바로 그런 짝의 상징이라 말하고 싶다. 왜일까?

먼저 역사적 이유에서다. 검은 성모가 서양 문화에 마지막으로 나타난 시기가 녹색 인간이 출현한 12세기였고, 그때가 신학자 셰누가 말한 여신이 나타나 서양 사회에 혁신이 일어났던 "유일한 부흥의 시기"였다. 옛날부터 검은 성모는 프랑스를 포함한 다양한 문화에 존재했다. 시칠리아, 스페인, 스위스, 프랑스, 폴란드, 체코, 튀르키예 등 유럽 전역과, 아프리카와 구소련에서도 검은 성모를 찾을 수 있다. 그녀는 중국에서는 타라*Tara*, 인도에서는 칼리*Kali*다. 멕시코에서는 과달루페의 성모('갈색 성모'라 불리기도 한다), 켈트족에게는 해그*Hag*나 카일라치*Cailleach*로 "단호히 나서서 아이들의 파괴적 행동을 막는 어머니의 사랑을 실천하는 검은 여성이자, 가장 고귀한 선에 도움이 되지 않는 꿈과 환상을 깨뜨리는 에너지"이다.[7]

검은 성모는 누구이며 무엇을 상징할까? 루시아 번바움은 논문 〈검은 여신*Dark Goddess*〉에서 어떻게 이시스가 "사랑과 동정, 연민의 힘과 슬픔에 대한 개인적 이해를 통해 아프리카를 지배하는 여신이 되었는지" 설명한다. 검은 성모는 "연민을 가진 어머니"였으며, 땅을 상징하면서 동시에 "거룩한 물, 거룩한 강, 거룩한 바다처럼 신성한 속성"을 가진 물을 상징했다.[8] 또한 의학의 여왕이고, 비폭력을 통한 변화를 의미하며, 자매인 마트*Ma'at*와 함께 자연의 정의이자 질서의 본보기다. 검은 여신이 우리 시대에 필요한 것은 이런 이유에서다.

종교를 바르게 이해하고 세상을 정의롭게 만들기 위한 다음 발걸음은 역사 이전부터 민중과 함께 있던 검은 성모를 모두에게 알리는 것이다. 우리는 모두 아프리카의 검은 어머니에게서 나온 자손이며, 다양한 집단을 이루어 많은 기후 지역에 뿔뿔이 흩어진 유색 인종이다. 이를 입증하는 유전적, 고고학적 증거의 관점에서 검은 성모를 깨워야 한다. 이 난폭한 시대에 연민을 품은 정의로움의 상징인 검은 어머니를 되살릴 필요가 있다.[9]

최근 검은 성모에 관한 한 전시회에 이런 평가가 붙었다.

검은 성모는 신성한 여성성과 땅의 여신, 모든 인류의 어머니를 품은 존재다. 그녀는 검고 신성한 다산의 자궁과 변형과 변화를 상징한다. 흑인 여성으로 묘사된 동정녀 마리아의 형상은 힘차고 영원하며, 위풍 당당함과 위대한 힘을 가진 사랑을 상징한다. 그녀는 어둠을 긍정적인 이미지로 재해석하는 현대 문화의 중요한 상징이다. 어둠이나 검은색은 흔히 부정적인 것을 연상시키는데, 그런 편견이 인종차별의 근거가 된다. 어둠은 내면의 존재를 나타내며 누군가의 역사와 문화가 가진 고난과 생존, 성취뿐만 아니라 자랑까지 담고 있다.[10]

우드먼도 이에 동의하며 이렇게 말했다.

현대 남성과 여성의 꿈에 검은 성모가 관능적이고 성적이며 솔직한 이미지로 점점 더 자주 출현하고 있다. 그녀는 순결하고 고귀하며 이상적인 모습으로 받침대 위에 높이 모셔진 성모가 아니라, 자기 몸을 사랑하고 장난을 즐기며 인간에게 연민을 느끼는 존재다. 그녀가 이 시대의 꿈에 출현하기 시작했다는 것은 같은 인종인 우리가 너무 오랫동안 무의식에 묻어두었던 여성성에 대한 통찰을 마침내 우리 안에서 찾으러 나섰음을 시사한다.[11]

나는 앞선 연구에서 검은 성모가 이 시대에 돌아오고 있는 다양한 이유를 들었다.[12] 그중 일부만 살펴보면 다음과 같다.

1. 검은 성모는 우리를 어둡고 깊은 곳으로 불러낸다

우리는 어둠에 다시 익숙해져야 한다. '계몽*enlightenment*'이라는 단어는 우리를 속여 어둠을 두려워하고 멀리하게 했다. 조명 스위치는 우리가 "자연을 지배"(데카르트의 거짓 약속)하고 손가락 하나로 모든 어둠을 압도할 수 있다는 생각으로 만든 환상에 불과하다.

마이스트 에크하르트는 "영혼의 근본은 어둠"이라 말했다.[13] 따라서 어둠을 피하는 것은 자신의 근본, 자신의 심연에서 단절된 채 껍데기로 사는 것이다. 검은 성모는 우리를 어둠으로, 우리의 가장 깊은 곳으로 이끈다. 신비주의자들은 이를 사물의 '내면', 즉 사물의 본질이라고 부른다. 그곳은 신성함이 놓여 있고 진정한 자아가 거주하는 곳이며, 환상이 산산이 부서지고 진리가 자리 잡는 곳이다. 앤드루 하비*Andrew Harvey*는 "검은 성모는 공간과 시간을 초월한 칼리*Kali*로, 모든 세상이 늘 생겨나고 다시 빠져드는 빛의 검은 내부, 만물의 뒤에 있는 존재, 사랑의 어둠, 성모의 자녀가 완벽한 빛이 될 때 들어가는 사랑을 품은 미지의 존재"라고 말했다.[14] 검은 성모는 우리를 신비 자체인 그 어둠으로 불러, 깊고 어두우며 이해할 수 없는 미지의 존재에 편히 머무르라고 다독인다. 하비의 표현을 빌리면, 그녀는 "디오니시오스 아레오파기테스*Dionysius Areopagite*• 같은 위대한 부정 신학 신비주의자들이 칭송하는 신성한 신비를 가진 어둠이다. 신비주의자들은 신성한 존재는 영원히 알 수 없고, 이해할 수 없으며, 모든 개념을 넘어서

• 사도 바울의 설교를 듣고 회심한 기독교의 성인.

고, 너무 밝아서 어둠으로 인식되는 빛에 가려져 감각할 수 없는 존재라고 말한다." 에크하르트는 신의 어둠을 "본질을 넘어선 어둠, 신비 뒤에 감춰진 신비, 어떤 빛도 뚫을 수 없는 신비 속의 신비"라 불렀다.[15]

어둠을 존중하면 유색 인종의 삶을 존중하게 된다. 그 반대가 인종차별이다. 검은 성모는 우리에게 인종에 대한 고정관념과 두려움과 예측을 넘어서 어둠을 향해 가라고 권한다.

2. 검은 성모는 우리에게 우주에 대한 이해, 즉 시간과 공간 전반에 대한 개념을 일깨운다

검은 성모는 모든 창조물을 무릎 위에 앉힌 위대한 우주의 어머니를 상징한다. 우주 자체가 검은 성모의 품 안에서 보살핌을 받는다. 그녀는 인간 중심주의에서 우리를 낚아채 '우리와 이어진 모든 것'을 존중하는 상태로 되돌려놓는다. 국가나 인종, 종교, 개인 등으로 나뉜 부분이 아닌 전체와 관계를 맺는 시대, 즉 우주론의 시대로 우리를 안내한다. 그녀는 분할된 자아와 세상에 근거한 뉴턴식 관계, 동족에 대한 충성에서 우리를 끌어내어 초월적 관계를 맺도록 이끈다. 지금 우리에게 새로운 우주론, 새로운 '우주 이야기'가 전해지고 있으므로 가장 적절한 시기에 검은 성모가 돌아온 셈이다. 그녀는 새로운 우주 이야기 안에서 인류를 가르치는 일에 신성함이라는 개념, 즉 새로운 우주론이라는 축복을 내리고 있다.

시카고 대학교 우주학자 마이클 터너*Michael Turner*는 암흑 물질과 암흑에너지의 신비에 관한 강연에서, 오늘날의 과학이 "우주의 어두운 면"에 온 관심을 집중하고 있다고 말했다. 사실 현재까지 발견된 우주 물질과 에너지는 전체의 4%에 불과하다. "나머지 96%는 알 수 없는 상태다. 과학자들은 어둠에 관한 두 가지 수수께끼를 풀기 위해 우주의 가장 먼 곳과 지구의 가장 깊은 곳을 들여다보고 있다." 암흑 물질은 빛에 반응하지 않아서 발견하기 어렵지만, 중력은 감지된다.

미시적 수준으로, 미네소타에 있는 깊은 동굴에서 암흑 물질로 추정되는 입자인 윔프*WIMPs*를 찾는 실험이 진행 중이다. 이 물질이 소우주나 미립자 수준에서 일어나고 있는 일에 답을 줄지도 모른다. '암흑에너지'는 대우주 수준에서 은하 성단들을 밀어내고 우주의 팽창 속도를 높이는 반反중력 성질을 가진 보이지 않는 어떤 힘이다. 터너에게 암흑에너지는 가장 큰 수수께끼인데, 물리학자들은 암흑에너지가 우주의 에너지 밀도 중 74%를 차지할 것이라 추측한다.

우주의 암흑 물질과 암흑에너지를 탐구하는 바로 이 시점에 검은 성모는 특히 적절한 비유로 보인다. 어둠과 물질은 미시와 거시 수준 모두에서 밀접한 관계가 있는 듯하다.

3. 검은 성모는 우리의 밑에 있는 차크라를 존중하도록 우리를 아래로 불러낸다[16]

서양 문화에서 가장 위험한 측면은 아래에 있는 차크라에서 벗어나, 위에 있는 차크라를 향해 달리며(데카르트는 "진실은 분명하고 확실한 생각에 있다"고 말했다), 끊임없이 날아오르려는 성향이다. 검은 성모는 우리를 '아래로,' 즉 전체와 이어주는 제1차크라(온 우주에서 나오는 소리 진동을 감지한다)와 제2차크라(섹슈얼리티), 제3차크라(화와 도덕적 분노)로 이끈다. 현대 서양 문화의 종교와 교육은 모두 이런 요소에서 벗어나고자 노력했다. 검은 성모는 땅에서 벗어나고 깊은 곳에서 달아나려는 성향을 견디지 못할 것이다.

4. 검은 성모는 지구에 대한 존중과 생태와 환경에 관한 관심을 표현한다

땅 어머니는 자신의 존재에 맞는 이름을 가졌다. 땅 어머니는 어둡고 풍성한 가운데 무언가를 낳느라 바쁘다. 검은 성모도 그렇다. 앤드루 하비는 "검은 성모는 자연의 여왕으로, 자연의 내면과 외면, 외부 세계와 정신에서 일어나는 모든 풍성하고 비옥한 변화의 주체이며 그 변화를 축복하는 이"라고 말한다.[17] 땅 어머니는 자녀를 기르고 세상을 먹이며, 검은 성모는 그들이 죽을 때 기꺼이 받아들여 모든 것을 순환시킨다. 검은 성모는 우리에게 환경에 대한 혁신을 깨우쳐 모든 것과 서로 연결된 관점에서 세상을 보게 하고, (시도만 하면 할 수 있다는 듯) 우리가 혼자 떨어져 나와 자연을 지배하거나 통치하게 내버려두지 않는다. 그녀는 토착 부족들과 지구의 자원을 착취하는 자본주의자에 맞선다. 검은 성모는 전체를 보므로 소수가 경제적 힘을 가지기 위해 다수를 학대하거나 억압하고 착취하는 행위에 눈감지 않는다. 그녀는 법을 이용해 군림하는 계층이 아니라 법에 의해 억압받는 이들을 위해 나선다. 그녀는 눈앞의 이익을 위해 그녀의 아름다움을 이용하고 미래 세대로부터 그 아름다움을 빼앗아버리는 세력에 당당히 맞서라고 우리에게 촉구한다. 그녀는 환경을 보호하는 활동가로 아름다움과 건강과 다양성을 지키는 존재다.

게다가 "생태는 살아 움직이는 우주"라는 토마스 베리의 말이 옳다면, 우주를 주목하기 위해서는 생태의 작은 것이 변하는 모습을 눈여겨봐야 한다. 우주를 사랑하지 않으면 지구를 사랑할 수 없다. 지구를 사랑하지 않으면 시간과 공간을 낳은 우주를 무시하는 것이다.

5. 검은 성모는 우리에게 우리가 가진 신성과 창조의 힘을 일깨운다

여신인 검은 성모는 창조물의 내면에 있는 신성한 존재로서 모든 존재 안에 머무른다. 그녀는 우리가 신과 함께 창조하면서 신의 거룩한 숨결이나 정신을 느낄 수 있도록 우리를 '신의 왕국 혹은 여왕국'인 '내면'으로 부른다. 그리고 우리에게 신성을 일깨워 탄생에 대한 책임도 깨닫게 한다.

창조의 힘은 "어머니들의 왕국에서" 나온다는 카를 융의 말이 옳다면, 분명 어머니인 검은 성모는 우리에게 창조의 힘을 일깨운다. 검은 성모가 우리에게 바라는 것은 다름 아닌 창조의 힘이다. 검은 성모는 창조하라고, 상상력에 불을 붙이라고 요구한다. 우리의 집단적 상상력 외에 무엇이 화석 연료 에너지에 의존하지 않는 지속 가능한 에너지의 시대로 우리를 이끄는 데 성공할까? 창조의 힘 외에 무엇이 쓸모없이 지루하기만 한 교육 체계를 즐거움과 경이, 배움을 향한 끌림으로 바꿀 수 있을까? 도덕적 상상력 외에 무엇이 물질적으로 빈곤한 국가와 풍부한 물질에도 영혼이 메마른 국가 사이의 깊은 간극을 극복하게 할 수 있을까?

검은 성모는 더 많은 예술가가 좋은 작품을 만들고 그 위에 번성하며 도덕과 정치에서 창의력을 발휘해 인간의 영혼을 다시 깨우는 시대로 우리를 이끌 수 있다.

6. 검은 성모는 우리에게 다양성을 일깨운다

다양성이 없으면 상상력도 없다. 상상력은 사람과 문화가 서로 다른 부분을 받아들이며 새롭게 조합해 사랑을 나누고, 그 결과 새로운 존재를 탄생시키는 힘이다. 검은 성모는 '검기' 때문에, 다양한 인종과 민족이 낳는 색깔과 문화의 차이에 대한 근본적인 공포를 다룰 수 있다. 마이스터 에크하르트는 "신에게 붙이는 모든 이름은 자신에 대한 이해에서 나온다"고 말했다.[18] 신에게 '검은 성모'라는 이름을 붙이면 흑인을 포함한 모든 유색 인종과 여성을 존중하게 된다.

신은 색깔과 전통과 성별이 다양하다. 아버지이면서 어머니인 신이고, 아이를 갖게 하면서 아이를 낳는 신이다. 검은 성모는 성별 다양성을 존중하고 성적 취향도 중히 여긴다. 검은 성모는 위대한 어머니로서 동성애를 혐오하지 않는다. 인간과 인간을 넘어선 영역에서 창조의 한 부분인 다양한 성적 취향을 환영한다.

사학자 존 보스웰*John Boswell*은 획기적인 학술서《기독교와 사회적인 관용, 그리고 호모 섹슈얼리티*Christianity, Social Tolerance and Homosexuality*》에서 검은 성모를 탄생시킨 12세기 프랑스의 대부흥기 때 동성애 혐오가 용인되지 않았음을 입증했다. 서양 문명에서 가장 창의적이었던 그 125년 동안 사회 전체는 다양성을 환영했다. 창조의 힘은 다양성 위에서 번성한다.

7. 검은 성모는 우리에게 슬픔을 일깨운다

검은 성모는 슬퍼하는 어머니로, 우주의 고통과 세상의 고통, 부서진 우리의 연약한 심장에 눈물을 흘린다. 기독교 전통에서 그녀는 죽어가는 예수를 붙들고 있는데, 예수는 모든 존재를 의미한다. 그녀가 안고 있는 존재는 그저 역사적 인물인 예수가 아니라 우주적 그리스도다. 모든 존재는 고통을 겪고, 위대한 어머니인 검은 성모는 그 고통을 안다. 검은 성모는 우리가 겪는 고통에 공감한다. 그녀가 다정한 어머니처럼 우리를 껴안는 것은 그녀가 세상에 베푸는 특별한 선물이 연민이기 때문이다. 그녀는 우리에게 각자의 슬픔 안으로 들어가 그 슬픔에 이름을 붙이고 슬픔에 머물면서, 그것이 담고 있는 가르침을 배우라고 다독인다. 슬퍼하는 심장에 주목하지 않으면 창조의 힘도 탄생도 일어나지 않는다. 슬픔을 겪고 나서야 창조의 힘이 새롭게 터져 나온다. 슬픔은 비우는 행위이다. 슬픔은 새로운 탄생을 위해 다시 자궁을 열게 하는 힘이 된다. 슬픔을 중독으로 채우는 문화에서는 자기의 영혼과 '자궁'을 잃게 된다. 그런 문화는 더 많은 고통과 학대와 자원의 낭비를 낳고, 낭비가 지배하는 그런 문화에서 사람들의 마음과 상상력이 가진 신성함은 사용되지도 못한 채 버려진다. 앤드루 하비는 검은 성모가 "슬픔과 기쁨 모두를 통해 강력한 보호의 힘과 놀라운 변형의 힘을 주고, 세상에서 연민 어린 행동과 봉사를 하도록 큰 영감을 준다"고 말했다.[19]

우리는 슬픔을 통해 16세기 십자가의 성 요한이 "영혼의 어두운 밤"이라고 부른 상태로 들어갈 수 있다. 그는 우리에게 어두운 밤에서 달아나지 말고, 어둠의 가르침을 받기 위해 그 속에 머무르라고 요구한다. 검은 성모는 우리를 둘러싸는 정신과 영혼의 암흑에서 달아나지 않는다. 전사가 되려면 혼란이 덮칠 때도 교훈을 찾아 그곳에 머물러야 한다.

검은 성모는 "지옥의 여왕"이기도 하다. 앤드루 하비에 따르면, 그녀는 "지하세계의 여왕이다. 고통을 온전히 견디는 신비한 사랑의 힘으로 악을 뿌리 뽑고, 세상이 불에 탈 때조차 영혼의 토양에 예수의 자녀를 낳는다."[20] 그녀에게는 창조와 파괴의 측면이 다 있는데, 해골 목걸이를 두른 모습으로 묘사되는 검고 난폭한 어머니인 칼리와 비슷하다. 이것이 무슨 의미일까? '여성을 감상적으로 다루지 말라'는 경고다. 여성을 하찮게 여기거나 감상적인 존재로 치부해서는 안 된다. 앤 더글러스*Ann Douglas*의 말처럼 "여성스럽게" 만들어도 안 되며, "정숙한 부인"이나 "인형 같은 존재"로 취급해서도 안 된다. 여자는 힘 있고 강하며 독립적인 존재, 그 모습 그대로 존중되어야 한다. '대자연의 어머니'가 항상 상냥한 것은 아니다. 칼리는 삶뿐만 아니라 죽음도, 건설과 함께 파괴도 낳는다. 모든 창조의 힘은 선지자 예레미야*Jeremiah*의 말처럼 "무너뜨리고 다시 쌓으며" 작용한다.

얼마 전, 새벽 3시에 집이 흔들려 깜짝 놀라 잠에서 깬 적이 있다. 지진이었다. 나는 샌프란시스코 베이 지역에 사는데, 어머니인 대자연이 있음을 자주 깨닫게 된다. 뉴올리언스에 홍수를 일으킨 허리케인 카트리나나 스리랑카를 강타한 쓰나미를 비롯한 모든 자연재해는 그런 신호다. 어두운 어머니*Dark Mother*는 정에 약해 무시당할 존재가 아니며, 로맨스 드라마처럼 '극적'이지도 않다. 그녀는 맹렬하고 가차 없으며 암울한 비극처럼 아름다워서, 난폭하게 파괴하는 도중에 창조하고, 폭력이 난무하는 가운데에서 사랑을 한다. 이 모두가 녹색 인간과 검은 성모가 올리는 결혼식이다. 강한 힘들이 하나가 되는 의식으로 여기에 정숙함 따위는 없다. 오늘날의 결혼식과 달리, 거친 기운이 모이고 야생의 힘에 지배된다. 심약한 사람이 참석할 만한 곳은 아니다.

8. 검은 성모는 우리를 기쁨과 축하와 춤으로 이끈다

검은 성모는 세상을 위해 눈물을 흘리는 슬픈 어머니지만, 슬픔에 빠지지는 않는다. 영원히 슬픔에 머물지 않고 기뻐하는 어머니로, 자신의 존재에 기뻐하고 이를 많은 생명체와 나누면서 행복해한다. 생명과 생명이 주는 즐거움을 찬양하는 것이 존재의 본질이며, 우리도 자신이 가진 많은 즐거움과 그녀가 맺는 결실이 가져다주는 기쁨을 누리기를 바란다. 성경에서 소피아*Sophia*, 즉 지혜는 쾌락과 관능적 사랑의 요소와 삶을 향한 깊고 열정적인 사랑 그리고 그 사랑이 주는 선물을 노래한다.

> 내가 계피와 아카시아 같은 향기를 내뱉고
> 내가 질 좋은 몰약 같은 향수를 내뿜으니
> 나를 갈망하는 너는 나에게 다가와
> 내가 맺은 결실로 너를 채우라.

내가 가진 기억은 꿀보다 더 달콤하고

내가 물려주는 것은 벌집보다 더 감미로우니,

나를 먹는 이들은 나를 더 바라고

나를 마시는 이들은 나를 더 갈망할 것이다.

나에게 귀를 기울이는 이는 누구도 얼굴 붉어질 일이 없으리.[21]

축하는 연민의 일부다. 마이스트 에크하르트의 말처럼 "기쁨이든 슬픔이든, 다른 이에게 일어나는 일은 나에게도 일어난다." 축하는 우리가 함께 가진 기쁨을 표현하는 것이고, 칭찬은 기쁨이 내는 소리다. 기쁨과 칭찬, 축하는 공동체와 검은 성모라는 존재가 가진 고유한 요소다. 그녀는 자신의 신성한 자녀의 이름이 무엇이든 그들을 그냥 낳지 않았다. 검은 성모는 아이들과 생명, 관능적 사랑의 편에 서고, 생명에 대한 사랑을 지지한다. 그녀는 특히 생명을 사랑하는 이로, 자녀인 우리도 자신을 닮기를 원한다.

9. 검은 성모는 우리에게 연민을 가진 신성을 일깨운다

연민은 인류가 가진 최고의 능력이며, 신을 부르는 은밀한 이름이다. 모든 영적 전통은 연민을 느끼는 존재가 되는 법을 가르친다. '마트'는 아프리카 부족들 사이에 정의와 조화, 균형, 연민을 일컫는 이름으로, 이시스라는 검은 성모를 최초로 탄생시킨 신이다. 검은 성모는 우리에게 마트, 즉 균형과 조화와 정의와 연민을 일깨운다. 슬퍼하고 축하하며 바르게 행동하는 것 모두가 연민의 일부다. 아랍어와 히브리어에서 '연민compassion'은 '자궁womb'을 뜻하는 단어에서 유래했다. 가부장적 이념은 세상과 인류의 자궁과 비슷한 힘을 무시하기에 연민을 가르칠 수 없다. 가부장적 이념이 연민을 입에 올리는 건 그것을 하찮게 여길 때뿐이다. 가부장제는 마이스트 에크하르트와 유대인 선지자들이 깨달았던 "연민이 곧 정의"라는 가르침을 무시한다.[22] 연민은 그저 감정이 아니다. 정의와 상호의존의 관계다. 예수는 평화뿐만 아니라 칼을 가져왔노라 선포했고, 그의 어머니 마리아도 유명한 선언에서 전능한 신의 모습을 이렇게 그렸다.

> 오만한 자들을 물리치고,
>
> 왕들을 왕좌에서 끌어내리고, 천한 이들을 들어올려
>
> 주린 자들은 좋은 것으로 채우고, 배부른 자들은 빈손으로 쫓아내셨다.[23]

연민의 마음은 넘지 말아야 할 선을 알고 탐닉하지 않으며 쌓아두지 않는다. 연민의 마음은 삶과 우주가 우리 존재에 필요한 모든 것을 결국 줄 것이라 믿는다. 또한 존재들 사이에 균형과 근본적인 공평함이 이루어지도록 애쓴다. 에크하르트의 말처럼 "신(과 여신)이 내뿜은 모든 것 중에 처음이 연민"이므로, 연민은 검은 성모의 가장 중심에 존재한다. 연민을 가진 신성을 일깨우면 여신에 닿게 된다.

미국 문화역사학자이자 페미니스트였던 헨리 애덤스*Henry Adams*는 12세기 샤르트르 대성당에서 성모 마리아가 한 역할에 대해 이렇게 썼다. "루르드•에서 알 수 있는 것처럼, 성모 마리아가 오늘날까지 인간의 상상력을 강하게 붙들고 있는 것은, 영혼과 육체를 구하는 힘보다는 공정하든 불공정하든, 우연이든 의도적이든, 신의 천명에 의한 것이든 악마의 간교

•   프랑스 오트피레네주 서부에 있는 성모가 발현한 가톨릭 성지.

에 의해서든, 법 아래에서 고통받는 민중들에게 공감했기 때문이다."²⁴ 애덤스는 마리아를 "기독교에 있는 불교적 요소"라고 생각하는데, 부처처럼 마리아 역시 연민이 모든 미덕 중 으뜸이기 때문이다. "자비로운 보살인 관음과 신의 어머니인 마리아의 연민에는 슬픔에 잠긴 묵상의 개념이 포함된다." 위대한 어머니만이 슬픔에 빠진 인간이 요구하는 연민을 내어줄 수 있다. 마리아는 버림받은 자의 친구였다. 그녀는 "법을 넘어선 힘, 법이라는 이름으로 왜곡된 많은 무지와 불합리를 뛰어넘는 힘을 갈망하는" 민중이 기댈 곳이었다. 이 힘은 인간이 갖기는 힘들다. 그래서 여신의 존재가 필요하다.

10. 여신인 검은 성모는 모든 생명체를 앉힐 수 있는 만물의 무릎이며 우주의 자궁이다

모든 자연을 지배하는 주권자이며 모든 신과 여신의 여왕인 이시스에게 바친 한 고대 찬송가는 그녀의 우주적 역할을 강조한다.

> 나는 창조주이자 자연의 어머니로, 모든 자연 작용의 여주인, 태초의 시간이 낳은 자녀, 영혼을 가진 모든 것을 지배하는 자, 죽은 이들의 여왕이자 신들의 여왕, 존재하는 모든 신과 여신의 유일한 형상이다. 내가 고개를 끄덕여 명령하면 하늘은 높이 빛나고, 바닷바람은 안전하게 불며, 지하세계는 슬프게 침묵한다.²⁵

이시스에게 바쳐진 고대의 찬양이 기독교 여신인 마리아에게 바쳐진 12세기의 시와 놀랍도록 닮았다. 12세기 수도사 알랭 드 릴*Alain de Lille*은 이런 시로 창조주를 찬양했다.

오! 신의 자녀이며 만물의 어머니여,

세상의 끈이며, 그 끈으로 단단히 묶인 매듭이여,

땅에 있는 것들에 박힌 보석, 사라지는 모든 것을 비추는 거울,

하늘에 빛나는 샛별이여,

평화, 사랑, 힘, 지배와 용기이며,

질서, 법, 끝, 길, 우리를 이끄는 이와 원천,

생명, 빛, 영광, 아름다움과 본연인

오! 세상의 법칙이시여![26]

흥미로운 점은 알랭 드 릴이 "만물의 어머니"를 "단단히 묶인 매듭"으로 묘사하는데, '매듭'은 이시스의 중요한 상징이다.[27] 우리는 그녀의 무릎 위에서 놀며, 서로 마주치고, 균형과 정의, 즉 마트를 위해 일한다.

검은 성모는 연민의 왕좌, 즉 신의 무릎이며, 이는 '이시스'라는 이름의 의미이다. 이시스는 아프리카의 여신이지만 그리스 에페수스*Ephesus*와 스페인, 시칠리아, 서유럽 전역에 검은 성모를 일으켰다. 예수의 탄생 이야기(분명히 역사적 예수가 아니라 우주적 그리스도에 관한 이야기다) 같은 기독교 복음서의 어떤 구절은 이시스와 그녀의 아들 호루스*Horus*에 관한 이야기에서 따왔다. 영국 박물관의 이집트와 아시리아 고대 유물 책임자였던 어니스트 A. 월리스 버지*Ernest A. Wallis Budge* 경은 이렇게 말한다.

호루스에게 젖을 먹이고 있는 이시스의 그림과 조각들을 바탕으로 기독교의 성모 마리아와 아기 예수의 그림이 탄생했다. 성모 마리아가 아기 예수와 함께 이집트를 방랑한 사건들이 외전 복음서에 기록되어 있는데 이시스의 삶을 그대로 묘사한 것이다. 어머니 신이며 호루스

의 어머니인 이시스의 속성 중 많은 부분이 예수의 어머니 마리아와 일치한다.[28]

이시스는 "왕좌" 또는 "여왕"을 뜻하는 자기 이름에 대한 상징으로 장엄한 머리 장식을 자주 쓰고 있다. 심리학자 에리히 노이만*Erich Neumann*은 "왕좌"인 이시스에 대해 이렇게 썼다.

> 어머니이자 땅의 여인인 위대한 어머니는 다름 아닌 "왕좌"이며, 여자 특유의 자애로움은 자궁뿐만 아니라 앉힐 곳을 가진 널찍한 허벅지, 즉 갓 태어난 아이가 소중히 안긴 채 앉는 무릎 위에도 존재한다. 아이를 무릎 위에 앉힌 모습은 가슴에 안은 것과 마찬가지로 여성이 아이를 그리고 남자를 받아들이는 것을 상징적으로 표현한다. 초기 종교의 가장 위대한 어머니 여신이 "자리"와 "왕좌"를 의미하는 이시스라 불리며, 그 왕좌의 상징을 머리 위에 두고 있는 것은 결코 우연이 아니다. 왕은 글자 그대로 그녀 위에 앉음으로써 땅이자 어머니 여신을 '차지'한다.[29]

12세기 부흥기에는 "왕좌"와 여신의 역할이 잘 알려져 있었다. 라틴어로 "왕좌"는 "권좌*cathedra*"다. 중세 교회는 샤르트르 대성당 크기의 대성당을 125개 이상 건축해 샤르트르의 노트르담*Notre Dame* •, 리옹의 노트르담, 파리의 노트르담 등으로 이름을 붙여 성모 마리아에게 바쳤다. 375개 이상의 대성당 크기의 교회도 지어 마리아에게 바쳤다. 많은 대성당에서 여

• 　노트르담은 성모 마리아의 호칭으로 영어로는 'Our Lady'다.

전히 검은 성모 조각상을 볼 수 있는데, 대성당은 이름 그대로 '가난한 이들을 위해 연민과 정의로 우주를 다스리는 여신이 앉는 왕좌'를 의미했다.

11. 검은 성모는 우리에게 문화와 종교와 도시의 부활을 일깨운다

인간 중심주의와 성직자 권위주의, 성차별주의는 대성당이라는 발명품을 마음대로 해석해 "주교가 그의(그녀인 경우는 거의 없다) 왕위를 차지하는 장소"로 만들었다. 이것은 가짜다. 대성당은 도시의 중심이 되도록 설계되었는데, 이는 여신의 힘으로 도시에 활력을 불어넣기 위해 여신을 도시 중심으로 모셔오기 위함이었다. 도시는 12세기에 토지 기반의 경제적, 종교적, 정치적 봉건 체계와 결별하면서 탄생했다. 젊은이들이 이주해온 도시는 800년 동안의 수도원 기득권 지배에서 벗어나는 종교 혁신이 일어난 장소였고, 시골의 수도원 교육체계에서 탈피해 대학교 형태로 교육의 개혁이 탄생한 곳이었으며, 시골의 수도원 예배 관습에서 벗어나 대성당 예배 형식의 변혁이 일어난 장소였다.

이 글을 쓰고 있는 현재, 역사상 처음으로 인류의 절반 이상이 도시에 거주하고 있다. 2015년에는 그 비율이 3분의 2를 넘고, 그중 많은 부분을 젊은 인구가 차지할 것이다.* 검은 성모와 "여신으로서의 왕좌"는 도시 부활을 이끈다. 그들은 우주적 구심점을 제공하고, 우리를 하나로 모으며, 생명력을 공급하여 활기 없는 죽음에서 도시를 되살린다. 예술가들이 도시에 모이고, 축하 행사와 예식이 도시에서 일어나며, 신과 인간이 도시로 몰려든다. 마이스터 에크하르트와 중세 신비주의자들이 "인간의 영혼이 곧 도시이고, 도시가 곧 인간의 영혼"이라고 찬양한 것도 당연하다. 부흥

● 　2020년 기준으로 세계 인구의 76%가 도시에 거주한다.

이란 인간의 영혼을 도시로 다시 모으는 일이다. 더 나아가 "진취적인 정신을 기반으로 한 도시의 재탄생"으로 규정할 수도 있다.

교육과 예술의 변화도 부흥의 한 부분을 차지한다. 여신이 대학교를 지배한 적도 있었다. 헨리 애덤스의 말처럼, 여신은 "학문의 여왕"이자 "모든 예술과 학문의 여주인"이었다.[30] 그녀는 "어떤 예술과 학문도 두려워하지 않았고 방해한 적도 없었다." 모든 학문은 그녀 안에서 절정에 이르렀다. 그녀는 단순한 지식에 머물지 않고 이를 지혜로 확장했다. 성모는 종교와 교육 모두의 부흥을 상징했다.

이시스의 머리 장식은 흔히 구부러진 뿔 사이로 뜬 보름달로 그려지는데, 이는 이집트인들이 이시스를 숭배하며 연주한 악기인 시스트룸*sistrum*과 닮았다. 고대 그리스 역사가 플루타르코스*Ploutarchos*는 "존재하는 만물은 나른하고 무기력해질 때 뒤흔들어야 한다"면서 딸랑이의 일종인 시스트룸의 용도를 설명했다.[31] 검은 성모는 '만물을 흔들어 깨운다.'

이것이 우리 시대에 필요한 원형이다. 검은 성모는 문명을 새롭게 탄생시킬 부흥의 어머니이다. 새로운 개념의 영성과 우주에 관한 새로운 생각, 우주에서 우리가 있어야 할 위치를 일깨우는 인식 위에 문명은 생겨날 것이다. 지혜가 없다면 어떻게 세상이 슬기롭게 운영되겠는가? 여신이 힘쓰지 않으면 어떻게 인간의 영혼이 지식을 넘어 지혜로 들어서겠는가? 유치원에서 대학에 이르는 모든 교육에서 남성과 여성, 심장과 머리, 육체와 영혼이 진정한 균형을 이룰 수 없다면 어떻게 부흥이 일어날 수 있겠는가? 예술가들이 자기 깊숙이 박힌 억압을 털어내고 인류 공동체와 생태적 지속 가능성이라는 더 확장된 공동체에 자신을 바칠 때, 예술은 어떤 일까지 해낼 수 있을까?

검정과 녹색: 21세기의 결합

검은 성모가 가진 여러 의미를 알고 나니, 녹색 인간과 검은 성모의 결합이 21세기의 진정한 '세기의 결혼', 신성한 조합임이 분명해 보이지 않는가? 신성한 여성성과 신성한 남성성이 서로를 돌보고 지킬 때, 오랜 지혜에서 나온 새로운 시대가 진정으로 출현할 수 있다. 이는 애쓰고 바라야 할 결합이다.

그런데 왜 지금 녹색 인간과 검은 성모의 결합이 활력 있는 가족을 상징하는 것일까? 다채롭기 때문이다. 인종과 민족이 그 어느 때보다 훨씬 더 많이 섞이고 있어서 우리 모두 유색인이 되고 있다. 백인은 점점 드물어지고 유색인이 늘고 있다. 그래서 검은 성모와 과달루페의 성모, 펠레*Pele* 같은 유색 성모들이 오늘날 큰 의미를 지닌다. 유색은 너무 오랫동안 마땅한 존중을 받지 못했다.[32]

검은 성모를 존중해야 하는 또 다른 이유는 우리가 모두 아프리카에서 왔기 때문이다. 지금 모습이 어떻든지 간에, 우리는 같은 선조에서 갈라져 나왔다. 지금은 인류가 모두 친척이라는 인식이 필요한 때다. 우리는 하나의 부족, 인간이라는 단일 종이다. 우리 조상들, 모든 어머니와 아버지는 아프리카인이었다. 검은 성모는 우리가 공동의 조상에서 온 같은 혈통이며 단일 부족임을, 그래서 단일 종이라는 중요한 사실을 깨닫게 한다. 이런 인식을 가지면 인종차별이 사라진다. 인종차별이 더러운 입을 닫고 혼란에 빠져 퇴보한 우리 머리에서 쫓겨나 제도와 이념에서 영원히 사라지게 된다. 통합이 다양성을 떠받치는 기반이 되어 모든 것보다 우선시된다. 우리가 어디에서 왔는지는 정말 중요하다. 얼마 전 도심 빈민 지역에 사는 10대들에게 이런 인식을 가르치는데 한 아이가 외쳤다. "이브가 흑인이란 말이에요?" 그 아이의 말대로 "태초에" 우리는 흑인이었다. 이것이 검은 성모가 우리 시대에 던지는 메시지다.

녹색 인간과 조화를 이룬 검은 성모는 화려한 짝짓기에 돌입한다. 녹색과 검정, 밝음과 어둠, 검은 모성의 고독과 푸른 다산의 힘이 결합하는 것이다. 땅 어머니의 수호자가 우리 인종의 기원과 혼인하는 것이다. 진정 신성한 결혼이다.

녹색과 검은색의 결합에는 다른 의미도 있다. 어둠은 '깊은 곳'을 뜻한다. 모든 생물처럼 녹색 인간도 어둠 속으로 뿌리를 내려 자양분을 얻는다. 어둠이 없으면 녹색은 시들어 죽으므로, 살기 위해서는 반드시 깊은 곳과 이어져야 한다. 녹색에게는 검은색이 필요한 것이다. 반면, 녹색은 검은색에 색채를 더해 눈에 띄게 한다. 어둠을 표면 위로 끌어올려 모두가 어둠이 만든 작품을 보고 감탄하게 한다. 녹색은 검은색이 가진 아름다움을 더 잘 보이게 한다. 녹색은 퍼진다. 나뭇잎이 퍼질 때 지구는 녹색으로 변했다. 녹색은 검은색의 곁을 지키며 다양성과 색채가 주는 짜릿함을 북돋는다.

나의 경험상, 검은 성모는 약간 아리송하기도 하다. 그녀는 낮처럼 환하거나 아리스토텔레스나 가부장제처럼 단순하고 명확한 논리로 드러나지 않는다. 역설과 유머, 모자람, 놀람, 무의식의 논리에 가깝다. 따라서 그녀를 존중하려면 이런 종류의 논리를 존중해야 한다. 그녀는 글자 그대로를 이해하는 사람에게는 어울리지 않는다. 그래서 근본주의자나 진보주의자처럼 이성만으로 생각하는 사람들에게는 존중받지 못한다. 그녀의 시간 개념은 우리가 시계로 측정하는 관념과 다르다. 그녀의 시간은 토착민의 시간처럼 기다리기도 하고 무르익기도 하며, 때가 되면 결실을 보기도 한다. 그녀는 자신만의 방식대로 일하는데, 그 일은 제대로 돌아간다.

녹색 인간은 이미 자연과 인간이 결합한 존재다. 그는 인류의 역사만큼 오래됐지만 현대의 인간 중심주의와 인간에 대한 숭배로 잊힌, 우리 내면의 뿌리 깊은 자연에 대한 사랑을 다시 끄집어낸다. 녹색 인간은 하늘(해, 구름, 물)과 땅(뿌리, 토양, 심토)을 결합한다. 녹색 인간과 검은 성모는 남성과 여성, 빛(광합성)과 어둠의 강렬한 결합을 상징한다.

|

음과 양: 균형과 조화의 신성한 결합

하나의 원 안에 검고 흰 반달 두 개가 자리 잡은 고대 중국의 음양 기호는 우주 전체와 그 안의 기본 원리를 나타낸다. 양(햇빛)과 음(달빛)은 나뉘어 있지만, 동시에 역동적으로 이어져 균형과 조화를 이룬다. 앨런 차이*Allen Tsai*가 쓴 것처럼, "양은 남자와 같고, 음은 여자와 같다. 양은 음 없이 자랄 수 없고, 음은 양 없이 자식을 낳을 수 없다. 음은 하지에 태어나고(시작하고), 양은 동지에 태어난다(시작한다)." 음양, 즉 남녀의 역동성은 일출과 일몰, 계절의 변화, 절기, 의술과 치유를 포함한 모든 것의 기초가 되는 대립적인 기운의 균형을 상징한다. 조화의 핵심은 정지 상태가 아니라 긴장 상태의 균형을 유지하는 것이다. 이것이 대립하는 것의 신성한 결합이라 할 수 있다. 영국의 성직자 리처드 후커*Richard Hooker*는 이렇게 말했다.

음과 양은 우주에서 볼 수 있는 모든 대립적 원칙을 상징한다. 각 반대의 것이 다른 반대의 것을 만든다. 하늘은 양의 기운 아래에서 어떤 것의 개념을 만들고, 땅은 음의 기운 아래에서 그것의 물질적 형태를 만든다. 반대로도 작용한다. 창조는 양의 법칙 아래 일어나고, 창조된 것의 완성은 음의 법칙 아래에 일어나며, 또한 반대로도 움직인다. 끊임 없는 순환 속에서 양에서 음이, 음에서 양이 만들어지기 때문에 어떤 기운이 다른 기운을 계속 지배하거나 결정할 수는 없다. 모든 상태는 반대의 상태로 변하게 되어 있다.[33]

후커는 음양의 철학에서 다른 의미들도 찾아냈다.

첫째, 영원히 이어지는 순환 속에서 사물과 현상은 반대로 바뀐다. 둘째, 한 기운이 다른 기운을 만든다. 즉, 건강의 씨앗을 품은 질병이나 질병의 씨앗을 품은 건강, 가난의 씨앗을 품고 있는 풍요로움처럼 모든 사물과 현상은 내면에 반대의 상태를 품고 있다. 셋째, 반대 상황이 존재하는지 눈으로 확인할 수는 없지만 하나의 상황이 다른 상황을 일으키므로, 어떤 사물과 현상도 그 반대의 상태가 전혀 없을 수는 없다.

음과 양은 절대적 대립이 아니라 보완적 대립 관계를 보여준다. 이들이 보여주는 것은 '과정'이다. 음이나 양 둘 중 하나에 치우치면 균형이 깨져서 위험해진다. 모든 것이 성공적으로 결합하려면 주고받는 사이에 역동적인 균형이 이루어져야 하지 않겠는가.

예수의 가르침을 모은 고대 《도마복음서_Gospel of Thomas_》에 음양의 대립 원리에 기초한 가르침이 나온다. 예수가 말하기를,

둘로 나누어진 모든 것을 하나로 만들면 그때,
보이는 모습이 숨겨진 모습과 같아지고
겉모습이 내면과 같아지며

고귀한 모습이 천한 모습과 같아지면,

네 속의 남녀가 하나가 되어

남자나 여자가 되게 할 것이 더 남지 않으리.

육체의 눈 대신 진실로 보는 눈과

진실로 붙드는 팔과 서서 걷는 다리를 찾을 때,

자기의 형상을 태초의 인간으로 만드는 그때,

최초의 인도하는 힘,

거룩하신 이의 왕국과 여왕국으로

들어가리라.[34]

일찍이 예수를 (여성인) 지혜의 화신으로 여겼다는 사실은 초기 기독교가 음양의 변증법, 즉 예수 안에서 찬양받는 신성한 결혼을 인식하고 있었음을 알려준다. 예수는 다른 남자들이 보고 따를 만한 모범이 되는데, 칼(남성성)과 연민(여성성 또는 자궁의 힘)을 함께 지녔기 때문이다.

앤드루 하비는 음과 양의 도교 전통을 연구하며 신성한 결합을 이렇게 찬양했다. "이처럼 '조화를 유지하기 위해 계속 하나가 되는 것'이 신성한 여성성이 가야 할 길이고, 신성한 결합, 즉 어둡고 조용한 정신의 깊은 곳에서 여성과 남성이 하나 되어 아이를 탄생시키기 위한 길이다."[35] 신성한 반대를 결합하면 새롭고 신비한 것이 생겨난다. "기독교 연금술사들은 남성과 여성, 해와 달, 어둠과 빛, 의식과 무의식처럼 반대의 것들이 우리 안에서 신성하게 결합할 때, 우리는 두 가지 성별을 모두 가진 신성한 아이가 되어, 광기 어린 이성이나 유치하게 우울한 감정에서 벗어나 모든 의식과 무의식에서 자유로워진다고 말한다. 장벽과 한계에서 벗어나 본성 그 자체로서 신비하면서 완전해지며, 완전해진 존재를 바탕으로 신비와 하나가 된다."

이 결합으로 하늘과 땅, 늙음과 젊음, 새로움과 낡음이 함께 어울리며, 예수나 부처가 가진 본성이 회복된다. 하비는 이렇게 말한다. "이렇게 아름다운 개념에서 하나가 된다는 것은 땅 위의 천국에 있는 것, 도道와 하나가 되는 것, 성배를 갖는 것, 성모와 하나가 되는 것을 의미한다. 루이스 톰슨Lewis Thompson도 이렇게 썼다. '언제나 새롭고 황홀한 우주가 아이 안에서 끊임없이 다시 태어난다. 에덴동산에서 쫓겨난 것은 어른이다. 아이는 생명의 나무를 먹고 자라며 그 아이에게 우주의 법칙은 매혹적이다. 예수는 이런 아이 같은 마음과 신비로움을 되살린다.'"[36]

신성한 여성성을 인정하고 존중한다고 해서 여성성을 받침대 위에 고이 모셔놓으라는 얘기가 아니다. 이는 가부장제가 여성성을 떠받들거나 깎아내려 자신에게서 멀어지게 만든 방식일 뿐이다. 오히려 음양의 원리는 여성성이 남성성과 분리될 수 없으며, 언제나 각자와 모든 존재 속에 함께 있음을 인정한다. 하비는 이렇게 표현한다. "성모를 향한 가부장적 시선은 여성성이 가진 힘을 두려워한 나머지 여성성을 보이지 않는 곳까지 들어올려, 결국 신화로 만들어 멀게 느껴지게 한다. 그러면 여성성이 가진 신성한 부드러움과 변함없는 투명함, 정의를 위한 열정에 대한 요구도 사라져버린다. 반면, 여성을 중심으로 성모를 부활시키려는 현대의 움직임은 성모가 '오직' 내재하는 존재라고 주장한다. 성모에게 영광을 온전히 돌리려면 성모는 내재적 존재임과 '동시에' 초월적 존재임을, 사랑의 원천이면서 동시에 실천하고 있는 사랑임을 존중해야 한다."[37]

다시 말해, 음양의 결합은 신성한 어머니가 신성한 아버지의 특징(행동과 강력한 보호)을 띠면서, 신성한 아버지가 신성한 어머니의 특징(연민과 친근한 돌봄)을 띠는 것이다. 그것이 진정한 결합이다. 남성성과 여성성이 건강하게 결합해야 살아 있는 아이가, 신비로운 아이가, 우주와 생명을 사랑하는 아이가 태어난다. 하비는 그 아이를 이렇게 설명한다.

> 아이는 신성한 일들을 계속 낳는 어머니가 된다. 신성한 아이만이 침착하면서 동시에 왕성할 수 있는데, 자신의 은밀한 존재 안에 시바와 샤크티, 남성과 여성, 침묵과 힘을 하나로 만들고, 신을 위해, 신 안에서, 신의 일부가 되어 춤출 수 있기 때문이다.
>
> 자연의 종말을 마주하고 있는 지금, 신성한 여성성을 통해 변화를 이루려면 신성한 아이를 잘 이해해야 한다. 나는 절대자와 그의 화신이 이끄는 형태를 비롯한 모든 종교 체계가 우리를 저버렸다고 생각한다. 종교 체계는 우리가 모든 교리와 신앙을 초월하는 신성한 성모와 직접 온전한 관계를 맺는 것을 막았고, 신성한 아이를 직접 낳지 못하게 했다.[38]

켈트 학자 돌로레스 웰런Dolores Whelan은 켈트족 신화에서는 여성에게 주어지는 어떤 특별한 최고 지위가 있고, "여성이 존재의 근본이라고 여겨진다"고 지적한다. 오늘날 인간 중심 문화에서 우리는 신성한 여성성과 단절된 나머지, "존재의 근본"이라는 말이 무엇을 의미하는지 고민조차 하지 않는다. 그러나 켈트족에게는 땅의 지배자에 관한 민간 설화가 많다.

> 여성은 땅의 비옥함을 의인화한 것으로 여겨지고 여신의 모습으로 표현된다. 남성은 왕위에 오르면 땅의 지배자를 상징하는 그 지역의 여신과 혼인을 맺는다. 왕이 공정하게 통치하면 땅은 풍성함으로 보답하고 그는 성공한 왕으로 간주된다. 왕은 땅의 여신인 여성과 바른 관계

를 맺어야 한다. 왕의 성공은 여성과 바른 관계를 유지하는 능력에 달려 있다.[39]

이 신화에 따르면 왕과 땅의 여신의 신성한 결혼식은 '바이니스 리_Bainis Ri_'라는 의식을 통해 거행된다. 이 결혼은 "인간 세상과 자연 세상 그리고 보이지 않는 세상"의 결합을 상징한다.[40] 진정 신성한 결혼이다!

최근 심리학에 정통한 한 학자에게 신성한 결혼에 관한 융의 이론을 설명해달라고 부탁한 적이 있다. 그의 답을 듣고 나는 안심하면서 이 장에 내 나름의 생각을 풀어낼 수 있었다. 그는 이렇게 답했다. "그 문제에 관한 융의 연구를 읽을 때마다, 그도 완전히는 알지 못해 남을 이해시키지 못한다고 느낀다." 정확히 나도 그렇게 느꼈다! 나는 융이 마음 깊이 신플라톤주의자이며, 스위스의 광신적 애국주의자들의 우두머리였다고 생각한다. 아니무스_animus_(여성이 지니는 무의식적인 남성적 요소)와 아니마_anima_(남성이 지니는 무의식적인 여성적 요소)에 대한 그의 모든 강연과 이론에도 불구하고, 그가 결코 알지 못했던 것이 있다. "그것"은 음과 양의 대립, 남성성과 여성성 사이의 긴장이 변증법적 균형을 이루어야 한다는 것이다. "그것"은 이번 장에서 우리가 찬양한 신성한 결합, 즉 신성한 여성성과 신성한 남성성의 다양한 결혼이며, 하늘 아버지와 땅 어머니, 녹색 인간과 검은 성모, 음과 양의 결합이다. 그런데 이보다 훨씬 더 많은 결혼이 있다. 일단 신성한 결혼에 관한 기억의 뚜껑을 열면, 많은 거룩한 결합이 흘러나올 것이다.

12장

다른 신성한 결합들

신성한 결혼으로 결합할 수 있는 건 남성과 여성만이 아니다. 음과 양을 가지고 살펴봤던 균형과 조화의 변증법적 원리는 사고영역과 사회의 많은 부분에 적용된다. 우리가 하나가 되고 교감하기 위해 긴급하게 주목해야 하는, 미묘하거나 그대로 드러나는 신성한 결혼의 사례들을 살펴보자.

이원론과 비이원론: 물고기자리에서 물병자리로

고대 점성술에서 쓰던 별자리로 보면, 우리는 물고기자리 시대에서 물병자리 시대로 옮겨가는 중이다. 반대쪽으로 헤엄치는 두 물고기로 표현되는 물고기자리는 이원론, 즉 분리를 나타낸다. 물고기자리 시대 이전의 2천 년은 양자리 시대의 다양한 특징을 보여준다. 양을 죽여서 유월절을 기념하던 유대인의 관습이나 아브라함이 외아들 이삭 대신 양을 바친 이야기처럼, 구약 성경은 숫양과 어린 양을 희생해 바친 이야기로 가득하다. 그 이후 2천 년간 우리는 이원론, 즉 분리를 목격했다.

초기 기독교인들은 자신들이 새로운 별자리 시대를 맞이하는 역사적인 순간에 있고, 자신들의 주요 상징이 물고기라는 것을 알았다. 물고기자리가 비유하는 바도 잘 알고 있었다. 그리스어로 '물고기'에 해당하는 익투스*IXTHOS*는 '신의 아들 예수 그리스도'의 머리글자를 딴 것이다. 이 상징은 기독교인들이 은밀히 기념 예배를 드리던 지하묘지 카타콤*catacomb*의 벽에 무수히 새겨졌다. 예수가 "사람을 낚는 어부"가 되라고 말하며, 사람을 물고기처럼 '물'에 빠뜨려 세례를 줬는데, 이런 상징은 초기 기독교 시대에 남아 있었다. 또한 예수가 유월절 기간에 죽은 사실은, 그가 양자리 시대에 "마지막으로 바쳐진 희생양"으로서 그에 대한 기억이 원형으로 숭배됨을 의미한다. 예수의 죽음으로 새로운 물고기자리 시대가 시작되었고, 동물을 희생으로 바칠 필요는 없어졌다.

이제 우리는 갈등으로 얼룩진 결합의 시대라 부를 수 있는 이원론의 시대, 즉 물고기자리 시대에 대한 집착을 희생양으로 바쳐야 한다. 이원론과 비이원론의 균형을 맞춰야 한다. 결혼의 진정한 의미가 그 둘을 아우르는 신성한 여성성과 신성한 남성성의 재결합임을 깨닫고, 세상을 "어머니와 아버지의 땅"이 되게 해야 한다.

물고기자리 시대와는 반대로 '물'을 가리키는 라틴어 아쿠아*aqua*에서 나온 물병자리*aquarius*는 섞임과 하나 됨을 상징한다. 위대한 어머니인 드

넓은 바다, 즉 어머니의 자궁에서는 모든 것이 조화를 이룬다. 따라서 물병자리는 결합, 특히 신성과의 합일을 보여주는 훌륭한 비유다. 물고기는 무슨 일이 있어도 물과 떨어지지 않으며, 물을 마시고 뱉는다. 물고기는 물 안에 있고, 물은 물고기 안에 존재한다. 이것이 수년간 내가 주장한 만유내재신론*panentheism*을 뜻하는 멋진 비유다. 신이 우리 안에 있고 우리가 신 안에 있다. 물병자리 시대는 모든 존재 안에 있는 신과 신 안에 있는 모든 존재의 시대이며, 이 의미 있는 실제를 우리가 더 깊이 알아차리고 실천하는 시대다.

우리는 전 세계적으로 우리 인류에 무슨 일이 일어나고 있는지, 집 혹은 땅 어머니라 부르는 이 지구에 무슨 일이 일어나고 있는지 주목해야 한다. 흔히 '세계화'라고 불리는 현상에는 인간이 하는 일이 다 그렇듯 어두운 이면이 존재한다. 매우 위험한 측면도 있다. 그러나 깊은 의미에서 보면 이 또한 혼합이자 섞임이며 많은 결합이다. 그것은 우리의 집단적 의식과 세상을 바라보는 관점에 큰 영향을 미친다. 특히 이전 물고기자리 시대에 빚지지 않고 물병자리 시대에 태어난 젊은 세대들에게 말이다.

|

KJ: 동양과 서양, 몸과 영혼을 결합한 인물

KJ는 31세 동성애자인 남성으로 스스로를 '혼종'이라 말한다. 베트남에서 태어나 자랐는데, 부모님은 각각 태국과 베트남 사람이다. 한쪽은 가톨릭 신자이고, 다른 한쪽은 불교와 '조상 숭배'가 섞인 태국 토착 부족 혈통이다. 그는 16세 때 미국으로 건너와 아시아와 미국의 교육을 모두 경험했다. 미국 시민권자인 그는 지금 스스로를 (나이가 들면서 더) 불교 신자이면서 동시에 (제도화된 기독교가 동성애를 더 혐오해서 신앙이 약해지고 있는) 기독교인으로 여긴다.

KJ는 대학에서 컴퓨터 프로그램을 전공했지만, 그 분야의 일이 자신과 맞지 않는다고 느꼈다. 이후 마사지사로 일하며 생계를 유지해 왔는데, 그는 단순한 마사지사가 아니라 —본인은 이 단어를 꺼렸지만— '치유사'이다. 그는 육체를 다루면서 영혼과 몸, 물질과 정신을 이어주는 중매쟁이다. 또한 자신 안에서 평화(영혼의 힘이 맺은 개인적 결실)와 도덕적 정의를 위한 분노(선지자의 열정)를 하나로 모은다.

나는 KJ에게서 젊음과 나이 듦이 결합한 모습을 발견했다. 다시 말해 그는 젊은이의 지식과 희망을 늙은이의 경험과 지혜에 섞는다. 그가 몸소 보여주는 다양한 신성한 결합에 대해 그와 나눈 대화를 여기에 소개한다.

KJ: 저는 베트남에서 자랐습니다. 제 가족은 가톨릭 신자이면서 불교 신자였고, 누구든 자기 잣대로 판단하지는 않았습니다. 우리는 기독교와 불교 기념일을 모두 챙겼어요. 둘을 가르지 않았고, 누가 어떤 종교를 가졌든 다 같이 모여 축하했습니다. '내 종교와 내가 믿는 신이 너희 것보다 낫다'는 생각은 누구도 하지 않았지요.

태국에서 마사지 일을 하던 한 남자를 만나면서 저도 그 일을 시작하게 되었는데, 그가 "너는 마사지사가 되어야 해"라고 처음 말했을 때, 무척 황당했어요. 하지만 2년 뒤 제가 무슨 일을 해야 할지 몰라 헤맬 때 그 사람이 떠오르더군요. 한 번밖에 안 본 사이였지만, 그에게 전화를 걸었고, 그는 "기다리고 있었다"며 반겨주었습니다. 그 사람에게서 마사지를 배우다가 제대로 배우고 싶어 학교에 들어갔어요. 그냥 푹 빠져버린 거죠. 뭐라고 꼭 집어서 말할 수는 없지만, 마사지는 아주 영적인 일이에요. 저는 보통 한 사람과 함께 60분에서 90분을 보내면서 평안을 느껴요. 그때가 하루 중 가장 좋은데, 정신이 모든 것에서 해방되기 때문이에요. 그 순간에는 제 앞에 있는 사람과 저 자신 외에는 누구도 떠오르지 않죠. 시간의 흐름도 못 느끼는 것 같아요.

나: 영성이 무엇이라고 생각하나요? 방금 평안을 느끼고, 정신이 한곳으로 집중되고, 시간과 공간 개념이 없어지는 감정이라고 했는데, 조금 더 자세히 설명해주세요.

KJ: 먼저 공간에 대해 말하자면, 그곳에 있으면 그 시간 동안 무엇이 제 눈앞에 나타날지 혹은 제가 어디로 갈지 알 수 없어요. 마사지를 받는 사람도 다음에 무엇을 보고 어디로 가게 될지 모르고요. 정말로 몰라요. 둘은 서로의 기운을 느끼며 시간을 보내면서 함께 특별한 곳으로 떠나지만, 도착지는 서로 달라요. 저는 신을 만나지만, 상대는 영적 스승을 볼 수도 있어요. 상대가 누구를 만나는지는 몰라요. 같은 장소에 있지만 서로 만나지는 않지요. 저는 이것이 이 일의 장점이라 생각해요. 상대와 같은 장소에 있어야 하는 것은 아니지만, 여정을 마칠 때 우리는 "오! 나도 거기에 다녀왔어!"라고 말할 수 있어요. 또 우리는 다른 사람이 자기 내면의 느낌, 즉 자기 몸을 인식하고 우주와의 조화를 깨닫게 하는 깊숙한 잠재의식과 연결되도록 돕지요.

나: 그런 경험을 하는 마사지사가 많나요?

KJ: 당연히 모든 마사지사가 그렇다고 생각해요. 마음을 다해 좋은 의도로 일하는 누구든 그런 수준에 이를 수 있어요. 마사지사는 그냥 육체노동자가 아니에요. 마사지에는 정신적 여유와 마음의 휴식이라는 측면이 있는데, 정신과 영혼은 그보다 더 심오하지요. 그래서 두 측면이 동시에 있을 수 있어요. 마사지사로서 저는 제게 마사지를 받는 사람이 그 순간만큼은 물리적 몸에서 벗어나 다른 곳으로 가도록 인도합니다. 그곳에는 어떤 걱정이나 고민, 두려움도 없어요. 그곳에는 저와 그 사람만 있죠.

나: 마사지사가 되기 위한 교육에 그런 내용이 포함되나요?

KJ: 훈련은 육체적 측면에 더 집중됩니다. 영적 측면은 가르치는 사람에 달렸죠. 처음부터 영적 측면을 가르치는 강사도 많은데, 그들은 자기 일을 사랑하고 돈을 위해 일하지 않기 때문에 그래요. 그 일이 좋아서 하는 거죠. 자신의 방식을 알려주면서 우리가 자신의 수준까지 오르고, 자기가 아는 것을 우리도 알 수 있기를 바라죠. 하지만 얼마나 멀리 가고 무엇을 얻는지는 본인 각자에게 달려 있어요. 저절로 그곳에 닿을 수는 없고 자신을 바쳐야 하지요. 하지만 그곳에 닿으면 자연스럽게 생겨납니다. 하지만 다음 단계에는 무엇이 있는지는 알지 못해요. 정말 몰라요. 그냥 차츰 자기 안에서 자라나죠. 그러면 또 손님이든 고객이든, 마사지를 받는 사람이 저를 끌고 가서 열어젖히고 다음 단계로 이끌어, 제게 모든 것을 전해줍니다. 각자 나름의 배경은 달라도 그 정도 영적 수준에 오르면, 그 사람과 함께 그냥 흘러가는 거예요. 어디로 어떻게 갈지는 몰라도 그냥 흐름에 저를 맡기지요.

나: 마사지를 하면서 신체와 감정, 영혼을 모두 치유하는 경험을 해본 적이 있습니까?

KJ: 저를 치유자로 생각해본 적은 없어요. "제가 이 일로 손님을 편안하게 하고 삶의 어려움도 덜어드리겠어요." 이런 식으로 말하는 저를 상상한 적도 없지요. "자, 오늘 손님을 끌고 가서 손님이 믿는 신을 보여드릴게요"라고 말해야겠다는 생각을 해본 적도 없고요. 그럴 의도도 생각도 없습니다. 그런데 사람들이 "와! 당신 정말 치유 능력이 있네요. 제 눈을 뜨게 해줬어요. 어떻게 된 거예요?"라고 물으면, 저는 그저 놀라서 멍해질 뿐이에요. 저는 "아무것도 한 게 없어요. 손님께서 그렇게 느끼신 겁니다. 손님이 문을 열어젖히는 데 도움을 준 것뿐이에요. 저는 어떤 장소로 가는 교통편을 제공했을 뿐이고, 마법의 문을 연 것은 손님이지요"라고 말합니다. 저는 스스로 치유사라고 생각한 적이 없는데 누가 가끔 그런 말을 하면 우쭐해지면서도 충격을 받아요. 저는 단지 변화를 일으키고 싶을 뿐입니다. 정말 바른 방법으로 사람들의 정신과 육체의 삶을 바꾸고, 몸과 정신이 조화를 이루게 하고 싶어요. 물론 그렇게 되리라는 생각은 하지 않으면서요. 치유사라는 말은 제게는 가당치도 않습니다.

나: 남성과 여성이 영성에 차이가 있다고 생각하나요?

KJ: 아뇨, 남성과 여성의 영성은 같아요. 신을 느끼느냐 느끼지 않느냐 하는 차이만 있지요. 신을 느낀다면 어떤 종교를 믿든 그건 중요하지 않고요. 그냥 하나의 신이 있을 뿐이에요. 영성이라는 본질은 같지만, 남자와 여자의 관점에는 차이가 있을 수 있다고 생각해요. 그들은 다르게 보는데, 특히 남자들이 자기감정을 표현하지 않도록 교육받을 때 그렇지요. "남자는 울면 안 돼"라는 말은 남자를 무감각하게 만들지요. 당연히 신에 대해서도 무감각해지고요. 남자는 약해 보일까 봐 두려워 감정을 억눌러요. 반대로 여자는 기꺼이 울죠. "너는 여자아이니까 울어도 괜찮아"라는 말을 들으면서 감수성이 풍부해지고, 자기 몸이 느끼는 대로 표현합니다.

남자들은 자기 몸이 느끼는 것을 그대로 표출하면 "여성스럽다"는 말을 들어요. 이런 말은 남자에게는 좋지 않지요. 하지만 여자에게는 괜찮아요. 섹시하고 매력 있다는 뜻이니까요. 차이가 크죠. 그런데 서양 문화권에서만 이런 거 같아요. 인도네시아 발리의 한 종교적 춤에서는 남자가 여자 역할을 맡아요. 그 남자는 여러 해 동안 여자의 움직임을 배우고, 그 결과 동작이 정말 여성스러워지죠. 사람들은 그의 동작을 신과의 소통 기술로 여깁니다. 그런 동작을 깎아내리지 않고 오히려 숭배하죠. 그들은 '동성애나 이성애' 또는, '거친 남자나 나긋한 여자'에 대해 말하지 않아요. 그런 것 자체가 없어요. 반면 미국은 남성과 여성에 차이를 두죠.

나: 남성의 경우 동성애자와 이성애자는 영성에 차이가 있다고 생각하나요?

KJ: 서양 사회에서는 차이가 있는 편이에요. 제가 하는 일에서 보더라도, 동성애자들이 자기감정과 느낌을 더 많이 털어놓습니다. 감수성이 풍부하고 그것을 잘 인식하고 있으니까, 스스로 새로운 것을 경험하려 들죠. 여성스러운 행동으로 비난도 많이 받지만요. 동성애자들은 대부분 창의적이고 예술적인 쪽으로 기울고, 자신의 상상력이 날뛰도록 합니다. 동성애자는 이성애자보다 감정과 느낌을 더 쉽게 표현하지요.

그래도 여전히 여성만큼 자유롭게 자신을 열지는 못해요. 동성애자들 사이에서 "몸매가 끝내주게 섹시한 남자"는 약간 거친 남자의 섹시함을 일컫지요. 여성스러우면서 동시에 사내다울 수는 없거든요. 둘 중 하나만 가능하죠. 동성애자들은 자신을 더 자유롭게 표현한다는 점에서는 이성애자들보다는 낫지만, 그래도 여성을 이길 수는 없어요. 어릴 때부터 여성들은 그렇게 자랐으니까요.

나: 동양과 서양의 차이는 어떤가요? 지금은 서양 문화에서 살고 있지만 동양에서 어린 시절을 보냈죠? 서양인들이 더 이원론적인 경향이 있어서 육체와 영혼을 분리하는 반면, 동양인들은 둘을 하나로 보나요?

KJ: 서양인들은 분리된 신체와 영혼에 관해 이야기하면서 실제로 그 둘을 나누는 것 같아요. 제가 몸에서 약간 빠져나온 듯한 모습을 보이면 사람들은 무척 놀랍니다. 이런 일이 가능하다고 생각조차 못하는 사람도 있어요. 동양에서는 사람들이 몸과 마음을 따로 말하지 않아요. 그런 일에도 별로 놀라지 않고요. 동양인들은 태어나는 순간부터 그런 분리가 없는 문화에서 살죠. 사는 방식도 그렇고요. 그래서 의심도 하지 않죠. 미신을 지나치게 믿기도 해요. 미신도 영혼과 관련된 것으로 볼 수 있으니까요. 저는 8세부터 책을 많이 읽었는데, 동양 작가들 중에는 잠들면 영혼이 몸에서 빠져나오는 이야기를 들려주는 이가 많았어요. 불교에 가까운 인식이죠. 다들 어렸을 때 그런 것을 보며 자라다 보니 영혼이 몸에서 빠져나오는 것에 대해 의심하지 않아요. 토론할 거리도 안 돼요. 너무 당연해서 설명할 방법도 모르지요. 육체와 정신에 대해 마음으로 아는 거예요. 설명은 필요 없어요. 그러나 서양인들은 모든 것을 정의 내릴 방법을 찾으려 해요. 규정하는 데 가치를 두고 모두 논리적으로 설명하기를 바라지요. 동양인들은 그렇지 않습니다. 논리적으로 이해가 안 되는 것도 있지만, 어쨌든 그런 방식으로 살아가지요.

나: 더 신비로운 느낌이죠?

KJ: 네. 수천 년 이상 된 삶의 방식에 대해 원래 그렇다고들 생각해요. 동양에서는 종교의 힘이 서양보다 훨씬 더 강합니다. 제 생각에 동양인들은 사람을 세뇌해서 정치적 상황에 빠뜨리지 않아요. 그냥 "내가 여기 있어. 너를 안아주려고 여기 온 거야"라고 말하죠. 설득하거나 세뇌하거나 조종하지 않고요. 동양인들은 '악'에 대해 말하지 않고 더 착한 사람이 되기 위해 해야 할 일을 말합니다. "이건 해서는 안 되는 나쁜 일이야"라고 말하지 않아요. 서양 교회는 마귀에 대해 들려주면서 사람들 속에 두려움을 키우고 사고방식을 조종하지요. "이 일을 안 하면, 좋은 사람이 아니야"라고 가르쳐요. 정치인이 되려면 이런 종교에 몸담아야 합니다. 미국에서는 선거에 종교가 개입하니까요. 그래서 영성이 강한 사람은 그다지 정치를 바라지 않습니다. 그러나 영성이 약한 서양인들은 정치적인 일에 빠지죠.

나: 서양이 물질적 만족을 더 중요하게 여기나요?

KJ: 오랫동안 서양의 목표는 산업 발전이었어요. 우리는 필요한 것뿐만 아니라 원하는 것도 사지요. 동양은 그런 경향이 덜해요. 서양의 젊은 세대는 사회가 원하는 것을 똑같이 바라고 그에 따라 행동하지만, 동양인들은 어떤 것이 없어도 아무렇지 않고, 자기에게 있는 것을 최대한 쓰고 또 서로 나누어요. 동양의 젊은 세대와 상류층은 선교사들이 그랬듯이 불행한 사람들을 돕는 일에 더 참여합니다. 젊은이들 사이에 생기고 있는 새로운 경향인데, 그런 일은 서양적이죠.

나: 미국에는 언제 왔나요?

KJ: 열여섯 살에 왔으니 양쪽에서 자란 셈입니다. 저는 제 종교가 무엇인지 확실히 몰라요. 어릴 때는 가톨릭 신자인 것이 멋지고 재밌고 굉장하다고 생각했는데, 미국에서 살면서 나이를 먹으니 가톨릭 신자나 기독교인이 되기가 두렵습니다. 그 종교는 지나치게 남을 판단해요. 다른 종교를 공격하기도 하고요. 그래서 제 마음 깊은 곳에서 종교의 가치를 믿지 못합니다. 사람들이 기독교를 왜곡해 훼손하고 있어요. 하지만 저는 종교의 본질은 같다고 생각합니다.

나이가 드니 불교 사상에 더 마음이 가요. 불교는 열린 철학이거든요. 스스로 판단하고 판단한 대로 행동해도 비판을 받지 않지요. 그것이 영혼의 일에 가까워서 제 생활 방식에 딱 맞아요. 예를 들면, 기독교는 동성애를 죄라고 비판하는데, 저는 이에 동의할 수 없습니다. 신이 모든 것을 만든 창조주라면, 게이를 왜 만들었을까요? 우리는 모두 신의 자녀입니다. 신은 왜 저를 게이로 창조해서, 다른 사람에게 공격과 모욕을 당하게 하는 거죠? 제가 태어난 이유는 뭘까요? 게이가 된 것은 죄악이니 지옥에 가야 한다는 소리를 왜 들어야 합니까? 그렇다면 신은 악한 사람입니다. 제 논리로는 그래요. 그래서 의심이 들 수밖에 없어요. 하지만 불교에는 그런 게 없습니다.

나: 성경은 '하느님은 사랑이다'라고 말하지 '하느님은 이성애다'라고 말하지 않습니다. 그런데 어떤 기독교인의 설교를 들어보면 성경에 '하느님은 이성애적 사랑'이라고 쓰여 있는 것만 같아요.

KJ: 그게 사실이면, 신은 사탄만큼 악한 겁니다. 저를 왜 창조했습니까?

나: 동성애 혐오와 싸우고 있는 신학자도 많습니다.

KJ: 하지만 동성애 혐오를 가르치는 신학자들이 더 영향력이 세죠. 이들이 정치에 참여하면서 나라를 운영하고요. 불교에서는 그런 말이 안 나옵니다. 섹슈얼리티를 거의 언급하지 않으니까요.

나: 31세인데, 젊은이들이 영성에 관심이 많다고 생각하나요?

KJ: 동양에서는 언제나 그래요. 영성을 의심하지 않아요. 그래서 저는 아시아인 모두가 영적이라고 생각해도 좋다고 봅니다. 영혼을 얼마나 중요하게 여기는지는 모르겠지만요. 부모님이 "너는 이것을 믿어야 한다"라며 강요하지 않아요. 학교도 마찬가지예요. 종교를 가르치거나 종교를 두고 토론하지 않아요. 서양에서만 그래요. 동양에서 자랄 때 가톨릭 학교에 다녔는데, 저는 가톨릭 신자도 아니고 가톨릭을 받아들인 적도 없었어요. 그래도 사람들이 자신의 기념일을 축하하면 저도 참여했고, 다른 사람들과 같은 대접을 받았어요. 사람들은 제가 가톨릭 신자가 아니라는 것을 알았지만 개의치 않았죠.

미국에서는 "신을 믿습니까?"라고 사람들이 묻습니다. 동양에서는 그런 질문을 던지는 사람이 없어요. 가난하고 덜 발전된 나라에서 사람들을 붙잡아주는 것은 희망뿐이에요. 희망은 종교와 이어지죠. 종교가 사람들을 붙들어줍니다. 어디서나 마찬가지라고 생각해요. 먹을 것이 없으면 신에게 기적을 바라죠. 동양인들은 삶이 나아지도록 종교에 기댑니다. 미신은 그런 종교에 가까워요.

나: 젊은 세대에게는 세계화와 그 외 다른 것의 영향으로 더 많은 혼합이 일어납니다. 젊은 세대는 이원론적 사고방식이 강하지 않아, 예를 들면 마사지사로서 당신이 하는 일의 힘을 더 잘 이해할까요?

KJ: 물론입니다. 벌써 많은 변화가 보여요. 10대와 청년들은 더 많은 이해심을 가지고 종교에 대해 생각합니다. 부모 세대는 유연성이 부족하지만, 젊은 세대는 자유로운 정신으로 새로운 일을 두려움 없이 시도하지요. 인터넷 덕분에 새로운 것을 많이 접하고 있으며, 아시아의 경우, 경제 성장과 기술 발전으로 젊은 세대가 영적인 세상으로 조금씩 발을 들이고 있어요. 음악이나 게임도 모두 나름의 철학을 담고 있지요. 문화 교류도 도움을 줍니다. 아이들은 이전 세대보다 더 영리하고, 더 빨리 성숙하고, 수준도 더 높아요. 젊은 세대는 부모의 모습을 보고 요가나 명상을 배우며 자신만의 영적인 길을 찾습니다. 그것을 기초로 더 높은 수준으로 올라가지요. 동양의 생명 철학이 국제도시와 대도시 사람들의 마음속으로 점점 더 스며들고 있습니다.

나: 더 성숙하고 수준이 높다는 것에 영성도 해당될까요? 젊은 세대는 종교, 그러니까 교회와 영성의 차이를 더 쉽게 구별할까요?

KJ: 그렇습니다. 게다가 그들은 더 포용하는 마음을 가지고 있어서 다양한 종교에 열려 있습니다. 그렇다고 자기 종교를 버린다는 의미는 아닌데, 부모와 그 이전 세대는 자기 종교를 유지하면서 다른 종교에 마음을 열지 못했습니다. 하지만 자유로운 영혼이 느끼는 방식은 다릅니다.

나: 섹슈얼리티와 영성은 어떻습니까? 그 사이에 관계가 있을까요? 섹슈얼리티가 영적 실천이 될 수 있을까요?

KJ: 분명히 관계가 있습니다. 불교 신자에게는 섹스가 금기에 가깝지만, 모든 동양적 사고방식에서 둘은 이어져 있습니다. 저에게도 섹슈얼리티와 영성은 깊이 이어져 있습니다. 제가 정신에 집중할수록 제 섹슈얼리티에도 열리게 되지요. 섹슈얼리티와 그것의 다양성을 받아들이고 성적 콤플렉스도 내려놓아요. 그러면 저와 다른 사람들이 품고 있는 것들을 훨씬 더 편하게 볼 수 있습니다. 불교 신자로서 이제 얼굴을 붉히지 않고 섹스를 입에 올릴 수 있다는 것이 중요합니다. 우리는 속으로 그것에 관한 이야기를 나누길 원하거든요. 이제 제 가족 대부분이 불교 신자인데, 우리에게 섹스는 더 이상 금기어가 아닙니다. 동서양 모두, 오늘날 젊은 세대는 섹스에 대해 숨김없이 이야기하죠.

나: 덧붙이고 싶은 이야기가 있나요?

KJ: 마사지는 아주 영적인 일이 될 수 있어요. 그 일에 어떻게 접근할지는 그 일을 하는 사람에 달렸죠. 한계는 없어요. 저 역시 다음에 일어날 일은 모릅니다. 제가 얼마나 멀리까지 갈 수 있을지, 다른 사람을 그곳에 닿도록 도울 수 있을지 저도 몰라요. 저에게는 약간 신비한 영역이고 앞으로도 그럴 거예요. 당연히 그래야 하니까 저는 그게 좋아요.

나: 그렇지 않으면 삶이 지루하겠죠!

KJ: 바로 그겁니다.

나: 마사지 외에 실천하는 영적 수행이 있습니까?

KJ: 절에 그다지 자주 가는 편도 아니고, 불교에 관한 이야기를 자주 나누지도 않습니다. 영적 부분에 대해 거의 언급하지 않지만, 중요한 것은 제 삶의 방식입니다. 내 삶을 살고 내 일을 하면서 하루를 보내는 방식이 영적입니다. 저는 착하게 살려고 합니다. 인과응보와 업보를 믿거든요. 그렇다고 업보를 염두에 두고 살지는 않고요. 생각하지 않아도 자연스럽게 행동으로 나옵니다. 삶의 방식이니까 굳이 생각할 필요가 없죠. 이제는 종교나 '영적' 영역이 아니라 자신과 하나가 된 겁니다. 분명히 그리고 당연히, 그렇게 사는 것 이외의 다른 방법은 모릅니다.

나: 그렇게 된 지 얼마나 됐나요?

KJ: 평생 그랬던 것 같아요. 이렇다 저렇다 설명할 게 아니라 그냥 그래요. 새로운 것을 마주하면 '이게 옳은 걸까 아닐까?', '믿을까 말까?' 그 순간에는 묻죠. 그런 질문에 답하다가 정신을 차리면 그게 그냥 제 일부가 되어 있습니다. 마치 피부가 하나 더 생긴 것 같아요. 생각할 필요가 없습니다. 영적인 부분이 나머지 모든 부분과 이어져 있어요. 그냥 그래요. 사람들은 '신'을 의심하지 말라고 하는데, 저는 제 영성을 의심하지 않아요.

|

신비한 결합: 인간과 신성

신비주의에 대한 인식이 높아지고 있다. 신비주의에서 중요한 것은 신성과 하나 되는 경험이다. 지혜 전통이 역사적 예수의 삶에서 한 역할에 대한 서양의 재발견과, 창조영성의 전통과 땅에 기초한 위대한 신비주의자의 재평가는, 신격화_Deification_, 신성시_Divinization_, 만유내재신론_Panentheism_, 신비주의_Mysticism_, 삼위일체_Godhead_ 같은 신학 용어들에 생명을 불어넣었다. 모두 율법적으로 옳고 정통에서 나온 것이지만, 사실상 추방되었거나 심지어 수백 년 동안 잘못 이해되었다. 힐데가르트 폰 빙엔, 토마스 아퀴나스, 마이스터 에크하르트, 노리치의 줄리안, 쿠사의 니콜라우스와 같은 위대한 성인들은 이것들의 진정한 의미를 알고 칭송했다. 신학 대학의 교육이 세상에 실재하는 그것의 의미를 따라잡지 못하면서, 이제는 사람들이 직접 찾아다니고 있다. 유대교의 카발라와 부활 운동의 재발견도 마찬가지다. 신비주의를 경험하기 위해 동양으로 가야 한다고 생각하는 사람이 많지만, 사실 서양 문화에도 신성과 인간이 결합한 놀랄 만한 사례들이 있다. 서양 성인들의 말을 생각해보자.

> 심연에서 별에 이르는 무한한 사랑, 모든 것에 넘쳐나는 모두를 향한 사랑, 그것은 장엄한 평화의 키스. ─ 힐데가르트 폰 빙엔

> 인간의 신성을 완성하기 위해 신은 인간이 되었다.
> ─ 토마스 아퀴나스

> 신성한 내가 진실로 네 안에 머무른다. 너도 내 안에 존재한다.
> ─ 마그데부르크의 메틸트 *Mechtild of Magdeburg*

> 모든 존재가 신이다. ─ 마이스트 에크하르트

> 1,400년 전에 마리아가 신의 아들을 낳았는데, 내가 내 안에 신의 아들을 낳지 못하면 무슨 소용이 있겠는가? ─ 마이스트 에크하르트

> 우리는 신 안에 살고, 우리가 보지 못하는 신은 우리 안에 산다.
> ─ 노리치의 줄리안

> 신성은 우주를 감싸고, 우주는 신성을 감싼다. ─ 쿠사의 니콜라우스

세계교회주의: 개신교와 가톨릭의 결합

세계교회주의*ecumenism*는 20세기 초 개신교 교파 사이에서 시작되어

50년 후 제2차 바티칸 공의회에서 가톨릭과 개신교의 일치를 발표하면서 결실을 봤다. 이는 언젠가 일어날 수밖에 없었으며 이제는 깊어져야 할 신성한 결혼의 또 다른 사례. 개신교 교리의 저항 원칙을 무시하는 기독교는 진정한 기독교가 아니다. 영성의 선지자적 차원을 무시하기 때문이다. 마찬가지로 가톨릭을 무시하는, 즉 만물 안에서 그리고 현실의 신비적 차원에서 신을 음미하며 신과 하나가 되는 보편적 경험을 무시하는 기독교도 진정한 기독교가 아니다. 선지자적 차원과 신비적 차원, 부분과 전체라는 두 원칙의 결합이 필요하다.

오늘날 '교회'를 가리키는 특정 표현 중 어떤 것이 공동체에 형태를 부여하기 위해 계속 남아 있을까? 어떤 형태의 예배를 앞으로 볼 수 있어야 할까? 신성한 결합이라는 새 포도주를 새롭게 맞이할 천년에 담기 위해서는 반드시 새로운 형태가 필요하다. 권위적이고 낡은 인습은 최대한 버리고, 교회가 지고 있는 짐을 덜어내어 이 새로운 형태에 그 어느 때보다 '가볍게' 그 결혼을 담아야 한다.

도시 속 수도승들: 평신도와 수도승의 수행을 섞다

수도승과 평신도의 수행을 접목하는 현상이 현재 전 세계에서 나타나고 있다. 나는 이전 시대에 태어났다면 수도승이나 수녀가 되었을 법하지만, 수도원 생활에는 맞지 않는 젊은이들을 많이 보았다. 오늘날 그들은 직장에서 일하거나 상업에 종사하며, 가족을 부양하면서 '속세'에서 살아가지만, 일상에서 영적 수행을 추구한다. KJ도 그중 한 명이다. 그는 수도승의 삶을 생각한 적은 없는데, 자신의 영적 재능을 알아본 승려들을 만난 적이 있다고 한다. 열 살 때 어떤 불교 사찰을 방문했는데 한 승려가 다가와 "언젠가 너는 치유사가 될 거다"라고 말했다는 것이다. 또 20대 때는 한 승려가 "네가 들어올 때 어떤 향을 맡았다. 너는 치유사로서 해야 할 너만의 역할이 있다"고 말했다고 한다. KJ는 지금은 자신의 영적 재능을 받아들였지만, 그렇다고 해서 승려가 되기를 바라지는 않는다. 다른 사람과 마찬가지로 속세에서 생계를 꾸리며 사람들과 관계를 맺는 일이 더 끌리기 때문이다.

또 다른 사례로, 안 지 20년 된 한 남자가 있다. 그는 미국 중서부의 독실한 가톨릭 가정에서 자랐고, 그의 형은 신부다. 그는 지금 노스캐롤라이나에 있는 전기나 상하수도 같은 공공시설을 쓰지 않는 생태 마을에 살고 있다. 그곳은 공식적인 교육 서약이 없는 미래의 수도원이다. 그 마을에는 다양한 생활 방식을 가진 중년과 젊은이들이 있는데, 모두 지구를 보존하는 지속 가능한 재생 에너지를 기초로 한 삶에 전념한다.

수도승 비드 그리피스는 세상을 떠나기 전 이런 말을 했다. "수도원의 미래는 수도승이 아니라 평신도에 달렸다." 수도승과 평신도의 신성한 결합이 현실에서 늘어나고 있다. 달라이 라마와 틱낫한 같은 우리 시대의 위대한 동양 스승을 생각해보자. 그들은 모든 사람이 일상에서 명상을 배워 내면의 평화를 찾을 수 있도록, 수도원에서의 수행을 '간단하게' 만들어 속세의 사람들에게 도움을 주고 있다. 힌두교 수도승들이 아쉬람과 명상센터, 요가 학교를 통해 나눈 수행과 명상이 다양한 형태로 퍼져 나가는 것도 같은 현상이다. 아일랜드에 있는 젊은이들이 세운 세계교회주의 수도원을 방문한 적이 있는데, 내게는 이곳 역시 평신도와 수도승의 결합의 한 표현으로 느껴졌다.

나는 이런 움직임이 물고기자리 시대(수도승을 명확히 규정해 평신도와 구분하던 시대)에서 물병자리 시대(수도승이 우리 주변과 심지어 우리 안에 살아가는 시대)로의 변화의 한 사례로 본다. 이는 진정 신성한 결혼이다.

인내와 정의를 위한 분노: 동양과 서양의 결합

몇 년 전, 캘리포니아 산타모니카 근처에서 주말 워크숍을 할 때였다. 행사 주최자들이 해변이 내려다보이는 아름다운 개인 주택을 하룻밤 숙소로 내주었다. 불교 신자의 집이라 우아한 부처상이 많았다. 아침이 되면 신도들이 염불을 드리러 올 거라 했는데, 정말로 사람들이 일찍 찾아와 염불을 드렸다. 그 소리에 잠을 깨고 아침을 맞이하니 참 좋았다. 심장과 머리가 호흡과 영혼에게 하루를 시작하라고 요청하는 소리 같았다.

그날 밤, 나는 부처와 예수가 나오는 꿈을 꿨다. 그 꿈은 나에게 '서양에는 동양이, 동양에는 서양이 필요하다'는 사실을 일깨워줬다. 부처는 왕자이자 남편, 아버지, 가난한 이, 스승과 깨우친 사람 등 다양한 삶을 살다가 약 83세의 나이로 열반에 들었다. 인생의 모든 단계를 거친 것이다. 그는 우리 모두가 배우고 싶어 하는 고요한 내면의 평화를 가르쳤다.

예수의 삶은 전혀 달랐다. 왕자도 아니었고, 편한 삶도 없었다. 그는 청소년 시기에 세례요한과 그의 제자들에게 가르침을 받고자 사막으로 들어온 때부터 표적이 되었다. 세례요한이 로마 제국에 의해 처형된 후, 그는 삶이 짧고 위태롭다는 사실을 깨달았다. 그는 가르침을 베푸는 기간 대부분 도망 다니는 삶을 살았다. 지혜 전통*의 자연 기반 신비주의와 묵시 전통**의 선지자적 정의를 위한 분노*prophetic impatience*를 결합해, 자신의 유대인 혈통에서 가장 좋은 것을 뽑아냈다. 유대교 선지자들은 부당함에 "안 돼!"라고 외친다. 그들은 개인의 깨달음이나 구원이 전부가 아니며, 모두가 구원받지 못하면 누구도 구원받지 못한다고 믿었다. 정의가 중요하며, 연민과 정의는 한 쌍이다.

나는 20세기 들어 부처와 예수의 신성한 결합을 목격한다. 동양과 서양, 부처의 거룩한 인내와 평온이 예수의 거룩한 분노와 정의를 향한 격정과 결합되는 모습에서다. 우리에게는 둘 다 필요하다. 그 둘을 신성하게 결합해야 한다. 모든 개인과 집단에 거룩한 인내와 거룩한 분노가 있어야 한다. 간디도 스스로 힌두교 사상에 있는 오랜 동양적 지혜를 설명하면서 "안 돼!"라고 소리치는 법을 서양에서 배웠다고 말했다. 간디가 보기에 힌두교 사상은 '불가촉천민'을 영원한 궁핍에 내버려두는 데 지나치게 관대했다. '다음 생에는 나은 모습으로 태어날 것이다'라는 말은 더는 용납되어서는 안 됐다. 그래서 간디는 "안 돼!"라고 외쳤다. 정의는 더 빨리 일어나야 한다. 간디는 동양과 서양의 결합을 상징한다. 마틴 루서 킹 주니어도 마찬가지다. 그는 간디와 예수를 스승으로 삼았고, 충만한 정신과 행동주의를 결합해 인종차별을 없애고 모두의 평등권을 요구하는 일에 사람들을 이끌었다.

비드 그리피스는 50년간 인도 남부에 있는 한 아쉬람에서 수행하던 영국 베네딕트회 수사였다. 그는《동서양의 결합*The Marriage of East and West*》

---

* 　　　신에 대한 이해와 지혜의 가르침에 주목할 것을 강조하는 기독교 또는 유대인 전통.

** 　　　유대 민족이 정치적, 종교적으로 탄압받던 당시에 등장한 종말 사상.

에서 '기독교 계시'뿐만 아니라, 힌두교 교리에 있는 '베다 계시'와 히브리 성서의 '유대교 계시'에 대해 썼다.

> 서양의 과학과 민주주의라는 개념은 세상 모든 곳에 퍼졌다. 그 개념들은 인류가 더 깊이 성숙했음을, 즉 사람이 된다는 것이 가진 의미를 더 잘 깨달을 만큼 성장했음을 보여주는 지표다. 그러나 서양 과학과 민주주의의 한계가 점점 분명해지고 있다. 산업주의가 세상을 오염시키고 파괴할 수 있는 위협이 되면서, 자연과 사회와 심리에 끼친 처참한 영향은 명백해졌다.[1]

그리피스에게는 서양 문화와 종교가 지나치게 남성 편향적이라는 사실도 분명해 보였다.

> 16세기 부흥의 시대에 서양은 지배적이고 공격적이며 남성적이고 합리주의적인 정신이 지배했다. 그 결과 오늘날 유럽은 기울어진 상태가 되었다. 균형을 이루기 위해서는 동서양의 만남이 필요하며, 이 만남은 인간 의식 깊숙한 곳에서 이뤄져야 한다. 이는 궁극적으로 여성과 남성이라는 인간 본성의 근본적인 두 차원의 만남이다. 합리적이며 행동하고 지배하는 남성적 힘과, 직관적이고 소극적이며 수용적인 여성적 힘의 만남이다. 물론 이 두 차원은 모든 사람과 민족, 인종 안에 존재한다. 그러나 지난 2,000년 동안 남성적이고 합리적인 정신이 서양 문화를 지배하면서 현 세기에 절정에 이르렀고, 현재 전 세계는 그 영향력 안에 있다.

그리피스에게 동서양의 신성한 만남은 남성과 여성의 신성한 만남과 일치한다. 서양은 남성성을, 동양은 여성성을 상징한다.

이제 서양 세계는 아시아와 아프리카 그리고 전 세계의 부족 집단 문화를 이루던 여성적이고 직관적인 정신의 힘을 재발견해야 한다. 이는 세계 전반의 문제이면서 종교의 문제이기도 하다. 동서양의 모든 기독교가 균형을 회복하고 현대 세계의 요구에 응답하는 진정한 종교로 발전하려면, 동양의 종교, 힌두교, 불교, 도교 그리고 동양 문화의 모든 종교가 절묘하게 혼합된 형태로 돌아서야 한다. 아프리카와 다른 지역의 부족 종교가 가진 심오한 직관을 향해 고개를 돌려야 한다.

따라서 동서양의 결합은 과학과 직관의 결합이기도 하다. 그 결합은 우리 자신, 각 개인의 내면에서 시작된다. 직관을 수용한다는 말은 어둠에 익숙해진다는 말이다. "직관은 햇빛으로 빛나는 정신의 표면이 아니라, 합리적 의식으로 떠오르기 전의 밤과 어둠, 꿈과 상징이 지배하는 달빛 아래의 세상에 속하기 때문이다."[2] 직관은 지성보다 앞서며, "직관의 원천"은 "몸과 감각, 느낌, 상상력의 경험"이다. 모든 인식 이전의 경험들은 결합되어 서로에게 영향을 미친다. "감각과 느낌, 생각은 따로 분리되어 존재할 수 없다. 감각과 느낌과 상상은 모두 마음에 영향을 미쳐 나라는 존재를 바꾼다. 나는 전체로서 행동하며 살아간다." 그렇다면 우리는 얼마나 큰 존재인가? 우리의 "전체"는 다른 "전체들"과 어떻게 교류할까? 자아는 논리 체계를 구성하고 합리적인 세상을 건설하는 작은 의식적 자아에 그치지 않는다. 자아는 인류의 과거와 창조의 전체 과정 속으로 뛰어든다. 나는 내 마음속에, 깊은 의미의 내 기억 속에, 온 세상을 품고 있다.

따라서 자아는 우주만 하다. 동양과 서양에서도 정신과 우주는 결합한다.

직관은 어떻게 키울까? "직관은 만들어지지 않는다. 직관은 생겨나도록 허락되어야 한다. 그런데 합리적 정신은 그것을 견디지 못하고 모든 것을 통제하려 든다. 조용히 가만히 있으면서 뭔가 발생하도록 내버려두지 못한다. 붙잡고 달성하고 지배하는 정신 활동도 있지만, 받아들이고 경청하며 다른 이에게 마음을 여는 정신 활동도 있다."³ 그리피스의 관점에서 직관은 "우리 존재의 모든 차원에 자리 잡고 있다." 우리 몸 전체에 퍼져 있다. "'심장으로 하는 생각'이라는 개념은 환상이 아니다. 우리 존재의 깊은 곳에 아주 심오한 자각이 존재한다. 특히 아프리카의 부족민들은 북의 박자와 춤동작으로 자신을 표현하며, 늘 심장으로 생각하는 경향이 있다." 춤추며 하는 기도는 모든 토착 부족민의 지혜에 없어서는 안 될 요소다. 그리피스에게는 "신체적 본능"이 실질적이고 진정한 깨달음이다.

> 신체적 본능은 추상적 개념이 아니다. 이는 구체적인 몸짓, 비유와 상징, 춤과 노래, 의식에서 행해지는 희생, 기도와 황홀경으로 표현된다. 아시아인과 아프리카인들처럼 습관적으로 맨발로 다니며 몸을 햇볕에 내놓는 사람들은 힌두교에서 샤크티*sakti*라고 부르는 땅과 공기, 물, 해의 불덩이가 가진 힘을 직관적으로 알아차린다. 그들은 자신에게 작용하는 자연의 힘을 경험하고 자연이 가진 힘을 본능적으로 안다.⁴

이렇게 지식보다 더 위대한 지혜가 존재한다. 지식은 장애물이나 착각이 될 수도 있다. "지식이 깊은 사고에 존재한다거나, 글을 모르는 사람은 무지하다는 생각은 서양 세계가 가진 터무니없는 착각이다. 사실 글을 모르지만 서양인들이 결코 닿을 수 없는 지혜를 가진 사람은 많다. 19

세기에 힌두교 교리 정리에 누구보다 크게 이바지한 성인 라마크리슈나 *Ramakrishna*는 글을 모르는 상류층 지식인이었다. 그는 깊은 직관적 지혜를 말로 표현했다."[5] 예수도 글을 몰랐다.

그리피스는 우리에게 필요한 신성한 결합을 요구한다. "우리는 이성과 직관, 남성과 여성의 '결합'을 추구해야 한다. 그 결합이 이루어진 후에야 남자의 간절한 욕망과 일치하는 인간의 기술을 발견하게 될 것이다."[6]

새로운 의식: 토착 문화와 포스트모던 문화의 결합

포스트모던 시대의 서양 문화는 토착 부족에게서 배울 게 많다. 원주민들은 현대 세상이 멀리한 방식, 특히 종교의식과 예식, 통과의례, 슬픔과 기쁨을 대하는 방법에서 지혜롭다. 내가 아는 사람 중에도 스웨트롯지, 비전 퀘스트, 선댄스 그리고 예식을 위한 노래로 큰 도움을 받은 이가 많다. 융은 내면에 인디언을 품지 않은 북아메리카인과는 정신적 수준의 작업을 하지 않는다고 말했다. 우리 내면에는 생각보다 더 많은 원주민의 혈기와 영혼, 즉 수렵채집인이 살고 있다. 각자 자신의 내면과 문화 안에서 그것을 존중하고 기를 수 있으며, 또한 그렇게 해야 한다.

현대 세계가 토착 부족에게 저지른 일에 대해 용서를 구하는 것으로는 부족하다. 그들에게 가르침을 달라고 부탁해야 한다. 그렇다고 우리에게 그들을 가르칠 만한 것이 없다는 건 아니다. 중요한 것은 상호 존중과 개방, 공유다. 미국과 서양 역사 대부분에 이런 상호성이 결여되었다. 아메리카 대륙의 토착 문화는 서양 문화의 어두운 면으로 표현되었다. 토착 문화와 현대 문화가 신성한 결합을 이뤄야 한다는 제안은 한 문화가 다른 문화를 지배해야 한다는 것이 아니다. 서양이 토착적 삶의 방식을 파괴하거나 훔쳐야 한다거나, 서양의 방식을 토착민의 방식으로 바꿔야 한다는 뜻도 아니다. 완전한 문화, 조상의 뿌리에 닿아 있으면서 미래를 내다보는 문화를 만들기 위해, 서로에게 귀 기울이며 서로를 주목하고 배워야 한다는 것이다.

라코타족인 벅 고스트호스의 장례식에 참석했을 때, 나는 특이한 경험을 했다. 영광스럽게도 추도사를 부탁받았는데, 내 차례는 맨 마지막이었다. 다른 이들의 추도사를 들으며 차례를 기다리는데, 점점 걱정이 되기 시작했다. 나는 장례식을 잘 견디지 못하는 편이다. 잘 운다. 슬퍼서 운다기보다는 아름다움을 느끼며 운다. 죽음이 삶에 마침표를 찍을 때, 그 사람의 삶에 온전하게 채워지는 무언가가 있는데, 그것이 매우 감동스럽다.

나는 '오백 명이나 되는 원주민 앞에서 울고 싶지 않은데 어쩌지?' 하고 걱정했다. 그때 하늘에서 부슬부슬 비가 내렸다. "좋아. 하늘 아버지가 울고 있는데 나까지 울 필요는 없겠지. 내가 서 있는 땅이 내 슬픔을 빨아들일 거야." 그리고 정말 그런 일이 일어났다. 추도의 말을 전하는데, 내 말이 입이 아니라 가슴에서 바로 나오고 있다고 느꼈다. 한 번도 겪어본 적 없던 강렬한 경험이었다. 나는 가슴에서 직접 말을 토해내고 있었고, 위에서는 하늘 아버지가 아래에서는 땅 어머니가 나를 붙잡고 있었다.

그것은 원주민들이 그들의 춤과 땀, 비전 퀘스트, 의식, 가르침, 웃음 그리고 그저 함께 있음을 통해 나에게 준 또 하나의 특별한 선물이었다. 나는 내 삶에 서양 방식과 토착민의 방식을 결합하게 해준 그들에게 항상 감사할 것이다.

2부

완전히 새로운 생각: 좌뇌와 우뇌의 결합

우리 시대에 요구되는 또 하나의 신성한 결합은 좌뇌와 우뇌의 결합이다. 이는 대니얼 핑크가《새로운 미래가 온다》에서 "좌뇌 중심적 생각*L-Directed Thinking*"과 "우뇌 중심적 생각*R-Directed Thinking*"이라고 부른 것의 결합이다.[7] 좌뇌 중심적 생각은 "순차적이고, 직설적이며, 기능을 중시하고, 원문 그대로 해석하고, 분석적인 좌뇌 특유의 삶에 대한 태도"를 말한다. 학교와 정치인들이 시험을 더 많이 쳐서 교육을 개선하려고 하는 것이 바로 좌뇌 중심적 사고의 예다. 컴퓨터 프로그래머들은 좌뇌 중심적 사고에 의존해야 한다. 이는 아주 남성적이다. 우리가 사는 정보화 시대를 규정하는 사고지만, 그 자체로는 반쪽에 불과하다.

반대로 우뇌 중심적 생각은 "동시적이고, 비유적이며, 아름다움을 중시하고, 맥락을 통해 해석하고, 통합적인 우뇌 특유의 삶에 대한 태도"를 말한다. 창작자들과 돌봄을 제공하는 사람들이 전형적으로 보이는 태도로, 정보화 시대에는 충분히 강조되지 않고, 조직에서 제대로 보상받지도 못하며, 학교에서도 무시되지만, 미래에 중요한 사고방식이다.

핑크는 두 사고방식을 균형 있게 새로운 방식으로 결합할 것을 촉구한다. 좌뇌 중심적 사고에 비해 우뇌 중심적 사고는 그동안 과소평가되었다. "하지만 상황이 바뀌고 있다. 툭하면 무시당하던 우뇌적 소질, 즉 예술가적 기질, 공감, 장기적 관점, 초월적인 것의 추구 등이 앞으로 더 중요해질 것이다."[8] 그는 우뇌 중심적 사고에 여성스러움이 더 많다고 생각한다. 심리학자 프랜시스 본*Frances Vaughan*은 저서《직관을 깨우다*Awakening Intuition*》에서 "직관만 중요하게 여기면 몽상가가 되고, 이성만 중요하게 여기면 삶에 대한 환상이 깨져 살아갈 힘을 잃게 된다"고 말한다. "그러나 두 가지 능력을 내면에서 결합하면 세상에서 실제적인 꿈을 꾸며 살 수 있다."⁹

좌뇌와 우뇌의 신성한 결합은 '완전히 새로운 생각', 즉 새로운 소통 방식, 컴퓨터와 인터넷, 국제화, 초월에 대한 갈망, 여성 의식의 증가 같은 우리 시대의 어려운 문제와 기회에 더 효과적으로 대응하는 생각을 낳을 것이다. 핑크는 최근에 일어난 인류 두뇌의 발전에서 세 단계를 발견했는데, 이는 지난 150년간 일어난 직업 세계의 발전과 일치한다. 산업화 시대의 주인공은 "신체의 강인함과 개인적 의연함을 갖추고 대량 생산에 종사하는 노동자"였다. 그다음 "정보화 시대의 중심을 차지한 인물은 지식노동자였다. 그들은 좌뇌 중심적 사고에 능숙했다." 현재 우리는 "개념의 시대"에 들어서고 있다고 핑크는 말한다. 이 시대의 핵심 인물은 "창작자와 공감하는 자"이다. 즉 우뇌 중심적 사고가 중요한 능력이 된다. 그런데 창작자와 공감하는 자는 의식과 창조력을 일으키고 연민하는 푸른 인간과 놀랍도록 일치한다. 또한 창작자와 공감하는 자는 그 자체로 신성한 결합을 상징하기도 한다. "여성의 두뇌는 대부분 공감을 타고나고, 남성의 두뇌는 주로 체계를 이해하고 쌓는 쪽으로 타고나기 때문이다." 물론 우리는 역사의 90% 기간 동안 수렵채집인이었고, 그 시기 동안 남성과 여성 모두 동식물과의 소통을 포함한 많은 방식으로 직관에 크게 의존했다. 핑크도 이에 동의하는 것 같다. "옛날 대초원의 동굴에 살던 우리 조상들은 수학 능력평가를 치르거나 스프레드시트에 숫자를 채우지 않았다. 그들은 이야기를 전하고, 공감을 표현하며, 혁신을 설계했다. 이런 능력은 항상 인간이 된다는 것이 의미하는 바를 구성하는 요소였다. 그런데 정보화 시대에서 앞으로 몇 세대가 지나면 이런 능력은 사라질지도 모른다. 우리의 과제는 그 능력을 되살리는 것이다."¹⁰ 경작하던 일꾼들은 신체적 강인함과 직관을 모두 가지고 있었다.

흥미롭게도, 핑크는 컴퓨터가 우리를 좌뇌 중심적 사고에서 우뇌 중심적 사고로 밀어줄 것이라 느낀다. "규칙에 근거한 논리와 계산, 순차적 사고는 컴퓨터가 더 능숙하고 빠르다. 게다가 컴퓨터는 피로를 느끼지 않는다. 19세기에 기계가 인간의 등짐을 대신 질 수 있음이 입증됐다. 20세기에는 혁신적 기술이 인간의 좌뇌를 대신할 수 있음이 증명되고 있다. 기술자와 프로그래머는 이제 단순한 업무를 맡을 필요가 없으니, 숙련도보다는 창의력에, 기술적 지침보다는 암묵적 지식에, 세부적인 것보다는 큰 그림을 그리는 데 더 집중하고, 그런 소질을 길러야 한다."[11]

핑크는 좌뇌 중심적 사고로 생긴 풍요로움이 "아름다움과 영혼의 힘, 감정 같은 우뇌 중심의 감수성을 더 선호하게 하고 물질적 상품의 중요성은 감소시키는 아이러니를 낳을 것"이라 믿는다.[12] 이제 합리적인 가격에 알맞은 기능을 갖춘 제품을 만드는 것으로는 부족하다. 아름답고 고유하며 의미 있고, 작가 버지니아 포스트렐Virginia Postrel이 말한 "심미적 필수 요소"를 갖춘 제품을 만들어야 한다. 핑크는 몇 가지 흥미로운 통계 자료를 통해 이것이 이미 직업 세계를 바꾸고 있음을 보여주었다. 그는 최근 10년 동안 미국에서 그래픽 디자이너가 10배 증가했으며, 화학 공학자보다 4배 더 많다고 말한다. "현재 미국에는 변호사나 회계사, 회계감사원보다 예술과 예능, 디자인 분야에서 일하는 사람이 더 많다." 하버드 최고 경영 프로그램의 경쟁률은 10:1인 반면에, UCLA 미술대학원은 33:1에 이른다. 상담, 간호, 현장 의료 같은 전문적인 돌봄 일자리 수가 '치솟고' 있다. 10년 후 다른 어떤 직종보다 간호 부문에 새 일자리가 많이 생겨나 간호사 100만 명이 더 필요해질 것이다. 분명 연민과 공감이 미래를 차지할 것이다.

좌뇌와 우뇌가 사고방식에 조화를 이룬다면 더 균형 잡힌 남성과 여성이 출현할 것이다. 사고방식의 신성한 결합이 구체적인 결과를 낳기 때문이다. 핑크에 따르면 "위대한 사상은 양성의 특징을 다 가진다." 그리고 "양성의 심리를 가진 사람은 반응 방식을 두 배로 확장해서 훨씬 더 풍부하고 다양하게 세상과 교류할 수 있다." 사실 양성적 사고방식이 우리 내면의 남성과 여성의 역학에 균형을 가져다준다. "젊은이들에게 남성성/여성성 테스트를 하면, 창의적이고 재능 있는 여자아이들이 그렇지 않은 여자아이들보다 더 지배적이고 거칠며, 창의적인 남자아이들은 그렇지 않은 남자아이들보다 감수성은 더 예민하고 공격성은 덜하다는 결과가 반복적으로 나온다."[13]

내면이 가진 양성적 본성을 추구하고 획득하는 것의 중요성은 카를 융뿐만 아니라 로버트 블라이와 매리언 우드먼도 《여왕The Maiden King》에서 강조했다. 블라이와 우드먼은 신비한 "내면의 결합" 전통에 대해 들려주는데, 신부와 신랑의 결합은 남성적 에너지와 사고방식이 여성적 에너지와 사고방식과 함께 하나의 몸을 이루는 현상을 상징한다. 우드먼은 어릴 때 남자는 상대에게 자신의 여성성을 투영하고, 여자는 상대에게 자신의 남성성을 투영한다고 지적했다. "그런데 나이가 들면서 스스로 내면의 결합을 이루지 못하면 외부적 관계를 시작하지 못한다는 사실을 깨닫게 된다. 외부 관계는 내면의 신부와 신랑이 창조적으로 서로 사랑할 때까지 쇠약해지다가 내적 사랑의 결핍을 대신하는 비정상적인 종속 관계가 되어버린다. 새로운 상황을 마주하면서, 결국 우리는 자기 고유의 성숙함, 즉 양성화를 향한 압박을 받게 된다."[14]

자기 안에서 그 둘을 모으는 과정은 쉽지 않다. "제대로 분화된 여성성과 똑같이 잘 분화된 남성성을 섬세한 신체 안에서 하나로 만들기 위해서는 많이 노력해야 한다. 양성성을 내면 결합의 상징, 즉 내면의 신과 여신으로 받아들이기 위해서는 분화라는 길고 고통스러운 과정이 필요하다."[15] 그러나 고대 시바와 샤크티, 음과 양이 증명하는 것처럼 그 일은 실제로 일어나며, 영적 성숙을 성취했음을 알린다. 좌뇌와 우뇌의 신성한 결합은 여성성 안에 깃든 남성성과 남성성 안에 깃든 여성성을 우리가 찾는 또 하나의 방식이다.

동성애자와 이성애자의 결혼

동성애자들이 동성애자로서 행동하고 사랑에 빠지고 성행위를 하도록 허용해서는 안 된다는 주장은 '동성애는 부자연스럽다'는 낡은 구호를 근거로 삼았다. 오직 자신의 경험이나 관점에 따라 행동한다면 이성애자는 '동성애가 부자연스럽다'고 말할 수도 있을 것이다. 그러나 이성애자는 "동성애는 내게는 부자연스럽고 필요 없다. 나는 이성에 끌리며 이성과 사랑에 빠진다"라고 말해야 한다.

이는 정말 중요한 점이다. 입장을 바꿔 생각해보면, 동성애자들의 당혹과 상처를 이해할 수 있을 것이다. 동성애자는 '이성애가 부자연스럽다.' 동성애자는 이성에 끌리거나 사랑에 빠지지 않으며, 동성에 사랑을 느낀다.

모든 논쟁은 '무엇이 자연스러운가? 누가 그것을 규정하는가?' 하는 문제를 중심으로 전개된다. 특히 두 번째 질문은 정치적인 문제다. 권력 즉 결혼의 이런저런 형태가 '자연스럽거나' 그렇지 않다고 선언하는 힘에 관한 것이기 때문이다. 13세기에 토마스 아퀴나스는 "창조에 관한 오해는 신에 관한 오해를 불러일으킨다"고 쓰며 이 문제의 신학적 중요성을 강조했다. KJ의 말처럼, 동성애도 신의 작품이 틀림없다. 하지만 이 질문은 소수(동성애자)가 다수(이성애자)에 의해 통제되기 쉬우므로 정치적인 문제가 된다.

종교의 관점에서 볼 때, 성경은 "하느님은 사랑이다"라고 말하지 "하느님은 이성애다"라고 말하지 않는다. 사랑에 기초한 종교는 신이 확립한 다양한 형태의 사랑을 존중하고 실행한다. 동성애자와 이성애자의 신성한 결합의 핵심은 사랑이 어떤 형태든 모든 신의 사랑을 존중하는 것이다.

동성애는 언제나 인류와 자연 세계의 한 부분을 차지해왔고 앞으로도 그럴 것이다. 새로울 것도 없고, 인간에게만 해당되는 것도 아니다. 무엇이 결혼과 가족을 적절하게 만드는가 하는 질문은 사회적이며 정치적인 문제로, 답은 바뀔 수 있으며 바뀌어야 한다.

연구에 따르면 돌고래, 거위, 홍학, 개, 고양이, 새를 비롯한 464종 이상에 동성애 개체가 존재한다. 인간의 경우에는 전 세계 모든 집단에서 평균 8~10%가 동성애자다. 이는 신이 창조하고, 과학이 확인한 사실이다. 동성애는 자연의 한 부분이며, 자연스러운 현상이다.

이런 사실을 받아들이고 존중하는 것이 동성애자와 이성애자를 신성하게 결합하는 첫 단계다. 이는 자연의 다양성을 축하하며 포용하는 일이기도 하다. 그러려면 우리는 세상 자체가 가진 창조력과 다양성에 일치할 만큼 상상력을 펼치고 확장해야 한다. 가장 중요한 것은 옳고 그름에 관한 판단을 멈추고, 있는 그대로 받아들이는 것이다. 자연은 모두 다르게 만드는 창조력 쪽으로 기울어져 있다. 자연은 이성애자가 많은 동성애자 자녀를 낳도록 한다. 성적 취향에 관한 한, 자연은 이성보다 동성과 섹스하는 상당한 소수 집단을 선호한다. 내가 말하는 '결합'은 성적 다수자(이성애자)가 성적 소수자(동성애자)를 받아들이고 친구가 되어주는 것이다. 오늘날 젊은이들은 동성애를 위협적인 것으로 받아들이지 않는다. 두 세대 이전의 선구자들이 인정받기 위해 벌인 정치 투쟁 이후, 동성애자들이 당당하게 커밍아웃한 것과 관련이 있을 것이다. 30세 이하 인구의 약 80%가 동성애자가 이성애자와 같은 권리를 갖는 데 찬성한다.

동성애자와 이성애자의 신성한 결합은 모든 차이를 받아들이는 것이라고도 말할 수 있다. 이 '결합'은 가족이나 부족에 대한 정의를 확장하며, 세상이 '다양한 부족, 다양한 인종'으로 채워졌음을 깨닫게 한다. 다른 건 좋은 것이다! 그러니 차이를 당연하게 여겨야 한다. 다양성은 경이와 웃음, 창조력, 건강을 낳는다. 이 결합은 다양성으로 '가족'을 정의하여, 우리가 동질감에 사로잡혀 문화적으로 오만해지지 않도록 한다. 또한 동성애자와 이성애자의 '결합'은 다수의 이성애자(이성애자가 항상 다수일 것이기 때문에)가 소수의 동성애자를 인정하고 축하하는 것을 상징하므로, 다수와 소수의 신성한 결합이기도 하다. 이는 동성애자를 비롯한 모든 소수자가 시민, 연인, 부모, 인간으로서 다수와 하나 됨을 인정하는 것이다.

무엇보다 동성애자와 이성애자의 신성한 결합은 성과 성별에 관한 개념을 직접 다룬다. 동성애자들은 성의 양극을 뒤집고 흔들며 가지고 논다. 일반적으로 남성 동성애자가 남성 이성애자보다 자기감정, 창조력, 영적자각, 즉 여성적인 면과 더 잘 소통하고, 여성 동성애자는 여성 이성애자보다 자신의 남성적 측면과 더 잘 소통한다. 물론 남성 동성애자도 거친 남자가 될 수 있고, 여성 동성애자도 가냘픈 여성이 될 수 있으며, 트랜스젠더는 상상할 수 있는 모든 방식으로 성별을 짜 맞출 수 있다. 이런 모든 방식을 통해 동성애 집단은 남성과 여성이라는 성별에 대한 관념에 '상대성'

이 있음을 보여주며, 성 정체성이 고정되지도, 획일적이지도, 신체에 좌우되지도 않음을 입증한다. 이런 사실을 하나의 원칙으로 수용하면 모두가 내면의 성 역할을 가지고 놀 수 있도록 마음을 활짝 열고, 모든 개성과 유머, 다양성을 이용해 자신만의 고유한 성 정체성을 표현할 수 있게 된다. 동성애자와 이성애자의 결합은 성별을 있는 그대로 받아들이지 말라는 촉구이다.

마지막으로, 동성애와 이성애가 같음을 진심으로 받아들이면, 성 아우구스티누스의 생각과는 상관없이, 섹스가 말 그대로 출산으로 이어질 필요가 없다는 깨달음을 선물로 얻게 된다. 지구 환경과 인류의 지속 가능성에 심각한 위협이 되는 현재의 인구 폭발을 고려하면, 사실 모든 섹스가 출산으로 이어져서는 안 된다. 동성애자와 이성애자의 신성한 결합은 사랑 자체를 위한 사랑이다. 사랑의 성적 욕망이 섹스의 충분한 이유임을 받아들여야 한다. 섹스는 아이를 낳기 위해 하는 것만이 아니다. 섹스도 즐거울 수 있고, 기도처럼 그 자체로 의미가 있다. 마이스터 에크하르트의 표현대로 다른 "이유는 없다." 동성애자들은 이성애자들에게 섹스로 더 많은 재미를 느끼고, 성 역할을 가지고 놀며, 그 속에 흠뻑 빠져서 섹스에 신비로움을 더하라고 가르칠 수 있다. 성경이 아가서 한 편을 온전히 이 주제에 바쳐, 신의 존재와 낙원의 귀환, 이 땅에 있는 천국에 대한 암시로서(아이를 만들기 위해서가 아닌) 인간의 사랑 그 자체를 찬양하지 않는가?

여기에 깊고 진정한 '신성한 결합'이 있다. 그 신성한 결합은 동성애자와 이성애자가 정의를 위한 공동의 목적에 참여하고, 두려움과 편견을 떨쳐내고, 인간으로서 이미 함께 가지고 있는 깊은 통합을 인식할 때 형성되는 연대감이다. 이 신성한 결합은 격렬한 반대에도 진정한 자아를 고수하는 게이와 레즈비언의 용기 덕분에 오늘날 특별한 방식으로 세상에 드러났다. 위험에 처한 정의에 관한 문제를 바르게 이해하려는 정치인과 사법부의 용기도 한몫했다. 이제 동성애자와 이성애자들은 경제와 정치, 인종, 성별에서 정의를 위한 공동의 목표를 함께 세울 수 있다.

젊은이와 노인: 지혜의 공유

작가 피터 킹슬리*Peter Kingsley*는 고대 그리스가 쿠로스*kouros*, 즉 '젊은이'를 아주 특별하게 여긴 이야기를 들려준다. 여신이 파르메니데스*Parmenides*를 만났을 때 그를 '쿠로스'라고 불렀다. 킹슬리는 "신체 나이의 관점에서 쿠로스는 30세 미만의 사람을 말하지만, 실제로는 훨씬 더 넓은 의미"라고 설명한다. "쿠로스는 나이와 관계없이 삶을 여전히 도전으로 여기고, 자신이 가진 모든 힘과 열정으로 삶에 부딪치는 사람을 뜻한다. 즉, 나이가 아닌 사람의 속성을 가리킨다."[16] 따라서 '쿠로스'의 자질은 젊은이가 노인에게 가르칠 수 있는 좋은 것이다. 그리스인에게 쿠로스의 특징은 어떤 것의 시작과 연결되는데, 쿠로스는 "인간 세계와 신의 세계의 경계에 있어서 양쪽에 접근할 수 있다." 크레타섬의 법을 만든 위대한 사람들은 "동굴에서 부화 의식을 통해" 법이 그들에게 드러났다고 여겼다.

페르시아에도 같은 전통이 있어서 '파타*fata*'라는 단어가 30세 미만의 젊은이를 가리키는데, 킹슬리의 말처럼 이는 "나이와 상관없이 시간을 뛰어넘은 사람, 강한 열망을 통해 시간과 공간 밖으로 여행해 실제의 중심에 닿은 사람, 절대 늙거나 죽지 않는 것을 발견한 사람"이다.[17] 페르시아 수피교도들은 "이런 젊은이들" 없이는 세계가 살아남을 수 없으므로 젊은이와 늙은이의 연합이 꼭 필요하다고 가르쳤다. '이런 젊은이들'은 선지자이며, 이 세상 모든 곳에 항상 존재했다. "그들은 어둠 속에 숨겨진 빛의 근원으로 들어가는 영웅적 여정을 시작해 그곳에서 시간을 초월한 지식을 찾아 이 세상으로 가져올 책임이 있다. 이 지식 또는 길잡이가 없다면 사람들은 전혀 보지도 듣지도 못하고, 혼란 속에서 완전히 길을 잃을 것이다."

한편 로버트 블라이는 우리 문화에서 어른들이 젊은이에게 도움이 되지 않을뿐더러, 젊은이들을 이용하고 있다고 말한다.

많은 문화에서 영혼의 힘으로 들어가는 입구가 15~16세쯤 열린다는 분명한 증거가 있다. 이때 무슨 일이 일어날까? 예를 들면, 인도에서는 외부 세계가 '응답'한다. 시골과 도시에 있는 모든 아이가 거리에서 끊임없이 이어지는 종교 행렬을 본다. 종교적 분위기가 주는 일종의 열광이 영적 차크라가 막 열리기 시작한 청소년에게 편안함을 느끼도록 한다.

그러나 우리 문화의 청소년들은 거리에서 종교적인 노래가 황홀하게 울리는 모습을 보지 못한다. 성적 에너지를 자극하는 상업 광고들만 볼 뿐이다. 영적인 문은 응답을 받지 못해 다시 닫힌다. "가끔 기적 같은 일이 막 일어나려" 하지만 거기서 멈추고, 그들은 실망한다. 우리는 모든 사회의 청소년이 실망스러운 허탈감을 느낀다고 생각하는데, 우리 문화가 청소년에게 이런 허탈감을 '강요'하는 것 같다.[18]

우리에게는 더 직접적인 소통과 더 상호적인 새로운 관계가 필요하다. 앞서 3장에서 '어덜티즘'에 대해 말했는데, 어른이 아이를 억누르고, 젊은이들을 억압하는 이런 안타까운 상황이 우리 문화에 만연해 있다고 본다.

우드먼도 "우리 문화의 어른들은 젊은이들에게 알려줄 영적 유산이 거의 없다"고 말했다.[19] 거의 모든 남성은 의식적 알아차림을 의미하는 영성이 부족하다. 그래서 남자들은 자신의 '내면 아이'를 편안하게 받아들여야 한다. 당연히 내면 아이는 "우주 안에서 놀기"를 바라는 내면의 신비주의자다. 어른들이 이런 깊은 곳에 있는 실제와 소통한다면, 젊은이들은 어른들을 더 편안하게 여길 것이다. 남자들이 젊은이들에게 전해줄 실질적인 것은 더 많아질 것이다.

우드먼은 이렇게 표현한다. "온전히 의식적으로 깨어 있는 성인은 무의식적으로 잠든 아이와 하나가 된다. 그들은 서로에게 의지한다. 그 관계는 무의식과 의식, 잠듦과 깨어 있음의 두 영역을 분리하지 않고 하나로 모은다." 의식을 더 넓게 확장하는 것 그리고 젊음과 늙음, 깨어 있음과 잠듦, 의식과 무의식, 꿈과 현실 사이를 더 많이 오가는 것. 이는 푸른 인간을 깨우는 것과도 같다. 실제로 우드먼은 꿈이 신성한 아이의 탄생에 대해 이야기하는 방식과, "꿈꾸는 사람이 신성한 아이의 아름다움과 그 아이가 어른의 지혜를 가지고 이야기하는 능력에 깜짝 놀라는 모습"에 대해 들려준다. "오래된 생명은 죽고, 새 생명이 탄생한다. 영혼은 새로운 세상을 찾고 있다."[20]

우리는 어른들이 공동체 안의 모든 지식과 지혜를 갖고 있다고 배운다. 그러나 나는 오늘날 젊은이로부터 생겨나는 지혜를 인정하는 새로운 균형, 새로운 결합이 필요하다고 느낀다. 성경도 "아이의 입에서 지혜가 나온다"고 가르치며, 베네딕트 또한 1,600년 동안 수도원 수련의 기본이 된 《성 베네딕트 수도 규칙*Rule of St. Benedict*》에서 공동체가 결정해야 할 중요한 사안이 있을 때, 공동체의 가장 젊은 사람에게 가장 먼저 의견을 구해야 한다고 했다. 사실 우리 사회는 어른과 젊은이 '모두'에게 가혹하다.

둘 중 한쪽이 무시되면 나머지 한쪽도 그렇게 된다. 할아버지와 손주 사이의 단계와 시기에 유기적인 고리가 존재하기 때문이다. 그런데 우리 문화는 다양한 방식으로 그 고리를 잘라냈다. 오늘날 우리에게 필요한 것은 '세대를 아우르는 지혜'다. 이를 위해 젊은이들의 말에 다시 귀를 기울이고, 어덜티즘 문제에 대해 깊이 고민해야 한다. 어른은 내면의 '소년' 또는 '소녀', 즉 신성한 아이를 되찾아야 한다. 우리 모두의 내면에 있는 신비주의자, 예수 또는 신성한 젊은이가 되살아나야 한다는 뜻이다. 그러면 노인은 젊은이에게 더 이상 분노하지 않고, 젊은이는 인정과 이해를 받을 것이다. 젊음과 늙음은 함께 신성한 여정에 참여하고, 신성한 결합으로 하나가 될 수 있다.

가장 거룩한 결혼: 정신과 영혼

정신과 영혼은 다른 존재다. 라틴어에서 정신을 뜻하는 'spiritus(스티리투스)'는 남성 명사고, 영혼을 뜻하는 'anima(아니마)'는 여성 명사다. 깨어 있는 영혼은 정신을 추구하지만, 잠든 영혼은 정신을 비틀어 정신이 '땅'의 기운 없이 온통 '하늘'의 기운으로 채워지게 한다. 이는 이카로스 이야기로 이어지는데, 젊은 남자는 자신의 한계를 알 만큼 충분히 기반을 닦지 않은 상태에서, 하늘과 태양과 양기에 이끌린다. 라틴어로 '혼인 conjunctio' 또는 '성교coitus'라고 부르는 연금술사들의 신성한 결합은 신성한 정신이 영혼과 하나가 되고, 또한 몸과 하나가 되는 것을 가리킨다. 하나가 된다는 것은 정신과 영혼과 육체가 나뉘지 않고 하나로 뭉치는 것이다.

2부

그러려면 노력해야 한다. 그런 결합은 연금술사의 그림에서 주로 왕과 여왕 또는 남편과 아내의 결혼으로 묘사된다.

우리 문화는 오랫동안 도를 넘은 가부장제가 지배해왔다. 정신은 너무 오래 '혼자 떨어져' 있었고, 정신이 가진 에너지는 영혼이나 여성성 또는 땅에 도움을 주지 않은 채, 전쟁의 신, 물욕의 신, 권력 자체를 위한 권력의 신을 섬겼다. 영혼을 무시한 일그러진 정신은 폭력으로 이어졌고, 에너지와 시간, 재능, 재산을 기업과 국가의 팽창이라는, 이른바 '정신의 일*spirit work*'에만 쏟았다. 하지만 이는 진정한 정신의 일이 아니다. 영혼을 끌어들이면 다른 동물을 우리의 의식에 들이게 된다('동물*animal*'이라는 단어는 영혼을 의미하는 라틴어 'anima'에서 유래했다). 그러면 식물에도 영혼이 있으므로 식물의 세계도 끌어들이게 된다. 하지만 우리는 정신을 왜곡하면서 식물과 동물과 영혼을 파괴했다.

'거룩한 결혼', 즉 '성스러운 결혼*hieros gamos*'을 하려면 양극에 있는 것을 긴밀하게 결합해야 한다. 이는 유대인 전통에서 보이지 않는 거룩한 존재인 야훼*Yahweh*가 그의 여성 신부 셰키나*Shekinah*와 결혼으로 정점을 찍는 사원으로 상징화된다. 아가서에 나오는 잃어버린 신랑을 찾기 위해 떠나는 연인의 여정도 이와 같다. 행동하는 성령과 이에 호응한 신부가 이 땅에서 신의 일을 대신할 아이, 즉 아기 예수를 낳는다. 신성한 아이는 죽지 않았다. 새로운 부모, 즉 영혼과 정신, 여성성과 남성성의 새로운 균형과 새로운 결혼에 열려 있는 부모가 필요할 뿐이다.

신성한 남성성이 진짜 남자를 만든다

이 책이 다룬 신성한 남성성에 관한 내용은 새로운 것이 아니다. 하늘 아버지, 녹색 인간, 영적 전사, 수렵채집인, 몸에 대한 존중, 섹슈얼리티의 찬양, 노인과 젊은이의 원활한 소통, 푸른 인간, 아버지와 할아버지의 심장. 이 모든 것은 선조들이 우리에게 이미 가르쳐준 것이다. 그럼에도 이런 은유와 원형이 가리키는 존재 방식을 잊거나 무시했고, 그로 인해 오늘날 많은 문제를 안게 되었다. 이 원형들이 새로워 '보이는' 것은 약 8천 년 전 남성성이 왜곡됐기 때문이다. 그때 남자들은 정신을 빼앗겼고, 말을 길들이고, 농업을 발명하고, 군대를 만들어 전쟁을 일으켰다. 제국 건설이 가장 중요한 일이 되었고, 적자생존이 세상을 지배하는 법칙이 되었다.

지금 세계 상황은 인류가 행한 최선의 결과라고 말하기에는 분명 암울하고 절망적이다. 전 세계에서 전쟁이 그치지 않고, 차별과 혐오가 없어지지 않으며, (그 유명한 '지구 온난화'라는 이름으로) 생태계가 심각하게 파괴되고 있다. 지금까지 우리가 취한 개념과 접근법과 전략이 충분하지 않았으니, 이 상황을 바로잡으려면 새로운 것이 필요한 것 같다. 그런데 나는 '새로운' 것뿐만 아니라, 오래되었지만 그동안 놓친 근본적인 것도 필요하다고 생각한다. 신성한 남성성에 대한 개념을 새롭게 고치고 재발견해, 각자의 삶에 담는 것이 공동체와 세상을 진정으로 치유하는 첫걸음이 될 것이라 믿는다.

신성한 여성성, 여신, 신성한 어머니는 몇 십 년 전 꿈틀거리며 깨어나더니 강력한 힘을 가지고 돌아왔다. 브라보! 할렐루야! 그리고 그녀의 귀환으로 남자들과 모든 여성 속에 있는 건강한 남성성의 각성도 요구되고 있다. 우리는 '함께' 일어나야 한다. 그래야 복잡함 속에 빠르게 소통하는 포스트모던 세상에 맞춰 음과 양의 신성한 결합을 이룰 수 있다. 이는 근대 이전 세상의 지혜를 되찾아 세상에 적용할 때 가능해진다. 우리는 카인의 아들과 딸 들이 아닌가? 카인이 휘두른 돌을 원자폭탄으로 바꾼 것 말고, 인간의 본성에서 얼마나 많은 것이 바뀌었는가?

인류는 달라질 수 있을까? 남자는 바뀔 수 있을까? '진짜 남자'는 무엇일까? 이 책을 끝맺으면서, 나는 건강한 남성성이 열 가지 신성한 남성성의 원형을 받아들여 자기 것으로 만들 때, 어떻게 그것이 우리 내면의 '가장 좋은 모습'을 드러내며 공동체에 도움을 줄 수 있는지 살펴보려고 한다.

원형의 활용

이미 말한 것처럼, 이 책에서 다룬 열 가지 원형은 모두 은유다. 은유는 개념이나 존재 방식을 구현하고 개념화하는 데 유용하다. 우리는 상상력과 삶 속에 그 원형들을 받아들여 놀이처럼 재미있게 연결하고 결합하고 섞으면서 알맞게 적용해야 한다. 그런 의미에서 원형들을 활용할 수 있는 몇 가지 방법을 제시하려 한다. 독자들은 내가 제시한 방법을 더 확장하기를 바란다.

예를 들어, 하늘 아버지와 푸른 인간은 분명 연결되어 있다. 하늘은 우주를 상징하는 푸른 인간처럼 파랗다. 의식과 창의력은 '하늘에서*from above*', '난데없이*out of the blue*' 생기고, 푸른 인간의 연민은 '신을 흉내' 낸다. 이전에 다룬 것처럼, 녹색 인간은 선지자 역할을 하고 선지자는 영적 전사의 영역에 속하므로, 우리가 세상을 위협하는 생태적 위험에 관심을 쏟을 때 녹색 인간과 영적 전사는 분명 결합한다. 녹색 인간을 완전히 이해하면 자기 삶이 가진 선지자적 역할에 대해 진지하게 생각하게 된다. 전사 아닌 선지자는 없고, 선지자 아닌 진정한 전사도 없다. 이카로스와 다이달로스의 원형에 마음이 움직였는가? 둘은 아버지의 심장에 관한 교훈을 준다. 조카를 죽인 다이달로스는 젊은 세대에게 심장을 다하는 태도가 부족한 어른이었다. 아들 이카로스와 함께 추방되었을 때 변화가 있었다 하더라도 부족했다. 삶과 죽음이라는 문제에 대해 아들과 효과적으로 소통하지 못했다. 땅 아버지, 즉 아버지의 심장과 연결되는 원형의 도움을 받을 수도 있었는데, 그랬다면 이카로스가 하늘 아버지에게 강하게 끌리는 것을 누그러뜨릴 수 있었을지 모른다.

　　우리 모두를 포함한 수렵채집인은 전사이다. 지금 우리는 녹색 인간을 깨워 지구를 녹색으로 지속할 수 있는 것이라면 무엇이든 찾아 사냥하고 채집해야 한다. 짝이나 연인을 사냥할 때, 그 상황에 아버지의 심장이 어떻게 관여하는지 물어야 한다. 더 실제적인 연인과 기쁨을 주는 자(또한 기쁨을 받는 자)로 생각을 발전시키면, 경이로운 신체를 보살피고 신체에 깊이 감사하는 마음도 기르게 되며, 몸이 140억 년 된 우주의 창조물이자 신전임을 알게 된다. 그 신전 안에서 사랑의 행위는 우주적 행위로 발전한다. 우주는 우리가 섭취하는 음식과 음료를 수확하는 곳이기도 하다. 우리가 먹는 양식은 태양과 물, 땅과 공기, 조상과 우주 먼지로 만들어져, 폐와

위와 입과 발에 생명력을 불어넣는다.

우리는 할아버지의 심장으로 죽음을 받아들이고, 젊은이의 지혜에 마음을 연다. 우리는 인생이라는 모험 중 어디에 있든지, 하늘 아버지와 할아버지의 품에 안겨 있다. 우리는 갓난아기를 환영하고, 돌보고, 지혜를 나눠주고, 온 가족과 접촉하면서 아기가 전하는 지혜를 배우기만 하면 된다. 어른이 되면 우리는 배운 모든 것을 공유한다. 자신의 '경이로운 몸'을 인정하지 않고 현명하게 돌보지 않으면서 어른이 될 수는 없다. 전사가 되어보지 않고는, 수렵과 채집을 하지 않고는, 푸른 인간과 녹색 인간, 하늘 아버지와 땅 아버지를 만나지 않고는 어른의 자격에 이를 수 없다. 신성한 여성성의 모든 측면과 신성한 결합을 이루지 않고는, 내면에서 신성한 상대와 손잡고 춤추면서 여러 번 결혼하지 않고는 어른이 될 수 없다. 살면서 건강한 여성과 한 번도 춤추지 않는 건강한 남성이 있을까? 사실 건강한 남성성은 지금도 무한하며 앞으로 더 다양해질 신성한 결합이라는 상호 연결을 통해 자신을 드러낼 것이다.

거짓 남성성: 진짜 남자는 소고기를 먹는다

사회는 '진짜 남자'는 누구이며 무엇을 하는지 끊임없이 규정하려 애쓴다. 이런 정의는 남자나 공동체나 신성함에 별로 도움이 되지 않는다. 기업과 정치인에게만 이로울 뿐이다. 지난 십 년간 걸핏하면 "진짜 남자는 소고기를 먹는다"고 외치던 광고를 예로 들어보자. 당연히 이 광고는 목축업 협회의 돈으로 만들어졌다. 하지만 기업이 의도적으로 만든 메시지라는 사실이 광고 효과를 떨어뜨리지는 않는다. 많은 광고가 그렇듯, 이 광고도 특정 생각을 간결한 메시지로 전하는데, 여기서 핵심 단어는 '진짜'다. 그냥 '남자는 고기를 먹는다'라는 메시지는 솔깃하긴 해도 강력하진 않다. 그래서 특정 종류의 남자, 아마도 '가짜' 남자의 반대인 '진짜' 남자가 소고기를 먹는다고 말한 것이다. 그런데 남자를 '가짜'로 만드는 것은 무엇일까? 아마도 '여성성'일 것이다. 따라서 이 광고는 소고기를 먹지 않는 행위에 '여성스럽다'라는 프레임을 씌우고, 한발 더 나아가 감정의 솔직함이나 창의력 같은 여성적 특징을 보이거나 실행하는 남자는 소고기를 먹지 않을 것이니, '진짜 남자'가 아니라고 암시한다. 소고기는 오직 '남자다운 남자'를 위한 것이 된다. 그러니 진짜 남자라면 소고기를 먹어야 한다. 그러지 않으면 남자 테스트에서 떨어진다.

그런데 여러분은 자기가 누구인지 아는가? 나는 진짜 남자일까? 이 광고는 자신을 의심하게 한다. 누가 가짜 남자나 계집애 같은 남자, 게이 같은 남자, 절대 남자로 볼 수 없는 남자가 되기를 원하겠는가? 이 광고는 우리 내면 혹은 외면에 있는 신성한 여성성에 대해 우리가 가지는 어떤 두려움을 이용했다. 여성성을 받아들이면 남성적인 면이 약해지지는 않을까 하는 의구심을 갖게 하고, '나는 정말 사내다운가? 부족한 남성성을 채우기 위해 소고기를 더 먹어야 할까?'라고 생각하게 한다. 이 광고는 남자의 취약한 부분, 즉 수치심을 공략한 영악한 광고라 할 수 있다.

이 광고는 세 가지 문제점이 있다. 첫째, 진짜 남자는 소고기를 많이 먹으면서 자신의 사내다움을 입증한다는 거짓을 퍼뜨린다. 이 말을 믿는 이도 간혹 있겠지만, 남성성이 소고기를 먹는 데 달려 있다니, 이는 터무니없이 단순하고 유치한 주장이다.

둘째, 혼란을 야기한다. 이 광고는 육식을 정체성에 필수적인 것이자 자기표현의 수단으로 만들어 이를 권장하고 있다. 개인의 신체 건강과 사회적 건강은 고려하지 않고 말이다. 실제 의사들은 육식이 건강에 해롭다고 말한다. 게다가 소고기 산업은 심각한 환경오염을 일으킨다. 에너지원의 관점에서 볼 때도 비효율적이다(소를 기르는 데 얼마나 많은 물과 토지와 곡물이 필요한지 생각해보라). 또한 소가 트림과 방귀로 배출하는 메탄은 지구 온난화에 큰 영향을 미치는 요소로, 모든 온실가스 중에서도 가장 위험하다. '진짜 남자'란 자신의 건강과 사회와 지구의 건강을 챙기는 남자라고 한다면, 소고기를 먹더라도 적당히 먹는 남자가 '진짜 남자'라 할 수 있다. 소고기가 남자의 필수 요소도 아니고, 자신과 환경에 잠재적인 위험이 된다면 도대체 '왜' 소고기를 먹는 걸까? 나는 오래전 경제학자 제레미 리프킨*Jeremy Rifkin*의 《육식의 종말*Beyond Beef*》과 환경운동가 존 로빈스*John Robbins*의 《육식의 불편한 진실*Diet for a New America*》을 읽은 후 소고기를 끊었다. 그리고 얼마 전 건강검진을 받았는데 여전히 '진짜 남자'였다. 리프킨과 로빈스도 마찬가지다.

소고기를 지나치게 섭취하는 사람이란, 지구를 싫어하고 경이로운 자기 몸을 존중하지 않는 사람이다. 진짜 남자는 '생각'을 한다. 먹는 것에 더해 읽고 연구한다. 이는 수렵채집인의 한 요건이다. 진짜 남자는 '진실'을 채집하고 사냥한다.

세 번째 문제점은 남성성만이 남자를 만든다고 주장하는 것이다. 가장 은밀히 퍼지는 이 거짓말은 신성한 여성성을 거부하게 한다. 남자의 지위와 육식 행위를 같은 것으로 보는 것도 우습지만, 연민, 창의력, 수용성, 타협, 생식성 같은 '여성스러운' 속성이 남자의 정의에는 포함되지 않는다고 확고히 믿는 것도 안타깝다. 여성성에 대한 거부야말로 '거짓 남성성'의 거의 예외 없는 특징인데 말이다.

얼마나 많은 광고가 우리 내면의 수치심을 자극하고 동시에 남성성의 '진정한 의미'를 왜곡하며, 가공된 거짓 이미지를 주입하고 있을까? 젊은 남자 세대를 위험한 흡연 습관에 빠뜨린 '말보로_Marlboro_' 광고가 떠오른다. 광고에서 거친 상남자 '말보로 맨'으로 출연한 배우는 폐암으로 고통을 겪다가 젊은 나이에 죽었다. '진짜 남자'라는 환상의 결과라기엔 너무 가혹하다. 모든 남자는 남자가 된다는 것, 진정한 남자다움에 대한 생각을 '고칠' 필요가 있다.

이라크 전쟁 발발 직후에 나온 선전 문구도 비슷한 착각을 일으켰다. "이라크는 아무나 갈 수 있다. 진짜 남자는 이란으로 간다." 즉, '진짜 남자'는 쉬운 전쟁을 하지 않는다는 말이다(당시 이라크 전쟁을 '식은 죽 먹기'로 예상했지만, 수십만 명이 죽었고, 1조 달러가 쓰였다). 진짜 남자는 가장 비참하고 많이 죽는 전쟁을 좋아한다니. 이 말이 이라크에서 싸우다 죽어간 군인들에게는 어떤 의미였을까? 그들의 남자다움이 이란을 선택한 군인들에게 미치지 못했다는 건가? 물론 이 구호가 목표로 삼은 대상은 이라크에서 싸우고 있던 군인이 아니라, 미국의 정치인과 국민이었다. 이 복잡한 상황에서 중동을 다시 공습하는 계획에 정치인과 국민이 찬성하지 않았다면, 미국 전체의 남성성이 의심받았을 것이다.

이런 '거짓 남성성'에 대한 압박이 전쟁의 도발 뒤에 은밀히 숨어 있다. 남자의 두려움과 수치심을 교묘히 이용해 '남성성'을 입증하려면 가서 싸우라고 협박한다. 하지만 '진짜 남자'의 특징은 (협상과 외교력을 이용해) 전쟁을 피하려는 노력에 있다. '진짜 남자'는 그 노력이 실패할 경우 자기 보호를 위한 최후의 수단으로 전쟁을 수행하며, 그런 경우라도 민간인의 목숨을 가능한 한 보호하려 애쓴다. 선거를 통해 정계에 진출해 이라크 전쟁을 부추긴 후 "진짜 남자는 이란으로 간다"고 외친 그 남자들은 모든 면에서 '남자다움'의 시험을 통과하지 못했다. 그들은 거짓 구실로 전쟁을 벌여 민간인 수십만을 죽음으로 몰고, 한 나라를 파괴하고, 한 사회를 완전히 무너뜨렸다. 그들이 말한 '진짜 남자'는 다른 사람의 삶을 파괴하는 위험하고 잔악한 남자다. 이것이 사실이라면 누가 '진짜 남자'가 되기를 바라겠는가?

진짜 남자는 외교적 수완을 쓴다. 진짜 남자는 대책 없이 싸우거나 도망가는 파충류 뇌를 억누른다. 그들은 단순하게 행동하거나 반응하지 않고 생각을 한다. "진짜 남자는 이란으로 간다"고 말하는 이들은 남자다움의 결핍, 현명한 할아버지의 심장의 결핍을 드러낼 뿐이다. 그들은 독을 뿜으며 전쟁을 벌이고자 내면의 푸른 인간을 쫓아낸다. 다이달로스가 저지른 실수를 되풀이하며 젊은이들을 죽음으로 내모는 모습은, 그들이 젊은이를 시기하고 증오한다는 사실을 여실히 보여준다.

|

남자를 '진짜'로 만드는 것

이렇게 왜곡된 '진짜 남자'의 모습을 바로잡기 위해, 이 책에서 다룬 신성한 남성성을 받아들인 남자들의 실제 행동을 짚어보고자 한다.

진짜 남자는 지구를 구하기 위해 애쓰고, 선지자라면 (누구나 겪는 것처럼) 도덕적 명분을 위해 나설 때마다 직면하는 공격을 감수한다.

진짜 남자는 하늘을 사랑한다. 새로운 우주에 대한 생각에 호기심을 가지고 배우기를 열망한다. 자신이 느낀 흥분을 다른 사람, 특히 젊은이들과 공유한다.

진짜 남자는 명상한다. 그들은 '내면'을 보고, 그 속의 광대함을 마주하는 데 두려움이 없다.

진짜 남자는 파충류 뇌의 사고방식(승리―패배)을 물리치고, 포유류 뇌를 깨워 자신의 연민과 소통을 이어간다.

진짜 남자는 젊은이를 존중한다. 진짜 남자는 아버지의 심장을 자랑한다.

진짜 남자는 자기 몸을 사랑한다. 좋은 음식과 운동으로 신전인 자기 몸을 건강하게 유지하려고 애쓴다. 설탕과 경화유지 같은 화학물질로 채운 음식과 기업의 농업 방식에 맞선다.

진짜 남자는 섹스를 즐기며, 기쁨을 주는 자와 기쁨을 받는 자의 즐거움을 만끽한다.

진짜 남자는 동성애(혹은 이성애)를 혐오하지 않는다. 그들은 성적 취향을 비롯한 생물의 다양성을 인정하고 존중한다.

진짜 남자는 의식을 확장하고자 애쓴다. 내면의 푸른 인간을 알아차리고, 상상력과 창조력을 키우고, 연민을 베푼다.

진짜 남자는 음악을 듣고, 음악이 주는 즐거움과 슬픔, 경이라는 내면의 여정을 따르는 데 두려움이 없다.

진짜 남자는 군인이 아니라 전사다. 먼저 자신과 투쟁하는 법을 배우고, 권력 자체를 위한 권력과 탐욕, 군림*power-over*과 종속*power-under*의 유혹을 물리치는 법을 배운다. 진짜 남자는 함께 나누는 힘*power-with*(연민)을 추구한다.

진짜 남자는 전쟁이 아닌 평화를 확산한다. 전쟁보다 평화를 확산하는 것이 더 어려우며 평화는 자신의 심장에서 시작된다는 것을 안다.

진짜 남자는 최후의 수단으로 어쩔 수 없이 전쟁에 나선다.

진짜 남자는 최후의 수단으로 어쩔 수 없이 젊은이를 전쟁에 보낸다.

진짜 남자는 고독을 실천한다.

진짜 남자는 '영혼의 어두운 밤'을 두려워하지 않는다. 어둠에서 달아나지 않고, 어둠으로부터 중요한 것을 배울 수 있음을 안다.

진짜 남자는 정의와 종교의 진정한 의미를 더럽히며 거짓말을 일삼는 (종교 단체를 포함한) 조직을 비판한다.

진짜 남자는 우주와 아이들, 자손들, 땅과 땅 위의 모든 경이로운 생명을 비롯해 자신이 소중히 여기는 것을 보호한다.

진짜 남자는 젊은 세대와 나이 든 세대 모두와 소통하며, 말하는 것만큼 주의 깊게 듣는다.

진짜 남자는 신이 부여한 모든 뇌, 지적이고 합리적인 뇌와 본능적이고 신비한 뇌를 모두 사용한다.

진짜 남자는 항상 호기심을 가지고 주변을 의식하며, 늘 배우고, 선하고 아름다운 것을 치유하고 보전하는 방법을 찾아 사냥한다.

진짜 남자는 가족을 확장한다. 아버지의 심장을 펼쳐 누구나 받아들이고 환영한다.

진짜 남자는 젊은이들의 아버지다. 부족 시절의 '확대 가족'을 기억하여 자기 아이들뿐만 아니라 다른 아이들도 받아들인다.

진짜 남자는 어른이 되었을 때 삶에 '다시 불을 붙인다.' 그들은 은퇴하지 않는다. 가장 어린 세대와 힘을 모은다.

진짜 남자는 여성을 존중한다. 여성의 삶을 존중하고, 여성의 정의와 성 평등을 위한 투쟁을 지지한다.

진짜 남자는 다른 남자의 친구가 된다.

진짜 남자는 남성성과 관련해서 자신이나 다른 남자에게 창피를 주지 않는다.

진짜 남자는 자신의 공격성을 자기나 다른 사람을 해치지 않는 방향으로 돌린다.

진짜 남자는 자신의 영혼을 조종하는 중독에 맞서며, 내면을 치료하는 데 필요한 작업을 수행한다.

진짜 남자는 감정으로부터 달아나지 않고 자신의 감정을 그대로 겪는다.

진짜 남자는 의미 있는 의식을 통해 인생의 경과를 기념한다.

진짜 남자는 쌓아두지 않고 베푼다.

진짜 남자는 자신 안에 있는 신성한 여성성을 받아들인다. 모든 사람이 남성과 여성의 신성한 결합임을 알고, 평생 이 균형을 지키기 위해 전념한다.

이 목록은 진짜 남자가 '하는' 일뿐만 아니라, 진짜 남자가 '어떤 존재인지'에 대한 것이다. 마이스터 에크하르트가 7세기 전에 말한 것처럼 "자기가 무엇을 하는지보다 자기가 누구인지를 더 염려해야 한다."[1] 자신이 정당하면 자기 방식도 정당하고, 자기가 즐겁다면 자기 방식도 즐거울 것이다. 진실한 행동은 진실한 존재, 즉 마음에서 나온다. 진짜 남자는 행동과 마음 모두를 탐구하며, 즉각적인 행동-반응 같은 파충류식 대응이 아닌 마음에서 우러나온 행동을 한다. 이 책에서 제시한 원형들은 우리의 행동뿐만 아니라 '마음'에 호소한다. 마음에는 힘이 있다. 원형이 우리를 흔들어 깨우는 것도 마음에 말을 걸기 때문이다. 마음이 우리를 바꾸고, 상황을 뒤집는다. 마음이 변화를 만들고, 상상력을 일으킨다. 마음은 행동으로 확장된다. 우리는 어느 곳에나 새로운 씨를 뿌린다. 예수의 말처럼 일부는 바위나 딱딱한 땅에 떨어져 뿌리내리지 못하지만, 비옥한 토양에 떨어지는 씨앗들은 깊숙이 뿌리를 내린다.

본능적인 파충류의 뇌를 길들이기 위해 이 시대의 '진짜 남자'들이 하는 대표적인 일은 사회적 책임을 위한 기업들Business for Social Responsibility과 협동조합, 미국의 녹색 기업 네트워크Green Business Network, 사회 벤처기업 네트워크Social Venture Network 같은 생태와 공동체를 위한 단체들에서 찾아볼 수 있다. 최근에는 비콥B Corp • 운동도 생겨났다. 스탠퍼드 경영대학원 출신으로 비영리단체 비랩을 공동 창립한 제이 코엔 길버트Jay Coen Gilbert는 이 운동에 참여하는 회사들은 "단지 주주의 재산을 최대로 키우는 일꾼이 아니라 모두를 위한 일꾼"이라고 말한다. "우리는 민간 부문과 비영리 부문 사이에서 새로운 경제 영역이 탄생하는 모습을 보고 있습니다. 미래 세대는 지금 우리가 비영리 부문에 대해 논의하는 것처럼 이 새로운 영역에 관해 이야기할 것입니다."[2] 그는 새 영역이 국내총생산의 5~10%를 차지하리라고 예측한다. 아마 자본을 끌어들이며 앞으로 훨씬 더 성장할 것이다.

남자들은 씨를 품은 사람이다. 우리는 많은 씨를 넘치도록 품고 또 생산한다. 남자 한 명이 매달 정자 150억 개를 생산하고, 사정 한 번에 정자 4억 개를 배출한다. 물론 정자도 비유다. 우리가 새롭고 건강한 생명의 씨앗을 퍼뜨리고 있는가? 비유대로 여성과 함께 잉태하고, 아이를 낳아 기르고 보호하며, 공동체를 꾸려나가고 있는가? 이것이야말로 진짜 남자가 하는 일이다.

•   '착한 자본주의'를 실천하는 기업, 즉 사회적 책임을 다하고 사회·환경적 성과와 재무적 이익을 추구하는 기업을 뜻한다. 비영리단체 비랩이 이를 인증하고 있다.

수치심과 공격성 다루기

이 책 전반에서 수치심과 공격성이라는 주제가 짝을 이루는 것을 볼 수 있다. 열 가지 원형이 남성성에 대한 심오한 통찰을 제공한다면, 남성의 수치심과 공격성에 대한 생각도 당연히 포함될 것이다. 존 컨저 박사는 우리가 신의 이미지와 유인원의 이미지를 모두 가졌음을 인정해야 한다고 주장했다. 이 말대로라면 옛날 유인원 친척에게서 물려받은 수치심과 공격성이라는 어두운 측면에 대해 열 가지 원형이 어떻게 통찰력을 제공하는지 명시적으로 성찰해볼 수 있을 것이다.

하늘 아버지

수치심이 '소외되는 것'이라면, 하늘과 그보다 더 큰 우주로부터 소외되는 것이 사실상 모든 수치의 근원임을 아는 것이 중요하다. 그것이 수치 중의 수치다. 이 사실을 모르고, 그래서 하늘과 우주에 속하지 못하면 위험하다. 우주로부터 소외되면, 도대체 어디서 우리를 받아주겠는가? 쇼핑몰을 아무리 헤매고 다닌들, 소외되지 않도록 해줄 상품은 절대 찾지 못할 것이다.

공격성과 관련해서는, 우리가 우주에 속하지 못한다는 수치심을 느끼면 분노와 소외감이 어디서 비롯되었는지도 모른 채 울분에 빠질 수 있음을 알아야 한다. 우주를 부정하면 우주가 죄를 물을 것이다. 게다가 인공적인 미용학*cosmetology* 세상에서만 살고, 원대한 우주론*cosmology*을 무시하면, 우리에게 있는 우주 크기의 분노와 슬픔은 '건강한 배출구'를 찾지 못할 것이다. 하늘 아버지에 대해 알면 분노와 슬픔을 다른 힘으로 바꾸는 곳이 있음을 알게 된다. 분노와 슬픔은 하늘로 보내야 한다.

녹색 인간

수치심이 '소외되는 것'이라면, 식물과 동물, 땅에서 단절되는 것은 크나큰 수치심이다. 우리는 껍데기만 요란한 인간 중심주의의 삶과, 창조물을 직접 만나지 않고 TV 앞에서 보내는 삶을 무의식적으로 수치스러워한다. 자연과 생명은 자기가 가진 모든 장엄함과 경이로움, 아름다움으로 우리를 채운다.

공격성과 관련해서, 우리는 단지 모든 관계에서 단절되었다는 이유로 개나 나무나 북극곰 같은 다른 생명을 괴롭히며 분노를 퍼붓는다는 것을 안다. 투견 같은 '스포츠'가 그 증거다. 공격성을 배출할 만한 곳을 찾지 못해 땅 어머니와 그녀의 창조물에 분노를 돌리는 것이다.

어떤 토착 부족이 분노를 다루는 방식은 이렇다. 땅에 구멍 하나를 뚫는다. 돌멩이 하나를 찾아서 자기가 부탁하는 역할을 해줄 것인지 묻는다. 그런 다음 자기 분노를 그 돌멩이에 담고, 의미 있는 천으로 돌을 감싼다. 그런 다음 구멍에 묻고 흙으로 덮는다. 하늘 아버지만큼 너그러운 땅 어머니는 분노를 흡수하여 다른 이에게 해를 입히지 않는 곳에 둔다. 땅 어머니와 가이아가 베푸는 너그러움에 감사드린다. 이것이 녹색 인간의 방식이다. 그는 사랑은 베푸는 것이며 동시에 부탁하는 것임을 안다.

이카로스와 다이달로스

다이달로스는 조카를 죽인 것(또는 최소한 조카를 죽인 죄로 잡힌 것)이 얼마나 수치스러웠을까? 그는 추방의 벌을 받아 섬에서 아들과 살게 되었다. 날개를 만들어 아들과 탈출할 수 있게 되었을 때, 수치심을 만회하고 싶었을까? 분명 이 이야기의 핵심은 수치심이다. 다이달로스는 분노를 통제하지 못한 죄로 아들과 함께 추방되는 수치를 겪는다. 아무 죄 없는 이카로스는 아버지와 소통이 부족해 제대로 보호받지 못하고 최악의 대가를 치른다. 이카로스의 죽음에도 다이달로스는 결국 탈출했지만, 아들은 구하지 못하고 자신만 살아남았다는 죄책감을 견디지 못해 날개를 영원히 매단다. 여기에 수치심을 보여주는 완벽한 은유가 있다. 다시는 날지 않겠다는 선언이다.

이 신화를 이끄는 요소는 분노다. 다이달로스는 조카에게 분노하고 질투했고, 화를 이기지 못해 죽였다. 질투와 분노는 종종 함께 나타나 흉악한 생각을 하게 만든다. 그런데 다이달로스는 자신의 분노를 상상력을 키우는 데 사용하기도 했다. 절망에 빠져 쓰러지지 않고 해답을 찾아 나선 것이다. 그는 미궁을 건설해 왕을 흐뭇하게 했고, 경이로운 발명품인 날개의 도움을 받아 섬을 빠져나가려 했다. 그는 분노를 창조력으로 돌렸다. 우리는 어떤가?

수렵채집인

수치심은 수렵채집인이 늘 겪는 문제다. 수렵채집인은 부족 공동체를 위해 노력하고 그 대가로 소속감을 얻는데, 공동체에서 단절되면 자신의 존재 이유를 잃게 된다. 극단적으로 전투에서의 패배는 상대에게 먹힌다는 (또는 사냥하던 동물에게 죽임을 당한다는) 의미였다. 우리는 보통 식인 풍습을 승리자의 관점에서 생각하는데, 먹히는 자의 관점에서 보면 어떨까? 비유적으로 말하면, 여기에 마조히즘이 작용할까? 수치심에 휩싸인 수렵채집인은 '먹히는 것이 마땅하다'고 느끼고, 끊임없이 패배하며 자기 부족을 저버릴 수 있다. 에덴동산 이야기도 아담과 이브가 죄를 지은 후 느끼는 '수치심'의 개념을 그대로 보여주는 듯하다. 에덴동산에서의 삶은 수치심이 없는, 즉 수치심이 생기기 이전의 삶이다. 그렇다면 구원이란 수치심이 없는 삶이다.

수렵채집인에게도 공격성은 분명 존재하고 심지어 필요하다. 생존을 위해 동물을 사냥할 때도, 다른 부족의 공격과 침입으로부터 자기 부족을 보호할 때도 그렇다. 그러나 그 공격성은 예민하고 예리하며 목적이 분명하다. 공격이 아닌 생존을 위한 것이다. 그렇다면 수렵채집인은 공격성을 적절한 상황으로 바르게 돌려 그곳에 집중하는 방법을 보여주는 모범이 될 수도 있다. 공격성은 유용하지만 억누르고 제한해야 한다. 그렇지 않으면 걷잡을 수 없이 자신을 파괴하게 된다. 자신의 공격성을 통제하지 못하는 수렵채집인은 지켜야 할 부족에게 상처를 입힌다.

영적 전사

'수치심'이 소외되는 것이라면, 진정한 영적 전사는 중요한 것을 지키기 위해 자기가 속한 공동체에 도전하며, 그곳에 속하지 못하는 위험을 기꺼이 감수한다. 예수의 가르침처럼 "선지자는 자기 고향에서는 존경받지 못한다." 사실 사회의 배척이나 타인의 배신이 전사에게 용기를 북돋워 목소리를 높이게 하고 맞서게 한다. 영적 전사는 다른 사람의 수치심을 자극하지만, 자신이 수치심에 휘둘리지는 않는다. 영적 전사도 속하는 곳이 있다. 특별한 조상의 혈통, 즉 예수와 간디, 맬컴 엑스와 마틴 루서 킹, 이사야와 마호메트처럼 너그러움과 정의를 위해 자신을 희생해 우리의 찬양을 받는 모든 도덕적 영웅의 계보에 속한다.

수렵채집인처럼 영적 전사도 분노와 공격성을 이용하면서도 동시에 억누른다. 화는 그의 심장에서 도덕적 정의를 위한 분노가 되고, 그 분노는 행동에 기름을 붓는다. 그러나 수렵채집인과는 다르게, 행동 자체가 폭력적이거나 공격적이거나 치명적이지는 않다. 영적 전사는 다른 사람을 이기기보다는 바꾸려 한다. 따라서 그는 개인적 분노의 방출이 아니라 실질적 결과를 좇는 합리적이고 동정 어린 결정을 내린다. 실질적 결과는 상처가 영원히 남지 않고, 되풀이되는 폭력과 복수를 끝내는 결과다. 나는 프로페서 피트가 '치유술 healing arts'이라고 부르는 '무술martial arts'을 배워 자신의 분노를 다른 곳으로 돌리는 사람들에게서 큰 감동을 받는다. 무술 혹은 치유술은 분노의 예방약으로, 분노가 다른 사람에게 향하는 것을 막고, 수련하는 사람과 공동체를 모두 치유한다. '무술' 또는 '치유술'이 전사를 도와 공격성을 절제하는 법을 배우게 하는 힘을 과소평가해서는 안 된다.

연인

아담과 이브가 무화과 잎으로 치부를 가린 후, 우리는 몸을 부끄러운 것으로 여겼고 적어도 기독교는 그런 사상을 이어갔다. 마니교(모든 물질을 악으로 여기는 철학)와 이원론적 신플라톤주의(아우구스티누스는 '정신'을 '물질이 아닌 모든 것'이라 정의했다)의 영향을 강하게 받은 아우구스티누스가 섹슈얼리티가 곧 원죄라고 생각한 것이 상황을 악화시켰다. 아우구스티누스는 모든 사랑 행위가 적어도 소죄小罪(하느님의 은총을 잃지는 않을 정도의 죄)라고 했는데, 통제력을 상실하게 하기 때문이라는 것이 그 이유였다. 나는 이 부분이 참 이상하다. 모든 신비한 경험이 통제력을 잃고 우주라는 신전 속에 빠져드는 것, 한 쌍의 연인이라면 한 쌍의 우주 속에 몰입하는 것이 아니던가. 가부장적인 종교는 섹스를 자연스럽고 황홀하며 신성한 사랑의 교환이 아닌, 부끄럽고 죄책감을 느껴야 할 행동으로 만들 의

무가 있는 것만 같다.

분노가 섹슈얼리티를 압도하면 강간이 된다. 강간은 분노의 영역이다. 다른 사람을 지배하거나 그 사람 위에 군림하기 위해 섹스를 이용해 공격성을 드러내는 것이다. 강간은 공격성이 곪아 터진 것이다. 공격성은 상처를 주는 섹스로 수치심을 낳고, 성과 관련된 수치심은 성적 분노를 낳는 악순환이 이어진다. 이를 치유하려면, 자신의 성적 자아를 받아들이고, 섹스를 유대감을 만드는 행위로 받아들여야 한다. 그러면 결속감과 장난스러운 자발성이 성적 사랑으로 풍부하게 표현될 수 있다. 섹스 자체에 공격성이 있을 수 있으나, 그 공격성은 건강한 연민과 상호 존중, 놀이라는 개념 안에서 절제될 수 있다.

우주적인 우리의 몸

성적 수치심은 육체에 대한 수치심과 연결되고, 종교적 믿음은 (아우구스티누스처럼) 정신은 신성하고 물질은 사악한 것으로 구분해 육체의 수치심을 키운다. 자기 몸에 수치심을 느끼는 사람이 많은데, 광고 산업이 이를 교묘히 이용한다. 이 제품을 쓰고, 이 옷을 입고, 이 차를 운전하기만 하면, 우리도 아름다워지고, 인정받으며, '무리 속에 들어갈 것'이라고 말한다. 자기 몸이 이상형에 가깝지 않고 뚱뚱하거나 말라서 멋지지 않으면, 자주 무리에 속하지 못하고 소외되는 느낌을 받는다. 또한 어떤 종류든 수치심 자체는 몸으로 드러나, 우리는 얼굴을 붉히고, 땀을 흘리고, 안절부절못하고, 고개를 숙이고, 몸을 구부리고, 움츠러든다. 수치심은 (거식증이나 폭식증으로) 자신을 쇠약하게 만들기도 한다. 그래서 자기 몸을 존중하면서 자신이 이미 경이롭다는 사실을 알고 느끼는 것이야말로 수치심이 일으키는 모든 질병을 낫게 하는 특효약이다.

성과 관련된 수치심이 성과 관련된 분노를 일으키듯, 신체에 대한 수치심이 신체에 대한 분노로 발전한다. 그리고 그 분노는 주로 자신을 겨눈다. 이 분노 때문에 자주 우울증이 생긴다. TV만 보며 빈둥거리거나 새로운 일에 나서지 않는 나태함은 게으름이라기보다는 억눌린 분노의 증상일 수 있다. 우리는 분노를 가두려고 갑옷을 겹겹이 껴입는다. 약물에 의존하고 술이나 달고 기름진 음식에 빠지는 것도 분노를 달래려는 발버둥이다. 우리는 먹고 마시고 자신에게 약물을 주입해 마음의 평화를 얻으려 한다. 하지만 그에 대한 대가를 치르는 것은 우리 몸이다. 자기 몸을 향한 공격성이 극에 이른 결과가 자살이다. 슬프게도 남자들은 그 목표를 어렵지 않게 달성한다. 자살이 흔히 (수치심으로 무기력해진 이의) 출구로 묘사되고, 따라서 누군가 이런 충격적인 질문을 던질지도 모른다. 한 문화 전체가, 심지어 한 생물 종 전체가 '미묘한' 형태의 자살을 시도하는 것이 가능할까? 인간이 초래한 생태 파괴와 기후 온난화, 살상무기 거래, 전쟁을 통해 우리가 지구라는 몸을 해치고 있는 건 아닐까? 공격성과 죽음의 본능, 몸에 대한 증오, 생명 자체에 대한 혐오가 이런 사건을 부채질하는데, 결국 몸에 대한 수치심이 근본적인 원인은 아닐까?

푸른 인간

스와미 묵타난다와 힐데가르트 폰 빙엔의 깊은 명상에서 나타난 푸른 인간을 떠올려보자. 푸른 인간은 '수치심과는 거리가 멀다.' 푸른 인간을 알아차리면 수치심은 멎는다. 푸른 인간은 우리가 가진 고유한 가치와 고유한 신성, 즉 우리의 본질이 예수와 비슷하다는 사실을 일깨운다. 푸른 인간은 우리에게 인식을 완전히 높여 치유와 연민의 힘을 최대한 발휘하라고 요구한다. 그는 우리 손을 움직여 다른 사람의 고통을 덜고 기쁨을 축하하는 일을 하게 한다. 또한 소외당하는 것에 대한 두려움이나 공동체에서 쫓겨날 때 생길 수 있는 '작은 죽음'을 비롯해 죽음에 대한 두려움을 극복하게 한다. 푸른 인간은 용기를 모아 점점 더 커지는 우리의 심장이 세상에서 신과 같은 일을 하게 한다. 푸른 인간은 수치심이 있던 자리에 존엄과 고귀함을 앉힌다.

마찬가지로 푸른 인간은 분노와 공격성을 다른 것으로 바꾸는 것 같다. 많은 명상가 중에서도 틱낫한은 그저 의식적으로 평온함을 마시고 내뱉는 행동이 어떻게 우리를 진정시키고 분노와 공격성을 무디게 하는지 알려준다. 이는 과학적 연구로도 입증된 사실이다. 집중해서 숨을 깊이 쉬며 숨이 평온을 향하도록 호흡을 통제하는 법을 배우면 분노의 감정에서 벗어날 수 있다. 숨이 얕아지면 분노가 생긴다. 숨은 분노보다 더 깊다. 분노는 숨에 달려 있고 호흡 없이는 작용할 수 없다. 따라서 숨을 들이마시고 더 깊이 누르면 분노를 녹일 수 있다. '숨'과 '정신'이라는 단어가 어느 언어에서나 동의어로 쓰이는 것도 놀라운 일은 아니다. 숨이 정신이고 정신이 곧 숨이다. 둘 다 보이지 않지만, 중요하다. 분노는 그 둘에 의해 무뎌진다.

땅 아버지 혹은 아버지의 심장

건강한 땅 아버지는 녹색 인간과 푸른 인간이 주는 가르침과 하늘 아버지와 영적 전사가 주는 지혜를 받아들였고, 힘과 연민으로 수치심도 치유했다. 그래도 우리는 물어야 한다. 아버지가 되는 데 수치심의 역할은 무엇인가? 아버지는 얼마나 많은 수치심을 아이에게 쏟아붓는가? 아버지가 아들을 훈육할 때 얼마나 자주 수치심을 이용해 동기를 부여하려 하는가? 얼마나 많은 아들이 곁에 없고, 보살피지 않으며, 필요한 것을 제공하지도 않고, 건강한 남성의 본보기도 아닌 아버지를 부끄러워하는가? 이카로스와 다이달로스처럼, 아버지의 수치심이 관계를 해치기도 한다. 그러므로 건강한 부모이면서 본보기가 되려면, 아버지는 자신의 수치심을 먼저 해결하고 치유해야 한다.

통과 의례는 부족의 아버지들이 소년이 남자가 되게 하는, 다시 말해 '남자라는 이름의 부족에 속하도록' 만드는 방법이다. 아버지는 소속감을 일깨워 아들의 수치심을 치유한다. 아들과 자신을 위한 통과 의례가 없으면 수치심은 커진다. 아들은 소속되지 못한 아픔을 나쁜 방식으로 표출하는데, 그런 일은 범죄 조직에서 자주 일어난다. 범죄 조직은 수치심을 간직한 아이가 다른 남자들에 소속된 것처럼 '보일' 수 있는 곳인데, 이들은 어른의 애정 어린 인도 없이 주로 자기들만의 위험한 통과 의례를 만든다. 폭력을 저질러 감옥에 가는 것으로 남자다움을 증명하고, 자신을 파괴하고 공동체에 해를 입힌다. 진정한 아버지의 심장은 자신의 수치심을 이미 해결하고, 자기 아들도 같은 방식으로 따를 수 있는 본보기가 된다.

아버지가 되는 데 분노도 나름의 역할이 있다. 땅 아버지는 자신의 공격성을 다르게 사용하는 법, 분노를 인식하고 처리하는 법을 배워 자신의 분노가 아이들을 향하지 않게 한다. 땅 아버지는 술이나 약 또는 우울증을 통해 분노를 자신에게 퍼붓지 않는다. 그러면 진정한 아버지의 힘이 부족해져 제 역할을 못하기 때문이다. 진정한 아버지의 심장은 아이들에게 무술 같은 쪽으로 분노를 돌리는 법을 가르치며 분노를 건강하게 발산하도록 격려한다. 내가 아는 두 아이의 아버지는 아이들이 자기 안의 분노를 발견하고 처리하는 법을 배우기를 바라며 함께 무술 수업에 참여했다. 스포츠를 통해서도 분노를 적절하게 처리하는 법을 배울 수 있다. 여러 형태의 명상도 마찬가지다.

한 지인의 딸이 비 오는 어느 날, 화를 내고 집안 여기저기를 들쑤시고 다녔다. 그들은 원주민 보호구역에 살았는데, 아버지가 딸에게 담요와 사과를 가져오게 했다. 그러고는 딸을 차에 태워 황무지로 데려가 사과와 담요만 들고 차에서 내리라고 말했다. "네가 혼자 사는 법을 배우지 않으면, 남들과도 잘 어울려 살 수 없단다." 딸은 화가 나서 사과를 절벽 아래로 던져버렸다. 시간이 지나고 배가 고파지자 딸은 그 사과를 찾아 나섰다. 담요도 쓸모가 있었다. 하루를 '홀로' 지낸 딸은 달라져 있었다. 고독이 그녀에게 분노를 바로잡는 법을 가르쳐준 것이다. 진정한 아버지의 심장은 자녀에게 분노에서 나온 행동 대신 할 수 있는 것을 제시하고, 분노를 건강하게 사용하는 법을 직접 보여준다. 모든 분노를 부정적인 것으로만 보지도 무시하지도 않으며, 분노도 도움이 될 수 있음을, 힘든 여정에서 우리에게 인내와 용기를 주는 자극이 될 수 있음을 가르친다.

하늘 할아버지 혹은 할아버지의 심장

시기에 따라 정도는 다르지만, 수치심은 평생 우리와 함께 머무른다. 나이가 들며 배우는 하늘 할아버지의 가르침 중에 수치심을 균형 있는 시각으로 바라보는 방법이 있다. 수치심은 개인의 자아에 박혀 있다. 속하거나 속하지 못하는 느낌은 아주 개인적인 것이다. 어른들이 나이 들어 수치심을 내려놓고 온화해지는 건 관점이 바뀌기 때문이다. 그들은 사람이 근본적으로 우주에 속해 있고, 그다음 인간 공동체에 속한다는 사실을 알고, 가끔 인간 공동체와 '사이가 멀어진다' 해도, 우주에는 늘 속해 있음을 안다. 또한 우리는 (지도자가 되는 것처럼) 특정한 방식으로 '속해야' 한다는 의무감을 내려놓고, 그 어떤 역할을 하면서 행복해질 수도 있다. 쫓겨나서 수치심을 느꼈던 시기들을 되돌아보고, 자주 이런 아픔들 덕택에 자랑스러운 순간이 있었음을 아는 균형감 있는 관점도 갖게 된다. 어른은 자존감을 가지면 수치심이 줄어든다는 것을 안다. 하늘 할아버지는 누구나 모두를 기쁘게 할 수는 없으며, 낯선 사람들과 함께 있을 때보다 자신의 마음 안에서 평안을 느끼는 것이 더 중요함을 안다.

할아버지의 심장은 비슷한 방식으로 분노를 다루는 법과 분노의 방향을 돌려 긍정적으로 사용하는 법, 그리고 젊은이들 안에 있는 분노를 알아차리는 방법을 안다. 하늘 할아버지는 분노가 종종 슬픔의 신호이며 그분노를 건강하게 분출하는 것이 슬픔이 하는 중요한 일임을 안다. 젊은이들이 또래뿐만 아니라 나이 든 사람과도 가까이 지내야 하는 한 가지 이유는, 삶이 안기는 실망을 무난하게 넘기는 법을 배울 수 있기 때문이다. 하늘 할아버지가 가진 넓은 시각 덕택에 어른들은 모든 강한 감정과 분노까지 삭일 수 있다. 그들은 숨을 깊이 쉬면서 수치심과 분노를 녹인다. 이는 우리가 본받을 수 있는 중요한 교훈이 된다.

신성한 결혼

만남이나 교제, 결혼에 수치심을 느끼고 싶은 사람은 없다. 모든 결혼은 '새 소속을 만드는 것'이다. 당연히 결혼에는 가장 좋은 자아가 담긴다. 남자가 자신의 남성성에 수치심을 느낀다면 여성과 동등한 관계를 맺을 수 없다. 따라서 결합—그것을 어떻게 정의하든 간에—이 이뤄질 때 우리가 앞서 이야기한 모든 수치심에 대한 지혜는 일종의 절정에 이른다.

분노도 마찬가지다. 결혼 자체는 동등한 사람들이 수치심과 분노 없이 맺는 건강한 결합을 상징한다. 그러나 가까우면서도 양극인 관계가 분노의 순간을 일으키는 것 또한 사실이다. 이런 상황은 건강하고 적절하게 처리해야 하는데, 오랜 분노와 공격성을 이 결합에 끌고 오면 문제가 된다. 사실 우리가 이야기했던 신성한 결혼은 새로운 관계와 실제 결혼에서 자신의 오랜 상처와 분노를 녹이고 씻어서 없애는 것이다. 하늘 아버지와 땅 어머니, 녹색 인간과 검은 성모, 음과 양이라는 창조적 쌍들이 분노와 수치심 없는 관계를 담고 있다. 과거의 경험에서 분노와 수치심을 끄집어낸다면, 동양과 서양, 개신교와 가톨릭, 좌뇌 지배적 사고와 우뇌 지배적 사고, 젊은이와 노인, 동성애자와 이성애자가 어떻게 진정한 결합을 이룰 수 있겠는가?

어떤 종류라도 신성한 결혼은 내면의 노력을 요구한다. 지금까지 살펴본 것처럼, 남자를 위한 내면의 작업 중심에 '분노와 수치심의 해결'이라는 과제가 놓여 있다. 그 노력에는 끝이 없다. 의식하며 참여하는 것이 중요하다. 자신에게 공을 들이는 것, 그것이 진정한 의미의 성전*jihad*이고, 영혼을 키우는 운동이다. 수피교 신비주의자 하피즈의 말처럼 "전사는 자기 과거의 짐승을 길들여 암울한 발굽이 심장 속 찬란한 미래를 깨뜨리지 못하게 한다."[3] 우리는 결혼할 때 빛나는 미래를 나누기를 원한다. 다름 아닌 바로 그것이 우리가 생각하는 결혼을 '신성한 결혼'으로 만든다.

원형을 이용한 치유

수치심과 공격성이 사회에 큰 영향을 미치는 것을 감안할 때, 이러한 상황을 바꾸기 위한 강력하고 건강한 열 가지 은유나 원형은 확실히 필요하다. 수치심과 공격성은 개인과 사회 내면의 기쁨을 없앤 자리에서 생겨난다. 수치심을 가진 남자는 기쁨을 일으키거나 퍼뜨리지 못하고, 공격성과 수치심을 더 자주 퍼뜨린다. 게다가 이는 축복보다는 수치를, 내면의 평화보다는 공격성을 선택한 문화에서 사정없이 부추겨진다. 하늘이나 땅과 땅의 생명체에, 사냥꾼 조상의 혈통이나 고귀한 전사의 혈족에,

가족과 어른과 아이의 건강한 관계에, 건전한 성관계와 자기 몸의 아름다움과 건강함에, 연민과 정의라는 신성한 힘을 끌어들이는 열린 의식과 창의력에, 서로를 지지하며 젊은이들을 돕는 어른들의 모임에 소외감을 느낄 때, 우리는 큰 기쁨을 잃는다.

우주가 사라져 분노를 흡수해 다르게 사용할 하늘이 없어질 때, 그리고 땅에서 분리되어 분노와 슬픔을 흡수하고 낮은 차크라를 작동시키도록 요청하지 못할 때, 분노와 공격성은 쌓인다. 그러면 내면에 분노를 품지 않은 척하는 데 열중하고 계속 핑계를 대며, 수동적 공격성을 준비하게 된다. 도덕적 분노가 허락되지 않으면 슬픔이 제대로 처리되지 않고, 슬픔을 올바로 다루지 않으면 다시 도덕적 분노가 거절당한다. 억눌린 분노는 난로 위의 압력솥과 같아서, 언제든 터질 수 있다. 그래서 분노의 배출구로 전쟁을 갈망하게 되고, 군인의 복종이 진정한 전사의 용기를 앞지른다. 분노가 몸을 차지해 온갖 갑옷과 고집을 만들고, 마음도 장악해 갑옷이 고집을 둘러싸면, 파시즘과 근본주의의 강박적인 통제로 이어진다. 방향을 잘못 잡은 공격성은 '약하고 다른' 존재 즉, 여성과 아이, 다른 인종, 땅, 다른 생명체에게로 향한다. 섹슈얼리티는 재미있는 나눔을 창조적으로 표현하는 행위가 아닌 정복 전쟁이 된다. 생식성과 상상력이 마른다. 이 모든 일이 일어날 때, 자살과 살인, 심지어 인종 학살은 흔한 일이 된다.

'진짜 남자'는 자신의 상처 입은 남성성, 즉 수치심과 공격성이라는 남자의 문제를 해결한다. 그들은 이 책에서 다룬 원형들을 받아들이고 묻는다. '나는 잘하고 있는가? 나에게 가장 깊은 울림을 주는 원형은 무엇인가? 나의 강점과 약점은 무엇인가?' 다시 속하는 것이 가장 훌륭한 치유다. 소속감은 수치심을 밀어내고 많은 좌절과 분노도 쫓아낸다. 우주에 다시 속하고(하늘 아버지), 땅과 땅에 있는 다양한 생명체에 다시 속하고(녹색 인간), 공동체에 다시 속하고(수렵채집인), 지구를 지키는 용기 있는 사람과 여자, 아이의 모임에 다시 속하고(영적 전사), 경청과 적극적인 소통으로 자녀에 다시 속하고(이카로스와 다이달로스), 자신의 신성하면서도 즐거운 섹슈얼리티에 다시 속하고(연인), 거룩하고 경이로운 육체에 다시 속하고(우리의 신전), 의식을 확장하기 위한 역할에 다시 속하고(푸른 인간), 아버지 자아에 다시 속하고(땅 아버지), 어른과 할아버지의 자아에 다시 속하면(하늘 할아버지), 남자와 남성성은 정말로 발전하게 된다. 수치심과 분노, 방향을 잘못 잡은 공격성을 밀어내고, 평화를, 우리 제도와 정치와 종교에서 그대로 반영될 내적 평화를 얻을 수 있다.

|

진짜 남자는 선택을 한다

삶은 선택의 연속이다. 유대인 성경은 이렇게 약속한다. "내가 네 앞에 삶과 죽음을 놓으니, 너는 삶을 선택하라." 바르고 도덕적인 삶은 많은 선택으로 이루어진다. 의식을 가지고 선택할 때, 도덕적 행동이 뒤따르고 '진짜 남자'가 된다. 이 심오한 가르침을 이렇게 활용할 수 있다.

내가 네 앞에 삶과 죽음을 놓으니, 삶을 선택하라.
내가 네 앞에 생명을 향한 사랑과 죽음을 향한 사랑을 놓으니, 생명을 향한 사랑을 선택하라.
내가 네 앞에 공동체와 인종 학살을 놓으니, 공동체를 선택하라.
내가 네 앞에 하늘 아버지와 쇼핑몰을 놓으니, 하늘 아버지를 선택하라.

내가 네 앞에 녹색 인간과 파괴된 땅을 놓으니, 녹색 인간을 선택하라.

내가 네 앞에 아이들의 말에 귀를 기울이고 교훈을 주는 아버지와 아이들을 무시하고 명령하는 아버지를 놓으니, 귀를 기울이고 교훈을 주는 아버지를 선택하라.

내가 네 앞에 수렵채집인의 호기심과 용기와 무관심하고 우울하며 TV만 보며 빈둥거리는 병을 놓으니, 호기심과 용기를 선택하라.

내가 네 앞에 영적 전사와 전쟁을 일삼는 군인을 놓으니, 영적 전사를 선택하라.

내가 네 앞에 섹슈얼리티라는 선물과 성의 타락을 놓으니, 섹슈얼리티라는 선물을 선택하라.

내가 네 앞에 건강하고 경이로운 육체와 방치된 육체를 놓으니, 건강하고 경이로운 육체를 선택하라.

내가 네 앞에 연민으로 확장된 의식과 겁에 질린 자기중심적 의식을 놓으니, 연민으로 확장된 의식을 선택하라.

내가 네 앞에 아버지의 심장과 차갑고 멀게 느껴지며 복수심을 품은 심장을 놓으니, 아버지의 심장을 선택하라.

내가 네 앞에 바쁘게 참여하는 할아버지의 심장과 손 놓고 '은퇴한' 심장을 놓으니, 바쁘게 참여하는 할아버지의 심장을 선택하라.

위대한 비밀

남성성이 가진 위대한 비밀이 있다. 조금만 노력하면 남자들은 테스토스테론(남성 호르몬)을 조종해 파충류 뇌가 아닌 포유류 뇌를 사용할 수 있다. 그러면 지금까지 살았던 가장 현명하고 아름다우며 용기 있는 사람들의 충고에 귀를 기울이게 된다. 부처, 예수, 이사야, 마호메트, 카비르, 마이스터 에크하르트, 노자, 블랙 엘크, 아퀴나스, 마틴 루서 킹, 간디, 하워드 서먼, 달라이 라마, 틱낫한 같은 진정한 전사이자 어른의 말에 주목할 수 있다.

그들이 우리에게 주는 충고는 무엇이며, 위대한 비밀은 무엇일까? 우리가 성별에 상관없이 연민을 발휘할 수 있다는 것이다. 자신과 지구와 모든 생물에게 연민을 베푸는 만큼 우리는 신성해진다.

우리가 포유류의 (연민 어린) 뇌를 사용할 때 모든 방식이 바뀐다. 연민과 비폭력이 모든 것을 바꾼다.

모든 남자가 뇌의 두 반구와 하나의 심장을 가지며, 우주와의 연결은 현실이 된다. 진짜 남자는 거듭나며, 남자가 될 진짜 소년을 낳는다. 그리고 여자는 왜곡되고 위험한 남성성에서 벗어나 자신의 건강한 남성성을 발달시킨다.

남자는 심장과 직장, 인간관계, 시민으로서 역할, 정치경제, 사업, 종교에 연민을 가져야 한다. 그러면 마침내 부처와 예수, 마호메트의 근본적인 가르침에 따라 살게 된다. 이런 가르침을 심장으로 가져와 실천하는 사람들을 우리는 '성인'이라 부른다. 성인은 정말 드물다. '성인'은 《영웅의 여정 *Hero's Journey*》• 속 '영웅'의 진짜 이름이다. 성인은 온전한 자아를 실행하는 사람으로, 우리와 크게 다르지 않다. 성인의 여정에도 굴곡이 있다. 분노나 수치심, 공격성 또는 '죄'가 전혀 없지도 않다. 하지만 성인은 자신의

•　작가이자 철학자인 조지프 캠벨의 작품.

온전한 심장을 삶이라는 여정에 내놓고, 자신뿐만 아니라 다른 사람을 위해 산다. 성인은 위대한 영혼의 아량(위대한 영혼)을 맛보고 퍼뜨린다. 고난과 실망의 한가운데에서도 자기 영혼을 키운다. 하늘 높이 솟아오를 때의 전율을 알지만, 공동체와 세상에 단단히 자리 잡고 있다. 성인은 이 책에서 언급한 모든 원형에 대해 고민하며 그 어느 것도 잊지 않는다. 야곱처럼 천사와 씨름하고, 거룩한 존재와 거룩한 씨름꾼인 우리보다 앞서간 선조들의 꿈을 꾸며 상처 입은 채 깨어난다. 성인은 옹졸하고 보잘것없는 영혼에 만족하지 않고, 진정한 하늘 아버지의 기운, 팽창하는 우주에 마음을 쏟아 자신의 심장과 영혼을 확장한다.

이제 신성한 남성성이 돌아올 준비를 마쳤다. 매일 마주하는 재난을 비롯한 우리 삶과 사회에 있는 많은 것이 우리가 경계에, 결정적인 변화의 순간에, 전환점에 있다는 증거를 내민다. 우리가 감당할 수 있을까? 왜곡된 남성성을 버리고 신성한 남성성을 품을 수 있을까? 시간은 우리 편이 아니다. 그러나 선조들은 우리 편이다. 선조들과 창조물들이 우리가 바른 결정을 내리도록 응원하고 있다. 우리 자신과 아이들 그리고 그 뒤에 올 세대를 위해 '진짜 남자'가 되라고 격려하고 있다.

주석

서문

1. Aquinas in Matthew Fox, *Sheer Joy: Conversations with Thomas Aquinas on Creation Spirituality* (San Francisco: HarperSanFrancisco, 1992), 195.

2. Edward Guthmann, "Vietnam Vets Vent Anguish," *San Francisco Chronicle*, November 12, 2007, E5.

3. University of Bath professor Peter Reason in "Transforming Education," a talk given in London, England, September 15, 2007, at the "Earth Is Community" Conference honoring Thomas Berry.

4. Robert Bly and Marion Woodman, *The Maiden King: The Reunion of Masculine and Feminine* (New York: Henry Holt and Company, 1998), 181.

5. Joan Ryan, "Sorting out Puzzle of Male Suicide," *San Francisco Chronicle*, January 26, 2006.

들어가며: 신성한 남성성을 찾아서

1. Joseph Jastrab, *Sacred Manhood, Sacred Earth* (New York: HarperPerennial, 1994), xxvii.

2. Daniel H. Pink, *A Whole New Mind: Moving from the Information Age to the Conceptual Age* (New York: Riverhead Books, 2005), 135f.

3. Jean Shinoda Bolen, *Gods in Everyman: A New Psychology of Men's Lives & Loves* (New York: Harper & Row, 1989), 303.

4. Bly and Woodman, *The Maiden King*, xvii.

5. ibid.

6. ibid., 119f.

7. Joel R. Primack and Nancy Ellen Abrams, *The View from the Center of the Universe* (New York: Riverhead Books, 2006), 243.

8. Bly and Woodman, *The Maiden King*, 150.

9. Bolen, *Gods in Everyman*, 303.

10. William Anderson and Clive Hicks, *Green Man: The Archetype of Our Oneness with the Earth* (San Francisco: HarperCollins, 1990), 25.

1부. 진정한 남성성에 대한 열 가지 원형
1장. 하늘 아버지: 우주는 살아 있다

1. Jastrab, *Sacred Manhood*, 32.

2. Eckhart in Matthew Fox, *Meditations with Meister Eckhart* (Santa Fe: Bear & Company, 1983), 70.

3. E. O. James, *Primitive Ritual and Belief* (London: Melhuen Company, 1917), 103f.

4. Mircea Eliade, *Australian Religions* (Ithaca, NY: Cornell University Press, 1973), 3f.

5. ibid., 4f.

6. ibid., 39.

7. Tony Swain and Gary Trompf, *The Religions of Oceania* (London: Routledge, 1995), 126f.

8. John Mbiti, *Introduction to African Religions* (Chicago: Heinemann Education Publishers, 1991), 35f.

9. Bolen, *Gods in Everyman*, 296.

10. Aristotle in James Miller, *Measures of Wisdom: The Cosmic Dance in Classical and Christian Antiquity* (Toronto: University of Toronto Press, 1986), 55.

11. Barbara Ehrenreich, *Dancing in the Streets* (New York: Metropolitan Books, 2006), 129, 137f.

12. Calvin in Matthew Fox, *Sins of the Spirit, Blessings of the Flesh: Lessons for Transforming Evil in Soul and Society* (New York: Harmony Books, 1999), 145f.

13. Russell in Primack and Abrams, *The View from the Center of the Universe*, 273.

14. ibid., 242.

15. ibid., 151, 117f.

16. ibid., 156, 161, 176.

17. ibid., 174f.

18. ibid, 175.

19. ibid., 130.

20. ibid., 182.

21. ibid., 193.

22. ibid., 202.

23. ibid., 102.

24. ibid., 120.

25. Scott Russell Sanders, *Hunting for Hope: A Father's Journeys* (Boston: Beacon Press, 1998), 138.

26. ibid., 54, 39f.

27. Ackerman in Fox, *Sins of the Spirit*, 79.

28. Primack and Abrams, *The View from the Center of the Universe*, 219.

29. ibid., 210.

30. Thomas Berry, *The Great Work* (New York: Bell Tower, 1999), 49.

31. Primack and Abrams, *The View from the Center of the Universe*, 252f.

32. Deborah Gage, "Microsoft Star Gazing," *San Francisco Chronicle*, May 13, 2008, A-1. See also www.worldwidetelescope.org.

2장. 녹색 인간

1. Fred Hageneder, *The Spirit of Trees: Science, Symbiosis, and Inspiration* (New York: Continuum, 2001), 15.

2. ibid., 45.

3. ibid., 47.

4. ibid., 63.

5. ibid., 64f, 75.

6. John 15.5, 16.

7. Anderson and Hicks, *Green Man*, 85.

8. ibid.

9. Woodman and Bly, *The Maiden King*, 91f, 216.

10. R. P. Blackmur, *Henry Adams* (New York: Harcourt Brace Jovanovich, 1980), 189, 203f.

11. ibid., 204.

12. Anderson and Hicks, *Green Man*, 14.

13. ibid., 12f.

14. ibid., 14.

15. ibid., 67.

16. ibid., 111.

17. ibid., 31.

18. ibid., 61.

19. J. E. Cirlot, *A Dictionary of Symbols* (New York: Philosophical Library, 1962), 328.

20. Eugene Monick, *Phallos: Sacred Images of the Masculine* (Toronto: Inner City Books, 1987), 76.

21. ibid.

22. Lawrence in Jastrab, *Sacred Manhood*, 93.

23. Primack and Abrams, *The View from the Center of the Universe*, 240.

24. Anderson and Hicks, *Green Man*, 68.

25. ibid., 88.

26. Jacob Bayhham, "Burma Artists Hide in Shadow of their Sad Work," *San Francisco Chronicle*,

April 9, 2008, A-13.

27. H. Josef Hebert, "Use of Wind Energy Expected to Grow Dramatically," AP, May 12, 2008.

28. Jastrab, *Sacred Manhood*, 32.

3장. 아들과 아버지

1. Bly and Woodman, *The Maiden King*, 152, 202.

2. J. E. Cirlot, *A Dictionary of Symbols*, 25.

3. ibid., 104.

4. John P. Conger, *The Body in Recovery: Somatic Psychotherapy and the Self* (Berkeley: Frog Ltd., 1994), 72.

5. Matthew Fox, *The Coming of the Cosmic Christ* (San Francisco: Harper & Row, 1988), 181-85.

4장. 수렵채집인

1. Jared Diamond, *Guns, Germs, and Steel: The Fates of Human Societies* (New York: W. W. Norton, 1997), 16, 86.

2. ibid., 18.

3. Ehrenreich, *Dancing in the Streets*, 1, 9, 13.

4. ibid., 21f.

5. ibid., 28f.

6. Huxley in Ehrenreich, *Dancing in the Streets*, 33.

7. Marshall Sahlins, "Notes on the Original Affluent Society," at the Man the Hunter Conference, 1966.

8. Diamond, *Guns, Germs, and Steel*, 20.

9. ibid., 143.

10. ibid., 21.

11. ibid., 88.

12. ibid., 105.

13. ibid., 105f.

14. ibid., 107.

15. Ehrenreich, *Dancing in the Streets*, 44.

16. Diamond, *Guns, Germs, and Steel*, 92.

17. Many Young Black Men in Oakland Are Killing and Dying for Respect," *San Francisco Chronicle*, December 9, 2007, A-1, A-12.

18. Aquinas in Fox, *Sheer Joy*, 78.

19. Rick DelVecchio, "As Warnings Grow More Dire, Nobelist Emerges as Leader," *San Francisco Chronicle*, March 5, 2007, A-1, A-8.

20. John Johnson Jr., "Spacecraft sends pictures that hint of seas on Titan," *San Francisco Chronicle*, March 14, 2007, p. A-9. Italics mine.

21. "Profit Upon Profit," in "Editorials," *Toledo Blade*, March 1, 2007.

22. Saben Rusell, "Vulnerable Spot on HIV Could Lead to a Vaccine," *San Francisco Chronicle*, February 15, 2007, A-19.

23. Louis J. Ignarro, "Nobel Prize Winner's Breakthrough—Prevent Heart Attack and Stroke With Nitric Oxide," in *Treasury of Health Secrets* (Des Moines: Bottom Line Books, 2004), 485; Louis Ignarro, *No More Heart Disease* (New York: St Martins Press, 2005).

24. Ehrenreich, *Dancing in the Streets*, 225, 230, 232f.

25. Diamond, *Guns, Germs and Steel*, 108.

26. Sanders, *Hunting for Hope*, 129f, 131, 135.

5장. 영적 전사

1. Thomas Berry, *The Great Work*, 7.

2. Jastrab, *Sacred Manhood*, 19.

3. Hafiz in Matthew Fox, *One River, Many Wells: Wisdom Springing from Global Faiths* (New York: Jeremy P. Tarcher/Putnam, 2000), 415.

4. Bhante in Greg Lynn Weaver, "In the Footsteps of the Buddha: 108 Year Old Monk is Still on the Path," *Holistic Health Journal* (Autumn 1997), 30-35.

5. Fox, *One River, Many Wells*, 15.

6. Chris Hedges, "The Christian Right and the Rise of American Fascism," www.theocracywatch.org, November 15, 2004, 2.

7. ibid., 9.

8. ibid., 9, 12.

9. Jastrab, *Sacred Manhood*, 108.

6장. 남성의 섹슈얼리티, 신비한 섹슈얼리티

1. Weil in Mantak Chia and Michael Winn, *Taoist Secrets of Love: Cultivating Male Sexual Energy* (Santa Fe: Aurora Press, 1984), xi.

2. ibid., 51f, 66, 49.

3. Robert Moore and Douglas Gillette, *King, Warrior, Magician, Lover: Rediscovering the Archetypes of the Mature Masculine* (San Francisco: HarperSanFrancisco, 1990), 119.

4. Monick, *Phallos*, 24, 27.

5. Jean-Louis Bourgeois, et al., *Spectacular Vernacular: The Adobe Tradition* (New York: An Aperture Book, 1996), 70.

6. Eugene Monick, *Castration and Male Rage: The Phallic Wound* (Toronto: Inner City Books, 1991), 17.

7. Chia and Winn, *Taoist Secrets of Love*, 17f.

8. Riane Eisler, *Sacred Pleasure: Sex, Myth and the Politics of the Body — New Paths to Power and Love* (San Francisco: HarperSanFrancisco, 1995), 204, 205, 206.

9. ibid., 58f.

10. ibid., 222, 228.

11. Monick, *Castration and Male Rage*, 121.

12. David Deida, *The Way of the Superior Man* (Boulder, CO: Sounds True, 2004), 4, 4f.

13. ibid., 155.

14. Fox, *One River, Many Wells*, chapter 15.

15. Deida, *The Way of the Superior Man*, 155.

16. ibid., 155–57.

17. bid., 158.

18. ibid., 148, 148f.

19. Jastrab, *Sacred Manhood*, 63. Italics his.

20. Chia and Winn, *Taoist Secrets of Love*, 17f.

21. Monick, *Castration and Male Rage*, 95.

22. Bruce Bagmihl, *Biological Exuberance: Animal Homosexuality and Natural Diversity* (New York: Stonewall Inn Editions, 1999).

23. Deida, *The Way of the Superior Man*, 4f.

24. Walter L. Williams, *Spirit and the Flesh* (Boston: Beacon Press, 1992), 42, 213.

25. ibid., 217.

26. Gary Snyder, *The Practice of the Wild* (Berkeley: North Point Press, 1990), 94.

7장. 우주적이면서 동물적인 우리의 몸

1. John P. Conger, *Jung & Reich: The Body as Shadow* (Berkeley: North Atlantic Books, 2005), 1.

2. Brian Swimme and Thomas Berry, *The Universe Story* (San Francisco: HarperSanFrancisco, 1992).

3. Fox, *Sins of the Spirit*, 79.

4. ibid., 89.

5. Kevin Feking, "U.S. Continues to Crush Records in Obesity Rates," *San Francisco Chronicle*, August 28, 2007, A8.

6. Conger, *Jung & Reich*, 108.

7. ibid., xixf.

8. ibid., 31.

9. ibid., xix.

10. ibid.

11. Sanders, *Hunting for Hope*, 53.

12. Snyder, *The Practice of the Wild*, 16.

13. Sanders, *Hunting for Hope*, 48.

14. Fox, *One River, Many Wells*, 155.

15. ibid.

16. Brendan Doyle, *Meditations with Julian of Norwich* (Santa Fe: Bear & Co., 1983), 114, 95, 97.

17. Sanders, *Hunting for Hope*, 57, 44.

18. Snyder, *The Practice of the Wild*, 184f.

19. ibid., 185.

20. Conger, *The Body in Recovery*, 61, 63f.

21. ibid., 75.

22. ibid., 77f, 79.

23. ibid., 82.

24. ibid., 147f, 156.

25. ibid., 156, 161.

26. ibid., 211.

27. ibid., 212.

28. Sue Woodruff, *Meditations with Mechtild of Magdeburg* (Santa Fe: Bear & Co., 1982), 42.

29. Fox, *One River, ManyWells*, 61.

8장. 푸른 인간

1. Swami Muktananda, *Play of Consciousness: A Spiritual Autobiography* (South Fallsburg, NY: SYDA Foundation, 1994), 189.

2. ibid., 190f.

3. ibid., 193.

4. ibid., 115.

5. ibid.

6. Bruce Hozeski, trans., *Hildegard of Bingen's Scivias* (Santa Fe: Bear & Co., 1986), 87.

7. ibid., 89.

8. Matthew Fox, *Illuminations of Hildegard of Bingen* (Santa Fe: Bear & Co., 1985), 37.

9. Hozeski, *Hildegard of Bingen's Scivias*, 90.

10. ibid., 91.

11. Ezekiel 1.26.

12. John 1.4-5, 9; 8.12; 9.5.

13. Muktananda, *Play of Consciousness*, 198.

14. ibid., 199.

15. ibid., 199f.

16. ibid., 205.

17. ibid., 28.

18. Proverbs 8.

19. Muktananda, *Play of Consciousness*, 206f.

20. ibid., 207.

21. Berry, *The Great Work*, 19.

22. Swami Muktananda, *From the Finite to the Infinite* (South Fallsburg, NY: SYDA Foundation, 1994), 491.

23. ibid., 491, 493.

24. ibid., 493, 494, 495.

25. Muktananda, *The Play of Consciousness*, 210f.

26. Swami Kripananda, *The Sacred Power: A Seeker's Guide to Kundalini* (South Fallsburg, NY: SYDA Foundation, 1995), 14.

27. Jastrab, *Sacred Manhood*, xxii.

28. Deida, *The Way of the Superior Man*, 148.

29. Fox, *One River, Many Wells*, 245.

30. Jastrab, *Sacred Manhood*, 169.

31. Fox, *One River, Many Wells*, 377.

32. Luke 6.36.

33. Fox, *One River, Many Wells*, 389.

34. Heidi Benson, "Zen and the Art of Lawyering: Legal Eagles Find Meditation a Stress Solution," *San Francisco Chronicle*, July 30, 2007.

35. Letter to author, December 12, 2007. For more about Bernard's work go to www.ewb-usa. org. See also the article on him in Time magazine: http://www.time.com/time/magazine/

article/0,9171,1689197,00.html.

36. Fox, *Sheer Joy*, 119, 120.

37. Primack and Abrams, *The View from the Center of the Universe*, 34.

9장. 땅 아버지: 아버지의 심장

1. Jeffrey Moussaieff Masson, *The Evolution of Fatherhood* (New York: Ballantine Books, 1999), 1, 5.

2. ibid., 7f., 16f., 35.

3. ibid., 40f.

4. ibid., 45.

5. ibid., 53, 55.

6. ibid., 76f.

7. Bolen, *Gods in Everyman*, 296.

8. ibid., 296, 297.

9. Robert M. Franklin, *Crisis in the Village: Restoring Hope in African American Communities* (Minneapolis: Fortress Press, 2007), 97f.

10. ibid., 99.

11. ibid., 101.

12. Bly and Woodman, *The Maiden King*, 146.

13. John Dominic Crossan, *The Essential Jesus: Original Sayings and Earliest Images* (San Francisco: HarperSanFrancisco, 1994), 115.

14. Bly and Woodman, *The Maiden King*, 27.

15. ibid., 28.

16. Gordon Wheeler and Daniel E. Jones, "Finding Our Sons: A Male-Male Gestalt," in Robert G. Lee and Gordon Wheeler, eds., *The Voice of Shame: Silence and Connection in Psychotherapy* (San Francisco: Jossey-Bass, 1996), 92, 93.

17. ibid., 86, 65, 83, 67.

18. Chris Hedges, "The Christian Right and the Rise of American Fascism." Interview on "Democracy Now," February 19, 2007.

19. Bly and Woodman, *The Maiden King*, 46.

20. Essay by Matt Henry, "A Songwriter's Reflections," sent to author March 2007. Audio versions of Matt's songs are available at www.paintedguitar.com/paternalheart.html.

21. Doyle, *Meditations with Julian of Norwich*, 67.

22. Fox, *Meditations with Meister Eckhart*, 82.

23. Romans 8.22.

24. Matthew Fox, *Passion for Creation: The Earth-Honoring Spirituality of Meister Eckhart* (Rochester, VT: Inner Traditions, 2000), 93.

25. Leonardo Boff, *Holy Trinity, Perfect Community* (Maryknoll, NY: Orbis Books, 2000), 72.

26. Aryeh Kaplan, *Jewish Meditation: A Practical Guide* (New York: Schocken Books, 1985), 154.

27. Daniel C. Matt, *The Essential Kabbalah: The Heart of Jewish Mysticism* (San Francisco: HarperSanFrancisco, 1996), 67.

28. John C. H. Wu, trans., *Tao Teh Ching* (Boston: Shambhala Publications, 1989), 9.

29. Fox, *Meditations with Meister Eckhart*, 57.

30. Jürgen Moltmann, *God in Creation* (Minneapolis: Fortress Press, 1993), 75-77.

31. Fox, *Sheer Joy*, 128.

32. Meredith May, "A Plague of Killing: Filling a Void," *San Francisco Chronicle*, December 10, 2007, A10.

33. Tom Engelhardt, "How Dry We Are: A Question No One Wants to Raise About Drought," November 11, 2007, www.tomdispatch.com. See http://www.tomdispatch.com/post/print/174863/Tomgram%253A%2520%2520As%2520.

34. Bly and Woodman, *The Maiden King*, 138.

35. Troy Jollimore, "Hey, Kids! Madison Avenue Wants You! A Review of *Consumed: How Markets Corrupt Children, Infantilize Adults, and Swallow Citizens Whole*," *San Francisco Chronicle*, April 1, 2007, M1, M3.

36. Sanders, *Hunting for Hope*, 72.

37. ibid., 10, 1f.

38. James Madison, "Political Observations," April 20, 1795, in *Letters and Other Writings of James Madison*, vol. 4 (1865), 491.

39. Sanders, *Hunting for Hope*, 202, 203, 207.

40. ibid., 14, 209, 208.

10장. 하늘 할아버지: 할아버지의 심장

1. Lindsey Tanner, "Despite Myth, Old Age Is the Happiest Time," AP, April 18, 2008.

2. Zalman Schachter-Shalomi, *From Ageing to Sage-ing: A Profound New Vision of Growing Older* (New York: Warner Books, 1995), 2f.

3. ibid., 5, 7, 50, 15.

4. ibid., 149f.

5. Fox, *One River, Many Wells*, 335.

6. ibid., 338.

7. Schachter-Shalomi, *From Age-ing to Sage-ing*, 52f., 53.

8. ibid., 265.

9. ibid., 191.

10. Jesse Hamlin, "They're in the Big Leagues Now," *San Francisco Chronicle*, April 25, 2008, E1, E6.

11. Schachter-Shalomi, *From Age-ing to Sage-ing*, 200-203.

12. Matthew Fox, *A Spirituality Named Compassion* (Rochester, VT: Inner Traditions, 1999), 164f.

2부. 신성한 결혼
11장. 남성성과 여성성의 신성한 결혼

1. Chia, *Taoist Secrets of Love*, 57f.

2. Riane Eisler, *Sacred Pleasure*, 144.

3. Monick, *Castration and Male Rage*, 77, 17.

4. Thomas Berry, *The Great Work*, 200.

5. David Suzuki, *The Sacred Balance: Rediscovering Our Place in Nature* (Vancouver: Greystone Books, 2002), 84.

6. Bly and Woodman, *The Maiden King*, 76.

7. Dolores Whelan, *Ever Ancient, Ever New: Celtic Spirituality in the 21st Century* (Blackrock: Dublin, Ireland: The Columbia Press, 2006), 75.

8. Lucia Chiavola Birnbaum, *Dark Mother: African Origins and Godmothers* (New York: Authors Choice Press, 2001), 20.

9. ibid., 26f.

10. Jennifer Zazo, excerpt from Curatorial Statement of The Black Madonna Exhibition, August 2, 2007. See http://www.theblackmadonnaexhibition.com.

11. Bly and Woodman, *The Maiden King*, 146f.

12. Fred Gustafson, ed., *The Moonlit Path: Reflections on the Dark Feminine* (Berwick, ME: Nicolas-Hays, 2003).

13. Fox, *Meditations with Meister Eckhart*, 42.

14. Andrew Harvey, *The Return of the Mother* (Berkeley: Frog Ltd., 1995), 371.

15. Fox, *Meditations with Meister Eckhart*, 43.

16. Fox, *Sins of the Spirit*, 94-116, 167-327.

17. Harvey, *The Return of the Mother*, 371.

18. Fox, *Meditations with Meister Eckhart*, 42.

19. Harvey, *The Return of the Mother*, 372.

20. ibid., 372f.

21. Ecclesiastes 24.15, 19-22.

22. Fox, *Meditations with Meister Eckhart*, 103.

23. Luke 1.51–53.

24. Blackmur, *Henry Adams*, 203.

25. Eloise McKinney-Johnson, "Egypt's Isis: The Original Black Madonna," *Journal of African Civilizations* (April 1984), 66.

26. M. D. Chenu, *Nature, Man and Society in the Twelfth Century* (Chicago: University of Chicago Press, 1968), 19.

27. McKinney-Johnson, "Egypt's Isis," 71.

28. ibid., 67.

29. ibid., 68.

30. Blackmur, *Henry Adams*, 206.

31. McKinney-Johnson, "Egypt's Isis," 71.

32. Eulalio R. Baltazar, *The Dark Center: A Process Theology of Blackness* (New York: Paulist Press, 1973).

33. Richard Hooker, "Chinese Philosophy: Yin and Yang," July 27, 2007. http://www.wsu.edu:8080/~dee/CHPHIL/YINYANG.HTM.

34. Neil Douglas Klotz, *The Genesis Meditations: A Shared Practice of Peace for Christians, Jews, and Muslims* (Wheaton, IL: Quest Books, 2003), 221.

35. Harvey, *The Return of the Mother*, 312, 90.

36. ibid., 90.

37. ibid., 359.

38. ibid., 91.

39. Whelan, *Ever Ancient, Ever New*, 35f.

40. ibid., 58.

12장. 다른 신성한 결합들

1. Bede Griffiths, *The Marriage of East and West* (Tucson, AZ: Medio Media Publishing, 2003), 151f., 152, 153.

2. ibid., 155f.

3. ibid., 157, 158f.

4. ibid., 158f.

5. ibid., 159.

6. ibid., 160.

7. Pink, *A Whole New Mind*, 26.

8. ibid., 27.

9. Schachter-Shalomi, *From Age-ing to Sage-ing*, 43.

10. Pink, *A Whole New Mind*, 48f, 166, 67. Italics his.

11. ibid., 43f.

12. ibid., 33, 59, 164.

13. ibid., 132.

14. Bly and Woodman, *The Maiden King*, 224.

15. ibid., 221f.

16. Peter Kingsley, *In the Dark Places of Wisdom* (Inverness, CA: The Golden Sufi Center, 2004), 71f.

17. ibid., 217f.

18. Bly and Woodman, *The Maiden King*, 21f.

19. ibid., 181.

20. ibid., 118, 157.

결론: 신성한 남성성이 진짜 남자를 만든다

1. Fox, *Meditations with Meister Eckhart*, 97.

2. Ilana DeBare, "For Philanthropy, B Is Letter Perfect," *San Francisco Chronicle*, May 18, 2008, C1, C5.

3. Fox, *One River, Many Wells*, 416.

옮긴이 김광국

한국외국어대학교 러시아어과를 졸업한 후 사이버한국외국어대학교 영
어학부에서 통번역을 전공했다. 바른번역의 글밥아카데미를 수료하고 현
재 바른번역 소속 번역가로 활발하게 활동하고 있다.

남자는 어떻게 불행해지는가
숨겨진 남성의 영성을 깨우는 10가지 가르침

1판 1쇄 발행 | 2023년 11월 10일

지은이 | 매튜 폭스
옮긴이 | 김광국
펴낸이 | 캐서린 한
펴낸곳 | 한국NVC출판사
마케팅 | 권순민, 이신혜

출판등록 | 제312-2008-000011호 (2008. 4. 4)
주소 | (03035) 서울시 종로구 자하문로 17길 12-9(옥인동) 2층
전화 | 02)3142-5586 팩스 | 02)325-5587
홈페이지 | www.krnvcbooks.com
이메일 | book@krnvc.org

ISBN 979-11-85121-41-3 03180